U0474562

教师教育理论与实践创新丛书

协同推进
中小学特色发展研究

——教师教育创新实验区的学校发展案例

主　编／罗丽君　　陈恩伦
副主编／李世讴　　朱福荣

西南大学出版社
国家一级出版社　全国百佳图书出版单位

图书在版编目(CIP)数据

协同推进中小学特色发展研究：教师教育创新实验区的学校发展案例 / 罗丽君,陈恩伦主编. -- 重庆：西南大学出版社,2023.8
ISBN 978-7-5697-1589-7

Ⅰ.①协… Ⅱ.①罗… ②陈… Ⅲ.①中小学教育—教育研究 Ⅳ.①G632.0

中国国家版本馆CIP数据核字(2023)第126821号

★ 协同推进中小学特色发展研究
——教师教育创新实验区的学校发展案例
XIETONG TUIJIN ZHONGXIAOXUE TESE FAZHAN YANJIU
——JIAOSHI JIAOYU CHUANGXIN SHIYANQU DE XUEXIAO FAZHAN ANLI

罗丽君　陈恩伦　主编

责任编辑｜钟孝钢
责任校对｜何毓阳
装帧设计｜闽江文化
排　　版｜贝　岚
出版发行｜西南大学出版社（原西南师范大学出版社）
　　　　　地址：重庆市北碚区天生路2号
　　　　　邮编：400715
　　　　　电话：023-68868624
印　　刷｜重庆亘鑫印务有限公司
成品尺寸｜170 mm×240 mm
印　　张｜24
字　　数｜366千字
版　　次｜2023年8月 第1版
印　　次｜2023年8月 第1次印刷
书　　号｜ISBN 978-7-5697-1589-7
定　　价｜98.00元

前言
PREFACE

  教师是立教之本、兴教之源,培养高素质专业化教师队伍是推进科教兴国、人才强国和实现中国梦的战略需要。为推进教师教育改革、加快基础教育发展,西南大学与遵义市人民政府基于"合作共建、联合培养、共生发展"的理念共建教师教育创新实验区,创建"高校、地方政府、教师发展机构、中小学校"四位一体的"UGIS"教师教育与基础教育协同联动机制,以期实现多元主体深度融合、团队协同互促发展、合作基地同步共建、教育资源开放共享,从而全面提升区域办学质量和教育竞争力,为教师教育和基础教育协同发展提供理论指引和现实典范。

  中小学特色发展示范校建设作为教师教育创新实验区的重点项目,是通过以学校特色凝练促进内涵发展、质量提升形成典型案例从而发挥其引领示范作用,推动区域教育高质量发展的主要抓手。学校特色发展是一项系统工程,不仅仅是中小学立足于学校历史传统着意凝练特色,或创造优势、形成学校核心竞争力,而是高校、地方政府、教师发展机构与中小学形成实践共同体,扎根学校实际、发现原生思想、充分挖掘区域与学校资源、调动学校内部力量与外部支持,以学校某一方面的卓越或特色撬动学校整体变革的过程。

前言

中小学特色发展示范校构建由具有丰富实践经验和理论研究特长的专家学者担任首席专家,地方教师发展机构教研员、国内中小学名校长、示范校负责人与教研组长等作为项目组成员的"1+N"项目化运作模式。从未来发展的顶层设计、学校文化的集体凝练、特色课程的科学建构、组织管理的系统保障等方面多次论证、反复推敲,构筑"双向统整"共生发展平台,形成"双聘互教、双证双聘"的双师联动机制,系统探索协同推进学校特色发展的理论模型,大胆创新协同推进学校特色发展的实践路径,探索出了具有可操作性、可推广性的中小学特色发展模式。

经过5年建设,每所示范学校在遵义市、贵州省乃至全国都产生了一定影响力,如红花岗区第二小学秉承"让每一颗星星都闪光"的办学理念,坚持"人人小星星、颗颗亮晶晶"的育人目标,着力创建"星光"教育特色品牌,学校知名度和社会满意度全面提升。同时,示范校不仅通过学校特色发展实现了学校改进,从学校教育的不同方面建设具有示范引领性的学校特色以带动遵义市中小学特色发展,还将中小学特色发展路径推广运用到对25所结对中小学的帮扶中,充分发挥示范、引领和辐射带动作用,积极推进遵义市教育优质均衡和高质量发展。协同推进中小学特色发展形成了一系列物化成果,这本《协同推进中小学特色发展研究——教师教育创新实验区的学校发展案例》就是重要成果之一。

编者

2022年7月

目录

第一章
红花岗区第二小学"星光"文化建设的实践研究 …………001

一、"星光"文化的形成与内涵 ……………………………002

二、"五星"课程体系的探索与建构 ………………………008

三、"明星"教师队伍的培育与发展 ………………………026

四、"星光"管理体制的改革与创新 ………………………030

五、"星光"评价机制的创设与实践 ………………………033

第二章
遵义市第四初级中学特色文化发展实践 ……………037

一、"以文化人"理念系统的形成与发展 …………………038

二、"知行生长"课程体系的探索与构建 …………………045

三、"以身树德"教师队伍建设的举措与路径 ……………055

四、"以德育人"学校管理的改革与创新 …………………064

五、"以评促教"创新评价的改革与探索 …………………073

第三章

新蒲新区第三小学特色发展的创新探索 ……………079

一、办学理念的形成与发展 ……………080
二、课程体系的探索与建构 ……………091
三、教师队伍的建设与路径 ……………101
四、学校管理的改革与创新 ……………114
五、教育评价的变革与发展 ……………128

第四章

遵义市播州区保利小学"出彩德育评价"实践研究 ………147

一、示范校建设——五年简要回顾 ……………149
二、特色项目建设——"出彩德育评价" ……………151
三、"出彩德育评价"体系构建 ……………155
四、"出彩德育评价"工具 ……………160
五、"出彩德育评价"载体 ……………164
六、"出彩德育评价"转换 ……………168
七、"出彩德育评价"成效 ……………172
八、未来的目标和展望 ……………177

第五章

遵义市第二中学"幸福教育"理念与实践探索 ……………179

一、"幸福教育"理念的形成与发展 ……………181
二、"三乐"课程体系的内容与特点 ……………187
三、教学改革的举措与路径 ……………195
四、教师队伍建设的举措与成就 ……………202
五、教育教学评价的改革与探索 ……………208

第六章

遵义市第十九中学教育改革与创新的实践探索 ……………219

一、凤凰文化理念的形成与发展 ……………………220

二、学校课程体系的探索与建构 ……………………226

三、教师队伍建设举措与路径 ………………………236

四、学校教育管理的改革与创新 ……………………243

五、教育评价改革与探索 ……………………………248

第七章

遵义市第五十四中学学校特色文化发展的实践 ……………255

一、文化理念的形成与发展 …………………………256

二、课程体系的探索与建构 …………………………271

三、教研教改课程体系改革 …………………………276

四、教师队伍建设的路径与举措 ……………………280

五、构建五十四中"航天文化"育人平台 …………284

六、管理的改革与创新 ………………………………285

七、德育管理 …………………………………………291

八、多元评价的改革与探索 …………………………297

第八章

核心素养背景下周林学校小班化教育探索 …………………303

一、小班化教育理念的形成与发展 …………………304

二、小班化教育课程体系的探索与建构 ……………307

三、小班化教育教师队伍建设的举措与路径 ………325

四、小班化教育管理的改革与创新 …………………328

五、小班化教育评价的改革与探索 …………………333

第九章

遵义市第五中学"和"文化特色建设研究 ……339

一、"和"文化理念的价值要义 ……340

二、"清荷"德育体系及课程的探索与建构 ……345

三、教师队伍建设的举措与路径 ……354

四、学校管理的改革与创新 ……360

五、"清荷"特色实践与学校管理的改革与探索 ……364

第一章 红花岗区第二小学"星光"文化建设的实践研究

遵义市红花岗区第二小学(下文简称"红花岗二小")创建于1937年秋,原名西蜀小学。1940年,浙江大学西迁遵义办学,工学院的化工实验室就设立于此。1952年,学校更名为遵义市新文小学;2016年,统编为遵义市红花岗区第二小学,至今已走过80余载的风雨历程。新校区位于遵义市中心城区中华北路,占地7624.43平方米,校舍建筑面积7604.33平方米。

学校不但拥有较完善的硬件设施,而且校园自然景观建设成果突出,环境优美,获得了"遵义市绿色学校"称号。学校自2016年参加"西南大学·遵义市教师教育创新实验区示范校"项目以来,在相关教育教学专家的启发和指引下,学校依据自身办学特色,在充分总结论证的基础上,凝练形成了具有红花岗二小特色的"星光"文化,实现了以文化统领办学、以文化促进发展的办学理念。本章即围绕"星光"文化理念的形成与内涵、"五星"课程体系的探索与建构、"明星"教师队伍的培育与发展、"星光"管理体制的改革与创新、"星光"评价机制的创设与实践展开详细的论述。

一、"星光"文化的形成与内涵

学校文化这一概念最早由美国学者华勒于1932年提出,他把学校文化定义为"学校中形成的特别的文化"。而后布鲁韦尔和麦克顿又将学校文化定义为"主要由该校的规章制度、教学理念和教育目的多方面组合而成,对于学校正常教学有着规范教学范围、控制或者影响着学校师生们的行为活动的社会化作用"。[1]在我国直到20世纪80年代中期才被正式作为一种区域文化、一种社会文化的亚文化而提出。[2]目前,多数学者将学校文化界定为:师生在校园教育环境中共同创造的校园物质、精神财富的综合。[3]

而学校文化对一所学校而言,其价值在于学校文化的建设关乎教育环境的优化、教师成长的方向、学生发展的质量,关乎学校核心竞争力的形成,关乎学校的可持续发展和学校品牌的打造。[4]因此,想要提升一所学校的办学品位、拓展一所学校的办学格局、锻造一所学校的办学品牌,首要因素就是要基于学校蕴含的办学基因、特有的文化元素,立足国家的教育政策和社会环境,展望教育发展趋势和教育研究前沿,因地制宜地设计和制定出学校的文化理念。

(一)"星光"文化的形成

1.源于当地的革命文化积淀

红花岗二小位于遵义市红花岗区中心,而遵义市是我国重要的红色文化区之一,具有浓厚的红色文化传统。1935年1月,中共中央政治局在这里召开了具有

---

[1] LUNENBURG F C, ORNSTEIN A C. Educational Administration: Concepts and Practices[M]. San Francisco: Wadsworth Publishing, 1995: 73.
[2] 郭婵英.现阶段中小学校园文化建设存在的问题与对策[J].教学与管理,2007(11):16-17.
[3] 范崟崟.校园文化何以育人——基于卓然小学的叙事研究[D].桂林:广西师范大学,2021:8.
[4] 杨文元.注重校园文化建设打造一流示范小学[J].中国教育学刊,2013(12):33.

伟大历史意义的"遵义会议",遵义因此名扬中外。同时,红花岗区也是一座拥有众多荣誉的城区,曾荣获"全国十佳绿化城市""全国科技进步示范区""全国历史文化名城"和"全国双拥模范城"等光荣称号。因此,学校所在地具有浓厚的红色文化底蕴。

而星星,特别是红色的星星,正是共产党领导下的红色革命传统的一种象征。"红星闪闪放光彩,红星灿灿暖胸怀,红星是咱工农的心,党的光辉照万代,红星是咱工农的心,党的光辉照万代。长夜里,红星闪闪驱黑暗;寒冬里,红星闪闪迎春来;斗争中,红星闪闪指方向;征途上,红星闪闪把路开。红星闪闪放光彩,红星灿灿暖胸怀,跟着毛主席跟着党,闪闪的红星传万代,跟着毛主席跟着党,闪闪的红星传万代",这首著名的儿童歌曲《红星歌》现已家喻户晓。学校选用"人人小星星,颗颗亮晶晶"这一文化主题,立足现有的硬件条件,以"星光"教育为特色作为学校办学理念,正是对学校所在地红色文化的有效呼应,突显学校所在区域的红色文化传统。

2. 基于呵护学生童真的主旨

让每一位学生成为闪亮的"星"。其内涵在于学校作为一个教育生态,可视为一个星系,将"星"作为重要意象渗透在学校文化中。在"学校"这个大星系中,教师犹如恒星,发光发热、指引方向;学生就像行星,在恒星的引领与照耀下自转公转,形成自己独特的"星光大道",闪耀在他们的星际。而学校的责任,就在于探索一条"识星—育星—耀星"的育人之路,把学生视作未来之星去点亮,把校园看作美丽的星空去扮靓。

识星,重点在于认同学生的特性。让每一位学生成为闪亮的"星",其背后的含义:一是彰显学校信任每一位学生都拥有潜力,每一颗"星"都独一无二;二是星空般的校园中不应只有耀眼的孤星,而是要群星闪耀。育星,则强调为学生成长提供适宜的教育,重要途径就是因材施教。落实因材施教的重点在课程与课堂,其中课程是载体,解决学什么、学到什么;课堂是主渠道,解决怎么学。课程建设、课堂改进,两翼不可分割、不可或缺、相互作用。只有两方面同时发力,使学习对学生有意义、有价值,才能促进学生的个性发展与潜能发挥。耀星,核心在于给学生发光的机会。如果说课程与课堂教学是落实因材施教的重要途径,那么评价具有导向作用,要让多元的评价伴随课堂教学全程。由此,形成了具有"识星—育星—耀星"寓意的"星光"文化理念。

(二)"星光"文化的内涵解读

学校文化的建设关键不在于文化形式本身,而在于真正使文化成为展示学校独特形象,凝聚学校成员心志,推动学校创造性发展的巨大能量。[1]学校文化涵盖了由价值观、理想追求、思维模式和道德情感等构成的精神文化;包括了由学校的组织架构及其运行规则构成的制度文化;以及主要由学校的物理空间、特质设施构成的环境文化。因此,学校文化的内涵应覆盖到学校的精神文化、物质文化、制度文化和行为文化,并且以精神文化作为学校文化的灵魂,以物质文化作为学校文化升华的基础,以制度文化作为学校文化建设的保障,以行为文化作为学校文化的外显与实践。[2]

基于红花岗二小的实际情况,通过西南大学专家与学校领导和教师的协商、观察与讨论,逐步形成了具有鲜明学校特色的"星光"理念文化、"星光"管理文化、"星光"景观文化和"星光"行为文化。其中"星光"理念文化就具体包括了办学主旨、育人理念、校训、校风、教风和学风等六个方面。

1."星光"理念文化

(1)办学主旨:"星光"品格　多彩人生

主要内涵:浩瀚的天空中有无数的繁星,每一颗星星都是一个独特的存在,都在努力地散发着属于自己的光芒,点亮宇宙苍穹。在"星光"文化的引领下,以"星光"的品格(即"是金子就要发光、是星星就要闪亮,激情四溢、充满活力,温暖如春、做有温度的人,不仅努力地让自己发光发热,而且努力地积极地用自己的光和热去温暖他人、点亮他人、照耀他人")把每一位学生培育成为亮晶晶的"小星星",最终实现人人都拥有绚丽多彩、快乐幸福的人生目标。而"星光"教育的内涵就在

---

[1] 杨家俊.高职校园文化建设内涵与策略研究[J].职教论坛,2012(32):25-26.
[2] 杨文元.注重校园文化建设打造一流示范小学[J].中国教育学刊,2013(12):33.

于引领与成长,在"星光"文化的引领下,以"星星"精神为指引,培育师生"星星品格",让每位师生都能不断地成长,成为亮晶晶的"小星星",让每一颗"小星星"都放射出璀璨的光芒,既照亮自己,也温暖他人。

(2)育人理念:让每一颗星星都闪光

主要内涵:星星,原指夜晚天空中闪烁发光的天体,喻指在某方面取得成就的人。星星在黑暗中闪耀光芒,在黑暗中给人光明,在黑暗中照亮别人,这是星星的高尚品质;星星,挣脱黑暗,在艰难中闪耀自己,令人仰视,这是星星追求卓越的决心与行为。新时期的小学生,既要树立奉献他人、社会与国家的决心,也要形成追求卓越,让自己不断发光的品质,为社会进步和国家发展作出力所能及的贡献,这也是中国学生发展核心素养的重要要求——提高"自主发展"和"社会参与"能力。在"星星"文化的引领下,以"相信自己、悦纳自己,每天进步一点点、人生前进一大步,人人争做闪亮的自己、人人发出耀眼的光芒"来指导学生的发展与成长,最终实现人人都是小星星、人人人生都闪光的目标。

(3)校训:做闪亮的自己

主要内涵:在"星光"文化的引领下,每一个"星光"人,都以"自信乐观、激情四溢,相信自己、悦纳自己,向着未来、不忘初心,每天进步一点点、人生前进一大步,人人争做闪亮的自己"来引领学生的发展与成长,最终实现人人都是小星星、人人人生都闪光的目标,让学校成为具有"星光"文化特色的优质学校。

(4)校风:人人小星星 颗颗亮晶晶

主要内涵:在"星光"文化的引领下,在校园里逐步形成每一个学生都能够成为一颗在学业中、人生中通透晶莹的闪闪发光的小星星,都能够以饱满的活力、旺盛的激情来点燃自己内心深处的生命之火,都能够以悦纳自己、自信自觉、乐观向上来点亮自己内心深处的心灵之光。

(5)教风:学高身正 点亮星空

主要内涵:教师对学生的引导作用不只是体现在学生科学文化知识的习得上,更重要的是道德品质的引导和培养。在"星光"文化的引领下,教师队伍中逐渐形成努力修炼师德、不断提高师能,用高尚的师德影响学生,用高超的师能培育学生,用师爱养育学生,用教师的光芒点亮学生的人生,帮助每一个学生成长、成人、成功的良好氛围。

(6)学风:知书达礼 星光闪耀

主要内涵:在"星光"文化的引领下,形成热爱学习、认真读书,知礼懂礼、文明待人,充满激情、活力四射,相信自己、悦纳自己,积极乐观、阳光开朗,人人成长、个个闪光、群星璀璨、闪闪发光的学习风气。

2."星光"管理文化

学校治理推进的关键是重建管理文化,学校管理文化关系着学校治理的价值导向、形态建构等基本问题。① 同时,学校治理推进的目的是形成一个内部治理结构,通过内部治理结构的运作形成多方民主共治,并最终实现共治。学校治理需要转变思维方式,以系统的思维方式思考和推进治理实践;也需要形成相应的管理理念、管理标准、管理制度和管理方法等。因此,重建学校管理文化是学校治理推进的核心问题。②

红花岗二小依据自身实际,依据"星光"文化的主旨,制定了"精细化管理"与"人性化"管理并行的管理文化。在制度方面,不断进行了完善和规范,制定了如:《遵义市红花岗区第二小学章程》《遵义市红花岗区第二小学薪酬制实施方案》《遵义市红花岗区第二小学教学业绩考核细则》《遵义市红花岗区第二小学教学质量奖励办法》等管理体系,所有评价体系都是建立在常规管理的基础上,并将常规管理引向深入,重举措、重过程、重实效。岗位职责明确,层层管理都要有要求、有检查、有反馈、有总结、有评价,可操作性强。这一过程实际上就是:计划—落实—总结—改进—提高,它要求把每件工作都抓细、抓实、抓到位。在学校管理中必须"大事抓具体,小事抓到位"。

3."星光"景观文化

硬件形态折射治理思想,学校内各种环境设施有不同的物质形态,不同的物质形态设计能够向外界传递不同的信息,学校环境设施的形态表现能够使师生形

---

① 苏荟,周勤.学校治理推进中管理文化的重建[J].教育理论与实践,2019(35):15-17.
② 陈衍,徐梦佳,郭珊.现代职业学校治理的新制度主义分析[J].现代教育管理,2017(7):89-93.

成最为直观的视觉感受,从而影响师生对学校管理文化的理解与认同。因此,在学校治理推进下,必须要在学校物质形态上体现治理特征,表现治理追求。[①]因此,在校园景观文化的布置上,学校也做了精心的安排。为了突显学校"星光"文化特色,在校园的显著位置上,就刻着"星光品格,多彩人生"办学目标和校徽的文化石。重新修缮铺装的塑胶跑道和操场是学生运动的主场地,既提高了安全性,又显得更加整洁、美观。

得益于校园景观文化的打造,红花岗二小也获得了市级"绿色学校"、市级"文明校园"等荣誉称号。同时,学校在"西南大学·遵义市教师教育创新实验区示范校"项目的推动下,在风雨厅新增了校园文化展示厅,涵盖学校理念、学生活动、教师活动和教师风采等板块。此外,遵义市委原书记魏树旺还为学校捐赠了"书影时光"图书角。由于学校校园文化建设的核心主旨是"星光",因此,无论是教学楼,还是升旗台的台阶,或是风雨操场的墙壁,随处都可看到代表"星光"学子生动形象的星宝贝,以及红、黄、蓝的小星星,其中的红色代表礼仪、黄色代表学习、蓝色代表才艺。三色星星既是学生们成长的勋章,也是学校对于培养学生德智体美劳全面发展的教育初心。花坛上方的两块橱窗里,展示的是学校"星光"校园文化建设的释义,让师生在潜移默化中对"星光"文化了然于心,让光临学校的每一个人都一目了然。

从景观生态学的角度出发,校园景观的规划与设计应该运用"斑块—廊道—基质"原理,按照尊重自然、可持续发展、多样性等生态设计原则,结合景观美学、校园文化及人性化设计等方面,对校园景观空间进行优化重构,形成较合理的生态景观空间构型,并将景观艺术和文化内涵有机地统一起来,形成自然景观与人文景观的完美结合。因此,学校廊道文化建设,也必须作为学校景观文化布置的重心。[②]在校园廊道文化的布置上,红花岗二小采取就地取材的策略,一方面展示了学生的手抄报、绘画、书法作品展示框,以及师生在各类活动、比赛中的风采掠影;另一方面,展示了各班评选的"礼仪星""学习星"和"才艺星"同学的照片,将"校园之星"的评价特色通过廊道进行宣传。

---

① 施俊进.教育生态观视域下的学校治理[J].基础教育研究,2018(1):22-25.
② 朱吉顶,卢阳,刘晓宁.校区景观的生态规划设计[J].沈阳建筑大学学报(社会科学版),2009(01):24-27.

4."星光"行为文化

学校行为文化建设是学校管理理念和实践的创新,它将学校管理的内涵提升到文化的境界,并以文化的尺度衡量学校管理的最终呈现方式。[①]在具体实践方面,学校依据"星光"文化主旨,由学校德育处根据《中小学生日常行为规范》编写了《遵义市红花岗区第二小学学生在校"一日常规"三字歌》。以图文并茂的形式编排的三字歌张贴在教学楼廊道中,内容涵盖了学生从上学到放学的文明礼仪,一共有12个篇章,图片内容也是由在校学生亲自示范的场景。文字和画面的渗透,提醒和引导学生领悟和体会文明儿童的内涵。同时,利用三字歌朗朗上口的形式,更容易识记的特点,学校老师还结合三字歌的内容编排了相应的校本操。

在每周升旗仪式上设立了"学生礼仪课堂"和"经典永流传"板块,也是学校以创新的方式对学生进行品德培养、文明礼仪传授的有效途径。礼仪学习的核心在于人与人之间的尊重和相处,学习礼仪文化不仅可以帮助学生们更好地同其他人相处,同时也教导学生们在日常生活中要学会尊重他人。

以学生引导学生、以学生管理学生,也是"星光"礼仪文化重要的管理方式和促进机制,学校对此专门设立了礼仪岗和监督岗。其中"星星天使"礼仪岗,由三至六年级各班轮流值周,进行礼仪监督,与入校师生、来宾互致问候,让大家一进校便有一种亲切、温馨之感;在校园内主要位置设立监督岗,对个别学生的乱扔、乱丢等不良行为进行监督,制止一些不文明行为。

二、"五星"课程体系的探索与建构

学校课程体系构建有其特定的价值和意义以及时代指向。在进行学校课程体系开发和建构时,必须坚持"以人为本"的基本理念,体现学生的主体性地位;以现实状况为基石,构建适合学校发展的课程体系;充分利用校本资源,突显学校本

---

① 凌宗伟.学校行为文化建设的思考与实践[J].中国教育学刊,2010(09):58-60.

土特色；采用系统性思维，全面整合学校课程体系。①因而，对学校课程体系的构建需要在其指导思想的引领下，对课程体系的目标、结构、内容和实施以及最后的评价进行系列化设计，以彰显学校特色，实现育人目标。"着眼于学校课程建设，优化学校课程结构；立足于本土知识开发，强化特色课程内核；落实于教师行动研究共同体，实现课程自主更新"。②

（一）"五星"课程内涵概述

课程建设是一个学校发展的灵魂，是一个学校内涵发展的基石。深化课程建设是新时代教育发展的新要求。为全面提升学校办学质量和办学特色，"西南大学·遵义市教师教育创新实验区示范校"项目专家曾多次来学校开展课程建设指导，将"星光"教育融入促进学生发展的综合素质和个性发展中，学校的"五星"课程群落便孕育而生。基于学生核心素养培育下的学校课程建设，是将学校"星光"教育融入学校课程而形成的"一个核心，五点折射"的课程目标体系，从学生身心发展规律出发，坚持"以生为本"的宗旨，面向全体学生，因材施教。

"一个核心"是指培养个性、自主、全面发展的具有"星光"品质的少年；"五点折射"则是基于国家德智体美劳等五个方面的培养目标而建立的"五星"课程群落，即明德课程、生慧课程、向美课程、尚新课程和行健课程，五个折射点相互交错，五大课程群落互为关联，互相渗透。再由国家基础性课程派生出来的丰富多样的拓展性课程，又在拓展性课程上开发出探究性课程，进一步形成学习多元化统整建构的学校课程建设体系并有效实施。在实施中完善相应的管理和评价机制，从而促进学生和谐、全面、健康地发展，为学生人格塑形、知识积淀、艺术熏陶、创新思维和身心健全等方面的学习与发展奠定基石，让学生的核心素养成为整个学校课程建设的中心目标。

---

① 郭月芳.学校课程体系构建的现实困境及突破路径[J].教学与管理,2019(4):8-11.
② 黄洪雷.学校课程体系构建的实践研究[J].教育现代化,2019(29):67-68.

(二)"五星"课程实施方案

课程的校本化实施是指在遵循国家课程的基础上,基于学校实际情况和学生个性发展的特点和需求对国家课程进行创造性地开发和整合。[①]红花岗二小在"五星"课程的实施方面,首先进行了相关教育政策文件的学习,认真贯彻了《基础教育课程改革纲要(试行)》和《贵州省义务教育地方课程和学校课程实施纲要》的精神。同时,为了落实国家三级课程管理的规定,学校也积极有效地推进学校课程改革和课堂教学改革,促进全体学生主动地发展,提升教师课程管理意识,开创学校办学特色,进而不断提高学校的办学水平和教育教学质量。

1.学校课程建构的背景分析

(1)红色文化的育人积淀

从区域的特点来分析,遵义被誉为"会议之都""转折之城","遵义会议"是中国共产党历史上一个生死攸关的转折点。遵义红色文化资源蕴含着丰富的革命精神内涵,其红色文化的多元性和独特性可谓是色彩斑斓,在爱国主义教育中尤显突出,传为佳话的红军妹、娄山关上迎着西风烈的旗帜、四渡赤水出奇兵的神勇故事……在遵义的红色土壤里孕育着革命精神。而在今天,这种精神已内化为"遵道行义,自强不息"的遵义精神,在遵义精神的激励下,革命老区的孩子们既是长征精神的传承者,又是伟大新时代的开拓者,他们承载着建设国家、继往开来的历史使命。坐落于凤凰山脚,依傍湘江河畔的红花岗二小,原名西蜀小学,创建于抗日战争时期(1937年),浙江大学西迁遵义办学时,工学院的化工实验室就设在这里,国内革命战争时期,红军长征的足迹留在了这里,至今已有80多年的风雨历程。得天独厚的文化内涵为学校红色课程建设和发展带来了浓厚的历史积淀。

(2)校园文化的思想引领

红花岗二小历经了80余年的发展,已形成了较为完整的价值文化体系。根据遵义市委市政府和教育局对红花岗二小发展的战略定位,结合学校发展的现有基础,以及区域的、学校的文化资源和未来追求。在西南大学教育专家的指点和

[①] 庞君芳."五育融合"背景下的国家课程校本化实施[J].基础教育课程,2021(C1):27-34.

启发下,学校着力打造具有自身特色的"星光"教育,确立了"让每一颗星星都闪光"的办学理念,并积极推进"人人小星星、颗颗亮晶晶"的校园文化主题建设。鉴于此,学校逐步形成了培养学生"星光品格,多彩人生"的办学目标,形成了"知书达礼,星光闪耀"的良好学风,"学高身正,点亮星空"的优秀校风,并努力打造教师队伍优化、教育质量优良、校园环境幽雅、办学特色鲜明的品质校园。这些理念与元素,也为学校课程体系的建构打下了文化与思想的基础。

(3)特色课程的品牌基础

红花岗二小是红花岗传统的德育先进学校,学校原本丰富多彩、扎实有效的少先队工作在遵义市具有一定的影响力和品牌效应。学校不仅能将校园文化内涵落实到各种主题活动里,还凸显在学生常规活动中。标准化队室的建立和红领巾社团的开展,为学校课程建设打下了良好的基础。在学校众多的社团活动中,童谣和足球已成为经过岁月沉淀的两张特有的名片。

童谣强调格律和韵脚,通常以口头形式流传。[①]在学校的办学历史中,也始终坚持通过画童谣、诵童谣、演童谣、编童谣等形式对学生进行思想道德教育,并形成了学校独有的特色,在童谣创编和表演方面成绩斐然。在2013至2018年市区比赛中均获一等奖,其中童谣节目《司马光砸缸》在2014年贵州省中小学同类比赛中荣获一等奖。学校原创童谣《赏花赏月赏花灯,美色美景美遵义》和《教育扶贫,情暖童心》在2017年、2018年先后两次登上"贵州省少儿春晚"的舞台。由本校教练打造的足球队蝉联四届红花岗区小学足球联赛亚军,红花岗二小已被指定为遵义市红花岗区校园足球基地学校,全国校园足球特色学校。曾培养多名U13国少队队员,他们曾出访德国,并和德国少年进行友谊赛。

综上所述,红花岗二小在童谣和足球两个学校品牌建设上成绩突出,也可以作为校本课程建设的突破口和展示的窗口。

(4)原有课程体系的问题与不足

①学校原有的校本课程实施途径主要是依托传统社团活动,呈现出碎片化、随意化、经验化的局限,缺少体系化、系统化、科学化的整合。

[①] 李嵬,但夏.儿歌作品《嘉陵江童谣:四季歌》[J].学前教育研究,2020(05):97.

②各学科落实国家课程的质量与水平参差不齐,师资理论素养有待提升。

③亟待建立相对完善、科学、全面的学生综合素养与核心能力的评价标准和评价体制。

2.建构"五星"课程的政策和理论依据

课程作为学校开展教育教学活动的基本依据,也是实现学校教育目标的基本保证,是学校一切教学活动的中介,并为学校管理与评价提供标准。在建构课程体系时,必须深刻落实教育政策的要求,并依据教育理论来明确课程建设的逻辑和框架。

(1)全面发展,实现五维并举

2018年教育大会明确了我国的教育方针,即教育必须为社会主义现代化建设服务、为人民服务,必须与生产劳动和社会实践相结合,培养德智体美劳全面发展的社会主义建设者和接班人。由此可见,培养全面发展的人是当前教育的核心任务,学校教育应转变思想,在以德为先的前提下,同时对学生的智育、体育、美育、劳育等各方面进行培养,只有综合素养全面发展的人,才能适应不断改革和向前发展的社会。

(2)多元智能,适应时代需要

多元智能理论是由美国哈佛大学教育研究院的心理发展学家霍华德·加德纳在1983年提出的。他认为智能是个体毕生用于学习、解决问题和进行创造的工具。人的智能是多元的,每个人至少有八种智能构成,即言语——语言智能、逻辑——数理智能、音乐——节奏智能、视觉——空间智能、身体——动觉智能、自知自省智能、人际交往智能和自然观察智能。[1]对于中小学生来讲,多元智能理论有助于老师从学生的智能分布去了解学生。我们可以将理论用于两方面:一方面,可以利用多元智能理论来发掘资质优秀的学生,并进而为他们提供合适的发展机会,使他们茁壮成长;另一方面,可以利用多元智能理论来帮助资质一般的学生,并采取更适合他们的方法去传授知识。那么,学校教育理念就必须发生颠覆

---

[1] 王富英,吴立宝,朱远平,等.多元学习之内涵及特征[J].教学与管理,2017(5):4-6.

性的转变：

①要改变以往的学生观

在人才观上,多元智能理论认为几乎每个人都是聪明的,但聪明的范畴和性质呈现出差异。"天生我材必有用",学生的差异性不应该成为教育上的负担,相反,是一种宝贵的资源。学校和教师要改变以往的学生观,用赏识和发现的眼光去看待学生,改变以往用一把尺子衡量学生的标准,要重新认识到每位学生都有所长,只要正确地引导和挖掘他们,每个学生都能成才。

②重新定位教学观

在教学方法上,多元智能理论强调应该根据每个学生的智能优势和智能弱势选择最适合学生个体的方法。按照孔子的观点就是要考虑个体差异,因材施教。要关注学生差异,善待学生的差异,在教学中,根据学生的差异,运用多样化的教学模式,促进学生潜能的开发,最终促进每个学生的发展。

③教师要改变自己的教学目标

在教育目标上,多元智能并不主张将所有人都培养成全才,而是认为应该根据学生的不同情况来确定每个学生最适合的发展道路,让"各得其所"成为现实。这也就是"星光"教育文化所提倡的"让每颗星星都成为闪亮的自己"。教育的价值除了为社会培养有用之才外,更在于发展和解放人本身。

④观念的变化带来教学行为的变化

教师备课、上课不能再像以往那样仅仅为了完成课本上的要求,而是更多地从关注学生,开发学生潜能,促进学生全面发展方面去考虑问题。要采用多种方式和手段呈现用"多元智能"来教学的策略,实现"为多元智能而教"的目的,改进教学的形式和环节,努力培养学生的多种智能。力争使课堂教学丰富多彩,课堂互动形式多样,使学生的主体地位更加明显。

3.课程探索,达成有效整合

我国新时代基础教育课程改革的目标在于以学生为本,具体包括:从"双基"到"四基";以学科课程、活动课程、综合课程、问题中心课程等多类型课程体现目标;学生建构的课程设计,把学生的发展作为课程开发的出发点和归宿。[1]落实这

---

[1] 张映姜.新世纪我国基础教育课程改革的理念与体系[J].西北师大学报:社会科学版,2020(4):7-9.

些目标必须确立终身学习的课程设计、多元文化的课程设计、开放系统的课程设计等全新的课程改革理念。那么,在实践中如何把三级课程真正变为一个整体,如何把课程改革与教学改进进行有机整合,就需要学校形成一套行之有效的整合方法和实施策略。校本课程开发和实施是一个系统工程,需要学校整合多方面的资源,采取系统化的战略来完成这一进程。学校一方面以基于核心素养培育的课程统一建构与实施为抓手,打通学科课程、德育课程、活动课程的壁垒,在课程文化建设中,把校园文化与课本知识相结合,与德育活动相结合,打造学校特有的活动课程。在德育工作的实践与探索中,将逐步形成以四季划分的系列教育活动:春天的华尔兹、夏日香气、秋天的童话、冬季的恋歌。让学生们对科学文化知识有一个更加生动、形象的认识和理解。依托学校课程建设发展起来的红领巾社团更加规范。该社团丰富了队员的课余生活,成为少先队的活动阵地,并逐渐形成具有特色的心理健康教育基地,培养了一名心理咨询老师。让心理健康教育活动和培训工作更深入、更规范、更有效。

另一方面,学校依据"星光"教育特色课程体系建设的需要,构建富有特色的教学模式,形成配套的教研系统和富有针对性的评价体系,实现学校文化、课程、教学、评价一体化发展,全面提升学校办学质量和办学特色,是学校特色课程建设的重要内容。经过逐步探索,学校初步形成了以"星光"教育办学理念统领学校课程建设的特色学校上层建构模式,开发了适合不同学生需要,具有丰富性、选择性、思想性的课程体系,从而促进学生个性、自主、全面发展。

(1)"五星"课程目标

基于学生核心素养培育下的学校课程建设,是将学校"星光"教育融入学校课程而形成的"一个核心,五点折射"的课程目标体系,从学生身心发展规律出发,坚持"以生为本"的宗旨,面向全体学生,因材施教。"一个核心"是指培养个性、自主、全面发展的具有"星光"品质的少年;"五点折射"则是基于国家德智体美劳等五个方面的培养目标而建立的"五星"课程群落,即明德课程、生慧课程、向美课程、尚新课程、行健课程,是由国家基础性课程派生出来的丰富多样的拓展性课程,又在拓展性课程上开发出探究性课程,进一步形成学校多元化统整建构的学校课程建设体系。

在实施中结合"五星"课程分类完善相应的管理和评价机制,从而促进学生和谐、全面、健康地发展,为他们人格塑形、知识积淀、艺术熏陶、创新思维、身心健全等方面的学习与发展奠定基石,让学生的核心素养成为整个学校课程建设的中心目标。五个折射点相互交错,五大课程群落互为关联、互相渗透,将"星光"教育融入促进学生发展的综合素质和个性发展中,统称为"五星"课程目标体系(如图1-1)。

```
                        "星光"教育,多彩人生
                                ↓
            ┌─────┐    ┌──────────────────────┐
            │培养 │ →  │培养个性、自主、全面发展的│
            │目标 │    │具有"星光"品质的少年    │
            └─────┘    └──────────────────────┘
                                ↓
                          "五星"课程
```

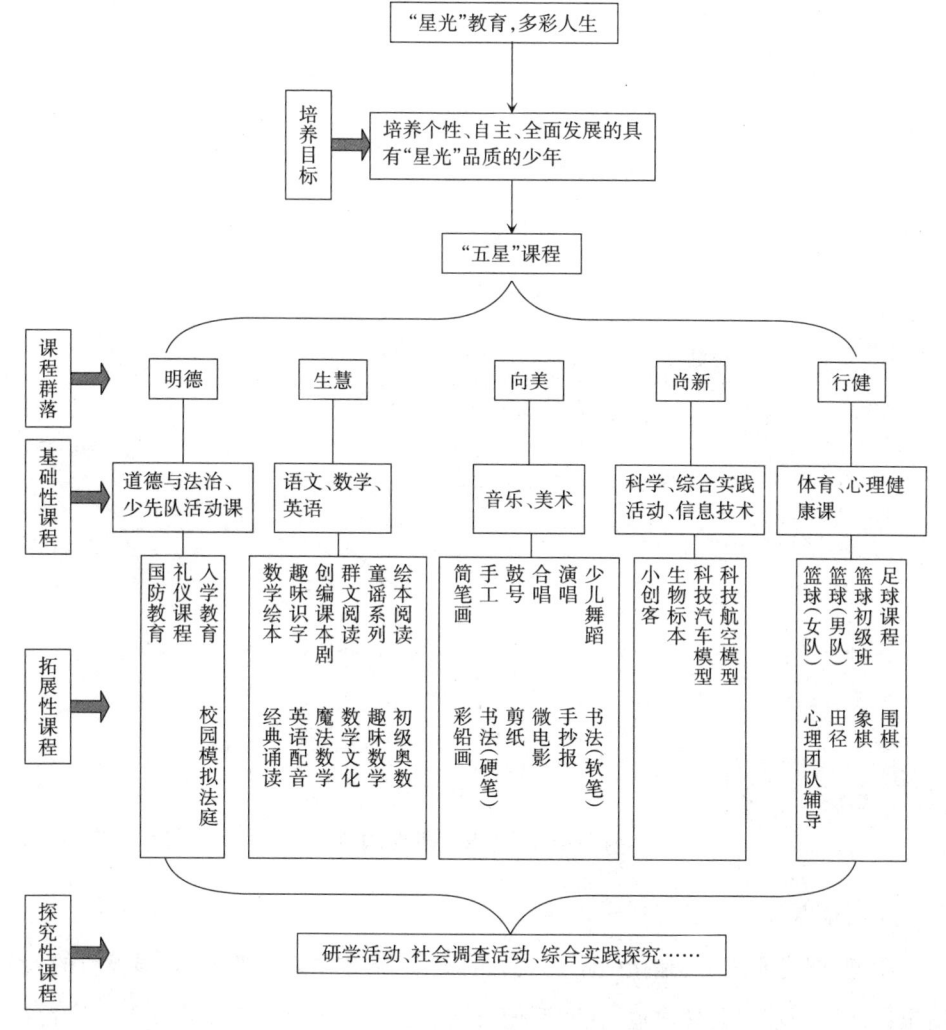

课程群落	明德	生慧	向美	尚新	行健
基础性课程	道德与法治、少先队活动课	语文、数学、英语	音乐、美术	科学、综合实践活动、信息技术	体育、心理健康课
拓展性课程	国防教育 / 礼仪课程 / 入学教育 / 校园模拟法庭	数学绘本 / 趣味识字 / 创编课本剧 / 童谣系列 / 群文阅读 / 绘本阅读 / 经典诵读 / 英语配音 / 魔法数学 / 数学文化 / 趣味数学 / 初级奥数	简笔画 / 手工 / 鼓号 / 合唱 / 演唱 / 少儿舞蹈 / 彩铅画 / 剪纸 / 微电影 / 手抄报 / 书法(软笔) / 书法(硬笔)	小创客 / 生物标本 / 科技航空模型 / 科技汽车模型	篮球(女队) / 篮球(男队) / 篮球初级班 / 足球课程 / 心理团队辅导 / 田径 / 象棋 / 围棋
探究性课程	研学活动、社会调查活动、综合实践探究……				

图1-1 "五星"课程目标体系

(2)"五星"课程内容

在确立课程体系的基础上,学校根据国家课程校本化的目标,将学校视为一个学习型组织、教师作为一个专业工作者,充分激发了学校办学的自主权、教育工作的创造性和教师发展的必要性。[①]学校根据近两年的实践经验,在西南大学教

---

① 徐玉珍.论国家课程的校本化实施[J].教育研究,2008(02):53-60.

育专家的指导下,在学校领导和教师不断反思、不断积累的基础上,对课程目标和内容进行了不断的调整,形成了如下的课程结构体系(如图1-2)。

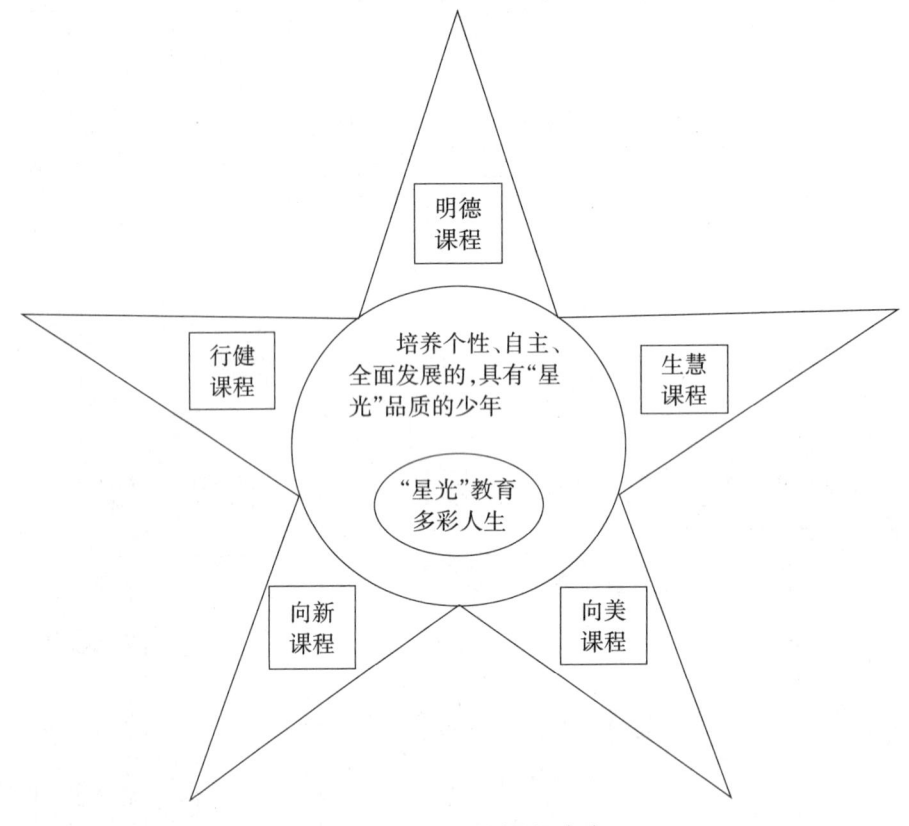

图1-2 "五星"课程内容

①明德课程

明德,即光明之德,是指一个人具有的美德,指才德兼备的人,彰显德行的人。语出《大学》开篇:"大学之道,在明明德,在亲民,在止于至善。"意指学校的宗旨在于弘扬光明正大的品德,在于使人弃旧图新,在于使人达到最完善的境界。《礼记·大学》所指"修身齐家治国平天下",把修身放在第一位次,自己的修养就起来了,有智慧。这时就可以把自己的家庭经营好了;把自己的家庭经营好了的人也一定可以把国家治理好;一个能把自己国家治理好的人,那么他也一定能让世界充满和谐,天下太平。而"五星"课程中的明德课程其主要目的也是首先在孩子的心灵上播下一颗美德的种子,让它伴随孩子的一生生根、发芽、开花、结果,让孩子成长为一个品德高尚,对社会对国家有用的人。

课程目标:明德课程的学习,旨在培养学生的良好品德,促进学生的社会性发展,使学生能认识社会、参与社会、适应社会,成为具有爱心、责任心、良好行为习惯和个性品质的公民奠定基础;使学生初步形成规则意识和民主、法治观念,崇尚公平与公正,学会清楚地表达自己的感受和见解,倾听他人的意见,体会他人的感受和需要,与他人平等地交流与合作,积极参与集体生活;使学生学习从不同的角度观察社会事物和现象,对生活中遇到的道德问题作出正确的判断,尝试合理地、有创意地探究和解决生活中的问题,力所能及地参与社会公益活动。

课程内容:本课程主要依据的是"道德与法治"与"少先队活动课"这两门基础性课程(如表1-1)。

表1-1 明德课程内容安排表

基础性课程	拓展性课程名称	适应年段
"道德与法治"与"少先队活动课"	入学教育 礼仪课程 国防教育	低段 (一、二年级)
	国防教育 校园模拟法庭	高段 (五、六年级)

②生慧课程

"生慧"一词出自"静能生慧,宁静致远",在中国儒释道三家都有共识——"静能生慧""静能开悟""静能正道"。《昭德新编》说:"水静极则形象明,心静极则智慧生。"意在明示后人:冷静有助于思考,思考则能生长智慧。佛陀把智慧分为三种:闻慧、思慧、修慧,最关键的是修慧。通过修习内观可以获得智慧,这是引向顿悟的一条捷径。心清净、意清净,智慧即会涌现。"五星"课程中的生慧课程就是以国家课程"语文""数学""英语"为核心的课程,是培养学生语言综合运用、理性思维、勇于探究、多元理解、长于表达等素养的基础性、实践性课程。

课程目标:生慧课程的学习,不但能进一步巩固学生对国家基础性课程,即语文、数学、英语学科的学习成果,还能培养学生听、说、读、写、算等方面的基本技能;培养学生的观察、记忆、思维、想象、表达、实践能力和创新意识;帮助学生了解世界和中西方文化的差异,培养爱国主义精神。尤其重视阅读类课程,通过优秀文化的熏陶感染,提高学生的思想道德修养和审美情趣,促进科学素养的提升,使之逐渐养成良好的个性和健全的人格,为终身学习打下牢固的基础。

课程内容:生慧课程主要依据语文、数学和英语三大基础学科的不同特征,分别开设拓展性课程(如表1-2)。

表1-2　生慧课程内容安排表

基础性课程	拓展性课程名称	适应年段
语文	绘本阅读 趣味识字 童谣(读童谣、画童谣) 小主持人	低段 (一、二年级)
	趣味识字 童谣(读童谣、演童谣)	中段 (三、四年级)
	群文阅读 创编课本剧 童谣(读童谣、编童谣)	高段 (五、六年级)
数学	数学绘本	低段 (一、二年级)
	初级奥数 趣味数学	中段 (三、四年级)
	数学文化 魔法数学	高段 (五、六年级)
英语	英语配音 经典诵读	高段 (五、六年级)

③向美课程

美是一种精神,其蕴含于学校文化中,因而美需要发现;美是一种素养,它孕育在学校的课程中,因而美需要培育;美还是一种能力,它蕴藏在生活的创造中,因而美还需要在经历与体验中演绎。"向美之心,人皆有之;向美而行,以美育人。"

清华国学院四大导师之一的王国维先生认为:"美育者一面使人之感情发达,以达完美之域;一面又为德育与智育之手段,此又教育者所不可不留意也。"同时,美育教育本质上是价值教育,其宗旨是培养学生美的意识和能力,新时代推进美育教育工作,必须以美育教育工作的价值确立为先导,唯此才能使美育教育工作达到合规律性与合目的性的有机统一。①

基于这样的理念,学校"五星"课程中的向美课程就是以"音乐"和"美术"这两门基础性课程为核心,通过拓展性课程培养学生的艺术知识、技能与方法。使学生能理解和尊重文化艺术的多样性,具有发现、感知、欣赏、评价美的意识和基本能力,具有健康的审美价值取向,具有艺术表达和创意表现的兴趣和意识,能在生活中拓展和升华美等。

课程目标:向美课程的设置,不仅注重孩子们知识和技能,更重要的是要引导孩子们拓宽胸襟,涵养气质,追求一个更有意义、更有价值、更有情趣的人生。基于审美情趣素养的向美课程建设分解为三个子目标:一是普及艺术知识,让学生具备基本的艺术审美能力;二是开展艺术创作与体验,让学生具有艺术表达和创意表现的兴趣和意识;三是拓宽艺术实践活动,让学生形成健康的审美取向和习惯。

通过对各种艺术拓展性课程的学习,学生的兴趣爱好得以培养,个性特长得以发展。通过学习和实践,学生学习并掌握必要的基础知识和基本技能,开阔学生的文化视野,提升学生的艺术素养。在学习中,不断提升学生自主学习的能力和团队协作的能力,为学生提供多元学习的平台。

课程内容:向美课程依据的是音乐和美术这两大基础学科的不同特征,分别开设拓展性课程(如表1-3)。

---

① 修远,徐杨.新时代学校美育工作的立德树人价值逻辑与实现路径[J].中国电化教育,2019(10):97-101.

表1-3 向美课程内容安排表

基础性课程	拓展性课程名称	适应年段
音乐	少儿舞蹈 演唱	低段 (一、二年级)
	合唱 鼓号	中段 (三、四年级)
	合唱 鼓号	高段 (五、六年级)
美术	手工 简笔画 手抄报	低段 (一、二年级)
	手抄报 书法(软笔)	中段 (三、四年级)
	剪纸 书法(硬笔) 微电影 彩铅画	高段 (五、六年级)

④尚新课程

崇尚革新、创新、立新是中华文化的优良传统,也是中华民族文化自信的突出表现和主要标志。远在先秦时期,中华民族就有对创新、立新的高度自觉。先秦哲学中的"尚新"意识、"尚新"思想内容丰富,含义深邃,几乎各派哲学都对"尚新"有所论述。其中蕴含的比较重要而又影响深远的"尚新"价值观,约有四个:一是"新命"价值观;二是"新知"价值观;三是"新民"价值观(崇尚"新民"的人格价值是《大学》一书重点阐明的观念。书中一开头就说:"大学之道,在明明德,在亲(新)民,在止于至善。"倡导君子应该尽一切努力,持续不断地求新,使自己人格达到完善境界);四是"新德"价值观。四大价值观共同构成中国传统的"尚新"观念和"尚新"精神。这种"尚新"观念和精神,是中华民族文化自信的突出表现,也是文化自信的主要标志,至今仍有重要的现实意义。少年儿童是推动历史进步的重要力量,而创新关乎国家的前途和民族的命运。儿童创新思维能力的培育有利于继承和发扬中国青年的优良传统,有利于青年更好地践行初心使命,是培养"时代新人"的题中应有之义。[1]

课程目标:尚新课程的学习,旨在培养学生的逻辑思维能力、数字文化创造能力以及解决问题的能力;在学习的过程中,使学生掌握丰富的知识、体验动手带来的乐趣;提升学生科学素质,创新科普活动形式,通过学习和应用媒介技术,体验并掌握科学探究的过程及方法。

课程内容:尚新课程依据的是科学和信息技术两大基础学科的不同特征,分别开设拓展性课程(如表1-4)。

表1-4 尚新课程内容安排表

基础性课程	拓展性课程名称	适应年段
科学	科技航空模型	中、高段 (三至六年级)
科学	科技汽车模型	中、高段 (三至六年级)
科学	生物标本	中、高段 (三至六年级)
信息技术	小创客	中、高段 (三至六年级)

⑤行健课程

"行健"一词出自《周易》:"天行健,君子以自强不息;地势坤,君子以厚德载物"——天(即自然)的运动刚强劲健,相应地,君子处世,也应像天一样,自我力求进步,刚毅坚卓,发愤图强,永不停息;大地的气势厚实和顺,君子应增厚美德,容载万物。这句话简而言之就是说:人如果勇于进取,自强不息,就与天享有一样的功劳。而"行健"则是指:运动刚强劲健,就能达到远大的目标。特别是新时代阶段,更加强调体育精神的核心要义:在传承中实现"人本"升华,在共时性交流中实现开拓创新,在本体性坚守中落实自强不息,推动民族凝聚、促进人的全面发展、坚守民族本性的时代价值。[2]学校"五星"课程中的行健课程就是以"体育""心理健康教育""健康教育"三大课程为核心,遵照"健康第一"的阳光教育和《中小学心

---

[1] 姚娟.青年创新思维能力培育的内涵与方法[J].人民论坛,2022(02):108-110.
[2] 陈芳芳.新阶段中华体育精神的核心要义、时代价值及世界意义[J].体育与科学,2022(02):82-87.

理健康课程标准》中的指导思想,提高学生良好的身心健康素质的课程。

课程目标:通过行健课程的学习,学生掌握体育与健康的基础知识、基本技能与方法,增强体能,达到一定的竞技水平;体验运动的乐趣和成功的喜悦,养成体育锻炼的习惯,发展体育与健康实践;发展良好的心理品质、合作与交往能力;提高自觉维护健康的意识,基本形成健康的生活方式,积极进取、乐观开朗的人生态度;通过团体成员间的互动,在与人交往中通过观察、学习、体验来认识自我、探讨自我、接纳自我,调整和改善与他人的关系,学习新的态度与行为方式,激发个体潜能,增强适应能力,体验团队合作的力量和感受团队队员之间的相互信任。

课程内容:行健课程依据体育和心理健康教育两项基础性课程的不同特征,分别开设拓展性课程(如表1-5)。

表1-5　行健课程内容安排表

基础性课程	拓展性课程名称	适应年段
体育	足球课程	全年段（一至六年级）
	围棋	全年段（一至六年级）
	象棋	低段（一、二年级）
	篮球初级班	中、高段（四至六年级）
	篮球(男队)	高段（五、六年级）
	篮球(女队)	
	田径	
心理健康教育	心理团队辅导	全年段（一至六年级）

以"星光"教育为主题的"五星"课程体系,既可以保证国家课程的基础性和规范性地位,同时也可以兼顾地方课程,把校本课程融入学生成长所需要的素养体系中,实现国家、地方和校本课程的科学整合,形成有机整体,促进学生各方面综合能力的提升。

(3)"五星"课程实施效果

①提升了学校的凝聚力

"五星"课程从开发到探索再到实施,学校一方面邀请专家,加强了对老师们的理论培训,同时,更加关注学生的发展,尤其重视过程的督导,及时发现问题、诊断问题,不断积累经验,寻找方法去解决问题。从而促进老师们在教育观念和策略上有所转变、有所提升。同时,逐步形成了完善的具有学校特色的课程体系,"五星"课程旨在引领和帮助每一个学生通过不断地读书学习、身心修炼,形成有自信、有温度、有活力、有光芒的"星光"品格,成为对自己、对家庭、对国家、对人类有用的人才,成为放射出自身璀璨光芒、温暖别人、也温暖自己的一颗颗"星星"。

②形成了课程品牌效应

经过近两年的探索与实践,学校已经初步形成了较为规范的校本课程体系,走出了一条校本课程的特色发展之路。创意十足的校本课程,也成为学生们最期待、最喜欢上的课。丰富多彩的课程培养了学生的个性,激发了创造力,可以促进孩子们的全面发展,为他们后续的学习和发展打下基础。全员覆盖的校本课程,实现了人人参与,孩子们在学校就能够学到心仪的课程,让他们更加自信,心理更加健康,学习兴趣更浓,学习成绩也提升了。老师在参与课程的过程中得到了很多历练,并与自己的课堂教学相长。未来,学校将继续丰富和完善课程的质量,让更多老师参与进来,研发更多的课程,让孩子们德智体美劳多方面都能得到锻炼和成长。同时,校本课程的建设,彰显了学校"星光"教育的特色。课程的开发结合学校实际情况开展,逐渐构成了具有红花岗二小"星光"教育特色的课程,家长们开始认可学校的"五星"课程,社会也对"五星"课程给予了高度评价,让我们更加坚定了前行的方向,让学校资源得到了充分发挥和利用。特别是遵义市电视台在"家门口的好学校"栏目中以《创意校本课程 让学生绽放光彩》为主题对学校做了一期专栏宣传,在社会上引起了较好反响。

③课程德育效果显著

在德育成果方面,学校以人本主义教育思想为指导,根据学生的身心特点,以德育实践为主体,将德育工作融入课程之中,通过每月、每学期,校内与校外活动的结合,让学生在活动和实践中体验感悟,从而提高道德素质和人文素养。在德

育的实践与探索中,逐步形成了六大系列教育活动:

a. 节日、纪念日教育活动。如:在母亲节、教师节组织学生绘画比赛,清明节去祭扫烈士墓,"六一"节举办入队仪式等。

b. 礼仪常规教育活动。从认知和行为两个方面对学生进行教育和引导,让学生在活动中增强文明意识。在全校开展了"星光"少年、"五星、明星中队"评比活动,引导学生从学习和生活中的细节做起,养成良好的行为习惯。

c. 成立了各种"红领巾社团",丰富校园生活,培养学生能力,发展学生个性,陶冶学生情操。

d. 国旗下的讲话和"经典永流传"国学经典诵读,是学校进行德育教育的主要形式之一,也是一个特色。在举行升旗仪式时,全体学生倾听值周老师国旗下的讲话,通过国旗下的讲话对学生进行感恩教育、安全教育和爱国主义教育,促进学生思想道德素质和良好行为习惯、心理品质的形成;培养学生安全的法治意识、交通意识,提升队员的文明素质和道德修养。每周升旗仪式上的国学诵读"经典永流传",以班级为单位进行经典诵读,让广大师生通过聆听、诵读经典,感受优秀传统文化的魅力,品味国学经典的醇厚韵味。让学生从小树立远大目标,培养正确的人生观和价值观,在诵读经典的同时,不知不觉提高品性和修养。

e. 社会实践教育活动。让学生走出校园,如到遵义美术馆开展"传承红色基因 描绘多彩遵义"绘画活动,到苟坝、娄山关、海龙屯开展分年级的主题研学活动等;既有效填补了"双休日"教育的空白,又使学生在实践中得到了锻炼成长。

f. 主题教育。举办了如"缅怀先烈 文化寻根"2019年清明节活动,"争做新时代好队员 我们都是追梦人"庆"六一"主题队日活动,"传承红色基因 讲好遵义故事"讲红色故事比赛等,让政治启蒙在学生心中萌芽。2018年,还承办了"你好,新时代——'初心'点亮'童心'我与红领巾的约定"2018年遵义市少先队活动展示实景观摩,借此契机,大力推进了"动感中队"的创建。

为了更好地发挥每周升旗仪式的教育作用,旗手由每班品学兼优的学生担任,并作国旗下讲话,这样的升旗仪式更贴近学生实际,使学生在受到最直观教育的同时激发起强烈的集体荣誉感,增强了班级凝聚力。

④串联形成家、校、社共育格局

在关工委等上级领导的关心指导下，学校遵循"因地制宜、量力而行"的方针，建立了党建带关键责任制，如"争做新时代好队员 我们都是追梦人"庆"六一"主题队日活动，"勿忘一二·九 肩负新使命"纪念"一二·九"系列活动等。学校每学期定期举行家长学校，并邀请关工委成员或教育专家，对家长进行专项培训。学校还成立校级、班级的家委会机构，并在每月一次的班级"星爸星妈进课堂"中，积极组织家长进课堂讲课。

为了更加有效地促进学生思想道德素质的提高，结合上级相关部门要求，积极开展"新三好学生"评选活动。引导学生"在家做个好孩子，在校做个好学生，在社会做个好公民"。通过"新三好学生"的评选活动，学校将家长、学生和老师联系起来，通过自评和他评，促使学生自觉积极地向上向善。学校还通过班会、家长会和学校的微信平台宣传关工委的相关工作，开创了关工委工作的新局面。

⑤心理健康教育成果突出

在课程体系建设的带动下，学校斥资7万余元打造了心理活动室，建立了心理辅导系统，积极组织开展了家庭教育结合心理健康教育工作、青春期性别教育工作、对留守儿童进行心理健康辅导等活动。组织同学们参加全国学生心理测评培训，并在班主任老师的协助下完成全校学生网上心理测评，对有严重心理问题的学生进行一一谈话。结合学校德育工作开展相关的心理健康辅导活动并将每次活动上报区心理辅导中心，及时有效地解决学生的心理问题，促进其健康发展。

⑥课程建设推动学校全面发展

自"星光"课程建设以来，学校教育教学质量不断提高，社会声誉不断增强，先后获得"贵州省优秀少先队大队委""遵义市红花岗区教育系统创建全国文明城市先进单位""遵义市红花岗区德育工作先进学校""遵义市红花岗区教育系统年度综合目标考核先进单位""遵义市红花岗区校园文化达标单位""遵义市红花岗区'两基'工作先进单位""遵义市文明校园""红花岗区关心下一代先进集体"等荣誉称号。在参加各级各类主题活动和评比中，学校获得诸多荣誉，比如：学校教师获得国家级、省级、市级优秀少先队辅导员；创编的童谣《教育扶贫 情暖童心》获"传承红色基因·童心向党"歌咏诵读市级一等奖；学校班级获遵义市优秀中队；"百名儿童共绘红色遵义"活动获市级一等奖;学生讲述遵义老红军李光爷爷的故事——《于小巷深处追寻那抹"红"》获第十三届贵青杯二等奖、市级一等奖;在遵义市中小学"我心向党"主题读书征文活动中获特等奖等荣誉。

三、"明星"教师队伍的培育与发展

2018年全国教育大会以来,中共中央、国务院先后印发《关于学前教育深化改革规范发展的若干意见》和《关于深化教育教学改革全面提高义务教育质量的意见》,国务院办公厅印发了《关于新时代推进普通高中育人方式改革的指导意见》,对新时代基础教育改革做出了系统设计,标志着我国基础教育迈入全面提高育人质量的新时代。[①]而基础教育教师队伍的整体水平是影响基础教育质量的关键性因素,红花岗二小也在"星光"文化的指引下,开始加强教师队伍的现代化治理,制定和完善小学教师队伍发展的长期规划,创设教师教育交流的平台,创新小学教师队伍建设的体制机制。

(一)"明星"教师发展制度建设

科学的教师管理制度建设,应该基于以人为本的管理理念,在小学教师管理制度建设中应做到:坚持以人为本的管理理念,加强对教师权利的重视与支持,实践民主式教师管理模式,建设以教师为本的学校文化氛围。[②]汇滴水而成细流,引细流以溉泽丘。教学是学校所有管理工作的中心,教师队伍是完成教学工作的基本保证,更是促进教学改革,全面提高教学质量的支撑点。一支高素质的教师队伍,才能积极促进学校的高品质发展。因此,加强教师队伍建设必然就成为了学校规范管理中的重要内容。那么,这就要求高素质的教师队伍不仅要有一致的奋斗目标——共谋学校发展;还要具备较强的教学能力——学科专业素养;同时也

---

① 孙雪.中小学教师队伍建设研究[J].教育教学论坛,2020(29):25-26.
② 刘思伽.以人为本理念在中小学教师管理制度建设中的践行[J].教学与管理,2019(5):53-55.

要树立良好的工作作风——团结协作、刻苦钻研、尽职尽责。优质教师队伍的形成,是提高教师职业道德的重要一环,是创建和谐校园的精神支柱,教师散发的职业魅力必须能诠释学校"星光"文化建设的内涵。

对此,为加快教育强校步伐,打造人民满意的教育,学校围绕校园文化建设的核心,依据《遵义市红花岗区第二小学发展规划》,在西南大学教育专家的启发下,借鉴兄弟单位经验,结合本校实际,制定了《遵义市红花岗区第二小学"明星"教师评选方案和管理细则》。"明星"教师是打造红花岗二小的师者榜样,对师德高尚,自觉遵守教师职业道德规范,忠诚党的教育事业;对教育理念先进,具有扎实的教学基本功,精湛的教学技能;对具有较强的科研意识和教育教学研究能力;对积极、认真参加或承担各项教育教学任务的老师授予"明德星""启明星"和"文曲星"等光荣称号!

(二)"明星"教师培养体系建设

学校把教师的成长规划逐一落到实处,通过学习、培训和教研等方式,不断提高教师的个人素养,使教师的整体发展水平趋于均衡化、优质化。教师培训既是学校发展的需要,也是教师继续学习的需要,有利于调动教师的积极性。在培训类型上,学校举行了师德培训、学科培训和班主任培训;在培训梯度上,学校举行了入职3年以内的新教师适岗培训,教龄在4至10年的中青年骨干教师培训,教龄在10年以上的"老"教师专项培训。针对不同类型的培训,培训方式上也各有不同。师德培训更多采用的是通识培训的形式,外请专家或校级领导以讲授为主,同时借助学校"星光"讲堂由我们身边的教师标兵"现身说法"。学科培训和班主任培训则更多的是基于课堂的研究,如开展听评课、课题集体研讨、优质课评比、教学基本功大练兵、少先队活动课观摩等,其目的就是为了能够学以致用,打造精品化的课堂教学。对于青年教师的培训,多以外出参访、跟岗交流、实地观摩、线上学习等模式进行,一是开阔他们的视野,吸纳先进的教学理念;二是为他们搭建各种学习的平台,加快其成长的速度。一旦发现有潜质的老师,学校就着手规划这类教师的长效培训,将其培养为学科领头人或骨干教师。资历较老的教师,需要补给的应该是一些创新的思维,以及现代信息技术手段,针对他们的培训形式偏向于即时培训。

　　同时,学校着重抓好教研组长、学科带头人和骨干教师这"三支"队伍,形成教学龙头。要求教研组长必须做到知识、业务和管理三过硬,团结和领导全组成员圆满完成教学任务;学科带头人则为专业学科水平最优秀的人才,在备课、讲课和辅导诸方面是年级学科教学的核心与代表,并负有培养和提携后进的责任;骨干教师是在中青年教师中脱颖而出的佼佼者,能在学科教学中独当一面,承担重任。这支队伍的形成和发展已成为学校教学工作中的重点,也是学校发展的中坚力量。加强师资队伍建设是保证学校获得长远发展的重要因素。学校为教师提供有利于深入进行研究的教学氛围,采用不同的形式为教师提供最新的教学资源与教学信息,促使教师以开放平等的心态融入教学经验的交流中,让优秀的教学人员分享教学心得;为教师提供充足的学习机会与培训机会,激发教师的学习主动性,从不同角度提升教师的教学技能,提升教学人员的综合素质。

(三)"明星"教师工作室建设

　　学校是名师成长的土壤,又是示范引领的基地。在本次项目活动中,学校特邀红花岗区资深教研员、贵州省特级教师、贵州省教学名师李遵慧、李淑艳为工作室顾问,同时汇集各区县优秀教研员、骨干教师为成员形成教师发展共同体。以"拓展教学研究空间,搭建交流合作平台,引领教师专业发展"为宗旨;以"理论与实践相结合、自主与交流相结合、学习与应用相结合、反思与提升相结合"为原则;以"专业引领、同伴互助、交流研讨"为基本形式。在发展理念"水本无华,相荡而生涟漪;石本无火,相击而发灵光"的引领下,秉承"促进教师专业化发展、加强人才梯队化建设"的工作目标,扎实有效地开展形式多样、卓有成效的教学研讨活动,如"名师课堂""名师讲坛""同课异构""精准扶贫""送教下县""学员风采""读书交流"等活动。学校着力培养一批道德品质优良、教学理念先进、业务素养厚实、教研能力扎实的小学语文教师队伍。

　　由于本校校长是遵义市名师工作室(小学语文)主持人,所以在此次项目的推动下,名师工作室特别致力于遵义市小学语文的学科发展,为学校青年教师的迅速成长搭建了平台,还为遵义市小学语文学科培养了一批道德品质优良、教学理念先进、业务素养厚实、教研能力扎实的教师队伍。工作室全面推动了遵义市小学语文教学教研和改革工作,促进学校教师专业化发展,也因此获得了首届"遵义市优秀名师工作室"的称号。

同时,学校相继成立了张剑波区级和市级音乐名师工作室。工作室以"聚焦学科核心素养发展,探索学习方式变革,解决学科教学难题"为发展目标;以中小学音乐教育为研究领域,立足课堂,为全区青年音乐教师的成长搭建阶梯,提高教师专业化水平;以专题研究、学术交流、教艺切磋、互动提高为宗旨;以"成就一批受学生欢迎的音乐名师或骨干教师"为基本目标,营造一种博采众长、和谐发展的教研团队氛围。在工作室以名师为先的辐射引领作用下,学校艺术教育工作初见成效,不仅培养了优秀的青年教师,而且带领学生在合唱、舞蹈和童谣等方面也获得了优异的成绩。

(四)教师科研能力提升工程建设

小学教师科研能力的提升直接关系到小学教育教学质量的提高,而影响小学教师科研能力提升的因素有理念、目标、项目、团队、机制、文化等。[1]学校在认真分析影响小学教师科研能力提升问题的基础上,采取以正确的科研理念为指导,用确定合理的科研目标为推动,以合适的科研项目做向导,以重视科研团队建设为抓手,建立民主内生的科研机制和形成自觉自主的科研文化,全面提升学校教师的科研能力。学校以此项目为契机,以科研为先导,让科研促教研,让科研成为课堂教学的助推力,启动了教师科研能力提升工程的建设。

自项目开始以来,通过西南大学专家的指导,学校先后承担省、市、区级课题10余个,其中省级课题《小学语文"原生态习作"教学策略实践研究》获省级优秀成果奖,市级课题《探究"声势律动"在音乐教学中的创设与应用》已顺利结题,此课题还开发出校本读本,并计划将课题成果进行全区推广。区级数学课题《数形结合思想在小学教学中运用的研究》于2020年2月顺利结题。目前申报的两项"西南大学·遵义市教师教育创新实验区示范校"基础教育科学研究专项课题:一是《基于"童谣"特色的小学校本课程开发与实践研究》,二是卓越教师承担的《"互

---

[1] 王玉,刘惠林.小学教师科研能力提升的逻辑起点与对策[J].教学与管理,2017(32):20-22.

联网+"背景下小学混合式教学模式有效课堂探索》。此外,申报区级课题《关于优化学生美术作业评价方式的研究》《关于处理好学生在足球比赛中扎堆现象的实践探究》成功立项。目前,学校现有校级课题20余项,参与课题研究的老师及涵盖的学科达到80%以上,这些课题来源于一线教师在教学实践中的点滴积累,更具操作性和推广性。

通过课题研究,各学科教师初步探究并形成了有助于本学科教学的策略和模式。课题组成员教师更新了教学理念,增强了与时俱进的学科教学意识,有效改变了自身的教学行为,提高了自身的理论水平、科研水平和教学水平,教学成绩更加突出,教师整体素质得到提升。更重要的是,学生成为"明星"教师科研能力提升工程的最大受益者,越来越多的学生对相关学科产生了浓厚的学习兴趣,学习效果也有明显改观,在相关的学科活动中大放异彩。

四、"星光"管理体制的改革与创新

当前,我国的基础教育体制体现出社会适应性与自身规律性的统一、稳定性与多变性的统一、静态与动态的统一、实体与程序的统一等特点。基础教育体制改革的基本走向表现为:经费投入走向合理分配,管理体制走向"以生为本",基础教育管理走向效率,办学主体走向"一主多元",学校内部管理体制改革走向活力的特点。[1]因此,在拟定学校管理体制时,学校与西南大学教育专家经过多次讨论,采用以任务驱动的学校治理结构,改良了传统科层制的弊端,采用项目式扁平化管理的模式,进行学校管理制度的改革探索。

(一)课程管理机制

学校成立课程建设核心团队,保证课程建设的具体实施和开展,在纵向上,核心团队根据"五星"课程群落共分为五个组别。组长主要负责本课程群的落实,包

---

[1] 李宜江.基础教育体制改革的特点与走向[J].当代教育论坛(学科教育研究),2007(07):28-29.

括:课程计划的拟定,对校本课程的研究、实施和管理,并进行适时的指导与评估,调查和分析学生对校本课程的需求情况,负责校本课程培训,搜集整理过程性材料,并协调各部门的工作。成员为该课程群的核心力量,主要负责课程的具体实施、完善和评价。

为确保学校课程建设规划的有效实施与重点项目的有序推进,在横向上,学校成立了由校长领衔的协管小组,制定了课程建设项目管理办法,将推进课程建设成效列入教研组和教师个人的考核指标,并定期对推动学校课程建设作出贡献的教研组和教师个人给予表彰与奖励。

同时,在"星光"文化理念的指导下初步建立了校本课程的三级协助管理体系:校级领导带头、教导处引领和教研组直接负责。

1.校级领导带头

校长是第一责任人,既是身体力行者,也是校本课程开发的总设计师。他负责策划制定《学校课程建设实施总方案》,并发动全体教师积极参与校本课程的开发、实施、督促和评价。同时,校长按计划保证校本课程开发研究经费到位,用于购置资料,派教师外出学习培训,请专家讲课及开展校本课程的开发和研讨活动,保证开发工作的顺利进行。

2.教导处引领

学校教导处和德育处具体负责学校校本课程的开发和评估等工作。根据《学校校本课程开发的总方案》对各教研组申报的校本课程进行综合评估和论证,确定开设的科目和开设的时间。组织各教研组制定切实可行的校本课程实施计划和方案,并由课程部审核备案。负责好全校的校本课程开发、教研等流程管理工作,加强对开设的校本课程进行具体的指导和落实,及时对校本课程开展日常的考核和评估工作,并进行档案式的管理。

3.教研组直接负责

教研组是学校落实教学工作、开展教学研究和提高教师业务水平的重要组织之一,它在教导处的领导下负责组织开展校本课程开发的全部工作。包括:组织教师学习校本课程开发的理论知识,明确校本课程开发的目的和任务,制定切实可行的具体方案或实施计划并严格执行。积极开展校本课程的研发活动,根据学生的实际、该课程的特点和教学大纲进行自编或改编校本教材,加强集体备课,制作教学用具,达到资源优化和共享。组织校本课程开发的核心小组成员,积极参与各级的课程研究,贯彻落实到每一堂课和每一次课程研讨活动中,及时记录课后反思,教学案例和体会等第一手原始资料。

同时,教研组要协调社会、家庭和政府,为开发校本课程提供保障。利用新闻媒体大力宣传校本课程,营造良好的社会舆论氛围。争取社会各界、社区和家长的积极配合,探索建立学校、家庭和社区有效参与的新机制。另一方面,教研组要完善课程建设管理制度和评价机制。构建学校的科学管理机制,完善学校的课程管理制度,进一步加强课程的实施管理。以师生的发展为本,构建科学的课程建设评价机制,完善红花岗二小《教职工行为规范》《教学常规考核细则》《"五星"中队考核细则》《教育教学绩效奖励细则》等,科学评价教师的课程执行力,促进教师的专业化发展;制定学生激励评价方案,科学使用学生成长记录册,促进学生为更大的成功而努力。

(二)经费保障制度

学校财务管理是整个学校管理的有机组成部分,它直接关系到学校教学等各项工作的有效开展,是保证培养合格人才的重要条件之一,"财为办学的经济基础"。[①]为了保证项目的有效进行,学校专门完善了相关的经费财务管理制度。

1.全力保障核心教学经费。要能够满足课程资源开发、教学设施配备、教学资料、教师培训和外出学习交流活动等经费需要。

2.统筹安排教学经费,保证重点。在量入为出、收支平衡的前提下,每年在安排经费预算时,优先安排课程建设经费,将全年经费预算的40%用于核心教学经费支出,使教学工作的中心地位在经费预算中得以体现。

3.优先安排教师培训所需资金。优先安排一定数量的骨干教师、学科带头人、班主任和管理人员外出学习,保障教师培训所需资金。

---

① 张福斋.学校财务管理探究[J].新疆石油教育学院学报,1987(C1):7-15+26.

4.设立教改课题专项使用经费,包括国家级、省级课题资助及奖励费。课题专项使用经费原则上专款专用,不得挪用或挤占,按照学校相关制度办理报销手续。

5.设立学校课程实施的研究及奖励经费。对教师开发的学校课程,学校应组织评选,把优秀的学校课程活动或案例,印装成册,并予以奖励。另外,教师开发出的学校课程的成果将记录在教师业务档案。

6.强化监督检查。为确保教学经费能足额投入到课程开发和管理工作中,学校将加大课程经费的监督力度,建立完善的监督机制,保证课程建设经费能够足额、充分、高效地使用,严禁挤占、挪用。为此,学校专门由职工代表成立监督小组,定期按照有关规定对教学经费实行监督及检查,学校每学期向全校教职工汇报教学经费的使用情况,并设置财务公开栏。

五、"星光"评价机制的创设与实践

学校评价政策是学校评价工作实施的重要制度保障,制定和实施科学合理、具体的学校评价政策是推进学校评价发展、促进其质量提升的根本保证。[1]总结反思红花岗二小原本的评价机制,发现以下问题:评价主体单一,尚未建立多元主体参与的评价制度;评价标准不明确,评价指标不具体;原则性规定较多,操作性不强。基于上述问题,在西南大学教育专家们的协助下,共同拟定形成了"星光"教育评价体系。

---

[1] 李文静,徐赟.改革开放以来我国普通高中学校评价政策的回顾与分析[J].现代教育管理,2016(03):80-84.

(一)课程评价机制的构建

1.以课程评价为学校改革的指向标

完善课程设置、激励学生学习和改进教师教学是课程评价的目的。从师生的发展出发,建立评价目标多元化、评价方法多样化的发展性课程评价体系是学校课程建设中的重要环节。具体做法如下:

(1)制定红花岗二小《校本课程评价量表》,对开设的校本课程的目标达成度、教材的编写质量、办学理念的体现、学生对课程实施的满意度等方面制定评价指标体系与评价标准。通过评价,学校有效推进了课程建设,推进了一批优质课程的发展。

(2)制定红花岗二小《国家课程校本化实施(备课)(上课)(作业)评价量表》,聚焦有效教学,对教材内容的整合、教育理念的渗透、有效校本作业的设计等方面制定评价标准。教师根据学校特色、学生基础、培养目标调整自己的教学行为,进而提高教育教学质量。

2.建立过程评价、自我评价、动态性评价和发展性评价相结合的评价体系

(1)评价是伴随整个学习过程的,教师在校本课程的教学过程中,应该始终注意给予学生积极的正面评价和成功的心理体验。

(2)评价主体的开放性,即校长、部门主任、教师、学生及家长代表,甚至其他关心、支持教育工作的社会热心人士,均可参与对校本课程开发与研究的评价。

(3)动态化的评价方式,即给予多次评价的机会,允许评价针对不同的侧重点,通过定性或定量的评价与描述,师生双方实现共同提高与发展。

(4)评价的灵活性和多样性,即教师评价采取自我评价为主、学校评价为辅的方式进行,其中又以过程评价和发展性评价为主,促进教师在学校课程开发中独创符合自身教学风格和特色的校本课程;学生评价则采取教师评价、同学评价和自我评价相结合的方式进行,让每个学生从评价中认识自我、发展自我。

(二)教师评价机制的实施

教师职业有较强的专业性,教师要自觉地承担起学生成长的唤醒者、助推者、引领者和陪护者角色,教师评价在于评量教师工作的价值,更在于唤醒教师的专业自觉。[①]制订从一般化的业绩考核到专业发展评价,应视为教师评价的发展走向,以实现动态的、过程取向与终身化的教师评价模式的必然趋势。[②]因此,根据"星光"文化的内涵,学校也制定了"明星"教师评价机制,即根据入职教师年限的不同和学科业务水平的高低,把对教师的培养设定成"星级"指标。其中:"三星级"教师是指入职三年以内的教师;"五星级"教师是指达到中级职称并具有一定教学经验的教师;"七星级"教师则是指获得区级以上骨干、名师的学科带头人;"十星级"教师则是指获得高级、副高级职称,特级称号的教师。星级的逐步递增,表明教师的教学水平也在递增;而星级高的教师越多,则表明学校整体教育教学质量的提升就越大。学校还将开设"明星教师课堂",通过骨干教师和卓越教师的课堂教学展示,发挥其引领和辐射作用,带动更多的青年教师,让越来越多的"星光"教师去点亮红花岗二小的璀璨星空。

(三)学生评价机制的探索

在教育领域,以认知能力为基础的传统智力观一直居于统治地位。受其影响,以考查学生的认知能力为主要内容、以选拔高认知能力学生为目的的学生评价体系也长期植根于教育及管理者脑中。[③]而加德纳的多元智能理论的提出,对转变传统智力观及学生评价机制具有很好的指导作用和借鉴意义。学校基于"星光"教育理念,设置了学生"争章夺星"储蓄册,用于学生的综合评价,鼓励学生不断努力持续进步。同时利用少先队建队日之际,各个中队的少先队员们积极发挥其主人翁意识,集思广益,献计献策,设计了独具"星光"特色的奖章,学校择优"推章"实施,真正发挥红领巾奖章的作用。

---

① 张钧,李桢.唤醒教师专业自觉的教师评价机制改进[J].中国教育学刊,2015(04):84-87.

② 王国明.从业绩考核到专业发展评价:中小学教师评价机制研究[J].贵州师范大学学报(社会科学版),2019(03):72-80.

③ 李强.浅谈学生评价机制的转变[J].淮北职业技术学院学报,2005(01):44-46.

与此同时,学校还尝试进行了"星光"少年学生评价机制的探索。设立了"文明星""学习星""体育星""艺术星"和"生活星"的"星光"少年评价方案,对应德智体美劳"五育并举"的国家政策。同时,学校也尝试通过设立"星爸星妈""明星工人"等方式,通过学生的有效参与对家长和学校工作进行评价。

第二章 遵义市第四初级中学特色文化发展实践

2015年,经遵义市委、市人民政府研究决定,"遵义四中"老校区(老城石龙路)被整体移交给红花岗区人民政府,并在原校址恢复兴办初级中学,命名为"遵义市第四初级中学",同年9月1日开班办学。学校位于老城子尹路与石龙路交会处,占地面积29 333平方米。南临举世闻名的遵义会议会址,西与子尹路毗邻,北对红军烈士陵园,东接凤凰山国家森林公园,与母亲河湘江一衣带水、与红军街一墙之隔。校园内古树错落,花径遍布,绿树成荫。明德楼雄伟壮观,博学楼优雅别致,启智楼功能齐全,学生宿舍设施齐备。校园内既有整修一新300米环形塑胶跑道和7人制足球场,8000平方米的运动场地;又有先进的现代教学设备,丰富的图书资源,按标准配套的理化生实验室及通用技术实验室。完备的基础设施为塑造学生人格,拓展学生思维,培养学生能力,开阔学生视野,强壮学生体魄提供了文化的浸润和充足的物质保证。学校教学与高中无缝对接,有利于学生的可持续发展。百年名校的文化积淀,先进的办学理念,独具特色的育人模式使遵义市第四初级中学熠熠生辉。

一、"以文化人"理念系统的形成与发展

(一)"以文化人"理念系统总体要求

学校文化旨在引导师生的成长和发展,同时约束与规范师生的言行,其最高价值在于促进人的充分发展。先进的学校文化通过陶冶、暗示和引导等方式,直接或间接地引领学生的行为习惯、道德素养和人格心理等各方面向美好人生发展,能极大地促进学生综合素质的提高。学校文化包罗万象,依据办学积淀与历史传承探寻合适的载体,为学校课程建设提供必备的物质基础,具有重要的理论意义和实践价值。学校文化如何从自身的发展轨迹、校风校貌、区域背景、学校特色和典型风物中拨冗去繁、沙中淘金、归纳、总结和提炼学校文化的逻辑主线,这是学校文化体系建设的原点。学校文化又如何进入课程体系,它对学校课程建设的价值取向和实践起到什么样的作用,对"培养什么样的人""怎么培养人"起到的导向作用是什么,这是学校文化建设和学校课程建设应该厘清的问题。

为此,遵义市第四初级中学基于"教育即生长"的办学理念,秉持"知者行之始,行者知之成"的教育思想,提出"知行生长"的核心价值文化引领学校建设。我校将"知行生长"学校文化作为师生共同进步、和谐成长的文化,认为其既是对师生修身治学的崇高要求,也是对学校的办学理念、思想及目标,教育原则,育人目标,育人模式和价值追求的高度概括与提炼。

(二)"以文化人"理念系统内涵阐释

1.办学理念:教育即生长

"教育即生长"是20世纪美国著名实用主义教育家杜威关于教育本质的观点之一。杜威认为,教育就是儿童生活的过程,而不是将来生活的预备。他说:生活

就是发展,而不断发展,不断生长,就是生活。因此,最好的教育就是"从生活中学习、从经验中学习"。教育就是要给儿童提供保证生长或充分生活的条件。由于生活就是生长,儿童的发展就是原始的本能生长的过程,因此,杜威又强调说:"生长是生活的特征,所以教育就是生长。"在他看来,教育不是把外面的东西强迫儿童去吸收,而是要使人类与生俱来的能力得以生长。

基于对杜威教育观点的认识,我校秉持"教育即生长"的办学理念,旨在为学生的自然生长提供一个更广阔、更美好、更平衡的学校环境,引导学生寻找到属于个体的生长点,从而激发其内在生长力。杜威认为,既然教育是一种社会生活过程,那么学校就是社会生活的一种形式。他强调说,学校应该"成为一个小型的社会,一个雏形的社会。"在学校里,应该把现实的社会生活简化到一个雏形的状态,应该呈现儿童的社会生活。就"学校即社会"的具体要求来说,杜威提出,一是学校本身必须是一种社会生活,具有社会生活的全部含义;二是校内学习应该与校外学习连接起来,两者之间应有自由的相互影响。为此,我校将这一理念贯彻到学校教育的方方面面,创设贴近学生生命自然的教育情境,帮助学生在学校环境中发现自我、发展自我,使教育真正成为身心和谐发展、充分开发潜能的教育。

2.办学思想:开放办学、立体育人、尊重差异、博约兼顾

在"教育即生长"这一办学理念的基础上,我校从学校办学经验出发创造性地凝练出"开放办学、立体育人、尊重差异、博约兼顾"的办学思想,并使其二者融会贯通,共同指导学校文化建设与教学实践。其一,基于"开放办学"的要求,我校积极开阔开放发展的视野胸怀,在合作中求同存异,在坚持自身独特的办学传统的同时,广泛吸收借鉴国内外一切优秀成果,建设一个开放包容的高颜值、高品质校园,促进优势集聚共享、交融共生;其二,"立体育人"则要求通过分层教学、分设目标、分类指导的教学方式,打造立体育人新模式,以落实立德树人根本任务;其三,"尊重差异"则体现了每个学生的生长点都各有各的特点和阶段,为此在"一个都不能少"的根本共识观照下,全体教师因材施教,帮助每一个学生成人、成才;其四,"博约兼顾"出自苏轼《稼说送张琥》中的"博观约取,厚积薄发",这是提醒学生读书要广博而善于取其精要,要有丰富的积累而谨慎地运用知识,学校办学也更应如此,张弛有度、博约兼顾。

3. 办学目标：贵州创一流、西南走前列、全国有影响

我校始终坚持"贵州创一流、西南走前列、全国有影响"的办学目标，并为此持续努力，在区委、区政府和教育主管部门的正确领导下，我校以"全国教育大会""省教育大会"和"红花岗区教育发展大会"的精神为指引，全面贯彻党的教育方针，规范办学行为；实施素质教育，开足开齐课程；深化教育改革，坚持走特色发展之路，努力推动学校持续、健康、优质、和谐发展。

经过6年的沉淀与酝酿，已然硕果累累。2018年第一届毕业生555人参加中考就取得了优异的成绩，全市前10名我校共占3人；600分以上人数共有10人；500分以上人数共有351人，占63.24%；达到2018年遵义市示范性高中分数线共有423人，占76.21%。我校在狠抓教学质量的同时，也非常注重学生的素质教育，素质教育成果也非常显著。男子足球队获得2016年、2017年、2018年红花岗区校园足球冠军，2017年获得遵义市校园足球三级联赛初中组冠军并代表遵义市参加省赛。我校组队参加遵义市首届校园三对三篮球比赛，获得了男子和女子初中组双料冠军。精品社团"千寻合唱团"在红花岗区中小学"童心向党"主题歌咏活动中获得第一名。我校"机器人创客空间"的建设已初具规模，学校已成为遵义市首家"创客示范学校"，在国家、省、市级"机器人创客竞赛"中多次获得一、二、三等奖。信息技术教学注重实践和计算思维培养，在2018年全国信息学奥林匹克竞赛中，我校学生分获省级一、二、三等奖，实现遵义市初中阶段学生在该竞赛中零的突破。我校教师和学生代表红花岗区参加遵义市记忆力大赛分获市级一等奖。学校现已获得"全国青少年足球示范学校""全国青少年篮球示范学校""全国青少年禁毒教育示范学校"等荣誉称号。

与此同时，学校以课程建设为抓手，把国家课程校本化，校本课程生本化，现已开发出40多门校本课程。学校搭建"选修课、走班制"的平台，建设"STEAM"教育空间，开展"假期实践活动"，2017年在全市率先起步的"STEAM"课程，也在全市青少年科技创新竞赛中获得市一等奖。学生素质教育的阵地不只是校园和课堂，我校遵循"知行合一"的教育思想，鼓励学生走入社会，融入自然，在实践中发现问题、分析问题，最终达到解决问题的目的。学校组织学生到美国进行研学旅行，通过进课堂、进社区、进博物馆、进家庭，培育了学生国际化视野；小小讲解员

随遵义市演讲团走入全国知名高校,传承红色基因,讲好遵义故事,锻炼了学生的社会实践能力;周末街头,由我校学生组织的义卖捐助活动也得到大家的肯定和好评。

4. 教育思想:知者行之始,行者知之成

"知者行之始,行者知之成"出自王阳明的《传习录》,其本义是知是行的开始,行是知的完成,也就是说以知为指导的行,才能行之有效,脱离知的行则是盲动;同样,以行验证的知才是真知灼见,脱离行的知则是空知。而后陶行知也提出:"行是知之始,知是行之成。"这体现了他向社会学习、向实践学习的治学态度,也蕴含着认识来源于实践、实践是认识的基础这样的唯物主义哲学思想。

现如今,我校将"知者行之始,行者知之成"作为一以贯之的教育思想,主要出于对教师和学生两方面的考虑,在求学的道路上只有做到知行合一,学为行用、行为学体,做孜孜不倦的学习者,做起而行之的行动者,才能破解"知易行难"等困境,实现知识与做人的相辅相成,所以不论教学与学习,我们都应该深知,理论与实践相结合才是能力提升的路径。例如,针对日常教学活动,我校认真提炼,系统编制符合教情、学情的教案以及学案为依托,形成"点化到解化、知行合一"的课堂常规教学模式;把课本知识本土化,把教学方法合情化,形成自己的一套必修课的特色教学形式,切实达到减负提质的教学目标,在教学过程中,真正实现"知"与"行"的结合。

5. 教育原则:立志乐道、自省自克、身体力行、改过迁善

我校的教育原则脱胎于孔子的重要德育思想,我校希望用"立志乐道、自省自克、身体力行、改过迁善"这一道德修养塑造教师形象,铸造教师高尚灵魂。"立志乐道"是要确立人生的远大理想和宏伟目标,不落窠臼,乐于弘道。"自省自克"指的是要加强自我反思,能够对内心世界加以"审查""反观",进而更加清晰地获得准确认知,以及自我克服障碍与不足,实现正向发展。"身体力行"强调的是要努力实践,亲身体验,最终达成知行统一,言行一致的最终目标。"改过迁善"出自《周易·益》的"君子以见善则迁,有过则改",指的是要努力改正缺点,不断发扬优点。

在此之下,我校教师队伍建设聚焦提升自我品德修养,发挥以自身为榜样的

重要作用,潜移默化地帮助学生树立"立志乐道"的人生观,坚持"自省自克"的自我审视,面对顺境与逆境,始终保持"身体力行,改过迁善"的价值追求。

6. 育人目标:懂生活、会健体、乐学习、善交流、能合作

中共中央、国务院印发的《关于深化教育教学改革全面提高义务教育质量的意见》指出,坚持以习近平新时代中国特色社会主义思想为指导,全面贯彻党的教育方针,落实立德树人根本任务,遵循教育规律,强化教师队伍基础作用,围绕凝聚人心、完善人格、开发人力、培育人才、造福人民的工作目标,发展素质教育,培养德智体美劳全面发展的社会主义建设者和接班人。基于此,我校深刻认识到"五育并举"是新时期推进素质教育的重要原则,也是落实立德树人根本任务的重要途径。基于这一要求,我校提出"懂生活、会健体、乐学习、善交流、能合作"的育人目标,旨在培养全面发展的新时代中学生。为此,我校积极探索,遵循孩子的生长规律和教育教学规律,为孩子的成长预留空间。坚持把品格修养放在首位,突出强壮学生体魄。在教学过程中以养成教育为基础,弘扬中华传统美德为核心,培养爱国主义和集体主义为重点,把教育与自我教育作为教育途径。在教学过程中以心理健康教育为主线,励志、挫折教育为助力,健全学生人格。在教学过程中不断激发学生潜能,力争把学生培养成"懂生活""会健体""乐学习""善交流""能合作"的全面发展的合格中学生。

7. 育人模式:活动即课程,课程即德育

我校坚持"活动即课程,课程即德育"的育人模式,高度重视活动课程建设。活动课程亦称为经验课程或儿童中心课程,为此,我校强调以下几个方面:第一,高度重视学生的需要与兴趣,尊重学生的主体性,充分发挥学生学习的主动性、积极性;第二,积极强调教材的心理建设作用,促进学生在与文化,与科学知识交互作用的过程中,获得人格的不断发展;第三,持续开展实践活动,重视学生通过亲身体验获得直接经验,培养学生解决实际问题的能力;第四,重视课程的综合性,主张以社会生活问题来统合各种知识。这些都有利于学生获得对世界的完整认识,即通过丰富多彩的课外活动、兴趣小组和学生社团活动,让每一个学生都能激活自己的兴奋点,挖掘潜能,开发智力,充分落实"学生成长在活动中"的教育要

求。通过活动,学生可以树立人与社会、人与自然、人与人和谐共生的理念,养成热爱自然、保护环境、珍惜生命、关爱人类的善良品德。

与此同时,坚持贯彻"课程即德育"的育人模式,学校实现德育课程化,通过传统教育、国防教育、爱国教育等形式,培养学生优良的品质。课程一般包括主题班会课程、校节活动课程和传统节日课程。例如,为庆祝中国共产党建党100周年,我校开展"感受责任 做新时代责任少年"主题活动,让同学们体验集体合作的快乐,体现积极向上、乐观进取的精神,做新时代有责任的好少年。活动形式多样,通过仪式教育等方式积极创设机会,让孩子们通过活动获得更多的精神财富,激发学生热爱祖国、热爱生活、热爱学习、热爱校园的情感。

8.学校校训:明德、博学、启智

校训是师生精神面貌的理想写照,也是对师生的谆谆告诫。为此,我校秉承并发扬"老四中""明德、博学、启智"的校训。"明德"是先行要求,其源于《礼记·大学》中的"明明德",此篇开篇即说:"大学之道,在明明德,在亲民,在止于至善。""明明德"的第一个"明"是明白、彰显的意思,彰显的是"明德","明德"的"明"是形容词,形容什么呢?形容人的"德性"的觉醒性、自明性以及超越性。"德"指的就是"德性",就是我们本有的"性体",本有的"德性"之体,"明德"合在一起,指的就是心体。因此,首先要识德和知德,了解德的成分和组成,只有如此才能够修德、守德、行德。"博学"是必要经验,"博学"语出《礼记·中庸》:"博学之,审问之,慎思之,明辨之,笃行之。""博学"既指广泛学习,也指学问渊博。教师的"博学"还意味着博大和宽容,真正做到"海纳百川、有容乃大",进而"泛爱众,而亲仁"。博学是善教的基础,教师有一桶水,才能给学生一杯水。教育者"博学"意谓教首先要广泛地猎取,要有充沛而旺盛的教育教学改革能力;"博"还意味着博大和宽容。唯有博大和宽容,才能兼容并包,使教育具有世界眼光和开放胸襟,真正做到"海纳百川、有容乃大",进而"泛爱众,而亲仁"。对学子来说,要"博学而笃志,切问而近思,仁在其中矣",广泛地学习并且志向坚定不移,深入地问问题并且时常思考。"启智"是最终目的,以德启智,即教育的真谛,"启"为启发开导之意;"智"指智慧、智能。通过对事物的熟悉、了解,循循善诱,学生发现自身优势,开启心智,激发学习兴趣,探究事物发展的规律和本质,通晓万物,弥补不足,从而树立追求真理的精神。在教育教学过程中,师生通过对校训的诵读与体悟,使之逐步融贯于行,真正实现知与行上的"明德、博学、启智"。

9.价值追求:做真教育,真做教育

"做真教育",是指教育应遵循教育规律和学生成长的规律。"真做教育",是指教育应务实,不惧逆流,不跟风,真正地体现出教育实效,为每个生命的成长提供最全面的支持。二者相合,可以认为"做真教育,真做教育"的"真"是关键词,"真"是事物固有的属性,即"本原""真实""本性"。"真教育"以关照学生的主动成长为逻辑起点,一是要明确成长是学生生命存在的价值意义;二是要从学生自然生命与价值生命一体相通的层面出发,关怀学生发展的终极目标;三是教师要引导学生去认识自身成长和发展的无限可能性,并准确把握其中的本真可能性,确立自己的成长方向。"真教育"就是发展学生的自我成长意识,把迷失的生命成长价值找回来。也就是说,"真教育"要把教育还原为一片培养学生健康成长的净土,把极端功利主义教育逐出学生成长的心田,拓宽学生"自我实现"的途径,最大限度地激发学生成长的意志,发挥学生成长的潜能,以最终实现我校"做真教育,真做教育"的价值追求,引领学校文化建设。

10.学校文化:知行生长

知行文化在中国古代哲学中是关于道德修养、道德认识论和实践论的命题。王阳明首次提出了"知行合一"的学说,他认为"知行合一"主要包括以下两层意思:一是知中有行,行中有知,二者不可分离;二是知是行之始,行是知之成。美国教育家杜威认为,应"从做中学",强调做是学的起点,即"先行后知",二者都注重"知行合一"。陶行知先生认为教育要"教学做合一",教学做合一是生活法亦是教育法。基于此,我校将"知行生长"学校文化作为师生共同发展、和谐成长的文化,以"知行"为成长的重要养料,认为这既是对师生修身治学的崇高要求,也是对学校的办学理念、思想及目标,教育原则,育人目标,育人模式和价值追求的高度概括与提炼。

与其相对应的,我校全体教职工达成了"以学生发展为本"的基本共识,从"夯实基础,激发潜能,发展个性"的要求出发,整体规划、因地制宜、突出重点,逐步建立起帮助学生能够适应终身发展和社会发展需要的教育体系。其中,以"知行生长"文化为基础建设的"三色"生命课程获得诸多关注,这一课程体系的构建是"知行生长"学校文化浸润的重要体现,指向学校文化引导师生共绘生命底色、共铸人生理想、共建精彩人生。

二、"知行生长"课程体系的探索与构建

遵义市第四初级中学紧密围绕"贵州创一流、西南走前列、全国有影响"的办学目标,秉承"明德、博学、启智"的校训,坚持"教育即生长"的核心价值文化,深入贯彻"以学生发展为本"价值理念,进一步落实国家新一轮课程改革,大力推进素质教育。通过加强课程执行力的建设,学校不断提高教育的有效性并加快学校各项事业的发展步伐,紧密结合国家课程、地方课程以及校本课程,满足学生的发展需要,适应社会多元化需求,构建了特色生命课程,以实现"活动即课程,课程即德育"的育人模式。

(一)课程指导思想

学校课程指导思想是课程体系方法论的核心,是关于课程方向及原则的理念,在课程中起主导作用。课程的指导思想具体是指在课程开发、实施和评价等过程中制约着各个环节活动的价值原则,它规范着课程标准和目标的性质,课程内容选择的范畴和领域,课程实施的取向以及课程评价标准,主导着整个课程落实的过程。

遵义市第四初级中学认真落实《基础教育课程改革纲要(试行)》的精神,将《基础教育课程改革纲要(试行)》中指出的"改变课程管理过于集中的状况,实行国家、地方、学校三级课程管理,增强课程对地方、学校及学生的适应性"作为构建

基础教育新课程体系的具体目标之一,并将"学校在执行国家课程和地方课程的同时,应视当地社会、经济发展的具体情况,结合本校的传统和优势、学生的兴趣和需要,开发或选用适合本校的课程"作为课程的指导思想。学校基于"教育即生长"的办学理念,秉持"知者行之始,行者知之成"的教育思想,以"知行生长"文化,即师生共同发展、全面成长的文化,引领课程建设。

为了全面贯彻党的教育方针并促进学生发展核心素养,学校遵循教育规律和学生身心发展规律,改进教学方式,突出"以学生发展为本"的教学理念,关注学生兴趣,丰富学生学习经历,培养学生的科学精神、人文精神和实践探究能力,构建具有学校特色的"三色"生命课程体系。

(二)课程目标

课程目标是指课程本身要实现的具体目标和意图,它是确定课程内容、教学目标和教学方法的基础,所以课程目标是指导整个课程编制过程最为关键的准则。课程目标有助于澄清课程编制者的意图,使各门课程不仅注意到学科的逻辑体系,而且关注教师的教与学生的学以及课程内容与社会需求的关系。

遵义市第四初级中学以"知行生长"文化为基础构建"三色"生命课程,通过开发"红色、金(黄)色、绿色"三类课程,实现"军魂铸人、学科育人、活动立人"的教育目标,打牢成长基点,提升生命品质,展示多彩人生。以实现我校构建"三色"生命课程的最终目标——涵养"教师成长、学生成才、学校发展"的生命成长共同体。

1.课程开发目标

学校充分利用社会资源、学校教学资源、社区资源和家庭资源,开发利用全校师生的个性特长,发动全体师生积极开发有效的课程资源,形成规范、合理、有效的课程体系;做有利于学生发展的课程开发,形成具有浓郁学校特色、体现教师个性特长、以学生兴趣为基础的课程体系。

2.学生发展目标

学校以培养德智体美劳全面发展、综合素质水平高、同时发展一定优势特长的学生为育人目标,以培养"全面发展的人"为核心,夯实学生的文化基础,使学生习得人文、科学等各领域的知识和技能,掌握和运用人类优秀智慧成果,涵养内在精神,追求真善美的统一,发展成为有宽厚文化基础、有更高精神追求的人。促进学生的自主发展,使学生能有效管理自己的学习和生活,认识和发现自我价值,发掘自身潜力,有效应对复杂多变的环境,成就精彩人生,发展成为有明确人生方向、有生活品质的人。提升学生的社会参与,使学生能处理好自我与社会的关系,养成现代公民所必须遵守和履行的道德准则和行为规范,增强社会责任感,提升创新精神和实践能力,促进个人价值实现,推动社会发展进步,发展成为有理想信念、敢于担当的人。

3.教师发展目标

学校以习近平总书记指出的"教师做的是传播知识、传播思想、传播真理的工作,是塑造灵魂、塑造生命、塑造人的工作。教师不能只做传授书本知识的教书匠,而要成为塑造学生品格、品行、品味的'大先生'"为指导,打造一支德才兼备的教师队伍,使教师通过参与课程开发和实施,促进自身专业化发展,做到品格更加高尚、业务更加精良、一专多能、勇于并善于创新、专业成长迅速,成为学生发展的促进者、教育教学的研究者、开放型的工作者、社会责任的承担者、终身的学习者以及教育教学的行动者。

4.学校发展目标

学校继承学校优良文化传统,充分利用互联网教学资源,使学校各项活动向课程化、学术化、创新化发展,彰显学校教育特色,树立学校办学品牌,进而促进学校、教师和学生共同发展,形成"以师生发展为本"的教育教学管理模式,使学生的主体地位、主动精神逐渐渗透在教育教学过程中,将学校建设成为人性化、多样化、个性化的人才摇篮。

(三)课程设置的基本原则

遵义市第四初级中学以教育部《义务教育课程设置实验方案》中的课程设置原则为基础,结合学校办学特色、办学经验,提出了以下课程设置的基本原则:

1. 整体性原则

只有全面整体的课程体系，才能促进学生的全面发展，因此课程体系的构建必须从大局出发、从整体出发，处理好课程体系内各要素之间的关系，注重学生经验，加强学科渗透。在确保国家课程教育质量的前提下，根据学校实际，适度开发校本课程，使国家课程、地方课程和校本课程形成一个有机的整体，共同促进学生的全面发展。

2."三化一体"教学原则

从核心素养出发，以学生的身心发展规律为基础，使理论知识与实践结合，将课程设置整合化、情景化、活动化。从学习者已有的经验开始，打破严格的学科之间的界限，有步骤地扩充学习单元、组织教材，强调在活动中学习，教师从中发挥协助作用。开发可以使学生"置身"于情境中的、与知识理解和运用的情境具有高度关联的课程，帮助学生理解课程内容，并使学生的心理机能得到发展。逐步完善以培养学生德智体美劳全面发展的课程建设，形成"知行生长"的课程。

3. 基于学科，跨越学科原则

教师团队首先应立足学科，将人类在各个基本学科领域探索的基本成果主要以间接经验的形式系统地传递给学生，以学生为主体，对学科进行有效拓展、延伸和整合，发展学生的学科核心素养。其次，要跨越学科，通过多种学科的知识互动、综合能力培养，教师团队团结合作，相互支持，充分挖掘和利用校内外各种优势资源进行有效整合，形成具有校本特色的高质量课程，以提高学生理解问题、处理问题、创造性地使用多学科的新方法去解决问题的能力。

4. 以人为本，满足需求多样性原则

"以人为本"就是要把学生特别是学生的发展作为教育活动的本体，一切教育活动都从学生的发展出发，在处理学生与学校的关系上，要明确学生在学校存在和发展中的主体性地位，关注学生的权利、尊重学生的人格、注重学生个性的发展和潜能的开发，以促进学生自由而全面发展。"以人为本"要把学生看成学校生存之本，要把促进学生发展看成学校发展之本，要把一切为了学生，为了学生的一

切,为了一切学生作为推动学校各项工作改革的动力之本。

多样性课程培养全面发展的人才,课程体系的构建目标不仅仅是学生知识的掌握,更重要的是动手能力、实践能力、分析能力等多种能力的培养,以及对实事求是、开拓创新等科学探究精神的培养。因此,学校课程要根据学生需求开发多种类型的课程,提高学生学习兴趣。在课程的开发、实施、评价等各个环节,都要考虑发挥学生个性特长、增强学生对自然的热爱、对社会的责任感和使命感,形成正确的人生观、价值观和高雅的审美情趣。要面向全体学生,面向学生的一切,实现师生和谐共同发展。

5.实践创新性原则

以国家制定的教育目标为课程的准则与导向。结合国家的教育方针,学校课程的设计、实施与评价均以实现课程目标为最高原则与最终目的。在学校课程开发、实施、评价等过程中,用共同的教育目标来规范和引导整个课程活动,在保证国家基础教育质量的同时充分展示学生的个性特长。

一方面,学校的"三色"生命课程要结合本校的社会背景、历史沿革、学生特点等创新性地开发适合本校发展和学生需求的课程。另一方面,在全球化的时代,创新能力不管是对一个国家、民族而言,还是对个人而言都是非常重要的能力。因此,"三色"生命课程非常重视学生创新意识和创新能力的培养,看重学生的创新训练,主张标新立异,努力培养学生的创新精神。

(四)课程结构

学校以"知行生长"文化为基础创设"三色"生命课程,即通过"红色、金(黄)色、绿色"课程,以实现"军魂铸人、学科育人、活动立人",打厚生命底色,提升生命品质,展示多彩人生,课程结构如下:

1.德育课程

红色课程即德育课程。学校实现德育课程化,通过传统教育、国防教育、爱国教育等形式,从知、情、意、行四个方面对学生进行培养,让学生能处理好自我与社会的关系,养成现代公民所必须遵守和履行的道德准则和行为规范,增强社会责任感,提升创新精神和实践能力,促进个人价值实现,推动社会发展进步,发展成为有理想信念、敢于担当的人。课程包括:主题班会课程、校节活动课程和传统节日课程。

2. 学科课程

金(黄)色课程即学科课程。通过开设多维度的课程,探索"国家课程校本化、校本课程精品化",实现对学科的价值挖掘和文化渗透,将学科建设与育人目标有机结合,学生能习得人文、科学等各领域的知识和技能,掌握和运用人类优秀智慧成果,涵养内在精神,追求真、善、美的统一,发展成为有宽厚文化基础、有更高精神追求的人,最终体现学科对学生的教育培养和理念深化。课程包括:基础性课程、延展性课程和丰富性课程。

3. 活动课程

绿色课程即活动课程。通过丰富多彩的课外活动、兴趣小组和学生社团活动,每一个学生都能激活自己的兴奋点,挖掘潜能,开发智力,充分落实"学生成长在活动中"的教育要求。通过活动让学生树立人与社会、人与自然、人与人和谐共生的理念,养成热爱自然,保护环境,珍惜生命,关爱人类的善良品德。课程包括:个性化课程、社会实践课程和"偲美社团"课程。"偲美社团"课程是通过"审美融入"创新性地构建了思维美(科学与技术)、语言美(语言与文学)、艺术美(审美与艺术)、健康美(体育与健康)和行为美(综合与实践)等五个模块的社团课程。从心灵美、思维美、语言美、行为美、艺术美和健康美等六个方面切入,真正做到让所有学科教学、学生活动都与审美元素有机融合。通过教育过程的人性关怀之美,发现科学真理之美,觉悟社会规则之美,实现能力提升的成功之美、师生互动的情感愉悦之美等,促进学生人格的发展,达到全面提升核心素养。

(1)科技信息类社团课程

了解科学发展史,认识科学发展中包含的人文精神和科学精神,培养学生科学的思维和方法,培养学生探索自然和研究科学技术知识的兴趣,培养对科学探索的能力。培养学生的学科特长,灵活地运用知识解决问题的能力,着力发展特长。通过利用学生寒、暑假期及其他空余时间,培养学生科学探究的思维,培养他们在物理、信息技术和化学等方面探究的能力,为国家强国、强军梦培养可塑人才。

(2)语言文学类社团课程

学校通过朗诵、话剧、表演和阅读等多元化的形式,为学生搭建文学鉴赏学习平台,组织学生参加各类各级比赛,筹划开展各项活动,培养学生文学兴趣爱好,丰富学生活动,让学生了解并学习国内外语言、文学文化,增加学校文化氛围,培养学生文学鉴赏能力,提高文学修养,丰富内在文化修养。

(3)艺术创作类社团课程

学校通过学习声乐、书法和绘画等形式,提高学生的艺术修养,培养学生对于美学的鉴赏能力,提高艺术修养,学会鉴赏美、欣赏美和创造美。通过开展"书画大赛"等形式培养学生创造美、发现美的能力,加强美学教育,增强学校活力。组织学生参加各项、各级比赛,增强创作能力和创作热情。

(4)体育与健康类社团课程

学校为增强学生体质,丰富学校体育活动内容,活跃校园气氛,帮助学生缓解其学习、生活和成长中遇到的各种心理困惑和烦恼,同时普及心理健康知识,优化心理素质,学校通过组织开展各项活动,丰富校园文化,让学生在动态中学习,增强体魄,健康成长。

(5)社会实践类社团课程

学校培养学生认识自然、认识社会、关爱自然和关爱生命的意识,激发学生探索宇宙的兴趣和思考人类生存的意识。通过走进自然、实践观察和实验探究等形式培养学生实践能力,观察生活、热爱生活的能力,养成发现问题、利用所学知识解决问题的探究习惯,理论联系实际和运用所学知识分析和解决问题的能力。

(五)课程的组织实施

1.建立"三色"生命课程开发档案库

"三色"生命课程开发是一个持续不断的课程改进过程,为了后续的课程开发,有必要建立课程开发档案库,以供自我反思,也供他人学习、批判和评价。档案库需客观记录如下内容:

(1)课程开发的产品,如自编的教材、活页资料集、有创意的课堂教学设计、教案选集等。

(2)学生的学习成果,如代表性的学生作品、获奖名单、先进事迹、荣誉称号、活动参与情况。

(3)校内外交流的内容,包括参与人员和图像资料。

(4)项目申请表、研究方案设计、课程建设情况等资料。

2.规范组织"三色"生命课程的开发过程

"三色"生命课程可以是文本课程,也可以是体验课程。在实施过程中,教师要认真制订教学计划,撰写教案;认真组织教学过程,撰写实施手册,加强与团委及班主任的联系,及时反思和改进教学行为,规范教学过程。特别是每一个活动方案的设计,每一份教师编著的讲义或活页式的学习材料,都要经过实践、提炼和修订,最终形成具有价值的课程资料。

3.灵活安排课程的教学方式

学科课程采用固定班级进行教学,以班级为单位,同时对几十名学生进行教学,各科有专职教师,每课时内要求专讲一门学科,采用"分层教学分类指导、弹性作业、分设目标"的课堂教学要求和"精讲精练"的教学模式,以此提高教学效率和质量。采取统一的课程标准、教学计划和课程表,有助于增强教学的系统性、科学性。学生在集体组织形式中学习,彼此学习内容相同,进度相同,易于互相讨论和切磋,共同提高。

活动课程采用"选修课走班制",通过学校微信公众号平台选课。课程力求融入自主、合作和探究等教学元素,引导学生突破有限的书本知识,增强与实际生活的联系,广泛接触社会和大自然,让学生在"实践""探究""鉴赏""表演""组织"等一系列活动中发现和解决问题,感受和体验生活,提高实践和创新能力。灵活安排科学实验、小制作、小发明、读书活动、知识竞赛、技能训练和社会实践等多种形式的活动。

学科课程的"固定班级授课制"与活动课程的"选修课走班制"相结合,既能保证学生有效掌握各门课程基础知识和基本技能,提升运用知识解决问题的能力,又能尊重学生的个性和兴趣,采用比较灵活的方式发展学生的特长,让学生能够在"做中学",真正做到促进所有学生的发展,促进学生的全面发展。

4.积极开发主题式系列活动

主题式系列活动是一种专题式、任务式、项目式的综合活动课程。它是学生在老师的指导下,以"主题"形式组织内容和推进活动,围绕一个主题开展一系列知识竞赛和活动等;主题内容可以是科学技术的,偏重实践操作;也可以是竞赛,偏重个人与个人、班级与班级的对决,组织形式是灵活多样的,既可以在教室也可以在操场或者礼堂进行。主题式系列活动,不仅打破了学科之间的界限,同时超越了学科课程和活动课程之间的隔阂,能够提升学生综合运用知识解决问题的能力。

5.关注动态生成的课程资源

学校充分挖掘并有效利用校内现有课程资源并最大限度地利用远程教育资源和网络资源。同时,要深入到课堂教学的层面,强调在教学过程、实践探究中动态生成资源,引导学生在实践探究活动中多渠道采集信息,促使课程资源不断滚动生成,既要整理教学中的优秀案例,也努力把师生的生活经验、特长和爱好转化为课程资源,建立鲜活生动的教学案例。

(六)课程管理

学校的"三色"生命课程要根据学校的办学理念,结合本校具体情况,集思广益,将全体师生的智慧凝聚起来,通过各种形式的教学活动来完成,学校要制定可行之策,同时加强指导和管理。依据课程目标和教材制定详细、可行的教学活动方案并组织实施,对开发与实施的过程类资料进行整理并做出评价。

其中,教师是学校教育教学工作得以顺利开展的中坚力量,构建一支素质高、结构搭配合理的教师队伍,对于建设健康、高效运转的教育生态环境十分重要。学校对当前教师队伍进行优化和调整,提高教师的课程意识,打造独特的教育方法,将先进的教育思想和创新精神渗透到课程设计、实施与应用的各个环节中。

第一,鼓励学校全体教师人人参与课程开发与实施,充分利用学校各级各类骨干教师的优势,引领青年教师热情参与。充分发挥教师的专业特长,鼓励不同专业背景的教师参与"三色"生命课程的开发。

第二,根据课程需要,若学校现有资源不足以满足学生发展需求,学校酌情聘请外校专业教师授课以保证课程质量,满足学生发展的需要。

第三,充分利用学校的微信公众号、校园网站、教研活动等平台,指导教师关注课程改革,了解国内的课改信息,关注社会、科学、技术理论、实践和发展等板块的热点问题,以研究和开发相关课程。

第四,学校可以创造条件让课程开发与实施的教师参与校内外培训和交流学习,聘请专家学者前来学校指导,尽可能为教师提供学习课程理论的机会,让教师用专业的理论知识进行课程设计与实践指导。

(七)课程保障

1.及时展示优秀成果

学校根据实际情况至少组织每学年一次"三色"生命课程成果展示交流会(包括校园文化艺术节成果展、书画展等),定期组织"三色"生命课程的课程活动或竞赛、成果汇报,展示科研成果,奖励优秀课程教师;凡是积极承担"三色"生命课程的开发、研究与实施的教师,在评优评先时,同等条件下优先考虑。此外,对于特别优秀的"三色"生命课程,学校可以邀请有关部门对学科、个人的科研成果进行鉴定,并把鉴定成果作为评职评优晋级的依据。

2.激励措施

(1)教师开发实施的"三色"生命课程结束后,经课程领导小组验收通过,结合课程的总课时量和教学成果发放课程资金。

（2）针对活动课程，每学年课程结束后，根据对活动课程的评价考核发放指导教师证书。

（3）每学年根据"三色"生命课程的评价考核结果，按一定1∶2∶3比例划分等次，选出优秀教师，以"校优"对待。

三、"以身树德"教师队伍建设的举措与路径

"百年大计，教育为本；教育大计，教师为本"。教师是教育事业的第一资源，是国家繁荣、民族振兴、人民幸福的重要基石。党的十九大报告提出习近平新时代中国特色社会主义思想，明确了治国理政的基本方略，描绘了全面建设社会主义现代化国家的宏伟蓝图，强调要优先发展教育事业，特别强调加强师德师风建设，培养高素质教师队伍，倡导全社会尊师重教。国运兴衰，系于教育，根本在教师。决胜全面建成小康社会，建成富强民主文明和谐美丽的社会主义现代化国家，实现中华民族伟大复兴，必须要加快教育现代化，办好人民满意的教育，而建设教育强国，离不开教师的贡献。因此，教师队伍既是优质资源载体，也是优质资源本体。在当下的学校建设中，提高教师队伍的专业水平和综合素养就成为最为紧迫的任务。

自建校以来，我校特别注重优质师资的吸纳，也注重年龄、学历和职称的搭配，尽量呈现梯度，有利于可持续发展。五年来，我校从区内调动45人、面向全国选调33人、公开招考23人、招聘免费师范生39人，现已建设成151人的教师队伍，其中男教师48人，女教师103人，平均年龄35岁；专任教师学历合格率为100%，高一级学历人数137人（其中研究生6人）；省级骨干教师2人，市级教学名师3人，市级骨干教师10人，区级骨干教师30人。这些教师无论业务水平还是师德修养都很出色，是遵义市第四初级中学高品位发展的中坚力量。此外，为尽快建设一

支能适应新时代基础教育形势的教师队伍,学校结合教师自身专业成长需求,有针对性地制定了教师专业发展规划。

(一)师德为先,凝聚团队向心力

常言说,立人先立德,树人先树品。具备良好的师德是对教师的一项基本要求,建立一支品德高尚的教师队伍是实现学校人才培养目标的重要条件。"学高为师,德高为范",陶行知所说的这句话是指教师不仅要具备渊博的知识,更应具有高尚的道德品格。作为教师,我们既要承担"传道授业解惑"的责任,又要关注学生成长,做学生未来发展的引路人。对于学生而言,教师高尚的道德品质、人格魅力以及积极的人生态度会超越知识传授的力量,滋养学生的生命,给学生的成长带来潜移默化的影响。可以说,教师是学生养成健康生活方式、文明言谈举止、正确价值观念的领路人,也是呵护童真、善良以及赤诚之心的使者。因此,我们必须坚持"德育管理为先、学生为本",提升师德践行能力,努力实现"一棵树摇动另一棵树,一朵云推动另一朵云,一个灵魂唤醒另一个灵魂",帮助学生实现新的成长。

在新时代教育大背景下,遵义市第四初级中学以立德树人作为教育的根本任务,要求教师要以身树德,潜心育人,狠抓师德师风建设,通过业务学习、教研活动进行师德师风教育,建立一支有高尚师德的教师队伍,具有较强的团队向心力。

1.共同的奋斗目标

共同的奋斗目标是一个健全的、有战斗力的团结一致的教师集体的显著特征。组织内,教师有共同的教学发展愿景,共享相同的集体价值观,秉承个体和群体共同发展的理念,促进教师与学生共同成长。这些力量作为凝聚团队的原动力,成为组织内成员为之共同努力的基石。

遵义市第四初级中学在"贵州创一流,西南走前列,全国有影响"办学目标的指引下,秉承"老四中""明德、博学、启智"的校训,从学校课程建设入手,着手培育"教育即生长"的核心价值文化。学校教师在高度认同学校育人理念的基础上,坚定教育信心,用"一个都不能少"的理念来规范教育教学,遵循让学生在这里学会"懂生活""会健体""乐学习""善交流""能合作"的能力,极大地激发学生潜能,致力于达成办学目标。

2.坚强统一的领导

2015年7月,受教育局党委的委派,王笃弘担任第四初级中学校长兼党支书记,并担任"遵义市首届初中地理名师工作室"主持人、"贵州省初中名校长工作室"主持人等。多年来,王笃弘校长协调各方,带领全校教职工,苦干实干,全身心投入到学校建设中。为使管理更加科学高效,学校领导小组采用扁平化分权管理模式,简化分层管理中的步骤,逐步形成"以人为本"的学校管理理念和"科学化、精细化"的管理原则。通过科学、规范、人性化的管理,教师、学生的幸福指数不断提高。在取得成果的同时,学校仍坚持结合学校的制度建设进一步量化、细化,不断优化管理模式。这些都极大提升了全体教职员工的工作积极性,也进一步增加了校园的和谐氛围。

3.积极的团队精神

几年的办学实践与教育塑造,成就了新的遵义市第四初级中学团队精神,即"敬业奉献、敢打敢拼、睿智创新"精神。多年来,遵义市第四初级中学教师起早贪黑,从天不亮就到校,到晚上九十点钟才回家,勤勤恳恳、敬业奉献。尽管学校没有要求教师们坐班,但他们以比坐班还实在的敬业奉献精神,一年一年传下去,让每一个到遵义市第四初级中学任教的老师都感受到这种精神,而且自觉自愿加入这个行列,一起前行。一个新学校,又是在老学校基础上创办的,面临种种困难,教学楼斑驳、花园荒芜、办公设备不足,这些都不是困难,老师们自己动手,洗洗刷刷,铲、磨、冲、扫、拖,把教室、办公室整理得干干净净;在政府的帮助下,把花园打扮得书香浓郁,花香四溢。正是这艰苦的六年,铸就了遵义市第四初级中学人敢打敢拼的不服输精神,我们称之为"新四中"精神。

(二)学生为本,树立育人风向标

学校教育始终是充满人文情怀的事业,人文性是教育与生俱来的特性,不能被工具性取代。人的成长应该是学校教育改革关注的首要问题,对人权利的维护,对人价值和尊严的尊重,对人个性和创造力的发掘,对真善美的敬重和向往,是学校教育教学必须遵循的原则,也是教师的职责所在。遵义市第四初级中学的教师团队以学生成长与发展为主要目标,热爱学生、尊重学生、全面要求学生。

1. 以爱之名——热爱学生

夏丏尊曾言,"没有爱,就没有教育"。育人即爱人,就是要以爱浸染学生,以爱奉献教育。这也启示教育工作者们要拿出对教育的热情、对学生的爱心和责任心建立良好的师生关系,做学生的良师益友。教师只有热爱学生、关心学生的日常生活和学习才能被学生所理解和认可,并且接受来自学生的爱,才能为构建和谐师生关系提供重要基础和有效前提。在实际生活和工作学习过程中,教师对学生付出的爱应当是无私的,是基于我国教育行业发展需求及学生利益所进行的。同时,教师对所有学生体现出的爱应当是平等的、统一的,与学生的个性特征无关。只有真挚地热爱每一个学生,才能激发其主动性和积极性,使其全身心地投入到教育教学活动中。遵义市第四初级中学的教师践行"做真教育,真做教育"的价值追求,全面系统地认识到学生多元化的需求,依照教育规律、学生的成长规律去做教育,用科学务实的态度和实事求是的方法去研究教育,用精益求精的"工匠"精神去雕琢每一个学生。师生关系从轻松到有效沟通,最终实现彼此之间的亲密互动、和谐发展,从真正意义上,突显学生的主体地位。

2. 理解万岁——尊重学生

只有尊重学生才能得到学生的尊重,相互尊重、相互理解是构建和谐师生关系的重要渠道及途径。一方面,由于学生的发展需求、兴趣爱好、个性特征会由于人生阅历、生活环境、受教育程度的不同而呈现出较大的差异性,这就要求教师们立足于学生的人格特征,认真倾听并了解学生的思想变化,既不能对学生的思想理念进行全盘否认,也不能通过语言暴力摧残学生的情感和自信心;另一方面,教育工作并不是一成不变的,也不是静态的,开展教学活动并不是为了向学生传递书本上的知识技能,而是要着重引导学生掌握扎实的理论基础及实践操作能力,帮助其根据自身个性需求找到适合自身持续发展的方式方法,最终实现持续发展、终身发展。因此,教师尊重学生的个性特征,不仅要注重其对知识的理解和掌握,还要注重提高其处事能力,养成良好的性格习惯,挖掘自身潜能,助力未来发展。

3.从严执教——全面要求学生

从严执教一直是教师对自身的标准和要求,其体现出的是教师的教学理念和职业道德,即严于律己,宽以待人。教师职业的特殊性使"师德"不同于一般的职业道德,教师队伍面对的是正在成长中的青少年学生,因此,在遵守遵纪守法、爱岗敬业、团结协作的基本职业品德基础上,教师要特别注重为人师表,注重自己的个人修养、言谈举止。为此,遵义市第四初级中学的教师团队通过以下两方面督促教师从严执教:一方面要求教师具较好的自我管理能力,在日常的工作和生活过程中够自律,才能为学生树立起良好的榜样形象,在职每位教师都要严格考勤,严格遵守教师日常行为规范。另一方面,教师对学生必须教育从严,不管是课程教学、课后作业批改还是实践教学工作的开展,都严格把控,坚持以教学为中心,立足课堂,向40分钟要质量。值得注意的是,教师面对学生需要注意掌握好执教的分寸,坚决杜绝体罚等行为,用耐心与学生进行高效的沟通交流,优化师生关系,缓解师生之间的矛盾冲突,实现共同发展。

(三)能力为重,增强教学竞争力

教师的专业能力是教师教育理念、专业知识的载体,它直接关系到学生的学习能力、实践能力和创新能力的形成。教师所面对的是生动活泼、日益成长的学生,教师的能力体现在认识学生、了解学生,把握学生的特点和需求方面,同时还体现在教育教学的方法等实践环节上。当代教师不仅要把握学科的基本理论,还要有能力驾驭课堂,通过有效的方法和智慧来指导学生的学习,以保证学生的学习效果。为此,遵义市第四初级中学以教师能力提升为重点,着力提升教师教学能力与水平。

1.以夯实理论为基点,提升育人质量

理论是实践的基础,没有相应的教育理论,教师的发展就变成了无源之水。教育理论的目的就是促使教师,对学校和自身工作更具批判性、怀疑精神和洞察力。教育理论并不提供教育者具体的教育实践建议,而是在引领教育者深刻理解教育理论的基础上,经由教育理论所提供的原理、价值和方法论去探寻教育问题

的解决路径。此时,教师的教育实践行为已经成为一种以理论素养为支撑的教育实践。因此,遵义市第四初级中学要求教师认真学习与教师职业关联性较强的基础教育理论,通过相关理论学习,进一步提高教师教育理论水平,强化对中学教育的特殊规律和普遍特征的认识,尤其是对中学教育所面对的对象、学习的专业与具体所教科目相关理论的学习,并掌握中学教育先进的教育理论、教学模式和方法。通过这样持续学习,教育理论素养得到了提升,教师也逐渐具备了反思性智慧,促使其在教育实践的过程中不断地去思考、探索和质疑,从而获得专业发展的动力,成为卓越型教师。

2. 以课程小组建设为基础,提升教学能力

课程小组是学校开展学科教学活动、提高学科教学质量和推进教师专业发展的基本单位,是全面开展校本教研、落实课程改革目标的重要保证。教师共同体是教师基于共同的目标和愿景,建立在彼此信任和尊重之上,通过对话、合作和分享性活动,最终促进教师成长与发展,提高教育质量的组织。遵义市第四初级中学课程小组的建设正是基于"教师共同体"的理念,由共营实现共赢。

首先,各个学科课程小组作为基层教学组织,根据教师的学科特点、所授课程情况分配各课程组教师,由组内教师共同负责撰写课程的教学大纲、授课计划、考核方式等课程建设任务,承担相关的理论教学、实践教学、课程资源等建设工作,进行教师能力的培养和锻炼。其次,课程小组对课程教学模式、课程考核方式、课程教学质量进行评价,以及教师备课、听课、课堂教学、课后辅导等教学过程进行指导和监督,由课程小组的教师共同研究、探讨教学文件的规范和实施方法,促进课程小组成员教学基本能力的提升。与此同时,课程小组组织竞赛互助互学,整体发展。为了促进教师不断学习进步,课程小组每学年都精心设计和组织一系列的竞赛活动,促进教师之间彼此互相学习和共同进步,提升专业能力与水平,促进其快速发展成可以独当一面的优秀教师。

3. 以教学资源建设为手段,提升教学素质

有学者指出:"教师专业发展在本质上是同事间不断经过意见交换、感受分享,观念刺激,沟通讨论来完成的。"因此,教学资源共享,有利于发挥集体智慧,帮

助教师在教学之初就明确一节优质课的特点,少走弯路,加快其成长的速度。遵义市第四初级中学以教学团队为中心,开展教学资源建设,集体备课,资源共享,将个性与共性有机结合,在最大程度上促进教师个体之间能力的互补,进而取长补短,加快教师个人进步和发展的速度,并且形成针对各学科学生学习的教学内容。首先,教学团队在推进教学体系和教学内容改革中,将改革的重心落在教学资源建设方面。这些资源需要花费大量的人力、物力收集整理和归纳总结,才能形成适合本校学生学习的内容,这就需要发挥各个学科团队成员各自的优势,取长补短、人尽其才、分工协作。通过教学资源建设,教师能力在工作的过程中得到锻炼,在提升教学能力和素质的同时,收获丰硕的教学成果。其次,教学团队以系统编制符合学情的教案和学案为依托,形成"点化到解化、知行合一"的课堂常规教学模式,同时把课本知识本土化,把教学方法合情化,形成自己的一套必修课的特色教学,切实达到减负提质的教学目标,并在全校范围内推广。

4.以教学改革研讨为平台,提升教研水平

教学改革研讨和交流是教学团队成长不可缺少的活动。遵义市第四初级中学教学团队定期开展研讨,就团队建设目标的落实、团队建设项目的实施、团队任务的分解等主题开展讨论等工作,激励团队成员主动思考教与学中的问题,主动提出改进措施和办法,形成教学改革新思路,鼓励教师参与教改教研项目申报、建设等活动,鼓励教师发表教研教改论文,逐步提高团队成员教研能力。例如,在探索和实践"偲美社团"课程体系建设的过程中,教师们结合学科课程的实际内容,通过审美融入落实价值观培养,从心灵美、思维美、语言美、行为美、艺术美和健康美等六个方面切入,真正做到让所有学科教学、学生活动都与审美元素有机融合,让"五育并举和五育融合发展"真正落地。同时,教师们在教学研讨中还通过外出考察调研、参加教学研讨会议等方式,参与同行交流,了解专业发展和教师能力要求的新动向,紧跟时代发展,争做满足专业发展需求的优秀教师。

(四)自主发展,打造专业共同体

职业注重执行,专业强调发展。教师专业的发展必须是自主的、自我的和自觉的。所以,教师专业发展需要教师树立终身学习的目标,在学习中不断促进自身的专业化发展,进而促进教师队伍的专业化发展。

1. 尊重教师,调动工作积极性

教师是在一个特殊的文化环境中从事育人的特殊工作,教师的工作特点和自身所接受的文化教育造成了他们对成就、自尊和知识的强烈需要。优秀的学校管理者,懂得唤醒教师工作的积极性,更懂得保护和调动教师工作的积极性和创造性,能够正确对待教师工作中的挫折,帮助和引导教师走出自身发展的低谷和瓶颈,实现教师的新一轮发展。办学几年来,学校坚持以人为本,以师生的发展为本。尊重理解教师,关心和帮助教师的自身发展。学校管理者理解教师工作的复杂性、隐形性,不用简单的定量评价来衡量教师的优劣,不用简单僵化的条条框框去制约教师充满创造性的教育教学活动。同时尊重教师的个性,平等对待每一位教师,充分调动教师工作的积极性。这样的引导和肯定,激发了教师的工作热情与积极性,让教师能够享受到工作的成就感,得到自身价值实现的满足,把工作作为自己的爱好,作为自身价值体现的载体,而不是简单的义务和应付。

2. 搭建平台,提供专业化培训

习近平总书记强调:"要加强教师教育体系建设,加大对师范院校的支持力度,找准教师教育中存在的主要问题,寻求深化教师教育改革的突破口和着力点,不断提高教师培养培训的质量。"兴校先兴师,师强校才强。遵义市第四中学以省级重点课题"点化到解化教与学的策略研究"为依托,以校本研修为主阵地,通过开展"青蓝工程"以老带新活动,提升教师业务能力和专业技术能力。学校以"点化""解化"策略的研究和运用为契机,为教师成长搭建各层次的教研平台,提供种种外出学习和展示的机遇,让他们在讲台前站稳站好站高。与此同时,遵义市第四初级中学通过丰富培训类型、优化培训内容、改进培训方式等发挥师资培训在中学师资队伍建设中的重要作用。

首先,将岗前培训与在职培训相结合,短期培训与长期培训相结合,集体培训与个人培训相结合,综合利用各种培训类型以扩大培训范围,强化培训影响。系统的职业培训活动,使教师获得更多发展机会和平台,接受更高层次的熏陶和培养,同时紧跟时代发展,提高自身专业性和全面性。其次,通过对教师进行理想信念教育、师德宣传教育、专业技能培训等,建立合理且实用的培训内容体系,培养符合新时代发展要求的学校师资队伍。优化教师的培训内容,使教师培训内容更为丰富、实用,提高教师勤于育人、善于育人的能力。最后,学校还通过授课式培训、讲座式培训、研讨式培训、课题式培训和网络培训等形式相结合,将培训内容高效顺利地传递给教师。多种方式的教师培训活动既能更新教师知识,提高教师能力,又可以通过与他人思想的碰撞、经验的交流,使教师的认识更为深刻,同时也锻炼了思维能力和表达能力。

3.自主进取,面向未来化发展

无论是教育部2012年发布的《中学教师专业标准(试行)》,还是2021年年初颁布的《中学教育专业师范生教师职业能力标准(试行)》,都明确指出中学教师要有"终身学习与自主发展"的意识,这样的要求表明面对未来社会的发展,教师作为重要的社会角色,要在构建学习型社会的过程中发挥领头羊作用。为此,面对未来挑战,遵义市第四初级中学鼓励教师自主发展,不断汲取新知,树立教育人生的目标,建设属于自己的教学人生。

首先,鼓励教师勤读书。读书,是每个教师专业成长必需的生命方式。从这样的意义和高度上讲,教师就必须读书,且要读好书。学校教师面对的是正在蓬勃成长的青少年一代,他们正是最有求知欲的年龄,且课程涉及的知识面广,上至天文地理,下至市井风俗,涵盖古今中外,因此要求教师知识视野宽泛,文化底蕴深厚。教师也只有不断丰富自己的视界,形成文化积淀,才有教学高度与广度。[①]其次,重视教师的持续学习。面对数字技术的迅猛发展、经济全球化的不断冲击、教育系统面临的诸多挑战,如何生存,成为教师团队面向未来的重要命题。作为新时代的教师,必须先于学生成为终身学习者,不仅要把握国内外教育发展的动

---

① 范艳勤.读书与教师专业发展[J].教育与教学研究,2010(09):23-25.

向,跟上教育理论和知识学习的发展步伐,还要不断充实和完善自己,主动参加教师培训与自主研修,组建教师学习共同体,使学习成为一种良好的生活习惯,逐步提升专业发展水平。①最后,关注教师反思与改进。想要改进教育实践,其着力点必须要回到教育主体身上,回归到教育本质的问题上来。关注教师的自我审视与专业精进,教师需要有反思意识与批判性思维,对教育教学实践活动进行有效的自我诊断,通过实际探索,提出改进思路。

四、"以德育人"学校管理的改革与创新

中学生正处在思想品德教育的关键时期,是一个人良好道德行为习惯培养、优秀品质与高尚人格形成的最佳时期。因此,中学生的思想品德教育意义重大。学校德育管理要明确"培养什么人"的总方向,而解决"怎样培养人"则是学校德育管理工作的着力点,它既要体现国家意志,又要发挥学校的创造性。2017年,教育部印发《中小学德育工作指南》(以下简称《指南》)要求"教育和引导学生热爱中国共产党、热爱祖国、热爱人民,认同中华文化,继承革命传统,弘扬民族精神,理解基本的社会规范和道德规范,树立规则意识、法治观念,培养公民意识,掌握促进身心健康发展的途径和方法,养成热爱劳动、自主自立、意志坚强的生活态度,形成尊重他人、乐于助人、善于合作、勇于创新等良好品质"。我校作为普通初中,遵照《指南》,应大力促进德育管理工作专业化、规范化和实效化,努力形成全员育人、全程育人和全方位育人的德育管理工作格局。

(一)构建全面德育管理环境

德育管理是一个复杂的系统工程。学校作为实施德育管理的主战场,必须从自身的实际教育需求出发,让学生在进行德育管理知识学习的同时,能够将自身

---

① 朱小虎,张民选.教师作为终身学习的专业——上海教师教学国际调查(TALIS)结果及启示[J].教育研究,2019(07):138-149.

家庭和社会的德育管理培养结合起来,构建属于学生自身一体化的学习环境。使学生无论是在家中还是在社会上都能够像学校一样接受系统性的教育,这就要求学校要和家庭、社会进行密切的联系和合作,形成育人合力,推动学校、家庭和社会教育的有机结合,形成一体化育人共同体。遵义市第四初级中学从学校、家庭与社区三方构建德育管理环境,将德育管理效果落到实处。

1.营造校园德育管理文化环境

文化育人是一项大工程,需要持之以恒,一以贯之。通过特定人文环境的渗透与熏陶,使长期在这种环境中学习的学生产生耳濡目染的熏陶和教化。通过校园文化的渗透和浸染,将优秀文化内化为个人的意识形态,从而影响其行为的发展与巩固。注重校园文化育人功能,广泛开展指导思想正确、主题鲜明、丰富多彩、积极向上、贴近学生的校园文化活动。遵义市第四初级中学从优化校园环境、营造文化氛围、建设网络文化等方面加强校园文化建设,让校园处处成为育人场所。就校园环境建设而言,明德楼雄伟壮观、博学楼优雅别致、启智楼功能齐全,学生宿舍设施齐备。校园内有整修一新的300米环形塑胶跑道,8000平方米的运动场地。先进的现代教学设备、丰富的图书资源、按标准配套的理化生实验室及通用技术实验室……这些都是学生在受德育管理熏陶中"看得见、听得到、摸得着"的"硬件"条件,为塑造学生人格,拓展学生思维,培养学生能力,开阔学生视野,强壮学生体魄,提供了文化的浸润和充足的物质保证。

2.鼓励家庭参与德育管理建设

加强家庭教育指导,构建社会共育机制,争取家庭、社会共同参与和支持学校德育管理工作。家庭是社会的基本细胞,是人生的第一所学校。遵义市第四初级中学高度重视家庭教育工作,借助家长学校,做好家长和家庭教育培训。我校一直将家庭教育工作和心理健康工作作为学校工作的重要组成部分,为学生提供良好的成长环境,加强家校合作,共促成长。例如,根据学生家庭教育问卷调查以及家长问卷调查结果和实际心理咨询案例,在遵义市第四初级中学关心下一代委员会、家长学校和心理工作室的合作下,邀请学校心理健康教育教师、市级家庭教育骨干教师团队为七、八、九年级学生家长进行《如何有效解决亲子冲突》专题培训,这样的讲座全面覆盖,让每一位家长都有机会参与学习。在培训中,授课专家结合具体案例和视频,传播有效方法的同时,引导家长学以致用。通过多次专题讲座,家长的学习积极性高,取得效果良好。

3.配合社会营造德育管理氛围

社会德育管理是德育管理体系构建的保障环节。德育管理行于社会,社会是道德的试金石,人的道德彰显与评价主要在于社会,社会德育管理是整个德育管理体系的保障,对人的道德培养起到了保障性的作用,它是家庭教育与学校教育的延伸与拓展。例如,为深入开展法制宣传教育,构建良好校园法治环境,保障依法治校工作的全面推进,遵义市第四初级中学隆重举行了法治进校园活动。遵义市老城派出所所长张晖同志、民警杨娜娜同志、民警张朝庭同志应邀到校参加法治宣传教育,还给老师、同学们带来了精心准备的法治讲座。一个个真实的案例,让大家在紧张又严肃的氛围中深度了解了什么是电信诈骗,如何预防电信诈骗,电信诈骗受骗后如何应对等,切实将法治精神落实到学校管理及教育教学全过程,并通过警校联合,为建设法治校园提供坚强的法治保障,提升学生的法治意识。

(二)建设科学化德育管理制度

推进学校治理现代化,需要从完善管理制度、明确岗位责任、加强师德师风建设、细化学生行为规范、关爱特殊群体等方面入手,将中小学德育管理工作的要求贯穿于学校管理的细节之中。对于德育管理的严格要求,学校要进行全面的加强。不仅要从各种教育的活动上进行还要考虑管理的全面性,慢慢地、深刻地进行教育引导。学校要使学生在整体的德育管理学习环境中得到德育管理的全面渗透,使工作的彻底落实能够协助学生解决更多的问题。

1.拟定德育管理计划

凡事预则立,不预则废。德育管理工作从整体上来说是一个长远的工作目标,若要取得预想的成绩,达到预期制定的目标,必须有一个完整的德育管理治理计划。盲目的实施并不能保证长久的工作活力,这就要有计划、有目标、有秩序地完善德育管理工作,工作进度事半功倍,收到实效。因此,在实践中首先要明确德育管理工作的目标要求、内容、办法、措施和步骤等要点。遵义市第四初级中学设置了较为完整的德育管理计划,将德育管理内容安排和渗透到各个年级和各个学期,将长期目标和短期目标相结合,让学生在德育管理建设中受到熏陶,获得成长。

2.规范学校德育管理工作制度

"科学建设、充分管理"是德育管理制度建设的核心要义,为运用更加科学化的德育管理制度,真正推进德育管理制度的有效落地,遵义市第四初级中学从学生自身的素质评定、教师本身的绩效考核等多个方向出发,对学生本身道德的评价机制进行积极完善。与此同时,学校以基本的工作制度为根本,使学校本身的德育管理体系变得更加安全、更易执行以及颇具针对性、科学性。例如,学校在对于学生的德育管理引导过程中,充分利用了一些学科的评价,使他们能够朝着更加规范的方向完善自己的德育管理水平。将德育管理引导同样作为重要的学习科目,让制度落实到每一个学生的思想之内,使他们能够自觉地服从学校的规范管理要求。因此,学校依据相关要求出台了相应的学生、教师道德行为规范制度体系,包括学校德育管理大纲、学校学生公约、学校学生守则、学校学生德育管理考评细则、学校学生违纪处罚条例等,这些制度对学校发生的每一环节进行了事无巨细的说明与阐释,让学生与教师充分认识"有什么制度""为什么执行这一制度",在制度实施过程中,鼓励教师从班级、学校和家庭三个层面共同促进制度的实行,充分调动自主管理、伙伴监督的重要效用。

3.聚焦学生日常行为规范

学生的日常管理是学校德育管理中最基本的工作,也是最棘手和最复杂的问题。而初中学生正处于身心发展的重要时期,世界观、人生观、价值观都还在树立阶段,也正因为如此,我们不能觉得严格管理会泯灭他们的天性,一味放任其发展,如果没有明确、规范的诸如请假制度、奖罚制度、考试制度和安全规章等日常管理制度,不仅无法保障管理活动有序开展,而且会削弱师生对德育管理制度的执行力。为此,遵义市第四初级中学用通俗、简明、易懂的语言表述制定了日常管理制度的条款,易于学生理解,便于学生记忆和执行。此外,为进一步巩固制度的权威性,学校还定时开展"五好小公民""学雷锋做好事"等主题教育,通过特色活动增强学生的规则意识、制度意识。与此同时,学校设置专职管理人员参与学生日常管理,形成学校—班级—个人于一体的日常管理制度。在学校教育层面要坚持落实每周升旗仪式、重大节日教育活动、每学期法制教育讲座、思想品德测评,以及优秀学生和集体的评选表彰。在班级教育层面要坚持开展主题班会、卫生评比、文明班级精选等。这些日常管理制度,主要从学生的日常行为习惯教育出发,联系学生生活实际,不断充实教育内容,抓常规教育,强化行为习惯训练等,取得了丰硕的成果。

(三)建设专业化德育管理队伍

引导学生树立正确的世界观、人生观、价值观,培养良好的个性品质,关键在教师。为此,遵义市第四初级中学在落实开展德育管理工作的同时,也注重引导全校教师树立参与意识,积极响应学校号召,从自我出发不断提高自身道德修养,在学校立场上,基于每一个体的成长实现德育管理队伍专业化发展。

1. 提升全体教师的德育管理素养

提升全体教师德育管理素养,是做好中学生德育管理教育工作的关键。遵义市第四初级中学主要从以下几个方面提升全体教师的德育管理素养:一是鼓励教师自觉培养责任意识和德育管理角色。学校引导教师应当认识到自己是德育管理工作者,要有教书育人的责任感和使命感,自觉将德育管理内容渗透到学科教学中去;二是提高德育管理骨干教师理论知识与思想站位。鼓励每一位教师用完美的教师人格引导学生自我学习,以使其身心得到健康发展,在这个过程中,除日常的语言教化、榜样教育外,教师也注重寻找新的方式方法,因材施教,不断提高教师队伍的专业化的水平。教师一定要认识到自身修养对于德育管理工作质量的影响,进而不断提升自身修养,要以身作则,为学生树立良好的道德榜样;三是教师要通过自我学习、自我反思、自我实践,不断提升德育管理实践能力。为此,学校以教师自查为先导,督促教师要清楚自身的育人地位,持续强化自身的道德引导责任。在此基础上,使其能够自觉地从自身的言谈举止中尽到作为一名教师的引导性义务,使良好的思想道德行为首先在教师的身上得到体现;四是教师应当熟悉道德教学的理念和方法,不断钻研德育管理理念和模式,创造性地开展德育管理课堂教学活动。在此过程中,教师主要担当引导、管理的职责,充分发挥学生群体自身的组织作用,激发学生的参与热情,使年级集体和班集体都能够自发地积极地参加到道德素质提升的活动之中。

2.强化德育管理教师队伍建设

学校不断完善德育管理教育队伍的建设,以确保养成教育工作扎实有效地开展。遵义市第四初级中学成立以校长为总负责的四支德育管理队伍,由德育管理主任、大队辅导员、年级组长和班主任组成的管理育人队伍,由教导处、教研组长和任课老师组成的教学育人队伍,由团队干部、班干部组成的活动育人队伍,由总务后勤组成的服务育人队伍。为强化师德师风建设,全校教职工确立"人人都是德育管理工作者"的意识。尤为重要的是,学校要加强对德育管理队伍的培养与管理,特别是班主任德育管理建设。例如,学校定期召开班主任工作会议,组织班主任学习先进的教育理论,交流工作经验;观摩主题班队会、总结布置工作;暑期专题培训等等。通过队伍建设,提高班主任的师德修养、业务水平,为学生的养成教育保驾护航。充分发挥班主任职能,加强班级管理,使班集体建设、团支部建设、班务工作、团队活动等将行为规范的养成教育贯穿于学生的学习生活之中,努力营造良好的班风和学风,培养学生良好的学习习惯和行为习惯。

(四)加强德育管理重点教学

德育管理教育是我国教育事业中不可或缺的一个重要部分。德育管理教学的实效性如何,直接关系到社会主义核心价值观的落实,关系到立德树人教育目标的实现。教师在进行教学的过程中应该重点关注学生的德育管理教育,不管是小学阶段还是中学阶段,学生都应该接触德育管理教育。课堂教学是开展德育管理工作的主渠道,是对学生进行思想道德教育的主阵地,是对青年学生进行世界观、人生观、价值观教育的最重要形式。遵义市第四初级中学着力在教学中渗透德育管理,实施有效的教学策略,培养学生良好的行为习惯,树立良好的思想品德,促进学生将来更好地发展。

1. 德育管理的学科渗透

课堂是我们进行思想教育的主渠道,教师在传授知识的过程中,只有进行德育管理教育才能够为国家和社会培养出高素质和高能力的人才,才能够保证学生在学习的过程中树立正确的学习观念。遵义市第四初级中学设置合理的、有特色的课程体系,主张以"活动即课程,课程即德育管理"为育人模式,力争把学生培养成"懂生活""会健体""乐学习""善交流""能合作"的合格中学生。因此,全体教师寓德育管理于学科教学之中,对学生进行爱国主义教育、社会主义教育、集体主义教育、革命传统教育、国情教育、生命教育及基础道德教育,利用生动活泼的方式进行教学,把传授知识和德育管理教育结合起来,把珍爱生命教育和健全人格教育结合起来,使学生在学习知识的同时既培养情操,也养成良好的行为习惯,使学生在学习知识的同时也学会了做人。

2. 德育管理的形式多变

在理想的课堂里,学生应在活动参与中交流、在实践探索中体验、在问题争辩中提升,将所学知识活化为智慧、内化为德行。因此,教师应选择灵活多样的学科德育管理策略,优化课堂结构,使学习任务的难度梯度化,确保学生的深度学习有序展开、智能发展沿阶而上和道德认知由浅而深;要创设学习情境,让学生在真实的问题情境中探究、操作和表演等,将所理解掌握的知识进行实践应用、迁移创新;要注重价值引领,适时对学生进行无痕化的正面教育和价值引领,把学习变成一个"问道明理"的过程。遵义市第四初级中学在开展德育管理课程时,注重形式转变,激发学生的学习兴趣。例如,在思政课堂上,以"云上"宣讲网络直播为载体,通过发挥小小义务宣讲员的作用,进行线上线下互动交流,听红军烈士故事,积极鼓励中小学生讲好红色故事,不断丰富红色基因传承方式,将爱党与爱国教育相统一,上好生动的"党史学习教育课",将红色文化植根于中小学生心中,培养青少年的历史使命感和社会责任感。

3. 德育管理方法创新

新时期德育管理方法的构建,要突出教师的主导和学生的主体地位,充分激发学生的自主性、创造性和能动性。遵义市第四初级中学把社会实践活动作为加强德育管理工作的重要途径之一,积极探索实践教学和社会实践、社区服务的有效机制。让学生参与学校管理、社会服务。同时重视德育管理在游戏、生活等日常活动中的渗透。例如,在"弘扬雷锋精神 共建美丽校园"活动中,以开展志愿服务活动为载体,引导带动广大社会组织和个人积极学习雷锋事迹,深刻体会雷锋精神,用行动践行雷锋精神,激励学生人人争做中华民族传统美德的传承者、社会主义道德规范的实践者、文明新风的引领者,为创建美丽校园做出积极贡献。此外,学校还积极开展各种富有趣味性的课外文化体育活动、课外兴趣小组活动、力所能及的公益性劳动,培养学生的劳动观念、创新意识,使学生的德育管理知识得到落实和检验,进而内化为思想素养,达到知情意行和谐统一。

(五)引导德育管理内容特色化

学校德育管理要让学生掌握一定的道德知识,并形成深厚的道德情感和良好的道德行为习惯,这一切都无法脱离德育管理内容而进行。因此,德育管理内容的选择与推行,对学校德育管理的实际效果会产生深刻影响。遵义市第四初级中学关注学生的德育管理内容,针对学生的年龄特点和知识水平分层要求,加强德育管理的层次性和针对性,使其更贴近社会、贴近生活、贴近时代、贴近学生的思想实际。

1.关注内容的层级性

中学生思想品德的教育是一个由浅入深,循序渐进的过程,因不同阶段的学生心理发展特点不同,所以我们要将教育的内容序列化,使之相互有机结合,协调发展。为此,遵义市第四初级中学德育管理在筛选德育管理内容时,以学生个人为中心,从家庭到学校、社会和国家逐渐向外扩展,不断推动学生道德水平迈向更高一级阶段。因而,德育管理工作之初,要以学生日常行为规范培养为重点,抓好基本行为习惯养成教育和爱的教育;并以此入手,再向深层次的心理品质教育延伸,向高层次的世界观、人生观、价值观扩展,将养成教育、法治观念、纪律观念和环保观念等个性心理品质教育和理论教育逐渐结合起来,让学生的知、情、意、行同步发展,成为道德品格完善的全人。

2. 立足生活,面向未来

德育管理内容要注意与学生生活实际紧密结合,充分考虑学生的自身利益需要,尊重学生的尊严,理解与宽容学生的错误与问题,以能引起学生的共鸣,激发学生的学习兴趣。此外,德育管理内容还要做到与时俱进,逐渐加入新时期德育管理内容。学校基于学生学习需求、社会发展需要和现实教学环境和设施条件等,采用"学科+生活""学科+活动""学科+学科"等方式,整合课程资源,设计出深受学生喜爱、体现教育主题的系列化学习内容,形成适合学生成长需要的"营养套餐"。这样,德育管理教育引导的各个方向无论是基本的自身道德素质,还是与未来发展相关的素质培养,都充满更多的重点性引导和正确的方向性延伸。学生能够在学习过程中,确保学习到基本的社会公民道德,帮助他们更好地走进社会。

3. 赋予校本化特质

在"知行生长"学校文化引领下,学校基于"懂生活、会健体、乐学习、善交流、能合作"的育人目标以及"活动即课程,课程即德育管理"的育人模式,自主提炼特色化德育管理内容,再以课程为重要载体进行熏陶,课程形式多样,一般包括主题班会课程、校节活动课程、传统节日课程等。在德育管理内容的普及过程之中,针对某些传统节日,积极地运用我国优秀的传统文化作为知识载体,开展相关课程,使学生通过传承经典使自身的智慧得到充分的启迪,让他们在健康成长的过程中充分地感受到国学经典中所承载的人生、世界的哲理。例如,举办的"传承传统文化,弘扬传统美德——记浓情端午,传承文化"主题教育,便隶属于这一形制,以传统文化为重要先导,弘扬社会公德。针对学生的身心发展特点,我校也积极开展相关的专题讲座,通过一定的案例分析,使师生、生生之间进行更为深入的交流,以此提醒教师们在引导学生提高自身道德素质的同时,也要考虑他们的心理健康素质情况,针对有困难的学生,教师采取一定的协调措施,帮助学生去进行缓解与释放。

五、"以评促教"创新评价的改革与探索

习近平总书记在2018年9月召开的全国教育大会上明确指出,"要深化教育体制改革,健全立德树人落实机制,扭转不科学的教育评价导向,坚决克服唯分数、唯升学、唯文凭、唯论文、唯帽子的顽瘴痼疾,从根本上解决教育评价指挥棒问题"。2020年10月,中共中央、国务院印发了《深化新时代教育评价改革总体方案》(以下简称《总体方案》)。这是新中国第一个关于教育评价系统改革的文件,也是指导深化新时代教育评价改革的纲领性文件。《总体方案》从党中央关心、群众关切、社会关注的问题入手,破立并举,推进教育评价关键领域改革取得实质性突破。《总体方案》的出台和实施,对于全面贯彻党的教育方针,完善立德树人体制机制,破除"五唯"顽瘴痼疾,引导全党全社会树立科学的教育发展观、人才成长观和选人用人观具有重大意义。

深化教育评价改革是一项复杂的系统工程,需要各方通力配合、协同推进。学校作为贯彻落实《总体方案》的五大主体之一,需要深刻理解领会《总体方案》精神,结合各自的工作实践,不断摸索完善各个领域不同主体对象的评价办法,形成可操作的规章制度与细则。遵义市第四初级中学认真学习和贯彻落实《总体方案》,健全自我评估和质量保障机制,坚决克服重智育轻德育、重分数轻素质等片面办学行为,逐渐形成"以评促教"的教育评价体系。

(一)更新评价理论指导

落实评价体制的改革,改进人才评价,首要要明确和解决的就是评价理念问题。评价理念是人才评价的根本导向,是指对人才评价的理性认识和主观要求。传统的评价理念将成绩、文凭等形式化标签作为能力的重要标志,在新时代,需要我们树立科学成才观念,使科学的评价理念贯穿学校教育的始终,从而激发学生

学习的热情与活力,提升其创造力。因此,在新时代评价体制改革大背景下,评价理念导向上要落实两个坚持:坚持以德为先、能力为重、全面发展,坚持面向人人、因材施教、知行合一,坚决改变用分数给学生贴标签的做法。

在科学理念的指导下,我校坚持课程不是一次性的产品或静态的、终结性的结果,而是一个不断完善的动态过程,对于它的评价更应该体现发展性课程评价的核心理念,即评价是与教学过程并行的同等重要的过程,它与教学活动是整合为一体的,它贯穿于教学活动的每一个环节。评价提供的是强有力的信息、洞察力和指导,最根本的目标是促进学生表现与进步,而不仅仅是为了测量、检查与选拔,而是为了促进发展。同时,评价应体现以人为本的思想,建构个体的发展,关注个体的处境和需要,尊重和实现个体差异,激发个体的主动性,以促进每个个体最大可能地实现其自身价值。在进行课程评价时必须注意以下要点:

第一,评价标准科学有效。现阶段的评价从单一的学生评价阶段发展到学生学习状态诊断评价,从传统的"心理计量学中心"评价向教育目标理论、人本心理学、认知心理学以及现代建构主义文化研究成果发展。

第二,评价主体多元互助。课程评价过程中多元主体间存在多项选择、沟通和协商,通过平等对话,不同主体间的视域"相融",使评价成为教师、学生、家长和社区有关人士等共同积极参与的交互活动。

第三,评价内容全面丰富。注重学生综合素质的考查,不仅关注学生学业成绩,而且更关注学生创新精神和实践能力的发展以及良好的心理素质、学习兴趣与积极情感体验等方面的发展,同时要对课程的目标和计划,内容的组织和实施等加以评价,将评价领域扩展到课程开发全过程。

第四,评价采用定量与定性相结合的方法。运用多种手段了解课程的进展与成效,及时反馈信息,利用评价促进课程本身与学生的发展。

(二)彰显课程评价的独特价值

课程是实现教育目的、落实立德树人的重要途径,是组织教育教学活动的最主要依据,是集中体现和反映教育思想和观念的载体。规范和落实课程评价是各级各类学校的最基本要求,设计得当的课程评价,既能帮助学生了解学习的重点并有效调控自己的学习过程,又能激励学生学习,激发他们的学习兴趣,使学生获得成就感,增强自信心;同时,还能帮助教师了解教学效果、反思教学、改进教学。只有这样,才能利用评价的反馈机制,改进教学推动素质教育、培育核心素养、促进学生全面和谐发展。

课程评价在遵义市第四初级中学的"三色"生命课程建设体系中占有十分重要的地位,它既是"三色"生命课程有效开发与实施的保证,又是课程开发与实施科学发展的动力。"三色"生命课程评价体系充分发挥着监测、调控、激励与甄别的功能与作用,学生、教师和学校课程构成了整个课程评价的主体对象。首先,学生评价是整个评价体系的基础,影响着对教师课程实施、学校整体课程实施的评价,因为无论是教师的教学还是学校课程的开发与实施最终都指向学生的学习与发展;其次,教师评价以学生评价为依托,学生的学习结果将直接与教师的教学相结合,以学诊教、以学督教;最后,学校课程评价将建基于学生和教师评价,通过学生的学与教师的教对学校课程开发与实施实行综合性诊断与评判,最终通过改善学校技术核心——"三色"生命课程建设体系来提升学校办学质量。

(三)创新课程评价的方式

依据国家《义务教育质量评价指南》和普通高中办学质量评价标准制定实施细则,提出义务教育学校重点评价促进学生全面发展、保障学生平等权益、引领教师专业发展、提升教育教学水平、营造和谐育人环境、建设现代学校制度以及降低学业负担、提高社会满意度等情况。遵义市第四初级中学以此为指南,将治校办学的重点放到立德树人上来,以此创新课程评价方式,构建评价实践模式。

1.对学生的评价

以发展性、过程性、全面性、科学性和客观性为原则对学生进行评价,对学生评价的主体包括了校级领导、中层干部、班主任、任课教师、学生及家长委员会等,多元评价主体网络有助于帮助学生认识并分析自己的学习发展情况,在此基础上进一步获得进步与发展。具体的评价方式采用个人自评、同学互评、家长评价、教师评价、班主任评价、年级组评价、主管处室及学校认定等多元化的评价方式。实施评价主体之间"双向式"评价,形成"公开、公平、公正"的评价、运用和激励机制,综合考查学生发展影响、强调发展性评价标准、重视起点、关注过程,借此能及时地反映学生学习生活中的情况,有利于及时地肯定学生的成绩,引导学生的学习和发展方向,及时地发现存在的问题和不足,改错纠偏。

(1)德育管理课程

在德育管理课程中对学生进行过程性评价与终结性评价,结合学生的课堂表现、日常行为以及活动参与对学生进行过程性评价,并结合过程性的评价,通过学生自评、学生互评、家长评价和教师评价等方式,将每个学期(或学年)的表现和取得的荣誉(成绩),按照量化的标准给予公平、公正的终结性评价。评价结果主要借助出勤及课堂表现登记表,日常行为登记表,参加学校或个人组织的社区公益活动证明、原始材料等,获得班级、学校及以上的三好学生、优秀班干部、优秀团员等证书,思想品德评价认定表,本学期没有被学校层面通报的违纪现象的证明材料等进行佐证,全面考虑,系统评价。

(2)学科课程

在学科课程中对学生进行过程性评价与终结性评价,从学生的学习兴趣及表现、知识及能力以及学习方法三方面对学生进行过程性评价。根据学科特点,以单元或主题为一个阶段,对学生以笔试的方式进行阶段性评价,并于每学期期末根据学科的特点,对本学科的学习,以笔试的形式进行评价。评价结果主要借助学科评价统计表、学科作业完成情况统计表、阶段性成绩、期末成绩和学科学业水平评价认定表等材料进行佐证,充分激发学生的学习动力和自信心。

(3)活动课程

与学科课程相比,活动课程更注重学生从事某种活动的兴趣和动机,在评价中也有所体现,在活动课程中对学生进行过程性评价与终结性评价,特别关注学生过程性表现,引入学生自评、同学互评和教师点评等不同主体评价,从学生的考勤、平时的活动课程参与情况和听课表现等方面进行过程性评价。每学期根据课程内容安排学生进行学习成果展示并进行终结性评价,并注重非预期结果,充分展现学生才能。

2.对教师的评价

教师评价是教育教学活动中不可缺少的重要组成部分,对学校发展和教师专业发展有着重要影响,基于发展性教师评价的观念促进教师专业发展,从而提高教学质量。对教师的评价坚持全员性与全面性相结合、定量评价与定性评价相结合、过程性评价与终结性评价相结合、奖惩性与发展性相结合、统一性与差异性相结合的原则,从师德师风、了解和尊重学生、教学方案的设计与实施、交流与反思、参加教学研究、教学成果、工作量和工作纪律等七方面对教师进行评价。并利用评价结果充分调动教师参与学校各项教育教学以及教研活动的积极性,激活教师专业发展潜能,以及作为教师绩效核算、职称晋升、职位提拔等工作的重要依据。以此构建促进教师成长的有效评价模式,帮助其逐步成长为专家型教师。

3.对课程实施的评价

新课改以来,课程实施现状集中体现了学校的教育发展情况,因此,学校课程领导小组和团委负责对课程实施进行评价,从课程目标与规划、课程开设准备与投入、课程实施过程和课程实施效果等方面建立学校课程评价方案。建立周期性课程评价的制度,对学校课程目标的达成情况、课程实施中的问题以及实施效果进行分析评估,并提出改进意见。学校不仅听取教师和学生对学校课程建设和发展的建议,还定期邀请有关课程专家、专业人士和家长对课程实施中的问题进行诊断,提出不断完善的意见,为调整、改善、选择、推广和提高教育质量提供科学、客观的依据,优化评价模式。

第三章 新蒲新区第三小学特色发展的创新探索

2016年9月,贵州省遵义市新蒲新区第三小学(以下简称为新蒲三小)正式成立。一所全新的小学拔地而起,我们怎样为这所学校开启一段新的征程呢?抱着"思路决定出路,格局决定结局"的想法,华珊校长作为新蒲三小发展的掌舵人和引领者,自学校成立之初就不断实践和探索,同学校教职员工一起探寻适宜于新蒲三小未来发展的路径。到底要办什么样的学校才叫好学校?新蒲三小的定位及前行的方向和未来在何处?经过几年的探索实践,新蒲三小不仅迅速完成了学校的初创而且不断探索特色发展的新路,真正实现了特色化发展。

一、办学理念的形成与发展

办学理念通常是教育主体在一定的教育观念、教育实践及教育规律基础上形成的一种指导学校发展的理想信念,体现了学校整体发展的理性认识和价值追求,对学校的发展具有深刻的启发性和引导性。新蒲三小高度重视办学理念对于学校发展的引导作用,明确提出并认真践行"儿童至上,向美而生"的办学理念。

(一)办学理念的形成

新蒲三小在2016年至2021年的建立和发展中,其办学理念并不是一开始就完全确定下来的。在经历了孕育、确立和完善等一系列发展过程后,该校目前将"欣美教育"作为构建品质与特色小学的文化主题,确立了"儿童至上,向美而生"的办学理念,并致力建成"红色三小""科技三小""书香三小""体艺三小"和"智慧三小"。

1.办学理念的孕育

2016年,贵州省遵义市新蒲新区开发打造"全市科教文化中心",新区教育科技局统领合并原来的礼仪镇平庄小学和民主小学,拟新建一所学校,新蒲新区第三小学应运而生。新蒲三小自此进入新的里程,开启了一个全新的局面,迅速从一所农村学校走向了城市学校。同年9月1日,新蒲三小举行授牌仪式暨开学典礼,一切都以崭新的面貌迎接新的未来。新蒲三小在成立之初就被赋予较高期待,希望能成为全市、全省,乃至全国的一流学校。正如朱自清的《春》所描述的那样:一切都像刚睡醒的样子,欣欣然张开了眼。新蒲三小就像春天一样充满了生机与活力,充满了对美好生活的憧憬与向往。"新兴"的校园充满了"欣欣"的力量,隐喻新兴教育的开始,力求办不一样的教育,办像春天般温暖而有温度的教育。所以,在华珊校长的带领下,新蒲三小借喻春天的自然生长、生机与活力,把"欣欣"一词作为学校文化的核心关键词,打造以"欣欣"为主题文化的"欣欣教育"。以建成"美丽三小、幸福三小、礼仪三小、开放三小、现代三小"为奋斗目标,希望能够办新生的、有力量的、向上的教育。虽然这时还未正式提出办学理念,但这是新蒲三小从学校文化建设入手思考办学办教育的重要一步。

在办学最早期,华珊校长设想了"美丽三小、幸福三小、礼仪三小"为办学理念,希望以目标和结果为导向,将三小办成"环境美、质量优、有特色"的省内优质学校。随着办学团队对"欣欣教育"主题文化的探索,新蒲三小转向办"春天里欣欣向上"的学校这一想法,不断挖掘和思考更符合新蒲三小未来发展的办学理念,致力打造面向21世纪符合现代教育的学校。新蒲三小的发展既面对机遇也充满挑战。通过分析学校的办学基础条件和社会适应性,处于办学起步阶段的新蒲三小亟须在学生学习、课程构建、文化资源、组织管理和教师发展各方面进行丰富和拓展。由于生源结构具有的复杂性和文化背景多样性特点,以及各种可利用资源的待开发,新蒲三小先提出了"海纳百川,大家三小"的办学理念,期盼以吸收和整合各种教育资源的方式,建构"家校社,人人为三小"的和谐教育模式,最终实现"人文与科技相融的春之乐园"。随着对"欣欣教育"内涵的剖析,以快乐教育、生长教育和成功教育三大理论为基础,学校领导和教师团队开始认识到办学办教育中儿童的重要地位,最终目标指向人的全面和个性发展,为的是儿童的积极生长。由此,"儿童至上"的理念呼之欲出,办学理念的重心围绕儿童的生长,将其提炼为"儿童至上:发现快乐,唤醒生长,体验成功"。

2.办学理念的确立

为了使"儿童至上"的核心观点更加清晰直观,新蒲三小在坚持"欣欣教育"学校特色发展的基础上,利用3.0学校建设进行学校组织与空间的改组和变革。设立"五部四校",在学校物理空间上以"春天"为主题划分为四个校中校(班组群):芳菲校、千红校、共美校和先知校。还利用墙文化、书吧、社团活动、创意空间等区域设置创建出美的校园环境,营造美的教学氛围。有了美丽的校园环境,人文之美、人人共美便成为新蒲三小在教育教学活动中的新追求。以美育人,以美达人,美美与共,向美而行。如此,基于探索阶段积累的经验基础,新蒲三小全体教职员工正式确立了"儿童至上,向美而生"的办学理念。华珊校长坚定地把"以生为本"看作新蒲三小一切工作的最初起点,面向全体学生,对学生全方位负责和服务。而"美"字则是对办校和育人两方面的高度概括,育美之人,办美之校。新蒲三小是新兴的学校,也是发展的学校,向往美,追逐美也终将到达美。"儿童至上,向美而生"是新蒲三小最核心的办学理念,让孩子成为兴趣更浓一些、习惯更好一些、能力更强一些的既全面发展又彰显个性的人,让学校成为"红色、书香、体艺、科技、智慧"的代名词。

3.办学理念的完善

办学校办教育永远都在路上,"儿童至上,向美而生"理念的合理性、适用性需要经得起办学实践的反复检验,其内涵在发展中不断被完善和丰富。随着学校发展、校园特色与文化理念逐步转向"欣美教育"文化,该文化成为引领课程教学、组织管理、教师培养和家校合作等工作的主线。新蒲三小通过建设主题雕塑、文艺小品、常青藤长廊和圣人园等,创建环境优美、文化深厚、特色鲜明的育人环境,弘扬文明和谐的校园文化,为教育教学做坚实保障;通过深化课程和教学改革,梳理课程体系,创建"欣美课堂"提高教学效率;通过构建"欣美好少年""欣美教师"评价体系,聚焦不同层级和维度的师生成长,不断提升全面育人、整体育人的质量和打造高品质的专业教师队伍。以家校联动为抓手,夯实"爱欣"家庭教育指导体系,创设"欣美好少年"成长乐园。让"儿童至上,向美而生"的办学理念,"欣美教育"的文化理念贯穿在新蒲三小未来前进的每一个工作环节中,并在实践中检验和修正,用生成的新成果丰富办学理念的内涵。

(二)办学理念的内涵

新蒲三小的办学理念包含着对教书育人功能和关注生命价值的深刻认识。"儿童至上"是对以人为本、以生为本的诠释,是以儿童本位的视角培育儿童、发展儿童、服务儿童,最终实现将儿童的教育推向制高点——成就儿童。"向美而生"强调一种大美、和美,引导儿童在发现美,感知美到创生美的过程中,逐渐走向对生活和人生美好事物的憧憬,是一种天性自然的境界之美。新蒲三小这一办学理念回答了"什么是学校教育"和"办什么样的学校",可以从育人观、学生观和教师观三个方面解读含义。

1. 育人观:快乐、生长、成功

学校教育的本质是培育人才,最终的落脚点是实现人的生命价值。新蒲三小的华珊校长始终认为办好学校教育必须要坚持"遵循时代背景,顺应教育规律,满足人们需要"三大原则,才能推进学校建设的规范化、特色化和品质化。2016年新蒲三小正式建成办学,一切都是崭新的。"新兴"的校园充满了"欣欣"的力量,要办的是如春天般的新生的、有力量的、向上的教育。围绕"春天生命力"这一美好景象,新蒲三小把学校看作是春天这个大环境,学生则是需要被呵护的中心对象,使他们能在自然中顺应天性、快乐生长、自我生成。将新蒲三小办成春天里的学校,打造欣欣而向美的校园文化,以快乐育人促进儿童生长,让每一个孩子都能拥有如春天一般的活力。

首先,教育要发现快乐。每一个学生都是独具个性的个体,需要被发现,需要被尊重。学校教育,应该顺从学生的天性和遵从成长的规律,给学生创造一种快乐的童年学习生活,实现"快乐而永恒的自我推动"。新蒲三小"儿童至上,向美而生"的办学理念就是要关注每一个学生的兴趣点,让学生能够在愉悦乐学的氛围中发现生活中的各种美好。其次,教育要唤醒生长。学生是生长的、有潜能的个体,其向上生长,需要借助教育的力量去唤醒。"向美而生"就是要发挥学校教育育人功能,把学生的生命成长作为教育使命,用助人成长去成就美好。最后,教育要体验成功。每个学生和教师都有追求成功的欲望,也都有实现成功的潜能。学生成长和教师教学都需要学校教育为他们提供"积极情绪体验",他们通过不断获得成功体验而形成源源不绝的内动力,积累一个一个的成功以达到整个人生的成功。

2. 学生观:一切为了儿童,为了儿童的一切

现代教育理论认为:"谁获取知识谁就是课堂的主体"。新蒲三小自建校起,秉承坚持学生这一本位意识,遵循、尊重学生成长的规律,依据规律找路子做适宜的教育。以儿童视角审视学校办学,建立和完善"儿童至上"的服务体系,一切努

力都是为了每一个儿童的生长。

学生是学校办学的生存之本,学校因学生而设,促进学生发展亦是学校发展之本。"一切为了儿童,为了儿童的一切"概括了对学生的本质、特征和成长发展过程等方面的基本看法。在对象上,承认每一个儿童作为受教者的独立存在性,是践行以人为本、以生为本的基本前提。在内容上,学生的生长既包括个性化发展,也包括全面发展。新蒲三小希望帮助每个儿童实现全面而有个性的成长,培养负责、善学、合作、健康的"欣美好少年"。在时间上,学生的生长包括当下的阶段性发展,也包括指向未来的终身发展。"向美而生"是对学生生长做出的无限制性的期盼,站在全球的视野让孩子兴趣更浓一些、习惯更好一些、能力更强一些,能得到适应不同时代下社会经济发展需要的体力、智力、能力、道德品质及个性特长等方面的发展。为每一个儿童的生长,必须要"发现学生""以生为生",在教学过程中教会儿童从被动适应到主动创造实现自我生长。新蒲三小是一所"欣欣"学校,它播种在春天里,萌芽在春天里,收获在春天里,每一个在校学习和生活的儿童就是最有生命力和活力的种子。新蒲三小希望是以儿童好奇之眼激发自我成长中的生长力量,在生长中乐学共享,在学习中主动自信。因此,我校主张学校尊重学生的天性,要有适度的教育和学习,建立教学相长的对话和社会学习的机制,突出体现人格的健康和社会的参与。

3.教师观:用科学与专业呵护

教师是教书育人的担当者,是立德树人的践行者,是修己惠人的前行者。新蒲三小要办成在春天里成长的学校,教师和学生一样都是学校教育环境里的重要"物象",教师扮演着园丁的角色,需要用心浇灌和呵护教育。新兴的学校在朝着欣欣向上的发展中,必定需要教师发挥专业精神和素养,用科学的教育理念和知识技能引领和塑造学生成才。

新蒲三小不仅提出"儿童至上",还提出了"教师至上",承认教师是教育教学活动中与学生平等的主体。教师作为学校教学活动的主导力量,要充满教育成功的自信和能力,积极地通过教学实践不断总结教学经验,用教师职业的专业性护航每一位学生个性与全面的发展。新蒲三小主张教师积极且睿智地实施教育,坚守"知行合一"的教育哲学,突出教育与生活、社会的联系,培养孩子适应社会的能力。积极向上,是教师展现职业热情,主动承担教学责任的基本素质;睿智专业,则要求教师学会用恰当的科学方法和专业的教育知识整合教学与课程。新蒲三小非常强调教师职业道德精神建设,深入实施"锻造名师策略"提升教师专业素养,打造一支以师德高尚、业务精湛、结构合理、充满活力的"四美"教师队伍,力求走一条教师发展学校的道路。教师观体现"用科学与专业呵护",具有双重含义。一方面是对教师专业成长的要求,教师要在摸透学校办学理念的基础上,坚持自我教育思想和实践的革新,有强烈的终身学习和自主发展愿望;另一方面是对教师施教过程的规定,教师在尊重学生主体性的基础上,用"科学与专业"的教育内容和教学手段,呵护、关怀和包容学生成长,重建和谐师生关系。

(三)办学理念的价值

办学理念是学校的教育理想和教育信念。办学理念体现一所学校办学的整体思想,是学校自主构建的关于学校发展的一系列教育思想、理性认识及教育价值追求的总和。办学理念对一所学校的发展具有定位和定向的双重功能,代表着办好教育、好学校的价值选择和追求。

1.好教育的追问

首先,办学理念回答"什么是学校教育"这一问题,集中体现办学办校的主体思想。这些主体思想必然具备教育性,是对一所学校之所以存在而做出的回应,也是对教育本质和教育规律的终极思考和理解。其次,办学理念还着眼于"办什么样的学校",这是一个理论和实践并行的过程。在理性认识教育是什么和学校是什么的基础上,办学理念实际上体现办好一所学校发挥育人价值的应然状态,寄托了办学目标和理想追求。这种意识贯穿于办学实践的全过程,引导学校物质环境建设和精神文化建设。最后,办学理念在"如何办好学校"中得到落实,是办学理念作用办学实践,办学实践检验办学理念的双向过程。[1]总之,办学理念是关

---

[1] 陈建华.论中小学办学理念的提炼与表达[J].上海师范大学学报(哲学社会科学版),2020(04):70-77.

于"学校"认识和"办"的认识的复合体,既反映了关于学校价值和内涵的基本部分,又涉及办学过程中关于组织管理的构成要素。办校办学是谋求学生个体发展,还是促进国家社会进步;强调科学知识传播,还是关注教育育人本质。价值选择的多样性也促成了学校办学理念定位的多元化。同时,学校定向发展要以办学理念为依据,用办学理念指导学校的组织运行、教学活动和人才培育。

办学理念体现一所学校办学办教育的核心理念。一个合理的、与时俱进的、清晰的办学理念中要能够解读出学校应有并应该达到的教育观、学生观、学校观、教师观及价值观。[1]提炼办学理念涉及思想观念、教育主体、实践过程等要素,综合来看可从观念性要素和主体性要素两个方面进行分析。第一,办学理念的观念性要素是一所学校存在和发展的内容和实质,主要包括基础性理念和应用性理念。[2]基础性理念是构成办学理念的基本要素和支撑条件,具有内核性和稳定性。基础性理念高度统领办学行为,阐释学校办学的核心理念、学校使命、学校精神、学校定位和学校愿景。这些要素展现了不同学校之间办学文化的差异性,对学校的办学规模、办学层次、办学类型等做出方向性选择,是决定该校不同于其他学校的根本特性。应用性理念则根据基础性理念生成,具有阐释性、实践性和灵活性,体现在学校教育和学校管理两大领域。教育理念引领学校课程规划、德育理念和教学理念等,管理原则统领学校规划、办学要略和教学质量等治校理念与措施。第二,办学理念的主体性要素是指在参与办学理念提炼过程中的人员,讨论的是办学理念反映哪些利益相关者的观点和主张。校长是学校的主要负责人,校长个人的办学理念是学校办学理念的主要成分,发挥主导性和关键性作用。教师是教育活动的直接实施者,要表达自己对教育和对学校的认识和憧憬,提出建设性意见,发挥教师教育理念的核心作用。同时,家长、社区等理念也是办学理念主体性要素的辅助性部分。总之,学校办学理念不是唯一的某一个体的思想输出,而是包括校长、教师、学生、家长和社区等全体成员关于办学校和办教育想法和意愿的复合体。办学理念要在校长的民主组织下,集合全校成员意志,就学校办学和发展的基本问题达成共识。

---

[1] 郭元祥.论学校的办学理念[J].教育科学论坛,2006(04):5-8.
[2] 沈曙虹.办学理念的内涵与结构新解[J].江苏教育,2013(10):22-25.

2.好学校的共识

新蒲三小"儿童至上,向美而生"的办学理念是办学团队和全体教师对办学校、办教育思考后的总结,它代表着对儿童培养"向美"的教育取向性,代表着对生活和生命的教育理解性,代表着对人和社会发展的教育主导性。这一理念的确立和实践对整个学校的发展、全体教师和学生的成长都产生了重要影响,具有深刻的价值。

(1)明确学校的发展方向

办学理念是办学目标的旗帜,也在办学过程中被不断完善。受"欣欣教育"文化理念启发,新蒲三小意识到"儿童至上"内涵孕育其中,一切都是为了孩子的发展,由此明确"儿童至上,向美而生"的发展愿景。"儿童至上"定位了新蒲三小必定是面向"人"的学校,它要面向儿童的自我成长,面向教师的职业认同,面向校长及管理团队的领导力作用。"向美而生"指出了新蒲三小未来要达到的学校面貌,不仅要办成学校建筑环境优美、有一流硬件设施的现代化校园,还要展现生活在校园中的人和美、共美、尚美的神采,办一所人文精神积极、向上,追求美的学校。新蒲三小以"欣欣教育"为主题,坚持"儿童至上,向美而生"办学理念,明确了学校的发展目标:以素质教育为导向,创新教育理念和思路,激活教育资源,把学校建成环境美、质量优、有特色、创一流的省级优质小学。

目前,新蒲三小以建成"五大三小"为目标来办学。红色三小引领学校航向,把握党建思想不动摇;智慧三小奠定学校基石,"智慧校园"试点;书香三小助力学校文化,学校以书法为特色,引领师生写一手漂亮的钢笔字、毛笔字和粉笔字;体艺三小丰富校园活动,充分发挥"校园足球""如音钢舌鼓"等优秀社团的示范引领带动作用,逐步提升"葫芦丝""小合唱""书法""篆刻""健美操""街舞""小篮球""水果拼盘"等社团的内涵品质;科技三小谱写学校新篇章,以培养青少年的创新精神和实践能力为工作重点,让学生热爱科技,热爱生活。由此看来,新蒲三小在办学条件、办学规模、办学理念、师资队伍和特色文化等方面都取得了一定的成绩,已经从一所合并的村小转型成了一所区级优质直属学校。在未来,新蒲三小也一定可以秉持初心,不断"向美而生"。

(2)凝聚师生的发展动力

办学理念不仅指向一所学校的整体发展,更重要的是对学校中不同角色的人的引领价值。"儿童至上,向美而生"的办学理念在提出之后很快受到教师、学生和家长的认可。教师在教书育人的主渠道,通过基本的课程教学,向学生传递学校文化与理念的本质,用"以人为本"的思想调整教学内容和手段,实现师生之间和和美美的互动和交流。校长、副校长及各主任等管理人员在培训教师上也遵循"教师至上"的理念,使教师快速进入职业角色,获得职业认同感和使命感。

2020年,新蒲三小调查了全体教师、学生和家长对本校文化内涵、功能和意义的了解情况。结果显示有92.6%的调查者对校园文化建设内涵有基本的了解,可见办学理念较好地融入了校园文化建设。学校还通过"两学一做"的方式组织教师进行自我剖析,根据办学理念和文化理念丰富教学思想和提高教学能力,促进教师争做"智慧型教师""魅力型教师"。调查中80%的学生认为学校开展的活动种类齐全,学生参与度较高。近年来,新蒲三小以重大集会形成文化传统,开展主题教育,如:开学典礼、毕业典礼;每星期一的国旗下讲话;"儿童节""教师节""国庆节"等重大节日的纪念活动。一次集会一个主题、进行一个方面的教育,使学生在德、智、体、美、劳等多方面全面发展。在师生合作共建上,新蒲三小举办绘画、表演、手工(科技)制作、体育比赛、汉字听写比赛、朗读演讲等方面的竞技活动,帮助学生形成广阔的思维方法,满足学生发展的内在需求;同时可以激发教师的工作热情,更好践行以人为本的思想,帮助儿童创造美。

(四)办学理念的表征

"儿童至上,向美而生"的办学理念从根本上是对以人为本思想的构想与践行。新蒲三小通过打造特色校园文化,深化学校课程改革,以及组建专业的教师团队和管理团队将办学理念渗透到教学工作的每一个环节。

1. 以文"化"人:打造特色校园文化

办学校就是办文化,一所学校的特色文化是区别于其他学校的本质,也是学校主流思想及价值观的重要内容。学校文化理念是办学价值的重要表达形式,是使办学理念落地的核心。

　　新蒲三小从一开始便致力于"欣欣教育"文化理念在各项教育工作中的渗透，在物理空间和精神文化两方面营造和谐的育人氛围，增强教师和学生对"儿童至上，向美而生"理念的认同感。在学校物理环境构建上，借用"春"的比喻，将学校建筑楼命名为芳菲楼、千红楼、先知楼、共美楼和润物楼。四个校中校，以春为根基，分别将文化扩展，各自形成与春文化相匹配的标识文化和口号。例如芳菲校喊出"宝剑锋从磨砺出，百般红紫竞芳菲"，共美校喊出"各美其美，美美与共"。校园里还随处可见与春有关的区域设置，如春天的主题墙、植物园、学生手工与彩绘作品等。值得一提的是，新蒲三小还是长在红色根基里的学校，建筑风格模仿遵义会址的红墙黛瓦，营造了红色文化领航的革命气氛。新蒲三小还主办了系列以春为主题的宣传刊物，用文字记录了三小不断走向成熟的精彩片段，例如《知春——教师系列》《识春——学生系列》《享春——家庭系列》《扬春——社会系列》。在师生对文化理念和办学理念的认同上，新蒲三小以开展丰富活动的方式进行理念的诠释和传递。比如，开展"一参二选三精品"社团活动，利用本校教师专业特长对接儿童学习兴趣；体适能训练培养儿童生活小习惯；利用"如音钢舌鼓"进行自主乐曲创编，培养孩子内心宁静以感受大自然等。教师可以用语言、思维导图等方式诠释对学校理念的理解。在学校创设文化活动中，学生可以自由发挥和表达。结合办学理念和教育文化理念内涵，新蒲三小构建起了师生之间的文化共同体，引导师生找寻自我存在的价值和意义，不断加深师生的文化存在感、认同感和归属感。

2.以课"润"人：深化学校课程改革

　　课程是学校办学实力的重要标志，也是办学理念渗透与实践的重要载体。基于学校的教育理念、发展定位和资源条件，构建体现学校文化发展的学校课程体系，构建德智体美劳全面培养的教育体系，形成更高水平的人才培养体系。

　　新蒲三小把建设"生长课程"作为突破口，彰显以人为本的"向美而生"的理念，全面提升学校的内涵品质。基于学校教育理念、办学定位以及资源利用等情况，新蒲三小实行国家、地方和校本三级课程相互交融的"生长课程"结构。根据儿童发展需求，对国家课程和地方课程进行校本化创生，构建了包含"种子课程""绿叶课程""滋养课程"和"阳光课程"的立体课程结构，体现了学生在教师的精心呵护和培育下由种子发芽长出绿叶逐渐成长、健壮的生长历程。随着基础课程改革的纵深推进，新蒲三小在课堂教学上做出改变，努力打造"欣美课堂"。"欣美课堂"遵循"六度"原则：一是学生参与度原则，教师必须尊重每位学生，让学生人人参与；二是师生语言表达度原则，突出"儿童至上"主体地位，实现师生间的愉快交流；三是师生合作度原则，在小组中发挥学生合作精神；四是教师提问的精练度原则；五是思维的进阶度原则，教师教学设计要循序渐进；六是目标达成度原则，每节课要做到一课一得，课后必须认真检测是否达到目标。

此外，新蒲三小在校本课程和特色课程的建构过程中，根据儿童的天性、需要与兴趣开设课程，激发孩子自主探究知识的兴趣与动机，培养孩子的创造思维与实践能力，这也是"儿童至上"理念的充分展现。特色课程体现办学文化特色，有以沟通交流为主题的跨文化课程；有以种植为主题的认识自然，学会动手操作，并在语文、科学和数学等学科切入种植相关知识的种植课程；还有培养儿童学会处理生活适应社会生产的财商课程和领事课程等。

3. 以教"达"人：组建专业教师团队

教师和管理者是学校发展的关键力量，团队能力水平及素质的高低，将决定一所学校办学水平的高低。教师如何实践办学理念，决策者与管理团队如何融入"以人为本"，不仅是落实办学理念的最直观表现更是影响人才培养质量的重要因素。

新蒲三小在2021年至2023年的发展规划中，将在管理和教学两个方面组建管理专业、教学专业的团队来进一步落实办学理念。第一，强化学校管理，加强办学基础，突出以人为本的管理思想，形成"儿童至上，教师至上"的管理理念。具体做法：首先是规范学校内部管理，明确办学理念、宗旨、管理办法及各校中校的权利和义务等以形成制度与人文、继承与创新、共性与特色相匹配的和谐管理模式；其次是建立教育组织规则，坚持民主集中制，充分发挥教代会在学校管理中的监督和参政议政职能；最后是建立协商管理模式，即各校中校相对独立管理，"五部"统一管理，实行校中校与五部共管模式。第二，加强教师队伍建设，提升办学实力,践行教师教书以达人的使命。首先,专业的教师必须对本校的办学理念有深刻的认识和理解。新蒲三小把关教师思想的融入程度,以"青蓝工程"的方式建立的是一种"共生"机制,激励教师加强业务素质的提升。其次,在教学实践中反映办学理念还需要发挥教师专业技能作用。新蒲三小通过智慧团队建设,发扬校内校外优势资源,以团队力量作战,提升教师的战斗力。再次,师德师风建设是教师开展一切教学工作的大前提,必须加强教师文明、礼仪、师德训练,为学生做示范,保证教师的价值观不偏倚。最后,以教师发展为本,追求教师角色的"向美而生"。新蒲三小拟营造浓郁的读书研讨氛围,有计划地组织教师参加各种形式的培训,加强教师实践运用能力。新蒲三小鼓励教师树立"成长在三小,成才在三小,成名在三小"的发展理念,大胆发表自我观点和展现教学智慧,从而增强全体教师实力。

二、课程体系的探索与建构

学校教育寄托着国家、社会和家长对教育的根本需要,育人目标决定了学校教育培养怎样的人,课程体系说明了学校教育如何调动多方力量与资源培养人的问题。新蒲三小依据自身办学条件,基于"儿童至上,向美而生"的办学理念,贯彻"快乐、生长、成功"的教育观和"一切为了儿童,为了儿童的一切"的学生观,在建设课程体系的过程中融入对科学与人文、自然与社会的教育思考,主动适应客观世界对教育发展的诉求,通过几年的探索与实践,逐步构建了属于学校自己的"生长课程"体系。

(一)课程体系的探索

1.课程体系的含义

要理解课程体系,先要厘清"课程"的含义。《朱子全书·论学》中多次提及课程,如"宽着期限,紧着课程""小立课程,大作功夫",这里的课程可理解为功课及其进程。在英语语境里,课程(curriculum)一词最早出现在英国教育家斯宾塞的

《什么知识最有价值》一文中，由拉丁语"currere"派生而来，该词有名词和动词两种意义，由此衍生出不同学者对课程持有静态和动态两种理解。①静态的知识主义课程观将课程视为学科或知识，认为课程的价值在于为学生未来生活提供充足的理性准备，如夸美纽斯的"泛智主义"学科课程、斯宾塞的"生活预备"课程、以布鲁纳为代表的"认知发展"课程理论等。动态的经验主义课程观将课程视为经验，认为课程是促进儿童自我实现的手段，强调活动在课程学习中的重要性，如卢梭的"自然教育"理念和杜威的"经验课程"。②在过去的很多年里，我国基础教育课程呈现出比较明显的知识主义课程观，将课程视为学科或教学科目的总和，秉持知识至上的价值观念，以知识的标准化、统一化要求影响着课程设计与课程实施。③随着基础教育课程改革的开展，课程理念和实施方式也逐渐发生了转变，从重视知识和理性发展，到重视儿童的经验、主体地位以及活动的价值，从学科课程拓展到综合实践活动课程，从分科教学到提倡课程整合等，教育逐渐回归生活与劳动，以人的全面发展为教育目标。

对课程体系的理解重点在于"体系"二字，在《辞海》中，"体系"被解释为："若干有关事物互相联系、互相制约而构成的一个整体"，④体系不仅强调了要素构成，而且注重各要素之间的关系。课程体系有狭义和广义之分，不同解释的课程体系的构成要素不同，相应地决定了课程体系在学校系统中发挥的作用。狭义的课程体系指具体的课程结构，《教育大辞典》对课程体系的解释为"针对某一门课程中各部分内容的组织、排列、配合的形式"，⑤倾向的是每门课程的教学目标、教学内容、教学组织与教学评价等方面的内容。广义的课程体系指学校在教育理念和育人目标的指导下，为实现培养目标而设置的各个课程要素的总和，包括课程目标、课程内容、课程结构、课程实施和课程评价等。如今的课程体系大多指广义的课程体系，体现了学校课程管理的系统性和整体性，是学校课程领导的核心载体，决定了国家课程标准和育人目标的落实。

---

① 张露.小学校本化课程体系构建的实践研究[D].重庆：西南大学，2017.
② 郭元祥.课程理解的转向：从"作为事实"到"作为实践"——兼论课程研究中的思维方式[J].课程·教材·教法，2008(01)：3-8.
③ 郭元祥.课程观的转向[J].课程·教材·教法，2001(06)：11-16.
④ 辞海编辑委员会.辞海(上)[M].上海：上海辞书出版社，1979：521.
⑤ 顾明远.教育大辞典[M].上海：上海教育出版社，1991：261.

2.课程体系的逻辑

新课程改革以来,学校的课程管理权得到提升,课程体系建设的意识逐步形成,学校从以教学建设为重心逐步转向以课程建设为重心,再逐渐转变为以课程体系建设为重心。在二十多年的基础教育课程改革中,我国确立了"以人为本"的教育宗旨、"立德树人"的教育目的观、以"核心素养"为标准的发展观以及促进学生个性发展的课程价值观,[①]为课程体系的建构提供了最高思想指引。各级各类学校基于国家的教育宗旨,结合自身办学理念与目标,确立课程体系的价值引领,搭建课程框架体系,优化课程结构,最终形成每所学校独特的课程体系。

首先,价值引领来源于学校对教育哲学的本体认识,学校对教育价值的选择,决定了学校课程体系建设的价值取向和行为准则。[②]学校不是灌输知识、揠苗助长的代工厂,教育起源于人的生理性学习,教育的终极目标应该是服务和发展人的先天性学习兴趣与需求。学校服务于学生的生命发展和社会性发展的价值取向为课程体系注入了灵魂,从根本上指导了课程体系每一步的设计与规划。其次,学校办学定位和育人目标规定了课程体系的内容选择和功能性质,为课程体系搭建了基本框架。不同的办学定位和育人目标下,课程体系会呈现出不同的课程目标、内容领域、实施方式和评价体系,在课程体系的基本构成要素中融入学校独特的文化和办学理念,才能形成具有学校特色的育人体系。最后,课程结构的优化,根据价值引领和基本框架,进行不同课程的类别重组和内容升级。从管理体制来看,学校课程可分为国家课程、地方课程和校本课程三级课程;从学习内容来看,可分为语言与阅读、数学与科技、品德与健康、审美与艺术等若干领域;从实施路径上看,有学科课程、活动课程、实践课程、社团课程和环境课程之分;从课程功能上看,有基础性课程、拓展性课程、选择性课程和综合性课程之分;从外显形态上看,还有显性课程和隐性课程之分。具体的一门课程,可同时具备上述多种属性和样态。学校根据育人目标和培养方案将这些课程形态进行有序组合,形成不同的层级关系,便构成了丰富多样的课程结构和内容。此外,课程体系的建构还涉及课程管理和课程资源建设等内容,一个完整的课程体系是学校育人体系建设的基石,决定人才培养的顶点和高度,突显学校办学特色。

---

① 杨明全.我国课程体系改革的历史、现状与展望[J].领导科学论坛,2017(7):57—70.
② 杨志成.论学校课程整合与课程体系建构的一般逻辑[J].课程·教材·教法,2016(08):55—59.

3.课程体系的价值

美国教育家杜威认为:"教育即生长"。学校教育的价值标准,就看它创造继续生长的愿望到什么程度,以及它可以为实现这种愿望提供什么样的方法。叶圣陶结合生长观,提出"儿童像种子"这一观点,把小学生比作植物,教师就是种植家,教师的责任就在于发现和保护像种子一样的儿童的生长可能性,并提供适宜的环境。古人曾说:"凡植木之性,其本欲舒,其培欲平,其土欲故,其筑欲密。"种树者顺应树木生长的自然规律,为树木生长提供环境,不苛求、不抑制生长,才保全了树木的天性,使其蓬勃,从教育的角度来说,儿童生长需要有可选择的空间。[1]学校的作用是为儿童创造继续生长的愿望以及为实现这种愿望提供条件,儿童的生长不单单是智力方面的增长,而是各方面经验的提升和身心协调发展,并且是持续的生长。教育的使命是帮助人成长为"完整的人","完整的人"既是一个健全的自然生命,也是一个自足的精神生命;既富有充盈的情感,也具有自由的意志,还拥有丰富的知识;是实现了身体与精神合一的人。儿童期是人发展为"完整的人"的奠基时期,小学教育对于学生打好基础、发展能力、塑造人格和挖掘潜能,帮助学生走好、走稳、走正人生的第一段路程具有重要意义。

因此,新蒲三小的"生长课程"体系以生长教育理念作为价值引领,充分考虑了儿童生长过程中的各方面需求和身心发展特点,以呵护学生的"快乐、生长、成功"为出发点,基于儿童经验和兴趣,为其提供合适的、有趣的、生动的和有选择的课程内容,挖掘学生的生长潜能,为学生提供舒适、自由和快乐的生长空间。"生长课程"以"儿童至上,向美而生"为核心,基于多元智能理论、建构主义理论、生活课程理论,打造了跨学科、多样性和选择性的课程体系。学校通过课程的跨学科学习,培养学生的高阶思维和问题解决能力;通过课程的多样性学习,促进学生的全面发展,提高学生的综合素养、实践能力和创新能力;通过课程的选择性学习,帮助学生发现和培养自己潜能,实现学生的个性化发展。

4.课程体系的目标

"生长课程"体系基于生长教育理念和儿童发展的阶段性特征,提出了课程总目标和阶段目标。总目标是通过教师指导和学生自主学习的课程活动,拓宽学生

---

[1] 刘芳,李宁,顾倩.新时代生长教育立德树人实践[J].中国教育学刊,2020(06):101-102.

学习视野,发展积极的自我,引导学生感受生活的丰富和乐趣,帮助学生发展个性特长,养成积极的学习和生活态度,培养学生的创新精神和适应社会的能力。阶段目标设置了"唤醒"和"发现"两个关键词,涵盖了学生在知识与技能、过程与方法以及情感态度与价值观三个维度的培养目标,体现学生在不同成长阶段的发展重点。对于刚步入小学的学生而言,唤醒是最重要的任务,"唤醒"旨在帮助学生掌握基本的生活技能,培育学生热爱生活的积极情感和态度,懂得欣赏自然之美。在唤醒的基础上,教师引导学生学会"发现",学生在了解现代科学与艺术最新成果的过程中形成问题意识、文化意识、探索精神和创新精神,拓宽知识视野,提高综合素养;学生在丰富多彩的实践活动中掌握1~2门艺术和生活的高阶技能,提高动手实践能力、社会交往能力和社会责任意识。

(二)课程体系的框架

新蒲三小围绕"儿童至上、向美而生"的办学理念,结合学生发展需求和资源条件等实际情况,将国家、地方和学校三级课程相互交融,对国家课程和地方课程进行校本化创生,构建了包含"种子课程""绿叶课程""滋养课程""阳光课程"的立体课程结构,体现了学生在教师的精心呵护和培育下如种子般发芽,并长出绿叶逐渐成长、健壮的生长历程(如图3-1)。

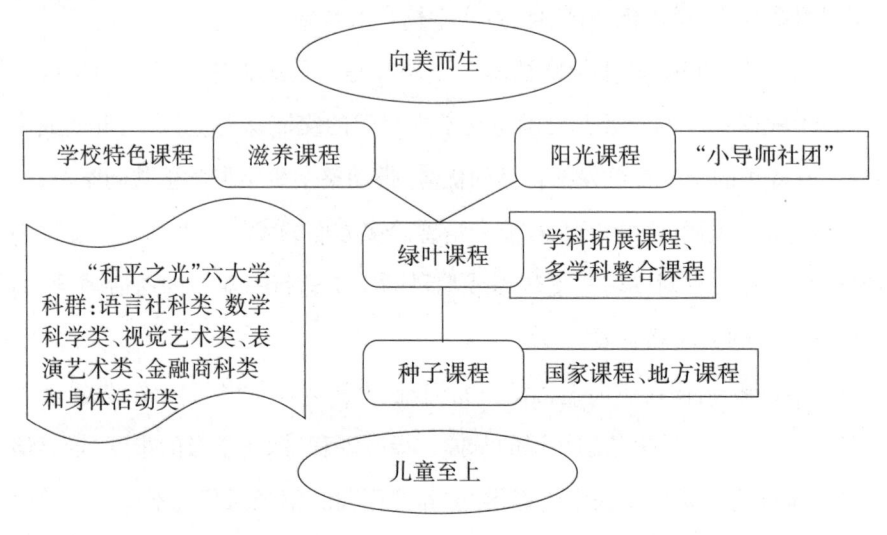

图3-1 新蒲三小"生长课程"体系结构图

"种子课程"指国家课程和地方课程,是课程结构中最坚实的基础,也是课程内容中占比最大的部分,旨在完成基础学科课程的教学,保证全体学生基本素养的培育。"种子课程"以学科为中心,以教师指导为主,关注学生基础学科知识与技能的掌握。

"绿叶课程"是在基础学科课程之上增加的学科拓展课程和多学科整合课程。拓展课程能够根据学生学习过程中的难点和兴趣点进行横向和纵向的延伸,加大学习的深度和广度,建立知识与现实生活的联系,帮助培养学生的发散思维和创造力。多学科整合课程以生活中的实际问题为主题进行多学科融合教学,在学科之间建立知识联系,培养学生将知识融会贯通、灵活应用的能力。"绿叶课程"以问题为中心,师生共同参与为主,跨越了学科界限,把整合的经验用于深度学习和社会生活实践。

"滋养课程"是学校基于自身办学特色与优势开发的一系列特色课程,包括领事课程、种植课程、跨文化课程和财商课程等多门特色课程。特色课程以学生为中心,以学生自创课程为主,关注学生现实生活情境、生活领域和社会问题,以自主探究、实践活动、项目式学习等多种方式为学生提供深入探究与学习、思维发散与知识拓展、探索与实践锻炼等机会,从学生经验出发,强调学生的需要和兴趣,提高学生的综合素质,让学生为将来适应社会做好准备。实现课程育人、活动育人,使课程系统化、规范化、特色化,夯实学校育人基础。

"阳光课程"也称为"小导师社团",该课程是由班组群中高年级学生或优等生、特长生根据自己的长处开设学生与学生之间的交流课程,将班组群变成一个大家庭,有特长的学生都能发挥自己的优势,带动整个班组群学生共同学习,学生在一种良好的氛围中获得知识、技能和情感等多方面的发展。教师除了提供必要的指导之外,还会针对学习进度较慢或偏科的学生进行一对一的课后辅导,确保每一位学生得到关注和发展。

"生长课程"结构在纵向上遵循由易到难、由浅入深的学习顺序,先筑基后拔高,"种子课程"保证学生基础知识的掌握,"绿叶课程"深化学习的难度,培养学生的高阶思维能力。横向上为学生提供"滋养课程"和"阳光课程",不仅关注学生的全面发展和综合素质的提高,而且关注每一位学生的健康成长,为学习感到困难的学生提供针对性的帮助,营造温暖、积极的学习氛围。立体化的课程结构为学生的成长提供了全方位的呵护与培养,在促进学生健康生长的同时发展能力、培养特长、涵养品行、塑造人格,成就德智体美劳全面发展的"欣美好少年"。

(三)课程体系的特色

1.课程形态的融合性

过去,学校课程主要是通过开设语文、数学、英语、道德与法治、美术课、体育课和劳动课等来完成德智体美劳全面发展的育人目标,"五育"各自发展,每门课程有单独的使命和价值。新蒲三小的"生长课程"体系紧紧围绕"立德树人"之根本任务,结合学校"儿童至上,向美而生"的办学理念,在课程中贯彻"五育融合"的教育理念,采用了"课程走向活动"的改革思路重塑课程形态,打破课堂教学的局限,将学科教学与综合实践活动相结合,以学科知识为内容,以实践活动为形式,唤醒学生的自主意识,发扬学生的实践精神,营造科学、生动、平等、合作的学习情境。在丰富多样的课程活动中融入德育、智育、体育、美育和劳动教育等多方面的培养,让学生在活动中自然浸润于德智体美劳五育之中,实现人的全面发展。

(1)德育活动

育人为本,德育为先,德育专题活动是新蒲三小的重要特色。除了开齐开足认真上好道德与法治课,将德育内容细化落实到各学科课程的教学目标之中,融入教育教学全过程,学校还定期开展法治教育、廉洁教育、反邪教教育、文明礼仪教育、环境教育、心理健康教育、劳动教育、毒品预防教育和影视教育等专题教育活动,让学生在理论学习和实践活动中感悟道德观念,践行道德行为,达到知行合一。在德育的引领下,新蒲三小将智体美劳有机融合,通过学科活动、社团活动、主题活动、节日活动和研学活动促进学生全面发展。

(2)学科活动

学科活动是以某一学科知识为主要内容,采用活动的形式进行知识传授,以作品的形式展示学生成果,适用于培养学生想象力、创造力和动手能力的学科。

如：学校在音乐学科教学中开展一根笛、两类舞、三首歌活动,体育学科教学中开展一根绳、两类球和三步走项目,美术学科教学中开展一支笔、两类画和三创意等特色活动。这些活动让学生在参加活动的过程中主动地学习知识和发展能力,自然地习得技能与方法,在轻松快乐的学习氛围中推进"体艺三小"的建设。

(3) 主题活动

主题活动融合多个学科知识运用和综合能力锻炼,旨在培养学生的综合素质、实践能力和创新精神。新蒲三小开展的主题活动包括了种植节、风筝节、书香节、艺术节、体育节和科技节等。在学校每年一度的风筝节上,学生需要设计和绘制风筝图案,在规定时间内写出关于春天的诗词,最后成功放飞风筝。通过活动,学生既发挥了艺术方面的才能,又运用了语文课上的知识,还在放风筝的过程中锻炼了实际动手能力并进行了体育锻炼,教师在活动设计中发挥了教育智慧,学生在开心与快乐中获得成长。

(4) 社团活动

社团活动作为学科课程的补充,充分尊重学生的意愿和需求,体现了课程内容的选择性和自主性。学生根据自己的兴趣选择社团,与志同道合的伙伴共同研讨、合作交流、探究实验,充分发挥了学生的主体性。新蒲三小采取"1+N模式",开设文学语言类、体育运动类、书法绘画类、乐器表演类、数理商贸类和科技信息类等项目,开展了体适能训练、种植、机器人、编程、如音钢舌鼓等社团活动。按照"一参二选三打造"原则,分年级、分类别、分校中校开展社团活动。首先,让学生利用中午小饭桌时间全员参与基础社团,学校在国家课程的基础上普及相关课外知识,激发学生兴趣爱好;其次,学生根据自己兴趣爱好和特长自愿加入相应精品社团进行长期稳定的学习;最后,社团辅导教师根据学生、项目和教师"三适合"的搭配方式,确定出最佳学习小组,并加入不同兴趣特长专训班进行强化学习,给予学生专业化知识与技能培训,让更多个性特色鲜明学生的才艺得以展现。

除了以上活动,学校还开展节日活动和研学活动帮助学生开阔眼界、拓宽视野。节日活动囊括了中华传统节日和国际节日,培养学生的文化自信和国际理解意识;研学活动充分利用贵州当地资源,在研学旅行中学习红色文化、弘扬革命精神。同时,学校组织学生参加校内外各类竞赛活动,以成绩和成果来促进学生兴趣的培养,为学生提供更多学习机会与展示平台。

"让活动走向课程"促进学科课程从静态走向动态,实现了知识与经验的结合、理论与实践的统一。由活动化呈现出来的课程形态,是师生在教育教学情境中共同创造出的一系列"事件",是师生间开放的、动态的与生成性的共同体验。这种崭新的模式将传统的以教师为主体、以学生为客体的灌输式的教学,变为以教师为主导、以学生为主体的体验式和感悟式的教学,是学生运用所学理论发现、分析与解决实际问题的过程,引导学科教学从"外铄"走向促发"内生",从而促进人与课程的深层交往,实现以"活动"立课程,以"活动"培育人,以"活动"促成自我实现。

2.课程实施的整合性

"生长课程"体系打破传统的学科壁垒和教材界限,结合本校发展特色,将所有课程重新划分为"和平之光"六大学科群,即"语言社科类、数学科学类、视觉艺术类、表演艺术类、金融商科类和身体活动类",既涵盖基本学科内容,又根据学生兴趣和现代社会需求重点发展学生的科学素养、艺术素养和财商能力,充分突显了"红色三小""科技三小""书香三小""体艺三小""智慧三小"的办学特色。将相近的学科领域整合在一起进行教学,有利于学生在相关知识之间建立联系,发散思维,提高学习的深度和广度,同时也为教师的跨学科教学与合作提供了基本框架。学校课程增加贴近学生生活和社会生活的内容,组织丰富多彩的活动为学生提供自主实践、探究和体验的平台,让学生通过亲身实践获取直接经验,凸显课程的发展性和生活性,符合学生的心理特征和认知水平。课程的实施涉及诸多要素,课程模式的改革引发学生学习方式的变革,为了更好地实施"生长课程",新蒲三小改变了传统的课程实施方式,采用学段捆绑、长短课结合和流动班级制等灵活的组织形式,促进课程理念的贯彻落实和学生的全面发展。

(1)学段捆绑

为保障"生长课程"整合模式的顺利推行,学校进一步优化了管理结构,为课程的开发、实施和评价提供组织保障。一方面,学校采用班组群、校中校、功能室的区域划分,通过空间的变革与组合以最大限度实现空间的育人功能,为各类活动的开展提供场地与资源,满足了课程领域整合模式下的合作学习、项目式教学和主题教学等多种教学方式。另一方面,学校成立课程部、学生部和教师部等职能部门,组建课程发展委员会和课程资源开发团队,在"和平之光"六大学科群的基础上完善校本课程的建设和教学管理,开发配套的课程资源,建立课件库、案例库、微课库和数字化素材库,创新课程内容和活动形式,在实践活动中积累提炼相关资源素材内容,实现活动规范化、系统化和课程化,进一步完善"生长课程"体系。

(2)长短课结合

整合课程的实施不同于以往的分科教学,需要更灵活的时间分配和班级管理,新蒲三小改变了传统的40分钟上课时长,采用长短课相结合的教学时间表对课堂进行重组。学校将学生540分钟的在校时间平均分为6个时间段,分别对应"和平之光"六大学科群组,进行"种子课程""绿叶课程""滋养课程"和"阳光课程"的合理组合。在满足国家课程标准课时要求的基础之上,教师可以根据教学目标和内容安排对90分钟进行30+60、45+45、30+30+30等机动组合,如30分钟的数学课,30分钟的科学课,30分钟的整合课程,或是60分钟的基础课程加上30分钟的拓展课程。这种长短课的时间设置和学科群组的课程结构符合循序渐进教学思想和发展性教学理论,让学生在掌握基础知识之后再进行高难度、高速度教学,促进学生的持续性学习与思维拓展,加深对知识的理解、记忆与迁移。

(3)流动班级制

流动班级制是利用学校班组群的特殊结构,实现学生在不同年级和班级之间的流动。班组群中连续的三个年级的学生处于同一层楼的相邻教室,由于空间位置上的亲近,不同年级的学生更容易消除年龄段的隔阂,有利于合作学习和课间往来。高年级学生和优等生、特长生会根据自己的长处去帮助低年级的学生学习和解决问题,同样的,当高年级学生发现自己过去某一知识点未完全掌握的时候,在教师的安排下能够进入对应的低年级班级中"复读"一到两节课再回到原来班级,由于三个班级的日常往来和频繁互动,这种"复读"行为也不会让学生产生心理负担,而这种类似大家庭的相处模式也有效避免了校园欺凌事件。此外,班级流动制还能够促进不同班级教师的交流与合作,实现了资源共享和互帮互助。

三、教师队伍的建设与路径

教师是学校发展之本,教育发展之魂。无论是从历史还是现实来看,发展与提高教育,就必须发展与提高教师素质;办一流的教育,就必须造就一流的教师队伍。新蒲三小作为一所新办学校,始终将建设一支政治素质过硬、业务能力精湛、育人水平高超的高素质教师队伍作为特色化办学的重要基础,五年来紧紧围绕"儿童至上,向美而生"的办学理念,秉承"欣欣教育"的文化价值,探索出一条教师队伍建设的特色化"向美"之路。

(一)教师队伍建设的意蕴

1.立德铸魂的价值追求

师德兴则教育兴,师德强则教育强。提高教师思想政治素质和职业道德水平不仅是特色教师队伍建设的前提,更是加强新时代教师队伍建设的必然要求。学校要积极引导教师以德立身、以德施教、以德育德,引导教师不断提升道德修养和道德智慧,并践行于工作与生活之中。第一,要做好师德教育宣传工作,帮助教师明晰师德具体要求,提高教师自主学习意识。第二,要强化教师师德培训,建立教师政治学习制度,举办本校党组织书记示范培训班,充分利用中华优秀传统文化、社会主义先进文化涵养师德。第三,建立教师师德考查制度,将教师师德考查结果作为教师年度考核、职称评定的重要依据,引导教师自觉践行师德,实现知行合一。

办学理念是特色学校的精髓,同时,为教师所认同的办学理念也是凝聚教师队伍的基础。教师是连接办学理念与特色学校发展的桥梁,是特色理念的践行者,同时也是学校的生命和活力所在、精神和力量所依。[①]因此,学校要将办学理念内化为教师的自觉行动,才能维持学校特色的可持续发展,保障特色教师队伍的不断成长。一方面,学校应在吸纳教师的思想和观点的基础上确定办学理念,加深教师对学校共同目标与理想愿景的理解。另一方面,学校应围绕特色主题组织教师进行学习,并将特色理念融入教师工作的各个领域,以文化人,引导教师形成共同的教育价值观。

2.精准培训的发展路径

加强培训是促进教师专业发展、提升教师整体素质的重要环节。构建特色教师队伍的重点在于为教师提供精准培训,即基于教育教学实践的具体问题、基于教师的发展阶段与个性需求的有效性培训。第一,学校要以项目为抓手、以任务为驱动,提高教师参与培训的积极性。第二,学校为教师提供线上线下相结合的发展支持服务体系,注重以问题与需求为导向,为教师提供"培训菜单",推行自主选学,满足教师个性化需求。第三,建立学分银行,搭建培训与学历教育衔接的桥梁,拓宽教师专业发展通道。第四,打造教师梯队,精准分层培训,培育教育家型的校长和教师领军人才,促进中青年骨干教师团队发展,培养新教师储备力量。

特色教师队伍所具有的团队精神与合作意识是不断改进学生学业和提升学校效能的重要保障。但是,有效的教师专业合作并不是自发产生的,且很难实现深度专业合作。有研究表明,学校治理对于教师专业合作具有显著的正向作用。[②]因此,学校应发挥促进作用,加强教师间的专业合作。第一,学校应培养与引领教师对专业合作的认知与认同,既在理论层面上帮助教师意识到专业合作的重要性,又在具体实践中强化教师对专业合作的理解。第二,建立专业学习共同体,通过共同愿景与深度互动,实现知识共享、资源互惠。第三,建立民主参与式学校治理模式,实现治理组织的扁平化,促进教师权利共享,营造专业合作氛围。

[①] 陈翔雁.特色教师队伍建设的实践与思考[J].教学与管理,2012(10):11-12.
[①] 李新翠.何以可以促进中小学教师专业合作——基于近万名中小学教师的经验证据[J].教育研究,2020(07):143-153.

(二)教师队伍建设的举措

教育发展,教师为先。新蒲三小现有教师101人,其中研究生13人,副高职称4人,免费师范生2人。学校有省级名校长工作室、省级小学语文名师工作室、市级名班主任工作室。在"三名"工作室的引领下,培育出省级特级教师1名、省级名师1名、省级骨干教师2名、省级乡村教育家培养对象1名,贵州省教育信息化建设专家2名,省民族教育专家1名,省小语理事1名,市级骨干教师1名,区级骨干教师10名。自建校以来,新蒲三小积极适应基础教育改革创新的需要,注重吸引和培养优秀教师,加大教师培养培训力度,以建设一支政治素质过硬、业务能力精湛、育人水平高超的高素质教师队伍为目标,在优化教师队伍结构、加强师德师能建设等方面进行了不懈的探索。

1.优化队伍结构

建设一支结构合理的教师队伍是教育教学质量的有效保障。在优化教师队伍结构方面,新蒲三小坚持按自身的招生规模以及国家的政策法规,结合人力资源市场的供给和本校的内部状况,预测本校各个时期的教师需求,并在摸清自身人员配置的前提下统筹规划所需引进及培养的教师数量及结构,努力搭建"阶梯式"的教师队伍,以保证教师年龄结构、学历结构与职称结构合理化,队伍素质综合化。同时,新蒲三小积极完善不同教师岗位的任职标准和工作要求,实行"岗位管理、择优聘用"的机制,积极盘活教师资源,在推动师资校内合理流动的同时激励教师提升业务素质,发挥教师队伍的整体效能。另外,为积极培养青少年创新精神和实践能力,争创"科技三小",新蒲三小特别注重强化科学教师队伍建设,为科学学科配置优秀的教师资源,建立了一支科学教育辅导员队伍,加强科学教育师资力量。

2.加强师德建设

党的十九大报告指出,要"加强师德师风建设,培养高素质教师队伍,倡导全社会尊师重教"。[①]师德师风的好坏,直接影响人才培养的质量。加强师德建设,

---

① 编写组.中国共产党第十九次全国代表大会文件汇编[M].北京:人民出版社,2017:8.

是全面落实立德树人根本任务的必然要求,是新时代造就专业化教师队伍的关键所在。新蒲三小多年来坚持秉承师道,培树师德,积极推进师德建设常态化、长效化。首先,以多样化教育活动为载体,大力提升教师师德水平。学校坚持落实每周的政治学习,创新学习模式,先后组织开展了"不忘初心途,再走长征路""矢志报国情依旧,不忘初心再出发""尊崇革命英雄,厚植爱国情怀"等专题教育讲座,加强教师思想素质的提升。同时,在师德建设活动中善于发现和挖掘身边的先进师德典型,做好社会主义核心价值观的学习和宣传工作,增强广大教师的事业心和责任感,使教师热爱学生,爱岗敬业,促进学生、教师和学校的和谐发展。其次,以考核评比为机制,强化师德教育。考核评价机制对师德建设具有导向、激励和监督的作用。学校建立健全师德师风考核制度,把思想道德、教学能力、学术道德等纳入师德建设整体考核体系,做到定量与定性相结合,确保评价标准的科学合理。同时,学校不断优化考评结果的运行机制,将其与奖惩激励有机结合,作为岗位聘任和绩效考核的重要依据,从而增强教师职业道德修养的自觉性和主动性。最后,建立科学的师德教育培养机制。学校利用互联网等现代技术手段,通过教学业务竞赛、教师发展论坛、师德沙龙和志愿服务等多样化形式,在教师教育全过程分阶段分层次对在岗教师和后备教师开展师德师风培训,[②]增强师德教育工作的感召力和影响力,不断提高师德培训效果。

3. 提升教育能力

师能是教师队伍建设的基本要素。教师扎实的知识功底、过硬的教学能力、科学的教学方法是保证教学质量的必要条件。新蒲三小自成立以来,着力提高教师执教能力,促进教师专业成长,以教师专业发展为目标,调查教师专业发展需要,指导和督促教师制订个人专业发展计划,重点关注新进教师,帮助教师明确自我发展目标;以教师成长为本,启动"好书大家读"的读书活动,营造浓郁的读书研讨氛围,有计划地组织教师参加各种形式的培训,加强教师学习后的实践运用意识;以校本培训为抓手,开展全员培训,坚持集中培训和个人学习相结合,普通培训与重点培训相结合,提升专业技能;以"引进来积淀内涵,派出去开阔视野"的教

[②] 万美容,李芳.师德建设:新时代振兴教师教育的基础工程[J].思想理论教育,2018(07):20-25.

师培养理念,拓宽教师培训渠道,通过外出学习、承办赛事、研培结合、学科竞赛、送教下乡和跟岗培训六大路径,促进教师素质提高;以名师工作室和新蒲新区教研室的各项活动为抓手,充分发挥各级骨干教师、学科带头人的作用,加强"三名"工作室建设,通过开设专题讲座、示范课等多种形式,充分发挥示范、引领和辐射作用,促进教师教学能力提高,让教师迅速成长;以"基于遵义市教学改革和融合信息技术新型教与学模式实验项目"为契机,推进信息化教学应用,探索利用网络资源促进教育教学的途径与方法,运用现代教育技术提高课堂教学效率。加大骨干教师培养力度,形成竞争、合作和进取的良好氛围和激励机制,形成不同学科、不同层次教师各有所长、相互促进、共同发展的师资队伍。

(三)教师队伍建设的路径

新蒲三小自成立以来,始终把教师成长作为学校发展的引擎,努力实现价值认同,促进教师队伍和谐相融;培养"四美教师",建立阶梯式纵向培养机制;构建协同教研共同体,助力教师专业成长,不断探索教师队伍建设的创新路径。

1.促进教师队伍和谐相融

新蒲三小是由原民主小学和平庄小学两所小学合并后改建而成的,来自不同学校的教师在成长背景、思想观念、知识水平等方面存在较大差异。对于一所合并校而言,面对合校带来的教师队伍重组以及由此产生的种种挑战,学校如何通过系统的规划设计和有效的工作抓手,变挑战为机遇,打造一支师德高尚、结构合理、团结协作、业务精湛的教师队伍,对于学校发展和学生成长意义重大。为此,新蒲三小不断探索实践,在"欣欣教育"文化主题下确立了"儿童至上,向美而生"的办学理念,并将其渗透进每位教职工心中,使两所学校的教师迅速融合,实现价值认同。

(1)凝聚共同愿景,提升教师团队合力

凝聚力和向心力是教师队伍形成强大合力的前提。教师作为专业人员,所具备的教育情怀和专业使命是激发其工作热情的内在动力。因此,确保教师认同学校办学理念,形成共同的教育愿景是提升教师团队合力、开展教师队伍治理的基础工作。学校自成立后,带领全校师生遵循国家教育方针、社会发展规律和人的成长发展规律,确立了"儿童至上、向美而生"的办学理念,追寻"人文与科技相融的春之三小"的办学愿景,以"欣美教育"为文化主题,以"一切皆有可能"为校训,以"我们在生长中,乐学共享"为校风,以"人人在行知中,积极睿智"为教风,以"学生在学习中,主动自信"为学风。为使全校教职工形成共促学校发展的愿景,学校统一认识,统一管理要求和统一教学要求,通过组织教师参与讨论的形式,对学校未来发展的方向取得一定程度的共识。同时,结合个人价值观与学校发展方向,引导教师建立共同的愿景,用学校的办学目标来统率和细化每一个教师的工作目标,如帮助教师制订"个人未来发展计划"、培养中青年骨干教师、打造名师团队等等。把学校的办学理念转变成每一个教师的价值观和使命感,让学校的办学理念和办学目标深入人心。经过五年的磨合,学校全体教职工统一了思想认识,形成了对新蒲三小的文化认同,增强了对学校的归属感和荣誉感,实现了合校后的和谐相融、健康发展。

(2)强化组织认同,破除教师心理壁垒

组织认同是指个体源于组织成员身份的一种自我构想,它是个体认知并内化组织价值观的结果,也是个体在归属感、自豪感和忠诚度等方面流露出的情感归依。[1]当人们对某种团体产生认同时,会产生去个人化,与团体有命运共同感等感受,且会有内团体偏私行为,具体表现为组织成员会有较多的合作行为、较多的组织公民行为以及较高的工作绩效。[2]组织认同有利于教师们在思想、行为和观念等诸多方面与其所属学校具有较高的一致性,进而使得教师个体对其所属学校的教育教学及管理活动表现出强烈的主人翁意识和高度责任感。为破除合并初期教师内心对学校及同事的心理壁垒,新蒲三小提出"大家三小""教师至上"等概念。同时,坚持尊重人、关心人与发展人相结合的原则,依法建立和完善学校工会组织、教职工代表大会制度、校务公开制度和科学合理的激励机制,努力维护和促

---

[1] 魏钧,陈中原,张勉.组织认同的基础理论、测量及相关变量[J].心理科学进展,2007(06):948-955.
[2] O'REILLY C, CHARMAN J. Organizational commitment and psychological attachment: The effect of compliance, identification and internalization on prosocial behavior[J].Journal of Applied Psychology, 1986 (03), 492-499.

进组织公正,营造开放和谐的沟通环境和人际关系氛围,积极提升学校声誉与影响力,为教师提供强有力的组织支持,让教师对学校形成强烈的归属感和认同感,使教师们有成就感、荣誉感和巨大的社会价值感,形成和谐平等、相互尊重且具有向心力的集体。

华珊校长在一次访谈中对"大家三小"与"教师至上"进行解读:"学校的价值观,像空气一样弥漫在学校每一个角落,它体现在师生的一言一行中。'大家三小'是大家共同的三小,是彼此成就对方的三小,是让大家成为大家的三小。这个价值观的形成,靠每一次政治学习,每一次教研活动的一组组照片的展现,一个个鲜活榜样的树立,一次次交流分享的展示,一次次听课看课的鼓励,靠每一次对外展示的集体亮相。老师们逐渐明白,最美三小人应该勤奋刻苦,应该乐于奉献,这些都成为三小人共同的价值追求。而'教师至上'具体是指教师的身心健康至上、教师的归属感至上以及教师的专业发展至上。教师只有在学校行政管理团队的服务中安心、安居、安教,才能真正做到在平时的教学实践中为儿童着想,实现'儿童至上,向美而生'。"

(3)改善办学环境,提高教师幸福感

长期以来,人们在知识、技术本位的教师观导向下忽视了教师作为主体人的存在,消解了教师作为鲜活的生命个体在教育教学活动中的生命激情和多维感悟,难以体验职业生命中的内在幸福感。[①]职业幸福感既关系教师自我发展,又关系学生健康成长。2018年1月20日,《中共中央、国务院关于全面深化新时代教师队伍建设改革的意见》提出"广大教师在岗位上有幸福感、事业上有成就感、社会上有荣誉感,教师成为让人羡慕的职业"。新蒲三小自建校以来就重点强调提高教师幸福感,不断加强学校软硬件建设,改善办学条件,美化校园环境,把学校建成安全、安心又美丽的地方,让教师有一个环境优美、设施齐全、身心愉悦的施教环境。与此同时,学校始终关心教师物质生活,丰富教师精神生活,深入了解教师工作、学习和生活中存在的问题,想方设法为教师解决实际困难,让教师们亲身感受到集体温暖,激发了教师的内在力量,促进教师团队和谐相融。

---

① 闫守轩,朱宁波.教师教育中生命体验的缺失及回归[J].全球教育展望,2011(12):61-66.

校务部主任韦老师说:"提高教师幸福感,首先要让他们工作环境好、氛围好。校务部主要从四方面着力:第一,优化制度、优化管理。对教师签到、值日,常规检查等进行优化,减轻老师工作量的同时,提高工作效能。第二,'后勤'变'前勤'。琐碎杂事尽量由工人完成,并服务到班。第三,改善教师饮食。保证教师三餐可口丰富。第四,通过丰富的工会活动,温暖到心。"

2.建立阶梯式纵向培养机制

教师专业水平的提高需要终身的专业学习和发展。教师的学习是连续的,是从"新手教师"到"专家教师"逐步专业化发展的过程,因此是不断进阶的过程。以促进学生发展为终极旨归,建立一个阶梯式的纵向培养机制符合教师专业发展规律,能够为教师培养与培训提供依据,对促进教师发展有重要的意义。[③]因此,新蒲三小紧紧围绕"欣欣教育"文化理念,基于教师专业发展阶段理论、终身学习理论等建立了特色的"四美教师进阶体系",并由此构建了阶梯式纵向培养机制,促进教师由"向美教师"向"欣美教师"转变。

(1)以"四美教师进阶体系"明晰教师发展目标

为加强教师职业道德,夯实教师专业功底,提升教师教学技能,建成一支具有强烈的终身学习和自主发展愿望,具有较强教育科研能力和敬业精神,能适应学校发展的教师队伍,新蒲三小以学校发展和教师发展为本,以青年教师专业发展为抓手,以名师梯队建设为突破口,坚持注重师德与发展专业相结合的原则、自主发展与名师引领相结合的原则、理论学习与课堂实践相结合的原则、线上学习与线下研修相结合的原则确立了由"向美教师""逐美教师""尚美教师""欣美教师"四类进阶类别组成的"四美教师进阶体系"(如表3-1)。"四美教师进阶体系"用进阶的视角来研究教师专业发展的路径,具有明确的进阶终点、分阶目标与进阶条件的设置,能够为各发展阶段的教师确立短期及长期的发展目标,将有利于揭示教师专业发展的内部规律,促进教师培养的科学化和理性化水平。

---

③ 黄菊.教师学习进阶:教师培训新取向[J].中小学教师培训,2019(06):31-35.

表3-1　遵义市新蒲新区第三小学"四美教师进阶体系"表

进阶要求		向美教师	逐美教师	尚美教师	欣美教师
发展目标		能备课,能上课,成为合格教师。	会备课,会上课,成为骨干教师。	能独立设计教学,自成风格,成为教学名师。	研究教学,发展教学,有自己的教育教学思想和理念,成为专家型教师。
进阶条件	基本条件	1.0~3年的职初教师; 2.每期能独立承担1节校级及以上公开课; 3.每学期听本学科15节课及以上,且有自己的评价建议; 4.期末考核达到合格及以上; 5.师德师风和课堂教学满意度测评达80分及以上; 6.期末统考教学成绩同级同科同类学校排名前二分之一。	1.工龄3~8年,完成"向美教师"工作指标; 2.每期至少指导1名"向美教师"; 3.主持校级及以上课题研究,参与区级及以上课题研究; 4.能独立命制本年级单元测试卷; 5.期末统考教学成绩同级同科全区排名前二分之一。	1.工龄8~15年,具备"逐美教师"工作能力; 2.每期至少指导1名"逐美教师"; 3.能承担至少两门学科的教学; 4.能独立命制本学科本年级的期末测试题; 5.期末考核达到合格及以上,师德师风和课堂教学满意度测评达90分及以上; 6.期末统考教学成绩同级同科全区排名前三分之一。	1.工龄15年以上,具备"尚美教师"工作能力; 2.每期至少指导1名"尚美教师"; 3.主持或参与市级及以上课题研究; 4.能独立命制本学科任一年级的期末测试题; 5.期末考核达到合格及以上,师德师风和课堂教学满意度测评达95分及以上; 6.期末统考教学成绩同级同科全区排名前三分之一。
	备选条件(满足其中任意两个条件)	1.参加一个校级及以上课题; 2.指导学生获校级奖3人次; 3.教师优质课、微课等专业素养比赛获校级一等奖1次,或者班主任经验分享、讲座等2人次; 4.在导师的指导下能命制本年级的单元测试卷; 5.本专业论文发表或获奖1篇及以上。	1.教师优质课、微课等专业素养比赛获校级一等奖2次,或者班主任经验分享、讲座等3人次; 2.能独立承担区级以上教学公开课、示范课; 3.获区级教学基本功、优质课大赛二等奖及以上; 4.本专业论文发表或获奖2篇及以上。	1.指导学生获校级奖10人次或者区级奖1人次; 2.获区级以上教学基本功、优质课大赛一等奖; 3.主持或参与区级及以上课题研究; 4.本专业论文发表或获奖3篇及以上; 5.区级骨干、名师或名班主任。	1.指导学生获校级奖20人次或者区级奖2人次; 2.独立承担市级以上教学公开课、示范课; 3.获市级教学基本功、优质课大赛二等奖及以上; 4.本专业论文发表或获奖3篇及以上; 5.市级骨干、名师或名班主任。

续表

进阶要求		向美教师	逐美教师	尚美教师	欣美教师
进阶条件	破格条件(其中之一)	1.期末统考教学成绩同级同科全区排名前十者不受教龄限制,可直接超前晋升一级; 2.教育主管部门组织的教学基本功、技能大赛和优质课等获区级一等奖及以上者不受教龄限制,可直接超前晋升一级。			

(2)以阶梯式纵向培养机制助力教师专业成长

"四美教师进阶体系"的设立是实现阶梯式纵向培养机制的前提。结合学校教师队伍建设的总目标与各发展阶段的分层目标,新蒲三小针对不同发展层级的教师定制了阶梯式的培养机制,帮助教师实现专业成长。其中,对于"向美"发展阶段的教师,主要加强入职培训,选择优秀的骨干教师和新教师结对开展"青蓝工程",做好传、帮、带,帮助年轻教师实现可持续发展。当"向美教师"能够深入了解学校的办学理念、办学思想和办学目标,熟悉学校教育教学常规工作,具备一定的教育责任感与教师职业认同感时,即可对其进行下一阶段的培养;勤学善思的"逐美教师"弥足珍贵,他们是教师队伍中极具创造性的力量。对于"逐美"发展阶段的教师,主要选择校内外富有教育教学经验的高级教师担任导师,遵循双向选择、自愿结对的原则,重点给予教育理论、教育科研、学科教学、班级管理等方面的培训与指导。当"逐美教师"能够掌握本学段各年级教材内容和教学要求,学科专业知识扎实,能运用心理学、教育学等理论指导教育教学实践,有较强的自觉发展意识和能力并能主持开展课题研究时,学校即对其进行下一阶段的培养。"尚美教师"是支撑学校高质量发展的中坚力量。学校尊重其个性发展和首创精神,在对"尚美"的知识结构、能力、素养进行精准诊断的基础上,不断提高培养层次,营造自由氛围,帮助他们形成独特的教学风格。对于"尚美"发展阶段的教师,学校将选择省、市名师、教育教学专家担任导师,强化理论引领,注重专业唤醒;选派参加高一层次的学历进修,指导其参与学校课程与教学改革;主持开展学校重点课题研究,承担培养骨干教师的任务。当"尚美教师"能够逐步形成自己的教育教学特色,独自完成一门自主拓展型课程校本教材的开发,在市级层面有一定的知名度,教育教学效果在同类学校处于明显优势地位时则晋升为"欣美教师",并将获得该阶段的分类培养。"欣美教师"是学校深化改革创新发展的引领者,对于"欣美"发展阶段的教师,学校注重促进其形成先进的教育思想、创造新的教学风格,为他们成为教育家型教师提供有力支持。具体来说,学校将通过课题研究、课程改革、课堂展示等方式为其创设良好的教育教学研究与经验推广平台,鼓励"欣美教师"不断更新教育教学理念和现代教育技术,传承宝贵的教育教学经验,充分发挥"欣美教师"的示范效应。同时,学校将聘请专家教授帮其梳理凝练教育思想,创造更具育人价值的教学风格。

(3)以实施方法与保障措施确保教师进阶发展

为确保"四美教师进阶体系"的落地,学校逐步探索与尝试系统的实施方法与保障措施,不断完善教师的培养工作,为教师实现进阶式专业发展保驾护航。在具体的实施方面,学校首先"建班子",成立以校长为组长、分管副校长为副组长、其他行政人员为成员的工作领导小组,负责"四美教师"的各项具体工作;其次"搭台子",着力搭建网络平台为教师提供优质教育教学资源,搭建交流平台帮助教师拓宽教育视野,搭建科研平台形成教育教学研究共同体;进而"压担子",根据新区教学研究中心提出的"六个一"要求为载体,积极开展校本研修活动,为"四美教师"压担子,促使其快速成长;最后"铺路子",根据学校现有的省级名校长工作室、名师工作室、校本研修基地和市级名班主任工作室等平台,为"四美教师"铺就发展的路子,使之成长更为迅速、更为健康。除了制定具体的工作措施外,新蒲三小还确立了一系列保障体系,助力教师的进阶成长。第一,制定制度保障。完善原有促进教师专业发展的各项制度,将教师各阶段发展目标达成情况纳入考核范围与工作业绩挂钩。第二,制定经费保障。力争上级部门的各项资金支持,加大资金投入,保障教师培训、科研、课程改革及基础建设等各项工作的顺利开展。第三,制定物质保障。为保障教师的进阶发展,学校将逐步完成各项设施的配套。第四,提供专业支持。聘请高等学校专家、中学知名校长、特级教师成立教师专业发展学校顾问团,定期对教师的进阶发展开展咨询和指导工作。第五,制定监督保障。学校通过校内监督和评价,每年对教师专业发展三年规划实施的成效进行自评,向教代会通报,接受教代会审议和评价,并根据意见调整和修改规划;通过社会督导监察,邀请督导室、教育专家来校对规划实施情况进行监督和讨论,汇报规划实施情况,及时反馈,促进各项措施顺利开展,实现教师由"向美"到"欣美"的进阶发展。

3.构建协同教研共同体

中小学教师教研是教师专业成长的重要途径,也是教育质量提升的关键动力。虽然当前涌现了大量关于教师教研的理论研究与实践成果,但教研方式和教研效果仍存在一系列问题。新蒲三小为引导本校教师教研突破瓶颈、引向纵深,不断完善教育科研组织结构,加强教研队伍建设,营造人人参与教研的浓厚氛围,树立教学即研究的意识,在推动学校教研规范化的同时借助"互联网+"创新教研模式,联合多方力量,构建校本教研共同体、区域教研共同体和网络教研共同体,在共存的教研主体间建立共生关系,形成教研合力,提升教研实效,进而提升学校教师的专业素养,推动教师队伍建设。

(1)立足校本教研共同体,实现教研整体关联

2002年,《教育部关于积极推进中小学评价与考试制度改革的通知》要求学校应该建立以校为本,自下而上的教学研究制度,首次以国家文件形式明确开展校本教研是促进教师专业发展的有效途径。基于对校本研究价值的深刻认识,新蒲三小不仅组织教师开展校本研究,同时还创建特色的校本教研共同体,以提高教师的教研能力。校本教研共同体是在校本教研实践活动中体现教研整体关联、动态涌现、交互融通和多元共生的教师发展与专业学习共同体。[1]校本研修共同体的构建可以帮助各成员间在共同目标的指引下紧密合作,反思探究,集体负责,加强对教师发展与学生学习的关注,提升教研效度。为构建校本教研共同体,新蒲三小开展了以下工作:不断加强教研团队建设,扎实开展常规教研活动,增强活动形式的过程性和实效性,提高教研活动的参与率与有效度;加强学科交流,以优秀教研组评比为平台,建立学科教学教研的评比机制,增强团队的凝聚力和竞争意识,通过评比不断激励教研团队提升;以3.0学校建设项目为契机,促进班组群教师共组跨学科、跨年级的教研团队,实现协同教研;实行学校教研员制度,发挥

---

[1] 赵敏,蔺海沣.校本教研共同体建构:从"共存"走向"共生"[J].教育研究,2016(12):112-119.

先进教研个人的引领示范作用,带动团队的整体教研水平。在丰富的主题教研实践中不断更新教师教学理念与教学方法,推进学生的全面发展。

(2)构建区域教研共同体,达成教研协同发展

区域教研共同体已成为推进教师专业发展、提升学校效能的路径之一。这种以同质促进、异质互补的原则而建立起来的区域教研共同体,能够让知识结构和教学经验存在差异的学校教师聚在一起展开互动,推动了教师专业能量的流动。新蒲三小根据学校的特色和教师专业发展的需求,以"互相学习、促进发展"的原则,多次开展校际联合教研活动,以共同体的运作模式联合遵义市红花岗区丰乐小学、长征小学,遵义市汇川区航天小学,遵义市桐梓县灯塔小学,遵义市新区文化小学等学校,通过集体教研、同课异构、会诊研讨、专家讲座、校际交流、反思完善等多种形式共同开展教研活动。同时,新蒲三小还以本校乡村名师工作室为载体,与贵州省小学数学陈作平乡村名师工作室、贵州省小学英语龙安波乡村名师工作室等多所名师工作室开展联合研修活动,从而形成一种任务驱动、资源共享、相互借鉴、协同研究、共同发展的教研机制。

(3)搭建网络教研共同体,实现教研形式新突破

网络教研是我国新课程背景下,随着信息技术逐渐深入而出现的新型教研形式,其特点是能够实现数字化教学资源共享,促进教师缄默知识线性化以及专家引领下的教师自主专业发展。[①]而网络教研共同体则是可以突破时空限制,拓展教研宽度,促进教师间形成广域协作教研的群体。新蒲三小建立教师网络教研共同体,依托网络建立校中校和学科组交流平台,让日常教研和网络教研有机结合,加强学科组教师的联系,以班级为单位,各授课教师探讨提高教学效率的有效方法,共同开展班级学生学习习惯培养,促进学生全面发展;建立班主任工作交流平台,研讨班主任工作中遇到的问题,分享班主任管理工作中的经验;建立班级主页,及时报道班级建设信息;建立教研组交流平台,开展网络学习、网上备课、网上晒课、网上评课等活动,打破时空限制,实现资源共享,构建开放自由的新型学习化组织,增强教研的实效性与互动性;建立校内名师个人网上工作室,发挥教研引

---

① 李艺.面向基础教育教师专业发展的网络教研观察[J].中小学信息技术教育,2007(05):9-12.

领作用。接下来,新蒲三小还将拓展网络教研共同体空间,建立由不同地域、不同学科背景、不同职业的教研主体及其协助者共同组成的跨区域多方协同网络教研共同体,在平等、包容、开放、个性化的教研平台中实现教师教研水平的新突破。

四、学校管理的改革与创新

学校是进行知识探究与价值传播等活动的教育组织,其环境中的活动与行为具有主动性、创新性和发展性等特点。在学校的生态系统中,教师与环境之间,以及教师与教师之间应具有一种积极合作和相互依存的关系。新蒲三小着力构建和实施互惠互依共同体的分布式学校管理,有效地促进了学校的内涵式发展。

(一)学校管理的基本架构

分布式学校领导是一种分析和重设学校领导实践的方式,指通过各种途径将实际的领导要素在学校中进行最大化的分布,以促进教学质量的提升与学校的转型发展。它以促进教学改善与学校转型发展为根本目的,聚焦在学校中真正发挥影响的领导来源、领导模式和领导效果,强调学校成员之间的协同互依和共同行动。[①] 对学校而言,分布式领导可以提升学校的管理效能、改善学校的组织文化;对教师而言,分布式领导可以增进对学校的信任度和工作满意度;对学生而言,分布式领导可以改善其学业成就,增强对学校的认同感和满意感。分布式领导实施从初创到成熟需要循序渐进,需要多方面因素或条件的支持,在诸多的实现条件中,其核心关键要素包括组织管理架构、组织激励支持、教师价值评估和组织决策实施。

1.组织管理架构

从某种意义上来讲,分布式领导的核心基础是组织架构,科学合理的组织架

---

① 刘雨田,陈时见.分布式学校领导的内涵特征与实践路径[J].全球教育展望,2017(01):109-115.

构和高效的组织分工是一个优秀分布式领导的核心特征。毋庸置疑,多数公办学校是典型的行政治理框架下的事业单位,在学校内部,行政治理框架下的治理模式特点是组织目标的统一性和组织运行的高效性。但是,学校是教书育人之地,行政治理框架下的治理模式有可能导致以行政效率标准主导和强求教学效率和育人效率,认为学校的教学育人工作可以自上而下、以固定分工模式和严格的制度进行系统性规制,结果可能是行政主体"掌控一切",带来学校的治理危机,无法整合每个成员的智慧和效能。公办学校是带有国家意志的育人组织,其组织结构育人目标的实现建立在各个学科基础上。它是以育人为核心,在行政治理结构建立过程中,为了对组织内成员实现更高效的管理,需要进行合理的体制机制设计,使利益相关者依据其在学校场域中的角色位置及自身所拥有的各项资本共同发挥作用,形成多元主体参与学校共治的扁平化治理结构。

在分布式领导过程中,这种扁平化治理结构可以最大化实现成员的广泛参与。就学校而言,扁平化的组织结构可以尽可能地把学校的各项决策权延展给每个教师,学校的领导者以及在领导者领导下的"追随者",通过明确的分工并确定各自的职责,以相互理解的形式开展各项活动,从而为有效贯彻执行组织内的决策奠定思想认同基础和行动认同基础。分布式领导的这种扁平化管理架构,可以促进教师思想的空间流动并把各个管理要素联系在一起。这不同于以往自上而下命令执行式的"科层制"管理,扁平化管理更多强调思想认同基础上的"上下"互动,强调各主体同频共振大于行政权力指挥,倡导以合作、协商、确立共同发展愿景等方式运行学校的公共事务。这种扁平化的治理实质是在建立基于规则制度、公共利益和互相认同基础上的默契合作,并且强调每个成员都参与到组织事务的管理之中。在新办学校的发展过程中,从"权力主导"式的科层垂直型管理走向"共治善治"的扁平化管理是学校创新管理的基本走向,因此学校要关注和研究各个组织成员的管理效能,着重于教师领导力的构建,发挥教师个人的专长,提高组织决策的正确性,进一步发挥教师在治理中的贡献价值。

2.组织激励支持

组织支持是学校内部的领导者和追随者实现有效互动的方式之一,在这个过程中组织内的"制度规范"和组织支持的"激励工具"起到了重要作用。在组织系统的互动活动中,科学、恰当的制度规范给予了学校宽松的自我发挥空间,保证了领导活动的规范性、合理性和合法性。但是,制度约束与主体活动具有内在"张力"特点,若规章制度过多、过僵、过严,主体束缚捆绑过重,学校就没有创新发展的活动空间,尤其是想要快速高质量发展的新办性质学校。因此,对于学校而言,既要科学把控规范的"质",又要严格控制规范的"量",追求以少量严格规范形成学校创新发展文化的制度格局,尽可能为不同主体尤其是教师主体的活动和互动创造宽松空间。同时,学校给予成员适当的支持,让每个成员切身感受到组织愿意而且能够对他们的工作进行回报和激励。学校成员除了按他们各自对学校项目的贡献程度领取报酬之外,也能从管理者那里得到一些额外激励。如此,学校成员会认为组织重视他们对学校的贡献或者关注他们的综合发展,并且组织支持满足了成员的社会情感需求,这会进一步加强他们的奉献意愿,为组织的利益付出自己更多的努力。

反之,如果组织对成员只是绩效型的"理性"交换,如按职称、按职务、按教龄等进行量化指标的薪酬分配,那么这在一定程度上会制约组织成员(教师)的积极性。所以,除了原有的分配体系,组织应建立一套按分布式学校领导实施项目绩效分配的标准体系作为"激励工具",这会调动组织成员的积极性并通过"自主作为"建立学校的发展能量。因此,分布式领导不仅要关注组织成员的管理,更要关注组织成员能量的建立,而管理责任也不仅仅局限在校长身上,不仅仅是行政人员的责任,当学校有需要时,任何人都有领导的潜力,并可以根据自身的决策行动主动地承担领导性责任。学校的正式领导(校长)的主要职责是提升学校组织成员的领导能力,激发组织成员广泛参与学校的日常运营,建立以人为本的管理制度和行政工作服务于教师发展的管理机制。组织要搭建教师发展的平台,支持教师领导力的专业培训,增进教师之间的互动交流,促进学科综合化的跨学科合作;营造鼓励各类创新的组织氛围,为教师的多元化发展提供资助等各项支持措施。同时,领导应与教师之间建立平等的关系,尊重教师的个人意愿,建立教师容错机制,对教师充分授权并包容教师在活动中的失败,通过对教师增权赋能,使教师之间为了共同愿景而努力。

3. 教师价值评估

价值评估主要是领导在指挥和控制成员方面所发挥的作用,组织成员的各项活动离不开配套的评估规则体系。评估规则体系是分布式领导的重要内容之一,对组织内的领导者与组织成员的互动起着重要作用。评估规则关系到教师积极的能动性作为,关系到能否满足学校教师个体发展的需求,关系到教师对学校发展做出的贡献是否能够得到认可并获得基于贡献基础上的合理回报。如果组织内对教师的价值评估体系过于单一和狭窄,就会导致教师期待与组织期待在目标上的错位现象,组织成员无法发挥自身特长,参与学校管理的内生动力降低。学校只有充分尊重教师的个性禀赋,尊重教师教学育人过程和育人成效等,才能够为教师提供适宜的发展环境,并给予教师有效的激励。因此,在制订教师评估体系时,既要以常规评估体系为主,也要兼顾教师、学科等不同要素之间的差异性,在公平评估体系基础上实现组织与教师之间的良性博弈。

另外,教师的个人价值实现必须以学校的社会价值为依托,否则,教师的个人价值就难以发挥。学校的社会价值和教师的个人价值最终落脚于学生的健康成长与发展,即育人价值。育人价值是个人价值与社会价值的统一,在设计评估体系和评估制度时,既不能离开个人价值也不能忽视社会价值。组织对教师进行评估时要重视教师的工作效能绩效评估,少采用终结性评估,多参与教师的总结性评估和过程性评估,根据管理岗、教学岗等不同类型工作的特点与岗位职责,坚持分类评估和分层评估。制定科学的评估工具以要能有效调动教师的管理潜力和教学潜力为原则,使教师能自觉根据评估工具的反馈改进教学与管理,使教师的贡献得到认可和合理回报,从而推动教师和学校的共同发展。

4. 组织决策实施

组织首先是个决策过程,组织的基本功能就是决策。有效的组织应以正确的决策为基础,追求决策的合理性。决策贯穿整个学校管理过程,直接影响着组织的生存与发展,能否制定好的切实可行的决策是学校管理者能力高低的体现,但管理者面对纷繁芜杂的大量信息常常难以单凭一己之力迅速做出高效的决策。为了保证决策的有效实施,决策者首先要组织众人积极参与到实施过程中来。鼓励教师积极参与学校决策的文化是分布式领导的重要特征之一。一般而言,教师参与学校的管理和决策与自身的利益、能力、参与效果等密切关联,分布式领导会给予每个组织成员担任领导角色的机会,但是,教师个体能否担任领导角色,要视其能力与任务要求是否匹配而定。事实上,每个成员的性格和能力各异,不可能每个人都参与组织决策实施,实际上在学校具有权威性的教师对学校组织决策具有更大的影响力,但作为领导,应尽量将学校组织决策权向"扁平结构"移动,突破传统"高层管理者思考,基层人员执行"模式,使每一个人的思考与行动合为一体。学校应增强教师参与学校管理的意识,激发其更加积极主动地参与决策等重要事务。组织应在公共责任基础上通过多种支持措施创生成员的决策参与文化,教师通过对学校决策的参与进而在心理和行为中不断内化组织价值观。当教师能够为促进共同价值实现而紧密合作时,组织效能就得到了提升。

(二)学校管理的改革探索

1.优化学校内部治理结构

随着新办学校发展面临的压力日益增大,层级化管理模式出现了信息传达衰减、执行力削弱、教师能动性不足等现象,需要通过更符合需求的规划设计和更灵活的体制机制来不断促进学校发展,因此,科学高效的管理结构日趋重要。学校在治理结构建立过程中,需要对权力进行合理的配置,做到"权力下移"。新蒲三小以3.0学校建设为核心,构建现代学校管理模式,稳步推进"阳光校园智慧教育"工程,创新办学和管理体制,建立健全规章制度,积极探索"五部四校"的管理模式,做到精细管理、精致管理。新蒲三小的管理结构在纵向上将管理权限落实到相关二级组织机构,并以一系列制度规范作为保障,建立并完善监督管理机制、问责机制、激励机制等,激发二级组织的发展动力和教师的活力。新蒲三小以强化学校管理加强办学基础;以校务委员会统筹课程部、学生部、教师部、校务部、发展部、班级群、校中校、课程发展委员会和家校共育发展委员会等;以协商管理模式达成各校中校相对独立管理、"五部"统一管理的共管模式;以建立统一的办公网络平台,有效节约学校能源,不断规范校务管理。新蒲三小在治理结构建立过程中,在规范制约基础上把权力配置给最有能力解决相应问题的个体或群体,以非固定形式的任命使各个治理主体具有动态化的角色与矩阵式的分工,充分发挥了共治、善治的治理效能。

新蒲三小校长在一次访谈时谈道:"校长是学校的,学校不是校长的。校长有管理学校的权力,但校长没有'统治'学校的权力。学校在建设的过程中,将会根据工作的需要而设岗,在原有管理部门的基础上,逐渐转向建立课程发展委员会和校长联系委员会,组建班级群、校中校、学科组、课程部、学生部、教师部、校务部、发展部等,营造和谐共赢、共同发展的学习关系和教育生态,不断推进管理结构的变革。"(如图3-2)

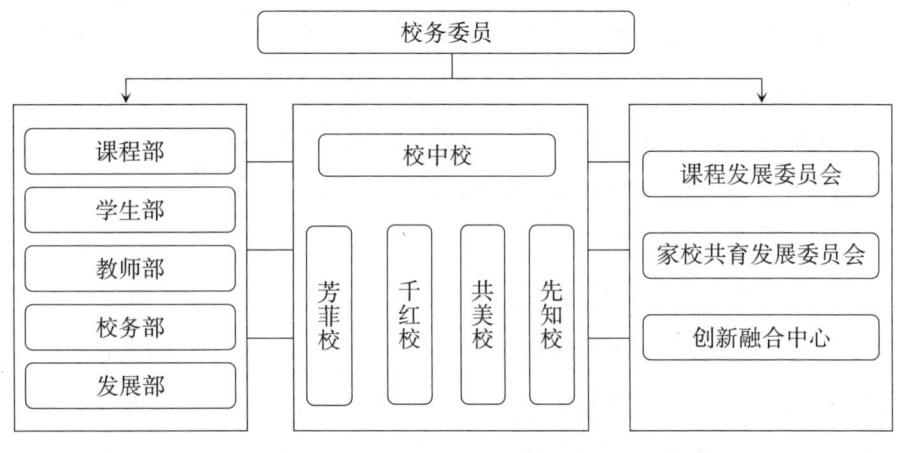

图 3-2 新蒲三小管理架构图

校长、各部负责人、校中校"校长"等形成领导共同体,领导角色由多个组织成员共同承担。同时,分布式领导管理强调,依据任务特点和成员能力的匹配程度进行"领导赋权",而且领导角色是动态更替的。在管理人员的安排上,新蒲三小采取以自我报名、民主推荐和学校统筹等方式,重组岗位人员结构,重新分配人员工作职责,精选出业务能力强,工作经验丰富而又愿意干事的教师来担任校中校"校长"及组长,以保证高配置和高质量地进行扁平化管理。

2.创新教师发展与激励机制

分布式领导关注成员能量的建立,积极创造条件去激活"领导实践",这里的"领导实践"不是追求职位权力,而是成员之间相互信任,相信每个成员都有担任领导角色的潜力和能力,相信他们有为组织贡献个人能力以实现组织目标和个人价值的主观意愿。因此,对学校领导而言,在有目的地选拔有领导力的教师的同时,更主要的职责是激发组织内每个成员的参与度,及时发现组织成员的管理才能和自身诉求,主动为成员创造适合于发挥其才能的环境,激活组织中各个层面的创造力和领导力,使其向着组织改进的方向凝聚和发展。教师是管理成员中最核心的群体,适宜的物质条件、有前景的发展空间以及有助于领导能力建立的措施等都能为教师发展提供有力的支持。当各级组织树立以人为本的发展目标时,组织首先要在物质环境上为教师创建适宜的物质基础,例如提高教师工资福利待遇,根据教师的工作任务量增加课时津贴与管理资助,让教师的所得尽可能与付出成正比,以提升教师的获得感、公平感和满足感。良好的经济支持和完善的奖励考核等措施有助于教师在工作中实现自己的理想和价值,进而提高教师对组织的信任度和忠诚度,更加愿意为组织贡献付出。

有老师在访谈时谈道:"教师与教师之间的工资差距不是很大,但多劳会多得。而且在获得奖项的时候,学校还会有相应的奖励。"另外,除了物质奖励,组织还需要通过创造机会、搭建平台等多种支持性资源来满足教师的发展需要。"学校是孩子的,但在办学人眼里必须包含老师(精神传承的主体)。只有教师专业发展,教师认可学校的办学理念,才能将其转换成自身价值,为儿童的未来发展着想,实现'儿童至上'的理念。因此,在对待教师的态度上,学校从'管理教师'走向'服务教师',从教师'评价'导向转向教师'发展'导向,充分将教师发展和儿童发展作为学校的中心工作。"因此,当组织内的成员价值认同与组织内目标协调一致时,为了践行共同的价值观实现组织发展目标,教师会主动寻找和创造有利于组织发展和自身发展的机会,从而使自我领导力和自我激励水平大大提升,组织也因此实现了分布式领导的责任"下放"。为使教师充分发挥积极性、主动性和创造性,学校要支持其参加在职进修活动以不断提升自身的综合素质和专业能力,鼓励与支持优秀教师去引领和帮助其他教师的专业发展,重视发挥每位教师的个性禀赋优势,对教师进行充分信任和授权,并努力创造促进教师成长的各种条件,比如搭建教师培训合作平台、组建教学科研团队,提供教学学术交流、为教师提供继续深造等专业发展机会。

J老师是一名高级教师,在说到教师培训时谈到,"虽然我是高级教师,但我们学校这点好,学校教师没有以'高级'身份去看待自身的身份。我们学校教师培训是'老带新''新带老',老教师教学经验丰富,这是新教师不能具备的;但新教师年轻,思想活跃,信息技术强,这是我们老教师没有的。因此,我们互相'培训''帮助',互相学习,没有谁高谁低、谁老谁新之分,大家擅长的内容不一样"。教师之间的学习没有"等级"之分,一切都是为了每个个体教师成长发展,而不是"义务式""等级式"的新教师培训,更加提升了教师的专业成长空间。新蒲三小以校本培训为抓手,开展全员培训,坚持集中培训和个人学习相结合,普通培训与重点培训相结合,提升教师专业技能;通过学科优秀教师领衔,打造教师成长空间;拓宽教师培训渠道,采用送教、支教、交流及导师制等形式,促进教师素质的共同提高;充分发挥各级骨干教师、学科带头人的作用,加强"三名"工作室建设,以开设专题讲座、示范课等多种形式,充分发挥示范、引领和辐射作用。

3.积极营造学习型组织文化

组织文化是组织成员共有的价值体系和行为规则,具有目标导向功能、整个协调功能、规范约束功能和激励辐射功能,而学习型组织文化作为一种全新的组织文化形态,是通过营造组织学习气氛,发挥组织成员的创造性思维能力而建构一种有机的、符合人性的、能持续成长与发展的组织文化管理模式①。学习型组织文化不仅要求组织成员的个体化学习,而且特别强调集体学习的重要性,并且把学习状况作为评价其成员是否具有可塑性的关键指标。

H老师在谈到学校的"欣美老师"评价体系时说,"全校的老师都成为'欣美老师',那也是不可能的,只能是一部分,比如说以前是3个,现在尽量做到5个。但是,教师的魅力在于以自身的魅力影响孩子们。比如,我把一堂课上好,那就是对孩子负责,就是儿童至上,因为我干的就是这个工作。我的首要工作就是把课上好,把事情做好,把学生放在首位,我觉得应该是这样"。

在自我超越方面,无论是组织还是教师都应该得到不断成长,追求自身价值目标的实现。在此,领导者应鼓励每个教师勇于突破自我,敢于自我创新与超越。在学校中,始终遵循的是教学为主、科研为辅的逻辑,但无论是教学还是科研教师

---

① 朱立言,孙健.领导科学与艺术[M].2版.武汉:华中科技大学出版社,2009:50.

始终处于主导地位,领导不是教师的管理者,而是教师发展的助推者和资源供给者,教师是组织发展的核心动力。学习型组织文化强调组织集体学习的目的在于实施变革与创新,而变革与创新则是为了更好地适应周围环境的变化。由此可见,学习型组织文化是将学习视为组织发展动力之源的一种新型组织文化,即学习既有利于组织可持续发展,也有利于组织成员的全面发展。

谈到"欣美老师"的阶梯成长,H老师谈道:"你才参加工作3年,你可能没有足够的经验,你只能是'逐美老师';当你把这些都吃透了,慢慢地也可以是'尚美老师';你把这些都搞好了,你就可以创新了,可以开发课程了,可以搞你的特色了,你的教学风格也就自成一派,那时候人家可能觉得你才是一个'欣美老师'。"

G老师说道:"其实老师一成长起来,可能孩子们也跟着成长起来了,应该是这样。比如说是'欣美老师'越多,优秀的班级就更多。因为我还是相信优秀的老师带最优秀的学生。如果一个老师自身都还没搞清楚,自己都还是空的,按我们的方言来说就是'昏昏绰绰'的,他怎么可能带出好的孩子呢?"在谈到评价体系和家委会对教师学习的推动作用时,K老师讲道:"我认同这种评价体系,特别是导师制能够帮助新入职教师快速成长。而且,家委会经常开会组织活动,讨论学生的成长,我觉得这一点比较好,对教师成长特别有帮助。"

在建立学习型组织时,新蒲三小以"六子路径"和"六个抓手"诠释了学习型组织文化的建设(如图3-3)。

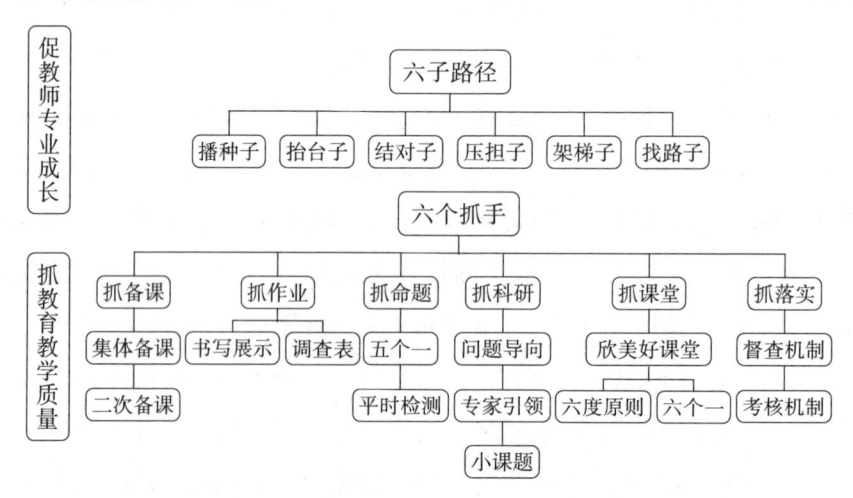

图3-3　教师学习型组织文化建设图

4.支持不同特质教师的专业发展

在分布式领导中,教师既是领导在组织工作中的合作者,也是领导的"追随者"。罗伯特·凯利认为,追随者分为不同类型,大致可以用两个维度来描述,其中一端是独立、批判性思维,另一端是依赖、非批判性思维,按此分类追随者可以分为疏离型追随者、顺从型追随者、实用型追随者、消极型追随者和楷模型追随者五种类型[①]。疏离型追随者习惯于向他人指出组织中的所有消极方面;顺从型追随者很少进行独立思考或批判性思考,在行为上比较被动,往往根据领导指派的任务行事,尽管他们在组织工作中总是表现得很积极,如果他们所接受的指令与社会行为标准、组织政策相违背,这种人也可能给组织带来危险;实用型追随者很少对自己所属群体的目标有高度的认同感,但他们学会了不去捣乱;消极型追随者往往依赖领导者为自己设计好一切,缺乏对工作的积极主动性和责任感;楷模型追随者独立,积极主动,并愿意向领导提出异议。即便是在面对持消极或者实用态度的同事时,他们仍将自己的才华用于对组织有益的事情上。凯利认为,最优秀的追随者是那些主动做事的人,他们自觉自发地工作,自主探寻发展的路径;而最差劲的追随者是消极的,甚至可能逃避责任,因而需要持续不断地监督。

在新蒲三小的调研中,在质性访谈中发现在相似组织中的教师其心态也因人而异,如M老师在"欣美教师"评价体系上谈道:"说实话,对这个体系,我参加过会议的都还不是很清楚,没参加会议的普通老师更是不清楚,我觉得不管用什么体系或者说搞什么,都没有太大意义,教师在课堂上的时候,尽量回归教育的本真,干教育的时候就真正地干教育。我觉得还是应该以课堂为大,不管做什么,先把课上好再说。如果老师连课堂都无法驾驭,还去搞这些('欣美教师'评价体系)干什么呢? 我觉得我们普通老师或是其他老师应该是先把这本教材及教师用书吃透,才有资格去做其他的,这是"实用型追随者"的特质表现,这种人很少对自己所属群体的目标有高度的认同感,但他们不会破坏组织的决策,他们会专注做自己的事。因为实用型追随者不愿意引人注目,他们往往在组织中表现平平,但有时会妨碍组织的发展。由于很难洞悉他们对问题的态度和意见,他们给人的印象总是具有模糊性,既有积极的一面,也有消极的一面。

---

① 于斌.组织行为学[M].天津:南开大学出版社,2006:219.

在践行学校"欣美教育"理念时，N老师谈道："'欣'，让人想起欣欣向荣，给人一种朝气蓬勃的感觉，特别是面对孩子，孩子就像春天里的一粒种子，刚刚发芽。'美'，对孩子来说，包含的内容很多，比如'欣美好少年'中的行为美、德育美等。这个板块的任务，其实我觉得更多的是班主任在完成。但是作为学科教师，我也会去思考怎么样践行'欣美教育'理念。比如说那天讲三角形，我就看那个主题图上有一幅是埃及金字塔，一幅是一座大桥。然后我就在想这个编者，他为什么要选择这两幅主题图？他是想让孩子徜徉在古代的文明的同时也要感受现代的气息？但这个现代气息又离我们的孩子太远了。所以我就在网上找到了我们贵州闻名世界的大桥——安顺的坝陵河大桥的图片，这座桥荣获了很多世界级的奖项。那我就在我的学科教学里面也给同学们渗透出一种理念，那就是，我们的祖国很伟大。我跟孩子们讲得了什么奖项，他们也不懂，但我进行了比较，我告诉他们，这个奖项就像那个奥斯卡的小金人，就像那个诺贝尔奖一样的好。我们也要让孩子们看到我们祖国的伟大，也要以这样的桥梁在我们贵州而感到自豪，让我们的孩子更爱我们的多彩贵州。"这位老师就具有"楷模型追随者"特点，具有独立性、批判性、创新性的思维。即使在没有外力的监督下，他们仍主动作为，敢于承担风险和解决问题。楷模型追随者在追随者的两个评定纬度上得分都很高，成功的领导者深知这种楷模型追随者的价值，通常会挑选具有这类特质的人作为下属，并且创造条件来鼓励下属的积极行为表现。

当然，在实际工作中，由于个体差异，组织成员之中不可能全是某种单一的追随者类型，分布式领导实践强调，领导要意识到不同的人格特质对追随者心态和行为的影响，因此需要针对不同特质的教师"追随者"采取相应的激励与支持措施。只有立足于教师的个性化特征，才能使每个人的能力都得到充分培养和发挥。只有认同每位不同特质的教师都具有可塑之处，教师才能更具备对组织的认同感、成就感和存在感，并由此提升对组织的信任度、对工作的满意度、对组织的贡献度，成为组织发展愿景的追随者，展示出更加积极向上的组织工作行为，最终促进个人与组织的共赢发展。

（三）学校管理的主要特色

在《教育组织行为学》中罗伯特·欧文斯指出，教育领导实践理论的基础建立在下列三个知识分支上：系统了解学校教师的行为，如动机、决策和冲突等，这一领域力图解释人们行为的各种方式；理解人们工作的组织环境，这一领域试图解释在组织和协调人们进行合作以实现个人力所不能及的目标时所采用的不同方式，组织行为学关注的焦点是组织与组织成员相互之间的动态关系；理解领导者行为，这一方面在于考查领导者如何与组织成员相互影响，以便得到追随者及组织中其他成员的理解和认可。①新蒲三小虽是一所新学校，但在构建团体的共同愿景中，组织根据成员的个人专长、工作任务情境，动态承担着领导角色的行为，并通过成员角色的变化充分发挥个体的能动性，以共同体形式聚集团队合力，支持了组织的良性运转和快速发展。

1.遵循学校的发展愿景

彼得·圣吉认为："如果说有一种关于领导力的理念，数千年来一直给予组织机构以激励和启迪，那就是要有能力不断地分享我们所追求的未来图景。如果组织中没有全体成员深度分享的共同目标、价值观和使命感，很难想象这个组织能够保持其在某种程度上的伟大称谓。"②从某种意义上说，共同愿景是团队发挥作用的基石，也是领导角色发挥作用的保障，学校组织中的每个成员又都是发展愿景的追随者。衡量群体的成功和领导者效率的标准不仅是看任务完成与否，还要看在多大程度上该任务体现了群体的价值观并有效地深化了群体的根本目标。从价值层面来看，组织成员共同分享愿景，通过价值观的激励能使所有成员发挥最大效能来实现组织的目标。

Q老师说："校长是一个非常想做事情的人，没有校长的架子，她和我们一起追求学校的高质发展。在我们学校，教师团队的意识非常的强，但凡关系到我们学科发展的，我都会尽最大能力去做。我认为如果你对这个事儿本身有认同的话，我相信我们任何一个人都会往前冲。"

---

① 欧文斯.教育组织行为学[M].7版.窦卫霖,等,译.上海:华东师范大学出版社,2001:45.
② 杨明高.重新定义学习[M].成都:四川人民出版社,2019:238.

在建立共同愿景方面，新蒲三小根据发展规划，明确了发展理念、目标和工作重点等，让教师了解到发展的方向并意识到自己在组织中各层面的角色地位和责任功能，通过教师参与、沟通讨论，最后凝聚共识，建立起共同的愿景。新蒲三小计划五年内将学校办成"环境美、质量优、有特色"的省级品牌学校。以德育为先导，以教研为抓手，以科学管理为手段，以课堂教学为载体，整合各种教育资源，构建起"家庭—学校—社会"共同教育模式；促进干群和谐、师生和谐、生生和谐及家庭、学校、社会之间的和谐，推进学校教育和谐发展、特色发展，实现"人文与科技相融的春之乐园"。为此，新蒲三小将远景规划划分为五阶段，通过思想保障、经费保障、监督保障、制度保障和组织保障确保分布式领导的效能。

2. 创建相互支持的专业共同体

在分布式领导的成熟阶段，共同的目标内化为成员的价值信念，并体现为有效的组织行为，促进了个人和组织的可持续发展，在主体与情境的互动中形成了实践共同体。在学校发展中，以教师群体为代表建构起共同的教育事业理念、相互介入的活动、共享的技艺库等都成为促进教师专业发展的多样表达。在共同的价值观和发展愿景指导下，教师发展的基本目标是致力于组织的有效性工作，而共同体中共享的资源是实践活动的保障。[1]在分布式领导实践的组织中，教师们相信组织层面的目标是提倡合作分享的，决策的基础是反思与对话。教师之间主动分享经验、共同提高教学水平，共同体为教师提供了可持续发展的机会。实践共同体的特征在教师自发形成的非正式组织中也得到了体现。

在共同体的意识自觉上，有老师认为，"我觉得即便不是一个专业的组织，而是基于大家共同的兴趣，这种兴趣往往比那种所谓的'专业组织'所起的作用还要大。比如我们学校里有一个'校中校'的管理模式非常好，我们都会去学习，甚至仿效，然后我们一起去研究，这完全是自愿的，没有领导的行政指令，完全是教师喜欢跟着谁做就跟着谁做，学校对我们这种自发学习的认同度还是相当高的。'校中校'之间是没有管理性质的那种行政赋权，完全就是靠大家无形中形成的那种默契在做事。比如，其中有一个'芳菲校'，打算组织一个非常好的活动，有的老师

---

[1] WENGER E. Communities of Practice: Learning, Meaning, and Identity [M]. Cambridge: Cambridge University Press, 1998: 123.

就去学习去了,有的老师去帮忙准备去了,教师各自发挥作用,这实际上就是一种专业共同体,我觉得这样也非常好"。

教师们一般而言总是主动完成有利于总体目标和个体目标共同实现的工作,由于教师在教学方面处于主导地位,而领导是教师的协助者、引导者和平台搭建者,因此领导要促成共同体的形成。实践共同体不仅帮助成员实现认知成长和身份建构的双重目标,而且当成员能够在一个特定的共同体中为促进利益实现而开展紧密合作时,共同体本身就得到了加强。

3.突出强调价值认同的共赢承诺

在分布式领导的各个阶段,信任核心是要素之一。组织与成员之间,以及成员与成员之间因为信任形成一种相互鼓励、团结协作的人际关系,从而成为一个团结协作的共同体。在这一共同体中,领导者与追随者之间都能体验到对方的信任,都能感受到对方的授权。这种信任与授权包括两个方面:一方面是教师能够感受到领导的信任与授权,他们在工作中会进行自我管理与自我领导,同时也能主动地承担领导责任,而不是等待领导者向自己指派任务,在没有严密监督和其他控制的情况下也会做好事情;另一方面,信任是相互的,领导者在信任教师的同时,也会感觉到教师对自己的"信任"与"授权",此时领导希望教师担当更多的责任,即"当对自己的权威有信心,觉得有能力确认他们的权威时,领导者就能够拓展领导的区域"[1]。

"我们校长不仅长得和蔼可亲、平易近人,而且善于倾听,没有领导居高临下的'官威',因此平时有什么事我们都是第一时间向校长汇报。"

相互信任的氛围是分布式领导的重要条件,在这个文化氛围中,领导者与追随者之间更加关注自己对工作及他人的影响,信任有助于培育组织成员的归属感,建立起成员与组织之间的相互依存关系,促进共同价值观的内化,从而增强向心力和凝聚力,使成员聚合团结起来,为了组织发展积极奉献。

梅耶与艾伦提出了组织承诺的三个维度[2]:持续承诺、情感承诺和规范承诺。规范承诺是指价值观和内在信念让组织成员在道德上对组织负有责任感和义务,

---

[1] 萨乔万尼.校长学:一种反思性实践观[M].张虹,译.上海:上海教育出版社,2004:174.
[2] 尚珂,唐华茂.劳动科学论坛 2009[M].北京:知识产权出版社,2010:67.

通过组织目标、规范和价值观的不断内化而发展。规范承诺是一种稳定的内在驱动力,对于小学的教师而言,规范承诺的来源之一是对环境、对专业、对学生的满意度与自豪感。"荣誉感主要来源于学生发展,不只是学科成绩的自豪感。这么好的学校、这么平易近人的领导,大家都很努力,你也要做得像个样子才行,确实是这样的。我觉得我们同事都很努力,不仅仅是为了各项考核过关,并不想只考核过关就算了,还想做得更好。无论是管理的老师还是教学的老师都很努力。从年轻的到年长的,真的,老师都很拼,动力来自于对自己学校、学生、学科发自内心的热爱"(Y老师)。"儿童是未来社会的公民。教师和学校只有看到儿童的未来公民姿态,才能发挥教师的社会担当和价值感。我觉得孩子成绩只是他们成长的一部分,我更多的还是希望他成长为一个顶天立地、品德为先的人。所以在数学课上,我会经常给他们讲一些做人的道理。有的时候老师的一句话,能在学生心中播下一粒小种子"(Z老师)。个体对自己所处的组织赋予了积极意义,通过这种认知过程,组织与个体的价值目标产生了一致性,个体在此基础上将组织的价值认同转化为自己的组织承诺,从而对组织行为产生了正向作用。

五、教育评价的变革与发展

在基础教育评价改革的引领下,教育评价作为保障教育质量的关键环节日益受到重视。教育评价不仅能够对学校的办学方向和办学质量起到重要的保障作用,而且能够在学生成长和教师发展等方面发挥重要的推动作用。

(一)教育评价的意义

1.有利于提升学校办学效能

优质的学校评价既可以满足学校所面对公众的合理要求,也可以提高校内组织和人员素质对于环境变化的适应能力。[1]当前,在我国努力促进教育优质均衡

---

[1] 李永生.学校效能评价:一种评估中小学工作绩效的工具[J].教育研究,2013(07):105-115.

发展的背景下,中小学学校工作绩效评估中更加强调准确地衡量学校办学的实际效果,真实监测学校的运行情况和社会对学校的满意情况。首先,明确学校评价的功能是为了诊断、改进学校办学,从而更好地引导学校教育对学生个性发展的关注,而不是评价学校的升学率,给学校贴标签,也不仅仅是为了发挥学校的监督功能而规范和管理学校办学。其次,通过改进学校办学的手段,学校在各种软硬件的配套等方面能够更加科学、合理,从而保持学校可持续发展的强劲势头,为学生在校全面而有个性地成长和发展服务。①最后,以科学的学校发展观为指导,运用现代教育评价的理论、技术和方法,对学校发展现状及潜能进行系统分析与价值判断,进而激发和培养学校自主发展的意识和能力,最终促使学校成为持续发展的办学主体。

2. 有益于促进学生个性发展

学生的发展是学校教育价值本源的回归。优质的学校评价不仅可以对学校教育发展发挥着监督、诊断和指导的功能,更能够通过评价的手段促进学校教育对学生发展进行有效关注和指导,践行以生为本的价值诉求。首先,将学生个性发展置于中心位置。在学校评价体系中以学生的个性发展为核心,以学生得到全面而有个性的发展作为学校教育的终极价值选择,使学校教育向注重学生个性发展的内涵式发展方向转型。其次,兼顾评价的过程与结果。教育是一个循序渐进的过程,学生的发展也是一个持续不断的过程。在学校评价体系的设计上要兼顾过程与结果,既要从"教与学""学生支援""组织与管理""资源整合"等各种支持性活动的过程中考查学校为促进学生个性发展所做出的努力,也要从结果上探究学生所获得的发展与成就受到学校教育影响的程度。最后,坚持公平与质量并举。加强引导学校教育尊重学生个体发展的差异性与多样性,在实践中创设平等、民主、友好的文化氛围和教育环境,让所有学生都能享受同等的教育机会和受教育权利。

3. 有助于提高教师专业素养

教师评价是学校管理的一个重要环节。教师评价就是根据一定标准对教师

---

② 曹阿娟.基于学生个性发展的学校评价研究[D].上海:华东师范大学,2014.

的工作情况进行价值判断。教师评价的目的有两个方面：一方面是为教师受聘任教、工资晋升、职称评定、奖励处罚等人事决定提供依据；另一方面，教师评价可以使教师更加清楚地了解自己的工作状况、自身的优势与存在的不足，因而可以为教师指明发展方向，为改进教师的教育教学工作服务，促进教师的成长与发展。①前者建立在"工具理性"的基础上，而后者建立在"解放理性"的基础上。首先，强调评价的目的是促进教师的发展。立足于为教师工作提供信息、咨询和改进的建议，而非简单地把评价停留在鉴定、判断、证明和区分方面。其次，强调评价的重点是教师的工作过程。评价针对的是教师的教育教学过程，而非针对教师工作的结果，注重评价过程中信息的收集和反馈，并做出相应的诊断。再次，强调教师是评价活动的积极参与者。发挥教师的自我评价功能，将教师看作是与评价者平等的合作伙伴，重视教师的意见与观点，从而更好地改进和提高评价的质量。最后，更加关注教师未来的专业发展。从评价的诊断目标出发，着眼于促进教师未来的专业发展，指明教师进一步的发展方向，而不仅仅着眼于教师过去工作成绩的判断与区分。②

（二）教育评价的变革

进入21世纪以后，关于学校评价的研究与实践蒸蒸日上，一系列的研究成果推动了国家相关政策法规的制定与实施，其中最有代表性的学校评价包括发展性学校评价和增值性学校评价两种。

1.发展性学校评价

2002年12月，教育部印发了《关于积极推进中小学评价与考试制度改革的通知》，明确提出："充分发挥评价的促进发展的功能，使评价的过程成为促进教学发展与提高的过程。"中小学评价与考试制度改革的价值取向是"中小学校评价制度的改革应有利于促进学生、教师和学校的共同发展。要改变长期以来以升学率作为唯一标准评价学校教育质量的做法，建立符合实施素质教育要求的中小学校评

---

① 王洪香.发展性教师评价——促进教师成长的重要手段[J].黑龙江教育学院学报,2005(01):49-50.
② 陈剑光.运用发展性评价促进教师成长[J].培训与研究(湖北教育学院学报),2004(01):94-96.

价体系"。从上述规定可以看出,一种以促进发展为目标的学校评价已成为一种明确的政策要求。发展性学校评价是指以帮助、指导学校自主发展为宗旨,依据学校自身发展水平及发展目标,对被评价学校发展现状、潜能和未来发展前景进行价值判断的活动或过程。具体来说,可以表述为以科学的学校发展观为指导,以学校发展为导向,运用现代教育评价的理论、技术和方法,对学校发展现状及潜能进行系统分析与价值判断,进而激发和培养学校自主发展的意识和能力,最终促使学校成为持续发展的办学主体的教育评价活动。区别于传统的以甄别选拔和鉴定水平为取向的学校评价,发展性学校评价具有以下五个突出特点:

一是发展性学校评价的目的不在于鉴定和总结,而是着眼于学校的自主发展。它强调学校评价的根本目的不是甄别选优,而应是通过评价增强学校自我发展的意识,促使学校逐渐形成一个自我监督、自我完善的发展机制,实现学校的可持续发展。二是发展性学校评价主张改变单一评价主体的现状,以学校自评为主,引入社会评价力量,实施多主体评价。其一,它主张学校评价重心由国家政府层面下移至学校层面,大力加强学校自评,由学校自主设定发展规划和评价标准,自定评估程序和方法,自主实施过程性评价和终结性评价,以激发学校自主发展的内驱力,引导学校在达到国家规范性评估标准的基础上,把主要精力集中在优势领域和薄弱环节,关注自身的纵向发展和特色发展;其二,发展性学校评价还强调倾听家长和社会的评价和呼声,畅通多方面信息渠道,使学校评价真正成为管理者、学校、教师、家长、专业人士共同积极参与的交互活动。[1]三是发展性学校评价更注重评价的过程。在发展性学校评价看来,只关注结果的终结性评价,其实质是只关注"过去",并不利于促进学校的未来发展。评价是一个过程,不仅仅发生在学校教育教学活动之后,同时也应伴随和贯穿于学校教育教学活动的每一个环节。促进发展的学校评价应是通过关注"过程"而促进"结果"的提高,评价的重心在"过程"。四是发展性学校评价更强调评价结果的反馈、认同以及对学校原有状态的改进。为了达到更好的认同效果,发展性学校评价注重被评学校在评价中的作用,鼓励被评学校对评价的主动参与;强调评价结论既要有对学校办学水平的鉴定性结论,更要包括对学校现存问题及改进措施的策略性意见和建议;强

---

[1] 周卫勇.发展性学校评价的基本理念与运行机制[J].教育导刊,2010(07):38—41.

调评价结论的即时反馈以及评价者与被评学校之间的双向沟通和协商。五是发展性学校评价认为评价者与被评学校都拥有主体性,两者之间是平等、互惠的友好关系,需要沟通、理解和协作。要求评价者改变以前重在"评判""训斥"的态度与做法,更多地给被评学校以关注和关怀,关注它们的处境和需要,尊重和体现学校之间的差异,注重对学校发展独特性的认可和积极评价,以帮助每所学校认识自我、悦纳自己、拥有自信、挖掘潜能、发展特色,最大限度地实现促进学生发展的终极价值。①

2.增值性学校评价

20世纪70年代起,学校办学质量的增值评价在全球逐步兴起。到20世纪80年代末,增值评价已被广泛运用于教育实践中,成为多个国家和地区制定教育政策和学校质量评估标准的重要依据。目前,我国教育已从量的扩张转向质的提升,传统的以学校硬件或单次升学考试为主要评价指标的评估方法已经无法满足当前的需求,亟须更为科学、合理、有效的方法。增值性学校评价是实现我国学校质量评估的一个重要的有效途径,能够从量化的角度实现对各个学校的精准评估,对学校发展实现有效监测与正确导向,是对我国传统学校评估手段和方法的重要补充。增值性学校评价的概念是建立在学校教育可以增加"价值"到学生学业成就这一理论假设基础之上的。②即指一段时间内,在考虑学生原有成绩的基础上,某一所学校的学生所取得的相对进步情况。增值性评价的目的是评估学校的学生在一段时间内与其他学校的学生群体相比,所取得的相对进步情况。在综合考虑学生发展影响因素的基础上,增值性评价通过模型中对非学校因素的控制,能够分清各方面因素的责任,剔除与学校无关因素的影响,实现对学校"净效应"的准确测查。③在此基础之上,增值性学校评价还能有效区分不同的学校因素(例如师资、课程、硬件资源等)对学校发展和学生学业进步的影响,计算出各个因素在其中所起到的作用大小,找到可能影响学校教育教学质量的关键因素,实现

---

① 周卫勇.发展性学校评价的基本理念与运行机制[J].教育导刊,2010(07):38-41.
② 边玉芳,王烨晖.增值评价:学校办学质量评估的一种有效途径[J].教育学报,2013(01):43-48.
③ 杜育红,刘笑飞.学校效率研究计量方法的新进展[J].东北师大学报(哲学社会科学版),2007(04):132-137.

对学校发展的"诊断"作用。①其具体特征表现为以下四个方面：

一是强调增值性评价标准。增值性学校评价以学校教育活动对学生预期成绩的增值为教育评价标准，用来判定教师、学校对学生学业成长的积极影响，是一种发展性的学校评价。相比较于两种最典型的传统评价标准：常模参照评价标准关注学生在团体中所处的位置、标准参照评价标准关注学生是否达到了预期的目标，增值性学校评价则是通过对学生最终的成绩与最初成绩所做出的预测值进行比较，对学生进行纵向的发展性衡量，从而看出学校与教师给学生带来的学业进步。二是重视起点关注过程。增值性学校评价不是以某次成绩的绝对量"产出"高低对学校进行评价，而是同时考查学校和学生两个层面对学生学业成绩的影响，强调不仅仅要考虑"产出"还要考虑"输入"和"过程"，注重学生的进步，关注学校对学生的增值效能。因此，增值性学校评价将学生入学时的状况作为评价的起点。除了关注学生起点水平和毕业时的最终发展水平外，增值性学校评价还充分重视学生在校学习时，学校各种因素对其发展性产生的影响。三是在综合考查学生发展的影响因素基础上分清责任、促进改进。增值性学校评价采用量化分析技术，得出众多影响因素对学生发展作用的大小，分析出学校的"净影响"（即排除了学校以外因素影响的情况下获得的纯粹学校影响），这就分离了学校、家庭、学生自身等各方因素在学生发展上的责任，因此给学校和教师提供了一种较公平的责任尺度，也是对学校更客观公正的评价。四是采用高级统计技术。多层线性模型分析方法的发展为学校效能评估提供了切实可行的方法。运用多层线性模型来进行学校效能的增值评价，能够通过量化影响学生学业成果的各种影响因素，设计回归方程，运用层层嵌套的模型分层，全面考虑学生、班级、学校、地区等各种变量对学生学业成果的影响。②

---

① 辛涛,张文静,李雪燕.增值性评价的回顾与前瞻[J].中国教育学刊,2009(04):40-43.
② 边玉芳,林志红.增值评价：一种绿色升学率理念下的学校评价模式[J].北京师范大学学报(社会科学版),2007(06):11-18.

(三)教育评价的内容

评价改革担使命,多元创新育英才。五年来,新蒲三小在评价改革的探索中,始终坚持"遵循时代背景,顺应教育规律,满足人们需要"三大原则,不断向规范化、特色化和品质化学校迈进。

1.课程评价

在课程评价方面,新蒲三小提倡教师学生合作共建式的评价,通过一种有意义的建构过程,解放学生的学习力,发现学生的潜能。即教师依据课程目标设计的评价标准和方法,让学生开展自评、互评、教师评以及家长评价,以此全面反映学生的成长和进步情况。一方面,建立校本的课程评价原则。坚持课程价值判断,把设计的课程与实际呈现的课程目的与育人目标结合起来,判断是否可以达到某种期望的结果;坚持学生学习质量,综合考量评价课程的设计是否符合更多学生的学习要求,是否使学生更加充分地参与到学习当中,是否让学生从课程活动中提高了学习质量。另一方面,探索多元的课程评价方法。将定量评价与定性评价结合起来,综合运用多种方法开展评价。具体包括:目标测量法、解释法、艺术鉴赏法、描述模式(系统法)和理论分析法。考核的量表包括以下两种(如表3-2,表3-3):

表3-2 学生学习质量评价表

评价项目	评价内容	多元评价			
		自评	互评	教师评	家长评
小组合作	与人合作,乐于发表意见				
	独立完成,合作交流				
学习表现	对活动有兴趣				
	能主动投入时间和精力				
学习能力	收集资料的信息集中、丰富、有代表性				
	阅读理解正确、条理明晰、有价值				
	勤思考、好提问、能质疑				

续表

评价项目	评价内容	多元评价			
		自评	互评	教师评	家长评
实践能力	设计方案可行性、经济性				
活动成果	旅游设计方案				
	导游词				
评价结果	等级评价：很好、较好、合格、待改进				
	描述评价：对方案的可行性、经济性和文化性给予点评，并提出改进的意见。				

表3-3　课程开发实施质量评价表

评价项目		评价指标	评价情况
课程价值	课程达到的育人目标	1.内容的恰当、准确性	
		2.课程类型	
		3.编排内容的方式	
		4.材料的使用方式	
		5.成果展览	
	对质量影响的价值判断	6.与质量的相关性	
		7.长期质量影响因素	
效果评价	学习质量的满意度	8.学生满意度(学生体验)	
		9.学生参与度	
		10.家长满意度	
		11.学校满意度	
	学习质量提高程度	12.差距评价	
		13.常模参数的比较结果	
		14.达到预期结果	
评价方法		描述评价、问卷测量、档案袋评价、实际体验和艺术课程鉴赏性评价等	

2.教学评价

为达到全面实施素质教育的育人目标,新蒲三小根据教育部中小学评价与考试制度改革的指导意见和新蒲新区教科局课堂常规管理要求,结合学校实际特制定了"欣美课堂"评价标准(如表3-4)。其中要求教师的课堂教学要遵循"六度"原则:一是学生参与度原则,教师必须尊重每位学生的成长规律,让学生人人参与;二是师生语言表达度原则,学生敢于表达、乐于表达,能积极发表自己的意见,教师突出学生的主体地位,课堂气氛活跃,重视学生思考问题的过程,同时教师的语言要有亲切感,要有鲜活度,能与学生愉快沟通;三是师生合作度原则,让学生在小组中找到自我,互帮互助,在探索中学习,充分发挥学生的特长,注重个性发展,实现真合作;四是教师提问的精练度原则,教师在课堂上的提问要精而少,思路要清晰,不能有太多小而杂的问题,学贵有疑,还要让学生学会提问;五是师生思维的进阶度原则,教师应认真分析教材,解读教材,再精心剖析学情,设计出有梯度的教学设计,由易到难,层层递进,逐步进阶;六是师生目标达成度原则,每节课要做到一课一得,课后必须认真检测是否达到目标。

表3-4　新蒲新区第三小学:"欣美课堂"评价表

班级:	授课教师:	科目:	课题:
课堂总目标	1.目标合适。任务指向明确,目标重点突出,兼顾不同层次学生的最近发展区。 2.内容合适。学习材料及呈现方式,匹配学生的认知特点,与问题相关联。 3.方法合适。引导学生感受学习生活的丰富有趣,发展自己的个性特长,注重思维发展。 4.社会情感目标有体现。教学过程中尊重、关爱每一个学生,能体现"儿童至上,向美而生"的理念。培养学生的生存能力、实践能力和适应社会的能力。	权重10分	

续表

指标要素	评价要点	权重	得分	指标要素	评价要点	权重	得分
学生参与度	1. 人人参与，对动手、动脑、讨论、合作等学生活动都有不同程度的参与，突出学生自主发展，善于在学习中克服困难，认识和发现自我价值，不断感受到成长所带来的成功体验。	10分		提问精练度	1. 问题设置合理，难易适中，紧扣教学目标，有研讨价值。 2. 聚焦问题。导学方案目标明确，引导学生诊断、发现，生成有价值的问题。	10分	
学生语言表达度	2. 学生个性得到发展，学生敢于发言，勇于发言，能积极表达自己的意见，突出学生的主体地位。 3. 课堂活跃，人人参与，有足够的思考空间和表达自己想法的空间。	10分		教师语言表达度	3. 教态大方自然，普通话标准，板书书写规范，设计合理，口头语言准确简练，逻辑性强。 4. 环节间的过渡自然，语言衔接恰当，给学生合理的思考时间。	5分	
学生合作度	4. 学生之间互相尊重，互相帮助，乐于合作，有思想和语言的交流。 5. 合作要真实有效，独学不能完成才合作，能互相解惑答疑。	10分		教师合作度	5. 师生互动性强，活动形式多样有效，课堂结构严谨，过渡自然，调控能力强。师生配合默契，公平对话，有思维的碰撞。 6. 创造公平的合作场景。人人参与，人人有收获。面向全体，关注差异，发挥教师的指导作用。	10分	

续表

学生	思维进阶度	6.学生学习符合生理发展规律和年龄特点,学习由易到难,注重自身的思维发展。 7.学生善于思考、探究、发现问题、提出问题,并能积极解决问题。	10分	教师	思维进阶度	7.符合课程标准要求,适应学生发展需要,体现学科核心素养。 8.课堂教学容量和难度适合学生水平。 9.正确解读教材并能创造性地使用教材,教学设计有梯度、有深度,层层深入,环环相扣,教学方法适当、多元。	5分
	目标达成度	8.学习积极性高,完成学习任务,学习能力有所提升,学懂了教学内容。	5分		目标达成度	10.课堂预设与生成,关系处理恰当,完成教学任务,达到预定教学目标。	5分
六个一		导、学、教、评、测、结六大环节清晰有度,各环节时间安排恰当,内容具体明确,教测评统一。				权重10分	
评委签名				总得分			

3.学生评价

在学生评价方面,新蒲三小以核心素养为出发点,把"五育并举"理念融入校本评价体系中,探索出一套更适切的综合素质评价校本实施体系,努力实现学生综合素质评价内容由分散走向系统,指标由模糊走向清晰,不断提升全面育人、整体育人的质量。学校借喻春天"种子—发芽—分枝(开花)—大树(结果)"的生长过程,从"班主任—班组群—校中校—学校"四个层级,从纵向建立"向美—逐美—尚美—至美""四美"好少年生长评价体系,在此基础上,从横向融入"五育"核心内容,建立"欣艺—欣动—欣行—欣慧—欣德""五欣"好少年评价体系,通过横向"五欣"好少年和纵向"四美"好少年评价,最终形成学校"欣美好少年"评价体系(如图3-4、表3-5)。

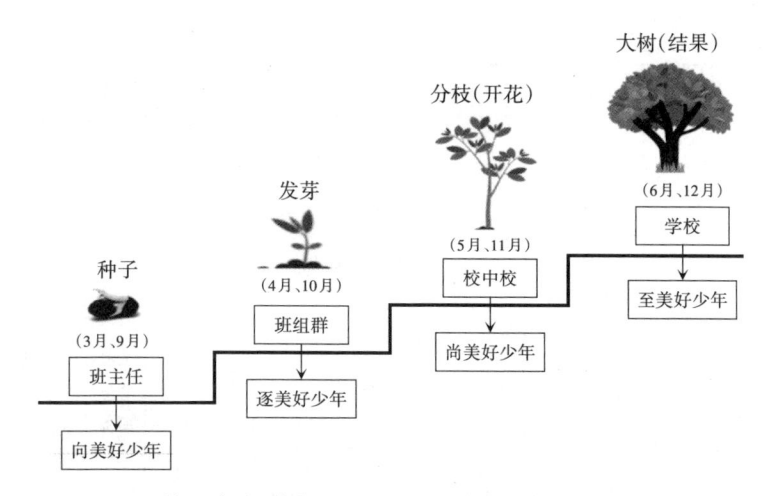

图 3-4　遵义市新蒲新区第三小学"欣美好少年"评价体系

表 3-5　遵义市新蒲新区第三小学"欣美好少年"评价体系表

层级	时间	参与社团 1=+N	参与劳动 - 班级卫生	参与劳动 - 个人卫生	参与劳动 - 家务劳动	积极行为 - 排队上/放学	积极行为 - 两操	积极行为 - 文明就餐	积极行为 - 课间休息	主题活动	少先队	纵向评价
班主任	3月 9月	主修一项固定社团,另选一项辅修社团,辅导教师签字认定,见名单	见值日安排表	穿着干净,衣着得体	会扫地、会拖地	每天排队上/放学	按时做操	安排有序就餐	楼道、走廊无追跑、无大声喧哗	知晓各类主题活动,并有感悟(有文稿)	拾金不昧,好人好事	认识党旗、国旗、团旗、队旗、校旗,会敬队礼、会唱队歌、会戴红领巾	向美好少年
班组群	4月 10月	懂得基本技能或知识点	班级至少获得1次流动红旗	穿着干净,衣着得体	会洗衣服	班级队伍规范有序	全员参与	安静有序就餐,卫生干净	安排、有序玩耍	抽查1~2个项目,能清楚回答	尊老爱幼,勤劳节俭	能讲述一则优秀先锋人物或红色故事	逐美好少年
校中校	5月 11月	达到表演或展示水平	班级至少获得2次流动红旗	穿着干净,衣着得体	会整理房间	班组队伍有特色	动作规范	安静有序就餐,卫生干净	有班级课间玩耍活动	有相应主题的作品	团结友爱,互帮互进	至少知道两条习爷爷对少先队员的希望和寄语	尚美好少年

续表

层级	时间	参与社团 1=+N	参与劳动			积极行为				主题活动	少先队	纵向评价
			班级卫生	个人卫生	家务劳动	排队上/放学	两操	文明就餐	课间休息			
学校	6月 12月	校级以上演出或有作品获奖(证书)	班级至少获得3次流动红旗或1次奖励	穿着干净衣着得体	会做一道菜或其他	班组队伍有特色,家长规范接送	有序标准	安静有序就餐,卫生干净	有课间巡视小卫士	具有创意特色作品	社会实验志愿服务	本年度参加过志愿服务或校内监督岗	至美好少年
进阶评价		欣艺好少年	欣动好少年			欣行好少年				欣慧好少年	欣德好少年	欣美好少年

4.教师评价

在教师评价方面,新蒲三小主要开展了师德师风评价和绩效考核评价。其中,在师德师风评价工作中,为了进一步加强教师职业道德建设,提高教师的思想道德素质,推进学校精神文明建设和教育教学工作的开展,按照教育局加强师德建设的工作要求,新蒲三小把师德师风建设工作当作头等大事来抓,高度重视管理队伍和教师队伍建设,提高了教育教学质量,树立了学校形象。具体行动包括:一是认真学习,提高认识,加强师德修养。按照教育局提出的师德建设的工作要求,新蒲三小组织领导班子成员认真学习《习近平:做党和人民满意的好老师——同北京师范大学师生代表座谈时的讲话》《中小学教师职业道德规范》和有关教育的法律、法规。同时,学校把师德建设工作放在学校工作的首位,作为学校工作计划和支部工作计划的首要内容。首先,通过上党课的形式,对全体党员和入党积极分子进行职业道德教育,要求全体党员和入党积极分子在师德建设中起先锋模范作用;其次,通过政治学习,组织全体教师学习邓小平理论和《习近平:做党和人民满意的好老师——同北京师范大学师生代表座谈时的讲话》,引导广大教师树立无产阶级的世界观、人生观、价值观,树立正确的价值观、幸福观、苦乐观,树立忠诚人民教育事业的理想,坚定为人民服务、以学生为本的信念,提高教师的思想政治觉悟和加强师德修养的自觉性；最后，要求教师通过读书，看报纸、期刊、收听、收看广播、电视，观看"乡村最美教师"录像，参加教育局举办的先进师德报告会等自学形式，向先进人物学习，树立师德形象。二是健全制度、明确责任。学校制定《师德规范实施细则》，其中"师德规范十条"由领导和各职能部门分别考核，包括遵规守纪，依法执教；爱岗敬业，乐于奉献；尊重学生，爱护学生；尽职尽责，教书育人；严谨治学，精益求精；完善自我，一专多能；团结友善，明礼诚信；注重人格，为人师表；更新观念，铸造师魂；开拓进取，不断创新。三是规范行为、树立形象。师德建设是一项庞大的系统工程，也是教师队伍建设的核心，需要在工作的实践中不断创新，在创新中不断提高。第一，为了规范教师的教育教学行为，按照教师职业道德规范的各项要求，学校制定了日常工作考核细则、班主任工作考核细则、教学工作考核细则，并要求各处室按照细则的要求定期检查教师的教学行为，将考核结果作为年终考核、评职晋级的重要依据；第二，把关心学生、热爱学生、教书育人作为师德建设的重要内容，把建立新型的师生关系作为师德建设的重要举措。

在绩效考核评价中，新蒲三小为了较为客观、公正、公平、全面地评价教师工作，有效调动教师的工作积极性和主动性，根据上级有关要求，结合学校实际和教师工作特点，制定了期末绩效考核实施办法，出台了教师综合考评细则。在期末绩效考核实施办法中要求坚持公正原则，严格按《考评细则》进行考核；坚持公平原则，全程接受监督；坚持公开原则，考评结果在校内公示；如有弄虚作假，对当事人实行一票否决。在教师综合考评细则中制定了具体的分数划分，师德师风占10分，教学常规占20分，教学质量占55分，导师工作占30分，考勤工作占15分，财产管理占25分。另外，加分项目的上限为20分（如表3-6）。

表3-6　遵义市新蒲新区第三小学教师综合考评细则

项目		分值
承担学校课程开发经验收合格一项		+2
校中校级活动获奖 （以班组群为单位集体加分、班组群长、"校中校"校长同等加分）	第一名	+3
	第二名	+2
	第三名	+1

续表

项目		分值
承担培训(以教师部记录为准)	校级一次	+2
	区级一次	+4
	市级一次	+6
	省级一次	+8
学习(以教师部记录为准)	校级一次	+0.5
	区级一次	+1
	市级一次	+1.5
	省级一次	+2
超工作量(以发展部核定为准)	每1个工作量	+2

5.组织评价

新蒲三小通过开展组织变革,设置了"五部四校",即改变原有的金字塔管理模式,实行扁平化管理,在管理结构上,组建了班组群、校中校、学科组、课程部、学生部、教师部、校务部和发展部,营造和谐共赢、共同发展的生态关系。其中在"五部"的人员评价方面,为了进一步规范"五部"管理人员履行岗位职责的行为,提高办事效率和工作业绩,促进学校各项工作的高效运行,学校建立了客观公正的考核评价体系,在结合学校实际情况的基础上,制定了"五部"人员考核方案。考核方案的目标与原则包括充分调动"五部"人员的积极性,坚持客观公正、民主公开原则,注重实绩与工作态度的原则,坚持简便易行的原则。考核的内容主要包括德、能、勤、绩四个方面,重点考核工作实绩。考核细则对于各个方面进行了具体的分数划分,其中工作态度占10分,管理水平占20分,到岗出勤占20分,履行职责占50分。另外,加分项目占20分,其中包括对学校发展提出宝贵切实可行建议,获学校采纳2分/次;所在部门获得区级、市级、省级、国家荣誉的分别加2、3、4、5分。部门承担区级、市级、省级、国家级接待、活动、赛事,具体负责人加5分,其他人员3分,协助部门2分;名师、名班主任、名校长工作室助理承担任务每次加2分,协助工作人员每次加1分;其他特殊贡献的经学校领导研究酌情加2~10分;

学科教学成绩每进步一名加1分,区级前三名加4分。考核办法中提出考核形式采取自评(10%)、科室互评(10%)、教师代表评议(30%)、主管领导评议(30%)、校长室评议(20%)综合评价办法;考核每学期进行一次,依据考核结果成绩排序推选优秀部门,优秀部门数量占部门总数的三分之一;评选的优秀部门人员将作为推荐学校评选"最美三小人"候选人的重要依据。此外,部门、"校中校"人员有下列行为之一实行一票否决,直接认定为评价不合格等次:严重违法乱纪,给学校带来很坏影响者;工作严重过失,给学校带来严重损失者;故意不完成工作任务,造成恶劣或重大后果的;工作失误,造成重大安全事故的。

(四)教育评价的特色

为了每个学生都享有公平而有质量的教育,新蒲三小紧紧围绕"欣欣教育"文化理念,构建"欣悦"德育课程体系,在发展中完善学生评价机制,探索"欣美好少年"的培养路径。

1.创设"欣美好少年"综合评价体系

新蒲三小在建校之初分析了学校办学基础条件,探寻了"欣欣教育"的文化理念,定位了学校的特色发展方向。学校用"欣欣"所包含的积极意义来象征学校的教育,作为学校文化发展的符号,并将"欣欣教育"赋予了文化象征,即"春天"里的使者。结合"欣欣教育"的文化理念,学校提炼出"儿童至上,向美而生"的办学理念;校训"开始了,有的是希望";校风"生长中,乐学共享",教风"行知中,积极睿智",学风"学习中,主动自信"。学校以系统的办学理念为主线,贯穿于学校管理、教师管理、学生管理与教育教学等具体工作中,为学校办学品质提升保驾护航。

新蒲三小在"欣欣教育"理念下,形成了"欣美好少年"综合评价体系,即从德智体美劳五个维度,融合学校教学、德育等方面分类评价,横向评选出:欣德好少年(德育)、欣慧好少年(智育)、欣艺好少年(美育)、欣动好少年(劳动教育+体育)和欣行好少年(行为规范)的"五欣"好少年。"欣欣学子"每获一项好少年徽章,都是"欣美好少年"的进阶依据,分别从班级到学校四个层级,让学生追求从班级到班组群到校中校,再到学校的三次进阶,从"向美"到"逐美",从"尚美"到"至美"的发展,就好比种子经历发芽,生长,长成参天大树的生长过程,不仅符合"欣欣教育"的生长理念,而且能让"欣欣学子"在生长过程中,体验成长的快乐和成功,让"儿童至上,向美而生"的办学理念在"欣美好少年评价体系"中落地生根。

2.构建"欣美好少年"进阶发展模型

自2020年8月启动3.0学校项目以来,新蒲三小积极对组织结构进行变革,建立课程发展委员会和校长联席委员会,组建五部四校、班组群,建立导师制等,营造和谐共赢、共同发展的学习关系和教育生态。四个校中校在"欣欣教育"文化理念的引领下,形成了校中校文化风格,相互映衬,丰富了"欣欣三小"的文化内涵。空间变革不仅带来班组群教学组织方式的形成,还引起教与学、学校管理、课程设计、师生活动等全方位的变革。比如,根据3.0学校项目的课程分类,学校将原有的学科进行融合,形成了"54321"课程结构,即:建立五大学习领域——"语言与人文、科学与艺术、体育与健康、社会与生活、实践与创新";凸显四项基本要素——"负责、善学、合作、健康";发挥三类课程功能——"基础型、拓展型和探究型";形成两种课程形态——"分科课程和综合课程";围绕一个育人目标——"至美好少年"。

3.0学校项目的落地,也进一步推动了新蒲三小全面系统构建"欣美好少年"激励评价体系。学校以核心素养为出发点,把"五育并举"理念融入校本评价体系中,探索出一套更适切的综合素质评价校本实施体系,实现了学生综合素质评价内容由分散走向系统,指标由模糊走向清晰,不断提升全面育人、整体育人的质量。具体内容包括:实行学生发展综合评价改革,促进个体的多元、优化发展;进一步规范少先队活动阵地建设,增强学生自主管理能力;建立学生个人管理信息卡,记录日常行为表现,以积分形式进行自我激励,培养学生自我教育的意识,发挥学生自我教育力量;定期开展文明礼仪标兵和文明班级评比活动;全面实施改革后学生综合素质报告册,积极探索教育质量综合评价方式;开展自评,教师评,家长评等多元评价活动,注重过程性评价,全面、真实、及时记录学生各方面发展情况,反映学生成长过程,促进学生个体的自主发展;深化与优化考核、考试机制,逐步形成一套适合学校实际的学习评价体系。

3.营造"欣美好少年"家校共育环境

新蒲三小从2018年起开始构建"爱欣"家庭教育指导课程体系,以期提高家校共育水平和效果,为"欣美好少年"培育做好家校联动支撑。在"儿童至上,向美而生"办学理念引领下,学校主要做了五项工作:一是构建新蒲三小"爱欣"家庭教育指导体系。要求全体班主任参与,组建优秀德育骨干、优秀班主任、心理教师、外聘家庭教育指导师为重点的核心团队,以家庭教育指导、儿童心理学和儿童青春期教育三大板块为重点,搭建起新蒲三小"爱欣"家庭教育指导体系。二是构建"进阶式"家庭教育课程体系。通过家长、学校、家长会和家长开放日等平台,确立家庭责任、家长素养、生命教育、身心发展、亲子沟通、品德培养、学业指导、人际交往、家校沟通等项目;确立学校、校中校、班组群、班级四级家庭教育指导课程体系,通过讲座、沙龙、阅读分享等形式引导家长听学、自学和互学。三是编制"校本化"家庭教育指导手册。通过问卷调查和个别访谈,总结出了家庭教育中常见的六个教育难点:①生活自理能力不强;②自控能力不强;③注意力不集中;④作业拖拉;⑤和他人沟通有障碍;⑥自信心不足。年级不同,学生呈现出的亟须解决的问题也不同。研究小组围绕六大难点,进行了问题细分,形成对策,并引导家长进行实践和反馈。最终形成可供家长参考的《新蒲三小家庭教育指导手册》。四是开展"生活化"的家庭教育实践活动。以密切联系孩子生活的实践活动为载体,引导学生在生活中学习,在学习中生活。学校从衣、食、住、行、心五个维度编制《"爱欣"家庭教育家校合作生活成长行为习惯目标指南》,以简洁明了、朗朗上口的"三字经"形式明确该年龄段孩子需要掌握的生活技能和行为习惯。五是构建"激励性"家庭教育评价体系。建立家庭教育评价引导体系,通过"爱欣家长"评比,制定目标,树立榜样,带动全体;开展"五欣好家庭""书香好家庭""才艺好家庭""礼仪好家庭""健康好家庭""平安好家庭"评选活动,营造浓郁和谐的家庭氛围。通过体系化的家庭教育评价制度,激励引领家长,提高家长整体素养,改善家庭教育环境。

树苗的生长需要阳光、水分、空气、温度、土壤等共生的力量,这是自然规律,也是自然法则。孩子一生的成长,同样需要学校、家庭和社区三位一体的共生力量,在这方面,学校紧紧以"儿童至上"这一中心,按照"一切为了孩子,为了孩子的一切"的目标，为儿童提供更全面更广泛的共生资源。一是家长走进课堂。学校通过打开大门办教育，让更多的家长资源养分进入到学校的百草地，让家长们丰富的养分，滋养孩子们健康快乐地成长。二是家长走进管理。学校让家长进入到学校德育、教学、安全、后勤等板块工作，参与学校具体的管理中来，让家长在教师的带动下，懂得如何松土、浇水、施肥，并在关键分枝长节时，更能懂得如何去枝留叶。三是家长志愿服务。通过家长志愿服务形式，让家长意识到家长这棵大树，除了为树苗遮风避雨，更需要成为孩子成长的示范与榜样，需要更主动地参与以及爱的奉献。四是微课程开发。让家长根据自身的职业和文化素养，另辟蹊径，进行资源挖掘，在教师或专家的引领与帮助下，进行微课程开发，为学校提供更多源源不断的课程资源。

初心如磐，使命在肩。站在"十四五"新的起点上，新蒲三小将在《深化新时代教育评价改革总体方案》的指引下，逐步丰富完善建构立体交互、多元参与的"欣美好少年"评价体系。"学校是社区的庙堂"下一步我们将评价范围从学校层面、家长层面拓展到社区层面，拓宽学生评价的参与度。同时，学校将以国家级教育信息融合实验校建设为契机，充分利用信息技术在学生评价中的应用，通过对每一个学生的持续关注和多视角、多侧面、多渠道数据收集，让评价个性化、精准化，实现"评价标准育人""评价过程育人""评价结果育人"的目标，让"欣欣学子"在"欣欣三小"拥抱成长，"向美"而行，成长为负责、善学、合作、健康的"欣美好少年"！

第四章 遵义市播州区保利小学"出彩德育评价"实践研究

遵义市播州区保利小学(以下简称"保利小学")创办于2014年8月,由保利集团遵义置业有限公司投资1.2亿元人民币修建,归属播州区政府管理的一所公办学校。地处播州区龙坑街道共青二路保利社区F2地块,占地面积27 560平方米。学校校园环境优美、花团锦簇、桃李芬芳、景色宜人。

自建校以来,根据"让每个生命都精彩"的办学理念,学校"出彩教育"团队确立了"党建引领学校品质发展"的办学思路,初步建构了"出彩课程、出彩课堂、出彩评价、出彩环境、出彩教师""五位一体"品质发展体系,深化"五育融合",高品质推进教育教学工作。学校秉持"时刻为出彩做准备"的校训,积极探索为学生提供适合的教育模式,尊重生命成长,凸显出彩教育形态,努力办让师生都能出彩的教育。

遵照党的教育方针和中国学生发展核心素养,结合办学实际,学校将"人人出彩"的育人目标细化,进一步聚焦,着力培养"品行优、学业优、身心优;有创造、有才艺、有技能"的"三优三有"新时代出彩好少年,为出彩学子实现精彩人生奠定坚实基础,让每一名出彩好少年都能在德智体美劳各方面全面发展。

自建校以多来,保利小学得到了各级部门的大力支持和关心帮助,全校师生员工积极努力,锐意进取,取得了一定成绩,为"出彩教育"可持续、高品质发展提供了坚强保障。在历经5年的"西南大学·遵义市教师教育创新实验区示范校"项目建设工作推进中,"出彩教育"人紧紧围绕"让每个生命都精彩"的办学理念和"人人出彩"的育人目标,坚持以人为本、育人优先、协调推进、品质发展的原则,全力打造出彩教育、营造出彩环境、建构出彩课程、搭建出彩舞台、成就出彩教师、培育出彩学子、研究出彩课题、探索出彩课堂、做实出彩评价,锁定目标、全员参与、全力以赴,为实现全市品质学校建设目标而不懈努力。

自建校以来,学校已拥有第一批全国青少年校园篮球特色学校、全国青少年校园足球特色学校、第三批全国中小学中华优秀传统文化传承学校、贵州省文明校园、遵义市先进基层党组织、"西南大学·遵义市教师教育创新实验区示范校"项目学校、遵义市中小学英语领军人才基地校、遵义市长征故事进校园首批示范学校、遵义市阳光体育示范学校、遵义市科技教育特色学校(2020~2024)和遵义市安全文明示范学校等多张名片。

一、示范校建设——五年简要回顾

"西南大学·遵义市教师教育创新实验区示范校"项目是由遵义市教育局与西南大学实施共建的重要项目。该项目围绕建设遵义教师教育实习实践和研修基地、实施教师教育平台建设计划、开展10所创新型示范学校建设、名师名校长学科带头人培养等7个方面与西南大学合作,旨在培养一批有较强影响力的学校、名师、名校长,为全市教育快速发展、高质量发展提供人才支撑。

(一)专家引领示范校建设

2016年,西南大学与遵义市人民政府签订合作协议,明确在全市建设"西南大学·遵义市教师教育创新实验区示范校",旨在希望西南大学为全市教育系统培养更多领军人才和打造更多优质名校。保利小学有幸跻身实验区示范校行列。同年12月22日,西南大学教育学部张家军教授率专家组一行莅临保利小学调研指导并授牌。

2017年4月14日,西南大学教授张家军一行5人深入保利小学调研,就西南大学教师创新实验区示范校建设推进工作进行调研和指导。2018年3月9日,张家军教授莅临保利小学,就学校教师课堂教学、课题研究等工作进行指导,开展了随堂听课和评课活动。同年11月8日,张家军教授莅临保利小学,通过听取汇报、深入课堂、座谈交流等形式就课堂教学、课题研究、教师发展等工作推进情况进行了详细指导,组织召开研讨会。

2019年6月24日,"西南大学·遵义市教师教育创新实验区示范校"项目研讨会在市教育局召开。会议明确提出"456工作思路",即4个目标、5条路径、6项重点,本次研讨会,为示范校推进和聚焦特色项目建设,支撑示范工作打下了坚实基础。

(二)聚焦示范校特色项目

2019年6月召开的全市示范校建设项目研讨会，明确以特色项目支撑示范校建设。同年10月，西南大学举办实验区示范校校长高级研修班，通过专题讲座、校长跟岗学习等方式，开展了为期7天的学习培训；同年12月，组织学科带头人赴西南大学进行了为期一周的专业提升培训。

2020年7月11日至12日，西南大学教育学部艾兴副教授、教师教育学院肖红副教授等专家组一行6人莅临保利小学，开展了为期两天的调研和指导，召开了研讨会。专家组与学校最终确定以《"出彩德育评价"体系的建构与实施研究》为示范校特色项目，力争通过两年的探索实践，确保见成效、出成果，达到以特色项目支撑示范校建设的目的。

(三)示范校建设近五年任务完成情况

2021年是"西南大学·遵义市教师教育创新实验区示范校"项目收官之年。五年来，保利小学在上级教育主管部门的大力支持和关心帮助下，在西南大学领导、专家的精心指导下，保利小学全体师生员工辛勤付出、齐心协力，出色地完成了示范校建设项目的各项任务。从2016年12月至2019年12月，相继完成了品质学校体系建构、教师培养提升和课题实践研究等主要任务。一是基本完成了"出彩课程、出彩课堂、出彩评价、出彩教师、出彩环境""五位一体"的品质教育发展框架体系构建，2020年召开了全区现场会，"出彩教育"在全区乃至全市有了一定的知名度和影响力。二是教师得到了不同程度的提升，学校相继安排教师赴西南大学参加示范校项目培训达19人次共计658学时；西南大学专家到校指导接受培训人数近50人次，这五年累计投入资金2万余元。三是与该项目相关《校本自主课程实施策略研究》等市级课题相继结题。2020年至2021年两年时间，保利小学重点围绕特色项目，继续深化"五位一体"建设、教师成长提升及市级专项课题《"出彩德育评价"体系的建构与实施研究》《小学语文影视习作教学的研究》等工作；着力将"出彩德育评价"做出成效、做出品质、做出特色，强力支撑示范校建设，力争实现辐射区域内学校的联动发展。

二、特色项目建设——"出彩德育评价"

教育评价作为实现教育目的的一个重要环节,对激发学生爱学习、养成好的学习习惯、培养学习兴趣等起着积极的推动作用;教育评价涉及"评什么、为什么评、评价标准是什么、怎样评,以及评价的功能是什么"等一系列问题。

(一)"出彩德育评价"的提出

1.国内外关于教育评价的相关研究。在20世纪90年代,西方基础教育改革中出现的"促进学习的评价",为评价的功能及为什么评、怎样评等提供了比较先进的评价理念和方法。近年来,随着素质教育在我国的深入开展,以"立德树人"为核心的综合素质评价改革也在全国范围内全面铺开。"发展性学生评价观"逐渐取代了"传统学生评价观"。同时,在实践中,我国北京、上海、江苏、重庆等一些教育前沿省市的中小学也在积极开展适合学生发展的教育评价项目的研究,不断积累丰富的教育评价经验。

2.新时代"以德为先"的教育理念及发展性学生评价观。当前,我国处于近代以来最好的发展时期,世界处于百年未有之大变局,两者同步交织、相互激荡,这将在一个相对较长的历史时期深刻影响人类历史发展方向和进程,世界大发展、大变化、大调整、大转折、大进步,究其核心是一个"变"字。为了更好地发挥教育在实现中华民族伟大复兴中国梦的重要作用,中共中央、国务院于2019年制定了《中国教育现代化2035》中长期战略规划,明确提出"八大教育理念",其中第一条就是"更加注重以德为先",充分体现了中国特色的办教育特点。在有关教育评价的问题上,2020年6月,中共中央、国务院也印发了《深化新时代教育评价改革总体方案》(以下简称《方案》),《方案》明确提出"改进结果评价,强化过程评价,探索增值评价,健全综合评价"的指导思想,《方案》的出台为我国未来一段时间开展教育评价指明了方向。此外,新一轮课程改革倡导"立足过程,促进发展"的课程评价,改革促进评价功能的改变,由以往注重甄别、选拔,转向重视个体生命发展,为培养学生健全的个性和完整的人格,努力构建符合素质教育要求的新的基础教育课程体系。让学生具有爱国主义、集体主义精神,热爱社会主义,继承和发扬中华民族的优良传统和革命传统;具有社会主义民主法治意识,遵守国家法律和社会公德;逐步形成正确的世界观、人生观、价值观;具有社会责任感,努力为人民服务;具有初步的创新精神、实践能力、科学和人文素养以及环境意识;具有适应终身学习的基础知识、基本技能和方法;具有健壮的体魄和良好的心理素质,养成健康的审美情趣和生活方式。要顺利实现这一目标,必然需要有与之配套的、能促进学生全面发展的评价观,探索具体的评价体系以及评价工作的操作与实践。

3. 保利小学开展"出彩德育评价"的状况及愿景。《中小学德育工作指南》(教基〔2017〕8号)指出,"始终坚持育人为本、德育为先,大力培育和践行社会主义核心价值观,以培养学生良好思想品德和健全人格为根本,以促进学生形成良好行为习惯为重点,以落实《中小学生守则(2015修订)》为抓手,坚持教育与生产劳动、社会实践相结合,坚持学校教育与家庭教育、社会教育相结合,不断完善中小学德育工作长效机制,全面提高中小学德育工作水平,为中国特色社会主义事业培养合格建设者和可靠接班人"。保利小学自2014年8月建校以来,围绕"每个生命都精彩"的办学理念,确立了"人人出彩"的办学目标,经过多年的实践探索,已构建了初具学校特色的"出彩教育"文化。并形成了一套能激励小学生道德品质养成和良好学习习惯的德育过程评价。2019年,保利小学被评为遵义市播州区德育示范学校。但是,由于德育内涵的丰富性和德育过程的长期性、发展性、多维性,使得德育评价变量因素多、效度难以把握,这需要进一步去改善德育评价的内容、标准及功能。而且就教育评价的理论性、系统性,以及从发展学生核心素养、落实"立德树人"根本任务的长远目标来看,保利小学现行德育评价工作还存在诸多不足的地方,还需要进一步加强理论验证和体系建设。尤其是如何更好地将德育评价与我校"出彩教育"文化和"人人出彩"的育人目标等紧密结合起来,实现理念文化与评价的深度融合,是目前我校教育发展工作中面临的一个重大问题,也是一项长期的课题。

2020年7月,在西南大学专家的指导和建议下,我校确定了以《"出彩德育评价"体系的建构与实施》作为研究课题,开展实践与研究,并确定为支撑示范校的特色项目来做大做强。其实施路径为:以培养"全面发展的人"为核心任务,通过对学生的品行、学业、身心(运动)、创造、才艺、技能等方面的发展进行观察、分析和判断,关注学生学习过程和学习过程中的发展增值情况,改变过去只注重测试数据、唯分数论的单一评价方式。同时,在评价中,要将定性评价与定量评价相结合,突出过程性评价,改进结果评价,探索增值性评价,建立多元、科学的过程评价体系;力求促进学生全面发展、健康发展、个性化发展和可持续发展,逐步完善综合评价内容及方式,形成较完整的、系统的、规范的新时代小学生德育评价体系。通过评价,着力把学校德育工作变为"看得见、摸得着、见成长"的实操策略;着力为学校教育教学的科学发展、和谐发展、高品质发展,寻找到一条新的路径,为学校教育教学的改革和发展提供可靠的依据,更大范围地进行推广运用,让广大学生受益。

综合以上分析,我们成立了包括西南大学专家、学校领导、中层干部和一线教师的特色项目专项课题组,专题研究《"出彩德育评价"体系的建构与实施》,进行"出彩德育评价"体系的研究,旨在探索科学、客观地评价学生的有效途径和方法,提高德育工作实效;探索和构建多层次、多角度、多维度、易操作的德育评价体系,使该评价体系科学化、系列化、制度化。同时,在评价工作推进中,努力探索使用"出彩印章、出彩磁铁贴、出彩币、出彩学生登记册、出彩超市等最佳评价工具和载体,构成具有本校特色、实效性强、可操作、易操作的"出彩德育评价"体系。

(二)"出彩德育评价"相关核心概念界定

1."出彩教育":教育家陶行知提出,"生活即教育""社会即学校"。我们认为,每一个生命体都是独立存在的,每一位学生都是不可复制的艺术品,所以学校不应该是流水线,教育也不应该是复印机。"出彩教育"应在遵循教育规律和学生身心发展规律,尊重每一个学生成长的前提下,为每个学生提供适合的教育。同时,"出彩教育"要为师生们量身搭建人生出彩的舞台,让每个生命都能十分完美地展示自己的长处,张扬个性,增强自信,都能出彩,为孩子的精彩人生奠基。基于此,保利小学提出了"出彩教育",本特色项目建设所指的"出彩"是指保利学子在"每个生命都精彩"的办学理念引领下,谨记"时刻为出彩做准备"的校训,在"出彩德育评价"体系助推下,让更多保利学子"品行出彩、学业出彩、身心(运动)出彩、创造出彩、才艺出彩、技能出彩",最大限度地实现"人人出彩"的育人目标。

2."出彩德育":本特色项目建设所指的"出彩德育"是基于"出彩教育"理念下学生的德育教育,主要体现在以下三个方面:一是思想品质,即学生有家庭责任感、集体观念和国家意识、明辨是非的能力,具有一定理想和追求,善于思考,崇尚科学等。二是道德行为,即文明习惯、诚实守信、尊敬师长、尊重同学、热爱劳动,节俭朴素、遵纪守法,以及团队精神。三是个性心理品质和能力,即正确认识、评价和反思自己,自信心、毅力与承受能力,善于与人合作控制、调节情绪心理,心理健康、活泼开朗等。

3."出彩德育评价"及评价体系:"出彩德育评价"是指围绕"出彩",将德育"思想品质、道德行为、个性心理品质和能力"等方面的德育目标,运用较为科学可行的方法和技术,多方面收集事实材料,对德育的过程与效果做出价值上的考查和判断,它是学校教育评价的一项重要内容,也是学校德育工作的基本环节。本特色项目建设与研究所指的德育评价对象为受教育者的思想品德、文明礼仪、学习习惯、身心健康、学科素养、审美情趣、实践能力和创新精神等。

4."出彩德育评价"体系的构建包括:一是构建较为科学有效的评价网。"让每个生命都精彩"的理念提倡关注每一名学生的个体差异,促进学生个性成长。其德育评价方式、评价对象、评价内容不是单一的,而是一个完整的评价网络。二是形成多点联动的评价链。主要有七个方面:科任教师评价学生、学生互评、家长评价学生、社会评价学生、学生自评、班主任评价学生和学校评价学生。三是打造操作性强的评价工具。设计以出彩印章、出彩磁铁贴、出彩登记本、出彩币、出彩证书、出彩奖杯、出彩超市等为一体的评价载体和工具,通过评价,激励学生出彩。四是结合出彩教育环境、出彩课程、出彩课堂、出彩活动为学生提供评价的机会和舞台,促进多元评价。上述四个方面为"出彩德育评价"体系的重要组成部分,也是本特色项目研究的成果指向,实现在基于"出彩教育"理念下,时时都有评价都能评价、处处都有评价都能评价、人人都有评价都能评价。

三、"出彩德育评价"体系构建

2020年10月,中共中央、国务院印发了《深化新时代教育评价改革总体方案》,明确提出到2035年,基本形成富有时代特征、彰显中国特色、体现世界水平的评价体系。针对学生评价,每所学校都在组织开展,但评价的深度、维度和广度各有不同,具体操作上也有所差别,各具特色。保利小学在遵循教育规律和尊重学生身心成长和学生思想道德品质形成的前提下,以积极心理学、统计学等理论为指导依据,围绕办学理念,立足课程、课堂、环境、活动四个常规,创新评价工具和载体,大力推行出彩学生评价,基本构建了一套以学生评价为主体,符合学校特点的"出彩德育评价"体系。

(一)围绕"三优三有"育人目标建构评价体系

保利小学坚持"五育并举",落实立德树人根本任务,以培养"全面发展的人"为核心目标,以"让每个生命都精彩"的办学理念为引领,围绕"人人出彩"为育人目标,努力培育"品行优、学业优、身心优;有创造、有才艺、有技能"的"三优三有"新时代出彩好少年。同时,基于"三优三有"育人目标,重点围绕改进结果评价、强化过程评价、探索增值性评价、健全综合评价几个方面,逐步探索建立多元、科学、有效的过程评价体系。旨在通过评价,有效促进学生全面发展、健康发展、个性化发展和可持续发展,并逐步探索建立健全综合评价目标体系。聚焦"三优三有"育人目标,我们制定了《遵义市播州区保利小学出彩班级及"三优三有"出彩少年发展质量评价方案及积分细则(试行)》(以下简称《总则》),主要包括六个发展目标、20个关键指标、37个一级指标、40个评价内容及评价要点、若干个评价积分细则、不同的评价积分式和评价小组等多个方面,基本涵盖了学生在德智体美劳等全面发展,涉及学生的"思想品质、道德行为、个性心理品质和能力"等方面的各个内容。

1."品行发展目标·品行优"评价模块构建

从"理想信念、社会责任、行为习惯"三个关键指标和"爱国主义教育、专题教育、四个自信、团结和谐、爱护环境财物、文明就餐、节约资源、乐于助人、相关活动奖励"九个一级指标明确评价的内容及要点,对学生进行品行评价。各班级参照学校《总则》,制定《班级评价细则》,由班主任、科任老师、学习伙伴和学生家长参照《班级评价细则》定期或不定期地组织开展评价。

2."学业发展目标·学业优"评价模块构建

从"332阅读、课堂表现、学习能力"三个关键指标和"自主晨读、课前3分钟阅读、阅读能力、课堂常规、学业监测"五个一级指标等,明确考查内容及要点,对学生进行学业评价。任课教师、学生家长、学习伙伴对学生学业发展进行评价和学生进行自我评价。学校通过观察、分析学生在课堂学习中的表现以及课外学业完成情况,对学生学业发展水平进行监测、诊断和评价,激励学生自主学习、独立思考、批判质疑、合作学习、解决问题、钻研探究、创新方法等。学校拟定评价《总则》,各班级参照总则拟定《班级评价细则》。

3."身心发展目标·身心优"评价模块构建

从"健康生活、身心素质"两个关键指标和"运动参与、运动技能、体能监测、心理健康监测、社会适应"五个一级指标,明确考查内容及要点,对学生进行评价。任课教师、学生家长、学习伙伴对学生身心发展进行评价和学生进行自我评价。具体表现为:具有积极参与体育活动的态度和行为,能用科学的方法参与体育活动,能安全地进行体育运动,在活动中获得运动基础知识,获得野外活动基本技能;具有关注身体和健康的意识,懂得营养、环境和不良行为对身体健康的影响,学会通过体育活动等方法调控情绪,形成克服困难的坚强意志;具有良好的合作精神和体育道德素养,能建立和谐的人际关系。学校拟定评价《总则》,各班级参照总则拟定《班级评价细则》。

4."创新能力发展·有创造"评价模块构建

从"创新精神、实践能力"两个关键指标和"实践活动、实践能力"两个一级指标,明确考查内容及要点,对学生进行创造能力的评价。考查学生在科学类别、综合实践课程和各级各类科技活动中表现的对待科学的态度、科技素养、创造能力。具体表现为:了解与小学生认知水平相适应的一些基本的科学知识(培养提问的习惯,初步学习观察、调查、比较、分类、分析资料、得出结论等方法);能够利用科学方法和科学知识初步理解身边自然现象和解决某些简单的实际问题;培养对自然的好奇心,以及批判和创新意识、环境保护意识、合作意识和社会责任感。由学生自主提供并记录活动的参与情况、获奖情况,任课教师、学生家长、学习伙伴对学生学科素养发展进行评价,学生做自我评价。学校拟定评价《总则》,各班级参照总则拟定《班级评价细则》。

5."才艺素养培育·有才艺"评价模块构建

从"美育实践、感受表达、美育素养"三个关键指标和"美育参与、才艺展示、美育实践、活动获奖"四个一级指标,明确考查内容及要点,考查在各级各类才艺活动中表现的艺术素养、审美能力和综合素质,对学生进行才艺素养评价。任课教师、学生家长、学习伙伴对学生才艺发展进行评价,学生做自我评价。注重学科教学中学习情感、学习兴趣、知识掌握和基本技能等方面的评价;尤其注重学生在各类才艺活动中的参与热情、基本能力和艺术素养等方面的评价。基本形成科学的、开放的教学评价,有效促进学生艺术素养和审美能力的全面发展。学校拟定评价《总则》,各班级参照总则拟定《班级评价细则》。

6."劳动实践技能·有技能"评价模块构建

从"劳动习惯、劳动技能、社会体验"三个关键指标和"卫生保洁、实践技能、团队培养"三个一级指标,考查学生在劳动与技能类课程和各级各类劳动实践活动中表现的价值观、劳动态度、劳动技能、劳动精神;由学生自主提供并记录活动的参与情况、获奖情况,班主任、科任老师、班委会或中队委进行核实认定后依据班级评价细则进行累计评价。以评价促进劳动教育,培养有生活技能的学生,从而达到树德、增智、健体、育美、创新的目的。学校拟定评价《总则》,各班级参照总则拟定《班级评价细则》。

(二)立足"三优三有"育人目标评价的总体要求

做好学生评价事关教育发展方向,事关学生成长和发展。在"出彩教育"里,我们还达成了一个共识,多一把评价的尺子,往往就能激励一部分甚至一批学生出彩,帮助他们树立自信心,引导他们朝着特长方向发展。同时,一所学校、一个班级,长期坚持开展对学生的评价,一定会达到事半功倍,收到意想不到的效果。如何评价?虽不求千篇一律,但基本的要求、模式要基本统一,对此,我们做了一些明确要求。

1.评价总体要求

每个班级开学初要在班主任和中队干部共同讨论下,制定或修订符合班级学生发展和激励成长的《班级出彩学生评价细则》,并在全班组织学习通过。各班主任老师要协调各科任老师,在共同商议达成一致意见的前提下,开展日常评价尤其是课堂评价。每个班级都要推选一名学生管理和使用印章,帮助老师开展日常评价,原则上要做到时时有评价;各班级要在学校的统一安排部署下定期或不定期地开展出彩学生的集中评价,科任老师做到课课有评价,学生自评、同学互评和家长评价都要参照《班级出彩学生评价细则》进行。

2.评价常规要求

(1)日评价。每天进校、离校和课余时段,学校值周人员、德育处人员都会根据学生的规范着装、文明仪礼、行为习惯、自主晨读、自主运动、劳动技能(清洁卫生、种植园劳动)等情况进行评价,及时发放优雅卡给学生。课堂上,任课教师都会根据学生在课堂上的优秀表现予以表扬,在班级明确一名出彩印章使用和管理员,课后及时对小组内学生个人加盖出彩印章,记录出彩的痕迹。每天由学生与学生、学生与家长、学生自己开展生生互评、家长评价和学生自评,及时在《出彩学生评价登记簿》相关栏目中进行"印章评价"和"星级评价"等。学生每天参与劳动,自己在《劳动存折》上对照《保利小学学生劳动清单》,自行劳动并记录劳动时长,在同学、老师和家长的监督指导下进行自我评价。

(2)周评价。由学校统一安排,各班级每两周组织一次集中评价,评价主要是汇总班级学生两周来获得的优雅卡数量、班级任课教师在课堂表扬学生加盖的出彩印章数量、学生参加各类活动获奖情况等,然后根据优雅卡和印章数量的多少,兑换磁铁贴,再将每位学生兑换得到的磁铁贴,张贴在教室后面的《学生出彩评价展示栏》上。每位学生都有相应张贴项目,数量的多少彰显着学生两周来通过努力得到表扬的情况,增强自信心,激励努力上进。

(3)月评价。实行一月一总评,每月底,由学校统一安排,一是及时将学生磁铁贴进行汇总并兑换成出彩币,学生得到出彩币后于每周二至每周五午休时段,到出彩超市兑换学习用品。二是各班结合《班级评价细则》对一月来在"品行、学业、身心(运动)、创造、才艺、技能"六个方面表现出彩的学生进行班级集中推评,评出品行出彩少年、学业出彩少年、运动出彩少年、创造出彩少年、才艺出彩少年、技能出彩少年各1名,报德育处汇总,由德育处组织在出彩节集中颁发出彩证书。获奖学生走红地毯,让全校师生见证精彩,树立自信心,收获满满的幸福。

(4)年评价。实行每学年由每班推评一名出彩之星,出彩之星评价原则上是在每个月评价中获得品行出彩、学业出彩、身心(运动)出彩、创造出彩、才艺出彩、技能出彩六大出彩少年中产生。出彩之星是学校颁发的最高荣誉之一,获奖学生是学校的佼佼者。对获得出彩之星的学生,学校为该学生颁发出彩奖杯、制作专门海报、在微信公共平台进行外宣,还要减免外出研学费用等。这种评价及激励旨在让学生体现出彩之星的地位感、价值感、荣誉感,促使学生继续努力学习,积极向上,促使教师引领班级学生争做出彩好少年、争当出彩之星。

3.评价类别划分

时时有评价、处处有评价……在学校开展的学生评价中,如一次书法比赛、一次手抄报比赛、一次才艺展示、一次劳动教育等等,涉及各个方面,如何对评价类别进行划分,我们是这样进行统一分类:

(1)品行出彩少年评价:拾金不昧,评比时统一为"品行出彩少年(拾金不昧)",弯腰行动,统一评比为"品行出彩少年(弯腰行动)"……

(2)学业出彩少年评价:可以评为"学业出彩少年(阅读类)""学业出彩少年(朗诵类)""学业出彩少年(征文类)"……

（3）身心（运动）出彩少年评价：学校主要依据"晨练晚练、两操集会、公共安全、健康生活、体能测试、心理健康监测"等六个维度进行评价，具体表现为通过校园冬季运动会，吉尼斯世界纪录等，"运动出彩少年（50米跑）"……

（4）创造出彩少年评价：创意美术作品，可以评为"创造出彩少年（创意美术）"，手工制作作品，可以评为"创造出彩少年（手工类）"……

（5）才艺出彩少年评价：舞蹈出彩的可以评为"才艺出彩少年（舞蹈类）"，器乐优秀的可以评为"才艺出彩少年（器乐类）"，学生疫情抗疫绘画，可以评为"才艺出彩少年（绘画类）"……

（6）技能出彩少年评价：五月劳动月农具制作比赛，可以评为"创造出彩少年（实践类）"……

总之，评价类别要按照"品行、学业、身心（运动）、创造、才艺、技能"六类出彩少年来进行划分，或根据活动主题及侧重点进行统一划分，做到有序、不乱、不随意。

4. 评价简要流程

①出彩印章（警告印章）（优雅卡）→②出彩磁铁贴（出彩学生证书）→③出彩币→④出彩之星、出彩奖牌、出彩奖杯、出彩证书或到出彩超市兑换奖品（学习用品）

四、"出彩德育评价"工具

学校围绕"三优三有"育人目标，以各类出彩少年评价为抓手，针对不同学段、不同类别、不同目标教育特点，对学生校内校外、课上课下表现予以评价，既体现了过程评价，又少不了结果评价。要实现评价的方便、快捷，评价工具必不可少，方便、快捷的评价工具可操作性更强。通过几年的探索和实践，我们主要将评价工具设置为"物质奖励类"和"精神奖励类"两大类。

第一，物质奖励类。主要包含"优雅卡、出彩学生表现登记簿（每生一册，开学初发给学生）、学科出彩印章、警告印章、出彩磁铁贴、出彩币、出彩证书、出彩奖杯、出彩奖牌"。

①优雅卡。"三优三有"出彩少年"优雅卡"。主要用于学校行政处室人员在行政值周过程中，发现在品行、学业、身心（运动）、创造、才艺、技能等方面表现较为突出的学生，及时奖励一张优雅卡，激励学生积极上进，在今后的学习和生活表现中更加突出、优异。

②出彩印章和警告印章。每学期开学，学校德育处都会将所有学科的印章分发到各年级各班，每堂课的任课教师都会根据学生个人或合作小组，对其在课堂上表现，如学习态度、积极举手、导学单完成情况、作业完成情况、回答问题等表现突出的学生，加盖出彩印章；对在课堂上表现不理想，特别是学习态度不端正、作业完成马虎、不集中精力听课等极个别学生，任课教师将加盖警告印章。凡是被加盖警告印章的学生，可以通过积极表现来争取出彩印章来消除警告印章，一般情况下，班级采取3个出彩印章可消除1个警告印章，旨在容错纠错，给学生改正的机会，引导学生积极向上。

③出彩学生表现登记簿。每学年开学第一学期，新生都会领到一本《出彩学生表现登记簿》，每本手册上都设置了相应的表现栏目，以表格形式呈现，学生翻阅《出彩学生表现登记簿》，就能回顾自己在课堂上的表现，该《登记簿》还针对一些表现情况，设置了"学生自评、家长评价、学生互评、教师评价"等栏目，对一些定性的还采取"五星级"的积星式评价。

④学生出彩评价展示栏。学校在每个班级教室后面都设置了一块《学生出彩评价展示栏》，又名"班级学生出彩榜"，该展示栏设置了"校长寄语、'三优三有'育人目标、每位学生的姓名"，设置简洁明了，清爽大方。旨在让每位学生每时每刻都能从"班级学生出彩榜"上看到自己出彩的足迹，回顾自己过去两周以来的优异表现，通过"班级学生出彩榜"展示，让每位学生都形成良性竞争，向出彩的同学看齐，形成你追我赶、比学赶超的良好氛围。

⑤出彩磁铁贴。以两个"点赞"大拇指为正面，磁铁贴主要是用于优雅卡、印章量达到一定数量后的一种兑换工具，兑换后及时贴在"班级学生出彩榜"上面，

展示自己在品行、学业、身心（运动）、创造、才艺、技能等方面取得的进步。

⑥出彩证书、奖牌、奖杯等。这是由学校统一颁发，具有学校Logo元素，为学生专门订制，市场上采购不到的产品，主要用于表彰"三优三有"出彩少年，学生领取出彩证书、奖牌、奖杯后，将其带回家里展示，具有一定的观赏性，起到激励的目的。

⑦"我的保利精神"专属奖牌。这是学校在校园文化建设中，开展《我的保利精神》系列活动，在活动中为获得奖励的师生颁发的奖牌。包括"我的保利精神·校名题字""舞台题字""农场题字""吉祥娃制作""校园沙盘制作"等，"我的保利精神"专属奖牌由校长亲自颁发，校长与受表彰的师生合影留念，并将师生作品展示在相应的点位。同时，为体现优越性，学校对获得专属奖牌的学生给予"任何时候都可以带家人、同学或朋友，有组织有纪律地到校参观自己的专属作品"的特权，让获奖者最大限度地彰显自己的人生价值。

⑧劳动存折。为深入开展劳动教育，让学生崇尚劳动、尊重劳动者、养成劳动习惯，感悟劳动价值，发扬"劳动最光荣、劳动最崇高、劳动最伟大、劳动最美丽"的劳动精神，结合学校评价，学校为每位学生专门订制了出彩教育《劳动存折》，并在班级群中发布《劳动清单》。学生可结合自己的年龄，对照《劳动清单》进行劳动，学生记录好在课内、课外积极参与劳动的情况，对一些简单的劳动，学校对劳动的次数和时长做了具体要求，让学生实实在在地参与劳动，有效实现劳动树德、劳动增智、劳动强体、劳动育美、劳动创新的目标。

⑨出彩币。学校为学生专门定制了出彩币，出彩币主要是学生先通过努力得到优雅卡、出彩印章、磁铁贴等，再根据《班级评价细则》，在达到一定数量后，兑换出彩币，再到学校出彩超市用出彩币购买印制了学校Logo的学习用品、生活用品、纪念品。

⑩特别贡献奖。该奖是为奖励代表学校参加市级及以上的各类活动获得奖励的学生，或是校队参加区级及以上各类活动获得奖励的学生。对于这类学生，学校专门为他们设置"海报"或"出彩榜"，订制"特别贡献奖"的奖牌或奖杯，题名"出彩少年、保利骄傲"，旨在用榜样引领更多学生出彩。同时，对获得特别贡献奖的学生所在班级给予积分奖励，既达到激励班集体的作用，又为学校评选校级出

彩班集体和更高一级优秀班集体提供依据。

第二，精神奖励类。教育评价不能太单一，需要多元、多层面、多角度做评价。对"出彩教育"里的评价，我们提倡只要能促进学生积极因素的发展，我们一定想方设法通过评价和奖励予以激励，在"出彩教育"土壤里，我们除了注重物质的奖励外更应该关注或倾向对孩子的精神奖励。精神奖励，对一个孩子来说，也许更令他一生难忘。"出彩德育评价"的精神奖励，除发放一张优雅卡以外，主要包含：

①获得校长亲笔签名的笔记本一个；

②与喜欢的老师拍照，并获得照片；

③当一次升旗手的机会；

④获得一次大型活动登台表演的机会；

⑤和校长一起共进午餐的机会；

⑥获得一次担任大队委的机会；

⑦自由选择一节自主课程的机会；

⑧获得担任一周班长的机会；

⑨获得一次外出研学的机会；

……

评价工具是将德育观念转换为"看得见的德育教育"的有效载体。大家都说，好孩子是夸出来的，好孩子是激励出来的。教育，就是要将评价、激励做到最大化，教育、引导和激励学生争当出彩少年。日复一日，年复一年，让学生在成长中张扬个性，让学生在学习生活和成长成才中养成好习惯，收获成长的喜悦！为出彩少年的精彩人生打好基础。

五、"出彩德育评价"载体

(一)在课程建构中实施评价

培养什么人,关键在课程。为培养学生的兴趣、爱好、能力及创造力,我校自2014年8月建校以来,坚持"五育并举,德育为先"的办学宗旨,围绕"让每个生命都精彩"的办学理念,在落实国家课程的基础上,立足"品行与修养、语言与人文、运动与健康、数学与科技、艺术与审美、劳动与技能"六个维度,建构了"1+X出彩课程","1"指国家课程,"X"指我们开设的自主课程。每学年的开学初,学生可根据自己的兴趣、爱好,结合家长、班主任建议自主选择班级学习,每周开设两个课时。制定《保利小学"自主课程"学生过级申报方案》,学生根据一级二级三级过级标准,采取"自主申报过级→考核评审出彩学生→由学校统一颁发并佩戴"保利小学特制的过级奖章"→记入学生个人成长档案→学校微信公众平台和宣传栏张榜公布"的流程,形成积极向上、生动活泼的校园文化氛围。活动中,我们以情境吸引人、熏陶人、感染人,对学生心理品质产生潜移默化的积极作用,让学生在活动中发现与培养自己多方面的兴趣、能力与创造力,从而有效促进学生心理的健康发展,让学生收获喜悦,增强自信。2021年6月,《保利小学自主课程能力探究》市级课题成功结题。这里,我们以硬笔书法、国画自主课程评价为例:

1.自主课程——书法课程与评价

书法课程是我校自主课程中传统校本课程之一,该课程的开设对人的理想、愿望、情感、意志、道德、尊严、个性、教养、生存状态等起着积极的推动作用。通过书法教育,我们可以有效形成和发展学生的人文意识。2021年11月,在教育部公示第三批全国中小学中华优秀传统文化传承学校认定结果中,我校的书法、国画、剪纸项目均成功入选。

在硬笔书法评价方式上,我们注重学生平时学习评价,包括学习态度、课堂学习状态、书法作业、成长档案袋的整理、成绩等。其中学习态度包括:预习情况,即学习内容的预习、课本准备、学习用具准备;课堂学习状态包括听讲、参与、回答、讨论、合作、创作、技法等,评价等级分为"优秀、良好、合格、需努力"。作业情况构成为是否上交、是否认真完成、是否及时完善、是否有所提高四个方面,评定等级为"优秀、良好、合格、需努力"。测试成绩评价实行形式作品创作测试,统一命题来评定等级,包括:创作新颖、字体笔法、结构效果均好为优秀;作品完成、效果好为良好,作品完整及格,作品没有完成为不及格。结果处理:需要努力的同学不能获得加分,二次作品合格者方能获得加分。

2.自主课程——国画课程与评价

国画是中华民族的一种优良传统艺术。建校初,我校在开设书法课程的同时,也同步开设了国画自主课程。国画课程的开设,有利于继承和发扬中华民族的优良传统文化,增进学生对传统文化的理解,培养学生对国画的兴趣,提高学生艺术修养,促进学生德智体美劳全面发展。

近年来,随着新课程改革的不断深入,对于美术教学评价的要求越来越高,在美术创作与美术鉴赏教学活动中开展评价工作是不可或缺的重要环节。我校在"让每个生命都精彩"办学理念指引下,我们始终认为,每个"出彩教育"里的孩子,都是一个充满个性、活泼、灵动的独特个体,每个人都有自己与众不同的生活经历、生命感悟、情感体验,评价标准要体现多维性和多级性,适应不同个性和能力的学生的美术学习状况,帮助学生了解自己的学习能力和水平,鼓励每个学生根据自己的特点提高学习美术的兴趣和能力。在以人为本的教育理念和我校"让每个生命都精彩"的办学理念倡导下,我们必须转变片面的评价观念和形式,才能实现学生的自主发展,才能培育出更多"品行优、学业优、身心优,有创造、有才艺、有技能"的"三优三有"新时代出彩好少年。

(二)在课堂教学中实施评价

有个"鸡蛋打破论"告诉我们,外力打破是食物,内部打破是生命。无论怎样的评价,无论怎样的评价工具和评价激励载体,都是将抽象的评价转化为价值量化,其最终目的是让学生转变,让学生产生内驱力,自觉践行社会主义核心价值观,落实好立德树人的根本任务。在"出彩教育"课堂评价中,我们依然把一部分评价的权利交给学生。这里我们以"导·思"好课堂对学生实施的评价为例:

1.结合"导·思"好课堂实施评价。课堂评价随时都在发生,如何更好地对学生及课堂进行评价,我们设置了课堂观察量表,将学生发言时的音量控制、发言时的肢体语言等作为观察点。发言时的音量控制分一、二、三、四级音量。一级音量指两人交流时彼此能听见,且不影响他人;二级音量指组内交流彼此听见,且不影响他组;三级音量指适中、温和、不刺耳且全班能听见;四级音量指噪声、打扰别人的音量,课堂不使用。学生发言时,我们也分自己发言和小组交流两个评价观察点,如自己发言时,我们要求学生自信、脱稿、面带表情、合理调控视角、附带手势、不加嗯啊口语、发言完毕要示意并鞠躬表示感谢、发言要守时等八个评价项目。当学生发言后,其他学生可以对照标准进行评价,通过这样的评价,学生能更好地熟悉和掌握观察点标准,并逐步运用于每一堂课的学习中。

2.结合导学单及作业实施评价。在学生的互评中,我们还结合"导·思"好课堂,向学生推出导学单。导学单中涉及学生从预习到课堂作业练习再到巩固拓展全过程,为及时掌握学生对导学单和作业的完成情况,在课堂教学中,老师引导学生重点从书写、作业完成过程的逻辑性、正确与否、完整度(结构)、完成速度等方面,采取学生与学生互评、小组与小组互评的模式,让学生之间、小组之间进行相互评价。这样的评价方式,有效促进了学生参与学习的积极性和主动性,可以培养学生良好的学习习惯、端正的学习态度,对提高教育教学质量起到积极的推动作用。

3.结合学生课堂表现进行评价。为营造积极的课堂氛围,让学生更好地参与、合作、探究,在课堂教学中,我们对学生课堂表现实施评价,评价的项目主要为:举手发言、小组合作、小组展示、个人展示、任务完成情况等方面;教师可随机对学生进行评价,通过这样的评价,让学生的课堂表现更积极、学习的积极主动性提高、交流的内驱力更强。

开展学生自评、学生互评,这本身就是一个德育教育的过程,学生在评价中,知道了"我"应该要达到什么目标,如"上课认真听讲,不开小差""课后认真完成作业""积极回答问题""不骂人""就餐不讲话"……这些学习和生活习惯,学生在自我评价和相互评价中,不知不觉地掌握了,自然就会用标准来要求自己,向目标看齐,评价过程达到了"润物细无声"的作用,也达到了自我教育、自我提高、共同提升的目标。

(三)在出彩活动中实施评价

学生德育渗透不仅仅是在课堂上,更不能只是说教,还需要用活动展示进行激励评价。为落实好"让每个生命都精彩"的办学理念,学校竭力为学生搭建各类出彩舞台。自建校以来,我们坚持"等你来出彩"的活动思路,努力为学生出彩搭建舞台。通过确定周主题活动、月主题活动、学科主题活动的内容,由学生进行申报、展示,围绕"品行、学业、身心(运动)、创造、才艺、技能"六个育人目标,开展各类活动,让学生在活动中张扬个性、彰显特长、增强自信心,在活动中体验成长,分享出彩的喜悦。

1.在周主题活动中实施评价。每周主题活动由学校统一安排,周一升旗仪式(品行发展)、周三午后美好时光(劳动技能)、周四明星出彩30分(才艺素养)、周五红星闪闪(品行发展)。以学生及班级申报方式,对申报的班级实行量化加分,并对学生活动的参与率、活动效果等进行量化积分。对参加活动的学生个人进行表扬和鼓励,发放优雅卡。

2.在月主题活动中实施评价。学校将每年的3月和9月确定为学生行为习惯强化月,在该月组织队形队列操练,规范行为,评比出彩中队;4月为阅读月和校园篮球赛,实行班班见面、队队见面,评比出彩班级;5月开展劳动与技能展示活动,评比创造出彩少年;6月国际儿童节重点展示学生才艺,其间融合自主课程动态静态展示活动,评比才艺出彩少年和创造出彩少年;10月开展冬季校园运动会,开展校园吉尼斯申报活动和校园足球班级联赛,评比运动出彩少年;每年寒暑假开展社会实践活动,活动围绕六大培养目标,由学生自主选择项目,在次学期开学初进行展示,综合评比品行、学业、身心(运动)、创造、才艺、技能等六类出彩少年。

3.在常规学科活动中实施评价。针对不同年级、不同学段学生特点,学校设置了"诗词大赛""写好中国字""校园小歌手""英语口语交际"等学科比赛活动,每项活动都根据学科特点和中国学生核心素养以及课程标准要求设置,让学生在活动中得到锻炼,不断成长,让学生在评价中获得自信,保持积极进取的心态,端正学习态度,快乐生活和成长。

学生出彩需要有氛围,更需要出彩的舞台。保利小学出彩学生评价最大的优势在于学校在深化办学理念的同时,将评价落实到具体的活动中。如,学校的"出彩舞台秀·明星出彩30分",仅仅是利用课后延时服务30分钟的时间,以中队为单位开展的展示活动,展示节目不限,如跆拳道、唱歌、古筝、跳舞……活动由教师组织秩序,学生组织,家长积极参与。这些舞台的搭建、活动的开展,看似与德育教育及评价没有很大关系,实际却紧密相连,因为学生能积极参与,心是阳光的,思想是向上的。学生参与了这些节目,课间少了追拉打跳,少了乱涂乱画,乱丢乱吐等不文明行为,学生得到了健康快乐的成长,学校德育工作在无形中渗透,德育目标也实现了增值性评价的效果。

这些班队活动、学校大型主题活动、学科拓展活动等,都是由学校将活动项目公布,鼓励学生申报并积极参与,实行申报评价、表演展示评价。这些活动既达到学校教育的目的,又能培养学生能力。

六、"出彩德育评价"转换

我们认为,评价的目的就是让学生在"品行、学业、身心(运动)、创造、才艺、技能"等方面得到不同程度的成长和提升,张扬学生个性,不断增强学生的自信心。

(一)在出彩环境中彰显评价

走进保利小学,从石阶到草坪,从展厅到楼层廊道,从廊道到功能室,从楼道到墙面,到处都让人感受到文化的积淀,每一个细微点都彰显着学校的理念,每一处都有"出彩教育"文化的看点。这样的文化,不仅是因为她"不仅具有外在美,而且美得有内涵!"最关键在于,每一处细节的打造都是最好的评价展示,这样的评价展示不断地引领学生积极向上,敢于出彩,勇于出彩;这样的评价是对学生"无声胜有声"的一种最高评价。这几年,保利小学的校园文化建设不是因为建设而建设,而是在建设过程中始终围绕"出彩教育"评价来进行设置,与师生们出彩的痕迹紧密相连,营造这样的环境,除具备生命力外,本身就是一种评价的具体展示。

在学校"厅、廊、墙、室、景""五位一体"的文化布局中,我们重点以学生出彩的印迹为主体进行展示。

——出彩吉祥娃。男娃叫"精彩",女娃"出彩",这是保利小学2016级学生张楚涵在"我的保利精神·校园吉祥娃设计"大赛中的参赛作品。该作品根据学校理念、学校校徽、出彩保利人等元素设计而成,寓意保利学子在6年的学习生活中都能出彩,都能表现精彩。在学校制作出彩吉祥娃时,张楚涵同学特意建议将吉祥娃的身高定为1.48米,代表保利小学于2014年8月建校。吉祥娃雕塑落成后,学校专门介绍了设计者张楚涵同学,以及设计吉祥娃的背景。

——年度出彩之星。自建校以来,学校在每年每班都要评选一名出彩之星,每年度的出彩之星都在教学区各个楼层、廊道展示,每位出彩之星都展示自己觉得最美最靓的照片、摘录自己喜欢的格言。这样的展示,激励每一名出彩学子都向他们学习,争当出彩之星,时刻为出彩做准备。

——学校沙盘。在学校开展的"假期社会实践活动"中,2020级学生林志豪制作的校园沙盘模型从众多作品中脱颖而出。该作品是学生和家长利用废弃材料,以及玩具零部件等制作而成,既体现了学生的创造力,又体现了思维能力、动手动脑能力。为体现该作品的价值,学校还设置专柜,将该作品展示在学校展厅的正中央,激励和引导学生学会创造,学会审美,学会创新。

——校园吉尼斯。在文化布置中,学校还以部分围栏、小风车等为依托,展示了近些年学生在参加学校体育运动和上级组织的各类赛事,尤其是足球赛事中获得优异成绩的出彩少年。其目的是让孩子们在出彩运动中,发扬"更快、更强、更高"的自我挑战精神,实现挑战自我,培育体育精神。

——校园题字。学校通过开展"我的保利精神"系列活动,让老师、学生及家长都积极参与,对选中的作品,学校将作为学校的校园文化展示,通过这样的做法,既让学校文化更具生命力,还激励更多学生喜欢书法、爱好书法。

——功能室作品。学校开展各功能室布置比赛,让学生根据各功能室各自的功能特点进行布置。在比赛后,老师将学生的作品进行集中展示,特别是国画室、书法室、剪纸室等功能室,几乎每个学生的作品都能得到展示,以此激励更多学生出彩。

——300多盆绿植认养和"植物疗养站"。学校廊道的植物,由孩子们全部认养,每盆绿植都有一张孩子自己设计的领养牌,孩子们利用课余时间修剪花草、清理杂物、松土、捡拾枯枝败叶,对领养的植物进行精心打理,对长势不好的植物,学生将其带到"植物疗养站"精心照料。该廊道已成为新时代劳动教育的一道亮丽的风景线。

——12块精彩专栏。这里重点围绕读出精彩、写出精彩、唱出精彩、画出精彩、演出精彩等能体现学生"品行、学业、身心(运动)、创造、才艺、技能"等的作品进行展示。为激励学生主动出彩,学校还在每块精彩专栏通过留白区域,设置"等你来出彩"。

——36个出彩主题栏。学校在每个班的教室外,实行"月月换装",每个主题专栏都会说话,每个主题栏都能育人。

——出彩电视背景墙。电视墙上每天都在滚动播放孩子们的出彩身影,用无声的文化引领孩子们积极出彩、努力出彩。

——少先队活动长廊。长廊主要用于彰显各类德育主题活动,引导和激励学生在活动中受到教育、得到评价。

这几年,在保利小学的每面文化墙上,都有出彩少年的影子,有出彩之星、出彩队员、出彩大队委、出彩手抄报……这些都是出彩德育评价的显性文化,也是激励学生成长和发展必不可少的催化剂。通过出彩少年的榜样引领,学校凝练了每个保利小学人"敢为人先、敢争人先"的出彩教育精神。

融入评价的出彩成果展示,是一种具有主体性、发展性特征的教育形式,对学生产生潜移默化的教育力,促使学生形成良好心理品质,从而产生积极向上的内驱力。这样的展示,虽不是一个固定的教育评价模式,但其特有的文化审美和人文精神,润物无声而又深刻久远地影响着学生的心理发展。这种通过展示的教育评价模式,体现了关注学生发展、发挥学生潜能、彰显学生价值的教育理念,能促使学生不断正确认识自我,增强自信心和创造力,让学生每天都能快乐成长,争做出彩少年。

(二)在出彩超市中兑换评价

为最大限度地调动学生的积极性和主动性,激励学生积极表现,学校投入了一定经费建设了出彩超市,添置了适合学生的学习用品,如笔筒、三角尺、橡皮擦、铅笔、水笔、台灯等。得到出彩币的孩子可以到出彩超市兑换学习用品。出彩超市从店长到主管、促销员、收银员,都由大队委的学生担任,物品采购、销售、日常管理也全部由学生自己完成,实现了自主管理。这既锻炼了学生组织、协调能力,培养了学生独立处理事务,独立解决问题,主动想办法克服各种困难的能力,也为将来学生步入社会后处理事务、经营打理、解决问题起到积极的推动作用。

来自六(1)班的毛睿妍向记者详细介绍了超市运行模式与运转情况:超市在星期二至星期五午餐结束后或大课间时段开放,"顾客"们就会带上在"品行、学业、身心(运动)、创造、才艺、技能"等方面表现优异所获得的出彩币来到超市,兑换自己喜爱的学习用品。当他们兑换到自己心仪的物品时,心里特别兴奋、非常有成就感,觉得这是通过自己努力得到的物品,不花一分钱,只要自己努力就会得到,这是一种物质上的收获,更是一种精神上的奖励,收获的是物品,得到的是成长,培养的是良好习惯。

在小学生这个年龄段,学校用兑换出彩币奖励的方式,也许比责骂、警告的方式更有益于学生的健康成长。开展"出彩超市"兑换活动后,一旦学生表现不好,老师不会过度批评教育,而是通过加盖警告章的方式给予警示,学生们容易接受,自觉性也会提高。同时,这样的评价,有效地激发了学生的学习兴趣和学习动机,有效地培养和发展学生学习的主动性。

七、"出彩德育评价"成效

在近五年的"西南大学·遵义市教师教育创新实验区示范校"项目建设工作的推进中，保利小学通过开展出彩学生评价，基本达到了"全员育人、时时育人、处处育人"的工作效果。同时，我们以出彩学生评价为突破口，打通了在课程建构中评价学生、课堂教学中评价学生、环境建设中评价学生、活动开展中评价学生。在评价中，通过班主任、科任教师、学生自评、同学互评、学生家长评、社会评等多元评价方式，让学生、教师、家长共同参与其中，达到了自我教育、自我反思、自我提高、相互监督、共同育人的效果，营造了良好的教育氛围。这样变"无形"为"有形"，做"看得见、摸得着的德育"评价，既有效落实了"让每个生命都精彩"的办学理念，也因为评价让我们感受到了一些可喜的变化。

（一）评价让我们的学校变了，知名度不断上升，区域范围内有了一定的影响力

这些年，我们坚持"五育并举"，全面推行素质教育，在"让每个生命都精彩"的办学理念引领下，聚焦"人人出彩"的育人目标。一是立足学生发展"品行与修养、语言与人文、体育与健康、数学与科技、艺术与审美、劳动与技能"六个维度，科学构建了"1+X出彩课程"育人体系，让学生根据自己的兴趣、爱好，选择自己喜欢的课程，丰富学生的课余生活，也为学生提供一个自主发展的时间与空间。同时，进一步培养学生的兴趣，挖掘学生的潜能，提升学生素养，提高学生的学习竞争能力，努力培养一批合格有特长的优秀学生，进一步提高教育教学效率和学校办学品位。二是探索实施"导·思当代好课堂"改革。课堂是学生学习活动的主阵地，学生在讨论、交流、展示中建构知识，学会表达、合作、发现并解决问题。教师成为课堂的组织者，学生学习的旁观者、支持者，教师课前深入解读教材、课程标准，了

解本班学生,设计导学案,预设课堂问题及解决方案;课堂上,冷静旁观学生小组讨论学习、全班交流展示情况,在合适的时机给学生必要的学习支持。"导·思当代好课堂"的教学改革,主体是以发现、解决问题为抓手,小组合作探究为阵地,逐步培养学生未来发展所需的表达、合作、探究与解决问题的能力。三是围绕"红星铸就信念、精彩成就人生"文化建构理念,打造"厅、廊、墙、室、景""五位一体"出彩教育环境。这几年,我们致力于学校环境构建,紧紧围绕"让每个生命都精彩"的办学理念,始终把教师、学生放在学校环境布置的正中央,做到了办学理念、校园文化和环境建设的一脉相承,注重文化布局的育人效果。吉祥娃、建筑景观、楼层文化、大厅文化、廊道文化等的布置和展示,从物质文化建构中彰显着精神文化,既体现了学校的文明程度,又对师生的人生观、价值观产生潜移默化的影响。这样的布置对学生的品德习惯具有渗透性、持久性和选择性,对于提高学生的人文道德素养,拓宽学生的视野,培养跨世纪人才具有积极深远的意义。四是做细做实出彩学生、出彩教职工、出彩班级等评价体系,大力开展激励评价,有效激活了一池水。这几年,我们通过召开教代会,反复讨论解决在发展中存在的困难和问题,我们编写了《保利小学出彩教育行动纲领》《保利小学出彩教职工履职尽责考核评价手册》《精彩在这里绽放》《聆听出彩的声音》等系列丛书,从宏观上搭建了学校品质发展的框架体系。这些"土特产",虽然不精致,也不能登大雅之堂,更不能说是重要成果,但这些书籍能在一定程度上体现近年来办学的经历和艰辛,积淀了学校的内涵。五是围绕"三优三有"育人目标,创新评价工具和载体,大力推行出彩学生评价,基本构建了一套以学生评价为主体,符合学校特点的"出彩德育评价"体系。自2016年12月以来,学校已拥有第一批全国青少年校园篮球特色学校、全国青少年校园足球特色学校、贵州省文明校园、遵义市先进基层党组织、"西南大学·遵义市教师教育创新实验区示范校"项目学校、遵义市中小学英语领军人才基地学校、遵义市长征故事进校园首批示范学校、遵义市阳光体育示范学校、遵义市科技教育特色学校、遵义市安全文明示范学校、遵义市网民心中最美校园等多张名片。2017年荣获播州区基本普及十五年教育工作先进集体;2019年、2020年连续两年荣获播州区优秀基层党组织称号;2021年6月,我校作为播州区唯一一所学校被中共遵义市委授予"先进基层党组织"光荣称号。

(二)评价让我们的老师变了,变得更加爱岗敬业、富有爱心,承载着"出彩教育"品质发展梦

习近平总书记强调,"江山就是人民,人民就是江山,打江山,守江山,守的是人民的心"。在"出彩教育"团队看来,教师就是学校的江山,家长学生就是教师的江山。守好江山,就不怕学校积淀不了内涵,办不出品质;守好江山,就是老师团队、学生团队、家长团队爱心所依的幸福追求。这几年,学校高度重视教师的成长提升,提出了"读、练、观、写、上"五字诀、"三个三"赛课制和教师学习合作共同体组建以及"四格化"教师进阶式梯队式培养等一系列措施。同时,我们采取"走出去、请进来"的方式,利用基地校、示范校、项目学校等资源优势,大力开展学习、培训活动;以教学科研为抓手,促进教师由"经验型"向"研究型"转变,由"职业型"向"事业型"发展和成长,不断培养和提升教师队伍的能力和水平。近五年,学校骨干教师、名师、名校长相继涌现,现有区级名师6名、名班主任2名、骨干教师6名,名校长1名。有10名教师已申报市级骨干教师和名师,等待市教育局组织评审。教师专业提升上,教师参加市级优质课比赛获一等奖6人次,区级一等奖11人次,教师微课制作获省级一等奖23人次,省级课题结题3个,市级课题结题8个,撰写的论文在核心期刊发表30多篇。这几年,老师们把出彩教师作为一种品质进行追求,用出彩的自己去创造"出彩教育"的高品质,一支爱岗敬业、爱生乐业、探索创业、多元发展、争当出彩的教师队伍已基本形成。正是这支队伍,承载着"出彩教育"高品质发展的出彩梦!也因这支队伍,学校近些年收获了硕果,如2019~2020获得年度遵义市小学英语领军人才最具创新奖、优秀组织奖;2019年获得播州区教育质量一等奖,2020年播州区教学质量进步奖。

(三)评价让我们的学生变了,变得个性张扬、自信满满,绽放精彩

"靠近清泉,心灵就会滋润;创新评价,生命就会舞蹈。"这几年,保利小学的孩子们在"让每个生命都精彩"的办学理念引领下,秉持"时刻为出彩做准备"的校训,得益于"出彩德育评价"的充分发挥,扩展了评价者的角色、评价的工具和载体,改变了评价者被评价的关系,教育和改进功能也因评价激励机制而改变。我

们惊喜地发现,我们的学生变了,学生的思维活跃了,学习兴趣浓厚了,合作精神、探究意识明显增强,动手实践能力、创新能力得到培养,个性特长得到发展。师生的融洽度提高,学生在坦诚、关爱、相互尊重的评价氛围中乐于接受评价,通过自我反思、自我教育,促进了学生全面发展。自2016年12月以来,师生参加省、市、区级赛事,取得了佳绩。2017年,荣获第十届"贵青杯"贵州省青少年教育系列活动——"唱响校园好声音"校园歌咏活动小学组合唱三等奖;遵义市第三届中小学艺术活动周活动小学组语言类一等奖、优秀组织奖;播州区"祖国好·家乡美"师生才艺大赛一等奖;南部新区第一届"全民阅读·书香校园"中小学师生诗词大赛先进学校;贵州省青少年模型锦标赛(遵义赛区)优秀组织奖;少年篮球2017年区级女子组第二名;2018年,荣获遵义市第二届中小学生合唱大赛二等奖。2019年,荣获贵州省第二届校园体操大赛团体奖(小学组)第六名和团队优秀组织奖;遵义市中英文双语小导游优秀组织奖;遵义市播州区中国汉字听写大赛(小学组)二等奖。2020年,荣获遵义市科技教育特色学校(2020~2024);声之灵歌舞组合编排节目荣登贵州春晚。2021年,播州区第二届中小学生田径运动会小学组团体总分第二名。少先队工作方面。2019~2020年区级优秀少先队大队。2021年11月,共青团遵义市委、遵义市教育体育局、遵义市少工委联合授予"2020~2021年度遵义市优秀少先队集体"称号;区级优秀少先队工作先进学校;1名中队辅导员获市级称号;雄鹰中队(班级)获得少先队先进集体奖称号。校园足球于2015年、2018年、2019年、2020年均获区级冠军,2016年、2017年获区级亚军;第二届"萌芽杯"2019年校园足球周末联赛市级第四名;2019年全市足球进入八强,荣获第六名的好成绩。师生参加省、市、区级组织的才艺、科技、体育运动等各类比赛获奖4000余人次。

(四)评价让我们的家长变了,变得认可学校、理解教育,大力支持学生发展

"老师,孩子送到学校来,就是学校的事情,动不动通知家长,我是不认可的""老师,孩子来是学习的,不是唱歌跳舞、打球,作为家长,我更关心孩子考多少分,其他我不在乎"……在保利小学建校初期,班主任时常听到家长有这样的说法,

感到非常遗憾。孩子的成长离不开家庭教育、学校教育、社会教育,家长是孩子的第一任老师,孩子的人格形成很大程度上依赖于家庭的培养熏陶。这几年,我们依托家长每两周对学生开展评价,在《出彩学生表现登记簿》和《劳动存折》上予以评价,效果明显。

"自从学校发了这个《劳动存折》后,我们家的家务都是抢着干的,每天准时两盆洗脚水,有时候为了抢着干还要吵架"这是摘自我校2017级1班、2021级1班学生赵家两姊妹的家长发的朋友圈。在出彩教育"三生劳动、三园联动"框架体系下,我们针对学生劳动教育,发布了《劳动清单》给家长,每名学生都配发了一本《劳动存折》,其中有一项家长"星级评价"可对学生在家的劳动做评价。家长的朋友圈,既是对学校开展评价工作的认可,又是对促进学生行为习惯养成,积极参与学习、劳动等起到积极的推动作用。

校园足球一直以来就是学校的品牌课程。刚开始的几年,学校连校园足球招生都很困难,在通过一段时期的思考后,学校设置了校园足球赛和班级联赛活动,并通过激励机制对表现优异的学生进行表扬,响亮提出"足球少年、保利骄傲"的口号,鼓励学生外出参加比赛,通过活动设置和评价激励机制,足球参与度有了很大的提升。

在开展自主课程过级评价中,2017级一名学生因家中有事,没能参加自主课程过级,周五过级奖章发放后,恰逢周末,这个孩子由于没有得到过级奖章而哭泣了一上午,直到家长联系到老师,并商量学生过级的事宜,孩子才消停了。孩子得到过级奖章后回家炫耀的情景,把家长乐坏了。2021年期末结束时,学校表扬了出彩之星,颁发了水晶材质出彩奖杯,有个学生不小心弄坏了,伤心地哭了,家长后来联系学校补发了一个;孩子们很在乎这样的奖杯,因为这是努力的结果,会倍加珍惜。

在《出彩学生表现登记簿》中,有涉及"品行、学业、身心(运动)、创造、才艺、技能"等多方面的评价,每项评价,都含家长的星级评价,在学校开展的活动中,家长经常电话咨询学校,表示很愿意让孩子参加一些活动,认为积极参与能够更好地促进学生的全面发展。

这几年,通过家长评价,润物细无声地影响着家长,家长有了很大的改变,如改变对孩子的教育方法和教育内容,对活动积极支持,家校误会和矛盾也减少了。比如:有孩子在学校意外受伤,学校只要说清楚原因,家长都毫无怨言,配合学校解决好孩子的事情,变得更加和气,变得更加通情达理。家长变得更加懂教育,懂管理孩子,教孩子学会做人,学会学习,学会处理各种关系;对孩子唯分论的评价观念有了很大的转变,与学校步调一致,更关注孩子的全面发展和适应社会能力的培养,彻底扭转了只重分数的单一评价观。这些因评价而带来的改变,标志着孩子进入了一个新的发展阶段;也因为这样的评价,学校发展将会进入一个质的飞跃。

八、未来的目标和展望

这些年,保利小学通过开展出彩学生评价,基本达到了"全员育人、时时育人、处处育人"的工作效果,活动育人、环境育人、文化育人、实践育人、评价激励人的校园德育工作格局已基本形成。尤其是出彩学生德育评价,我们通过不断地探索和实践,将意识形态的德育评价变"无形"为"有形",做"看得见、摸得着"的德育评价,激励了一批又一批的学生出彩。

在几年的探索和实践中,我们也是摸着石头过河,不断学习他人经验,虽然取得了一些成绩,但我们清醒地认识到,这仅仅是万里长征第一步,我们也有很多困惑和迷惘。一是体系建构还不尽完善,活动有评价、学业有评价、课程有评价、课堂有评价……这些评价要面向每一位学生,也有很多还需要不断细化,不断完善,不断健全,评价工作永远在路上;二是评价方法科学性不强,定性与定量间,有些情况不好把握,教师操作起来效果有,但费力,工作量也挺大,如何用科学的手段,让效率更高、效果更强,如何打通评价方法的"最后一公里",值得我们长期思考;三是目前的评价对中低年级学生效果明显,但随着年龄的增长,这样的评价方式对高年级学生的积极性调度有些疲软,成效不够明显,解决好高年级学生评价问题是今后开展评价工作的主攻点。

办学靠理念，发展靠眼光，关键靠评价。如何健全和完善评价体系、创新评价工具、探索评价方法和手段及更高效地评价高年级学生，达到事半功倍的效果，是"出彩教育"团队下一步继续深入研究的延伸点、主攻点、关键点。我们坚信，在上级领导的关心帮助和大力支持下，在西南大学专家团队的悉心指导下，全校师生员工一定会更加坚定信心、锲而不舍通过不断反思，不断总结，将评价工作步步深入、努力求索、大胆实践；纠正"空""大"的想法和做法，查疏补漏，扎实做好评价常规，准确把握特色进程。我们坚信，通过努力，"出彩德育评价"一定会实现新的更大的突破，"出彩教育"一定会绽放精彩，实现品质学校建设的目标。

第五章 遵义市第二中学"幸福教育"理念与实践探索

遵义市第二中学创办于1913年,学校位于红花岗区南宫山,为独立高中。校园占地169亩,是一所具有百年办学历史的老校,2016年成功申办为"省级示范性普通高中"。学校新建有教学大楼、综合大楼、实验楼、体育馆、学生公寓以及400米塑胶运动场等高标准教学设施;建有实验室、天文台、录播室、舞蹈室、电子阅览室等功能教室,是一所新型智慧学校。学校绿意葱茏,环境幽雅,是一个适合广大学子静心读书、快乐学习,实现人生价值的好地方。

学校自2006年以来连续14年教育教学质量实现了稳步提升,先后荣获"全国勤工俭学先进单位""贵州省实验教学示范学校""贵州省高考综合改革样本校""贵州省科技特色教育示范学校""贵州省预防艾滋病教育示范学校""贵州省绿色学校""教师教育创新实验区示范学校""遵义市科技教育特色学校""遵义市阳光体育示范校"等荣誉称号,是遵义市全面深化课程改革试点学校之一。学校还荣获"全国第20届飞向北京—飞向太空'全国青少年航空航天模型总决赛银牌""'中国好教育联盟'年度教研成果奖""贵州省第六届机器人竞赛一等奖""遵义市'第二届中小学生合唱大赛'一等奖""遵义市第五届青少年模型锦标赛优秀学校组织奖""遵义市第七届中小学生艺术展演美术活动优秀学校组织奖"、遵义市"普通高中(第三层次)教育教学质量突出奖",播州区"教育工作突出贡献集体嘉奖""教学质量特别贡献奖""教育教学质量一等奖"等奖励。

学校秉承"尊师重道,敬业乐群"的校训,以"让每一位师生做最好的自己"的"幸福教育"为办学理念。进入新时代,学校以习近平新时代中国特色社会主义思想为指导,全面贯彻党的教育方针,落实立德树人的根本任务,坚定"二中"人的教育自信、文化自信,夯实"新八德"德育教育,推进"三三一"幸福课堂,打造"五福校园",以"激情教育"为着力点,构建和乐浸润的幸福校园。

2016年9月,遵义市第二中学成为"西南大学·遵义市教师教育创新实验区示范校"项目之一。为适应新时代教育发展的新要求,适应新课改形势下的新需要,学校紧紧抓住这一有利契机,在示范校建设项目的帮助、支持和引领下,自2017年秋季学期开始,全力推进课改,厘清办学理念、凝练校园文化、优化幸福课程、打造幸福课堂,助推师生成长,进一步促进了办学品质的提升和学校的内涵发展。

一、"幸福教育"理念的形成与发展

学校的办学理念沉淀了学校的历史传统、反映了学校的社区背景,是学校校长以及广大教师共同愿景造就的一整套教育思想体系的结晶。在西南大学教师教育学院的帮扶指导下,遵义市第二中学创造性地提炼出了"幸福教育"的办学理念。

教育的本质是给予师生幸福,传递给学生信念,启迪学生向更高、更亮的目标前进。"幸福教育"的实质是为学生的终身幸福发展奠定基础,是适合每个学生个性全面、和谐发展的现代教育。遵义市第二中学(以下简称"我校"),结合自身的实际情况,提出了适合我校发展的"幸福教育"理念,并在此理念的指导下进行了实践探索。最初,我校从"尊严教育"起步,经过漫长的探索,逐步发展到关注学生整体发展的"和谐教育",最终形成了关爱整个人全面、和谐发展的"幸福教育"。学校力求把教育当作一件幸福的事情来做,让教师和学生在教育中体验、享受幸福,让每一位师生追求幸福的自己,共同建立一所师生共同成长的幸福学校。

(一)"幸福教育"的提出背景

教育是国之大计、党之大计。习近平总书记在全国教育大会上的讲话强调,"培养德智体美劳全面发展的社会主义建设者和接班人,加快推进教育现代化、建设教育强国、办好人民满意的教育"。习近平总书记的重要讲话告诉我们,我们必须抓住人才培养的核心关键,坚定理想信念,引导教师秉公尽责,教育学生立功增能,激励师生追求和享受幸福,在新时代写下与国家民族同频共振的新篇章。在这一时代背景之下,将教育和幸福联系起来的"幸福教育"理念应运而生。

马斯洛的需求层次理论为我校"幸福教育"理念的形成提供了思想资源。该理论将人类的需求分成五类,由低到高依次为生理、安全、社交、尊重和自我实现,只有较低层次的需求得到满足才会去追求更高层次的需求。生理和安全需求只是人们最基本的需求,随着社会的稳定与不断发展,人们的需求层次不断提高,逐渐向社交、尊重和自我实现的方向倾斜,而这些高层次的需求恰恰反映了人们对幸福的渴望和向往。受马斯洛需求层次理论的启发,我校开始关注师生的需求变化,在满足师生较低层次基本需求的基础之上鼓励师生追求较高层次的需求,以实现个人幸福,由此,提出了"幸福教育"这一教育理念。

(二)"幸福教育"的理念内涵

虽然人们对幸福的界定与理解存在个体差异性,难以统一,但是"幸福教育"思想早已有之。著名教育家乌申斯基认为:"教育的主要目的在于使学生获得幸福,不能为任何不相干的利益而牺牲这种幸福,这一点当然是毋庸置疑的。"[1]"幸福教育"作为一种教育理念,是对教育与人的发展之间关系认识的深化。我们对"幸福教育"的理念可以从三个层面进行理解。

首先,从宏观层面上看,"幸福教育"是将幸福视为终极价值的一种教育理念。幸福的内涵没有定论,幸福生活无模式可言,因而"幸福教育"的应有之义是追求幸福的教育,其关注的是教育应有的理想、意义、价值和目的。教育的本意在于发展人,从理念层面来看,"幸福教育"关注的是人的情感,其目的是要培养能够创造幸福、体验幸福、享有幸福的全面发展的人[2],也就是说,"幸福教育"从根本上来讲是一种教育理念,这表示师生的幸福成为学校教育基本的价值期待和价值追求。幸福理念是教育实践的一个方向标,在其引领下,我校所有的教育活动都围绕着师生幸福的实现来展开。

其次,从中观层面上看,"幸福教育"的应有之义是聚焦教育过程,关注教育过程中教育主体的整体幸福,最大限度地实现教育主体的幸福。"通俗地说,"幸福教育"就是在幸福中开展教育,在教育中体验幸福,通过教育创造幸福,通过幸福促

---

[1] 乌申斯基.乌申斯基教育文选[M].郑文樾,编选.张佩珍,冯天向,郑文樾,译.北京:人民教育出版社,2004:204.

[2] 吴铁坚.幸福教育的内涵及实施策略[J].平顶山学院学报,2008(6):120.

进教育"①,换言之,真正的"幸福教育"是使幸福和教育深度融为一体的整体性教育模式或过程。

最后,从微观层面上看,"幸福教育"是指向教育过程中具体个人幸福的教育。因此,"幸福教育"是一种为教育主体体悟和创造幸福提供条件的生成性、全域性的动态教育模式。所谓生成性,体现在"幸福教育"为教育活动的参与者自觉创造和体悟幸福提供必要条件,而不是直接给予人幸福,也不是直接教人幸福;所谓全域性,即教育者和受教育者双方都能因教育而自觉创造和体悟幸福,而不只是受教育者单方参与。总之,"教育是人类获得幸福的有效途径,无论其产生、过程还是目的都是为了人这一'生成着的存在'的最终幸福"②。

基于以上的分析,我们可以将"幸福教育"理解为一种通过为教育活动参与者提供创造和体悟幸福的条件以实现个人幸福的教育,它将个人幸福的实现作为出发点和归宿。 理解为一种通过为教育活动参与者提供条件以实现个人幸福的教育,它将个人幸福的实现作为出发点和归宿。

(三)基于"幸福教育"理念的文化表征

"幸福教育"的理念如何落实在学校教育工作的方方面面? 学校的文化系统是学校办学文化的集中体现,更是办学理念的高度概括,它必然在顶层设计上体现"幸福教育"的理念。因此,我校的一训三风、文化与精神以及办学目标都渗透了"幸福教育"的理念。

1.一训三风

(1)校训:修己安人,君子不器

人生的目的,就是追求幸福。但是,真正的幸福不是彼此孤立的无数个体幸福的简单相加,它也需要主体间的互相关爱、一起分享,相互关心与彼此成就,可谓"独乐乐不如众乐乐"。"幸福教育"的目的,就在于培养幸福的人,幸福的源泉在于修身,基于"幸福教育"理念,学校凝练出"修己安人,君子不器"的校训。

---

① 朱振荣.实施幸福教育打造幸福校园:试论中学实施幸福教育的途径[J].福建基础教育研究,2018(2):33.

② 张宝山,姜德刚.幸福:教育的深层关怀[J].教育理论与实践,2007(09):10.

"修己安人",意思是提高自身修养,使人民安乐。语出自《论语·宪问》:"子曰:修己以敬。曰:如斯而已乎?曰:修己以安人。"儒家在《大学》里界定,"明明德"是"修己"的内圣工夫;"亲民"是"安人"的外王事功,"止于至善"是"修己安人"的理想价值与最终目标。对内"修己",格物、致知、诚意、正心、修身皆是明明德之事。要安人,必先修己,不修己,无以安人。对外"安人",齐家、治国、平天下都是亲民之事,这句话可谓提出了育人的最高目标。"修己安人"强调教育的责任在于努力促进学生由自然人的完整化向社会人的完善化的转移,也就是"成人与成才"的双发展、双统一。

"君子不器",表面意思是君子不应像器具那样。语出自《论语·为政》。"君子"作为孔子心中具有理想人格的人,要做到内圣外王,对己修身齐家,对国善治能安,对外教化四方。"不器",器者,形也。这句话可从两个角度解读,从教育者角度看,要求学校教育要少一些功利心,不能把学生当成知识的容器,而应当"志"于"道",德才兼备。从受教育者角度看,人才是多样化的,不应该只有一个固定的样式,只要有益于人的发展,有益于社会,都值得肯定,"允文允武",便是"君子不器"的说明,可理解为教育途径。

(2)三风

校风:有教无类、成人之美

校风即整个学校的风气。作为一所以学生幸福为终极目标的学校,应该建构一个文明、和谐、民主、平等的校园环境,对施教对象,不能有贵贱贫富之分,不存在智愚勇怯之别。成全学生的好事或帮助学生实现他的愿望,应该是一所学校的职责与义务。师生也只有生活在这样的和谐环境中,才可能感受幸福,真正实现"幸福教育"。

教风:春风化雨,润物无声

"春风化雨"语出自《孟子·尽心上》:"有如时春风雨化之者。"化:化生和养育。指适宜于草木生长的风雨。比喻良好的熏陶和教育,让学生如坐春风、如沐春雨。"润物无声"语出自杜甫的《春夜喜雨》:"好雨知时节,当春乃发生。随风潜入夜,润物细无声。"这里强调教师教育的方法要人文、人本,教育的实现要入脑、入心。

学风:积铢累寸,日就月将

"积铢累寸"语出自宋·赵德麟《侯鲭录》卷四:"寒女之丝,铢积寸累。步武所临,云生雷起。"形容一点一滴地积累,也形容事物完成得不容易。作为学风,旨在强调学习需要韧性、耐心和久久为功的精神。"日就月将"语出自《诗经·周颂·敬之》:"日就月将,学有缉熙于光明。"意为:每天有成就,每月有进步。"幸福教育"的理念下,在于感召学生"精进不止,必有大成"。

2.学校文化

学校文化是学校的灵魂,学校文化的核心成分是学校的价值观,是全校成员共同的追求和实践原则,引领学校的各项工作。要实现"幸福教育"的使命和目的,学校需打造成为具有追求幸福的客观条件,教师需具备创造幸福的自觉追求,学生终将成为健康幸福的国家栋梁。由此,分别从学校、教师和学生三个层面凝练了学校文化。

学校层面:让每个空间都成为师生成长的舞台

教师层面:让每位教师都成为智慧快乐的园丁

学生层面:让每个孩子都成为健康幸福的天使

3.学校精神

学校精神对弘扬社会主义核心价值观,促进学校精神文明建设,凝聚师生校友力量,提升校园文化品位,塑造学校良好形象,推动学校内涵发展都具有重要意义。基于"幸福教育"理念,结合学校广大师生在践行这一理念中业已形成的文化氛围,凝练学校精神为:"把每个学生当人才来培养,把每位老师当良师来对待,把每个家长当益友来切磋,把学校当成一个大家庭来生活。"

4.目标定位

"幸福教育"的校本化实施可以概括为"一、二、三、四"层次的内容。即强化一种理念:"幸福教育";夯实两大基础:幸福课程和幸福课堂建设;注重三层递进:成人、成才、成事;实现四项目标:健康和谐的身心、儒雅自尊的品格、求真务实的精神、勤恳好学的作风。

（1）学校发展目标：立足遵义、影响黔北、走出贵州，努力走出一条非生源富集区域优质高中特色发展、品质发展之路。

（2）特色发展目标：师师有特色、生生有个性、人人有发展，让教师幸福地教、学生幸福地学、家长幸福地合作。具体表现为：

①校园：精美雅怡、温馨和谐、促学净思

②管理：情理相融、乐于奉献、服务发展

③教学：以生为本、自主探究、合作共享

④教师：心态阳光、博雅仁爱、达人成己

⑤学生：德馨学实、阳光智慧、身心两健

⑥家长：重学尊师、和融共进、至真至诚

（3）师生发展目标。学校是两代人成长的地方。在促进师生的发展上，"幸福教育"必须体现为"健康的身体、良好的心态、投入的角色、充实的精神"，只有四者协调发展、共同发展才是幸福的人生。

作为教师，工作的终极目标不是追求财富最大化，而是追求人生价值最大化；作为学生，学习的终极目标不是追求分数最大化，而是追求进步最大化。因此，我们确定的教师和学生发展的目标分别是：

教师：正心尽职、博取精修、乐育善教。

学生：志存高远、文理双馨、身心强健。

要实现以上目标，学校管理者必须在思想上能"高规格立校，宽视野办学"，观念上能"博爱众生、有教无类、唯才是举、人尽其才"，办学要略上能"全面激活老师智慧、全程培养创新人才、全力打造学校品牌"，管理原则上能"人本为前提、制度为导向、执行为保证、沟通为手段、增效为目标"。

二、"三乐"课程体系的内容与特点

课程是学校育人最重要的媒介与载体。学校以"幸福教育"理念以及育人目标为统领,进行整体的规划与设计,并结合实际情况在实践中不断探索与完善,逐步构建了一套完善的"三乐"课程体系,即乐知、乐学、乐群,为"幸福教育"理念的实施奠定了坚实的基础。

(一)"三乐"课程体系建设的理念、目标与原则

《贵州省深化普通高中课程改革实验试点工作方案》总的政策要求是坚持有利于促进学生的个性发展、有利于培育学校特色、有利于为国家培养各类人才的原则,加快选修课程建设,转变育人模式,把更多的课程选择权交给学生,把更多的课程开发权交给老师,把更多的课程设置权交给学校,促进学校多样化、特色化,实现学生在共同基础上有个性的发展。

1. 课程体系建设的理念与目标

基于国家一级贵州省的课程建设要求,我校拟定的课程建设的总体指导思想是:将身心健康、文明儒雅、学会合作、善于学习、勇于创新、乐于分享等六大素养融为一体,重点培养学生对幸福的感知力和创造力,进而促成学生"全面而自由"地成长。课程建设的目标是"通过课程体系的建设,学生在当下的校园学习生活中,能够享受到自由与快乐,在生命成长中获得幸福的体验,形成适应社会发展和个体终身发展所需要的品格和能力,为其终身幸福奠基。"

2. 课程体系建设的原则

在以上指导思想的引领下,学校形成的课程建设的总体思路是"减总量、调结构、优方法、改评价、创条件",并进一步确定了"减少必修、增加选修、全面实施选

课制、全面实行完全学分制和弹性学制、进一步扩大学校课程自主权"等五项推进措施和以下四大基本原则：

（1）政策性原则。在《贵州省深化普通高中课程改革实验试点工作方案》的指导下，保证学校课程方案既符合贵州省教育厅文件要求又不拘泥于贵州省教育厅文件要求，同时在执行贵州省教育厅方案时，尽量结合我校自身发展的特点和需要设计学校课程。

（2）传承性原则。在学校原有课程的基础上，通过固化深受学生欢迎的精品课程，吸取课程管理中的有益经验等做法，在传承中不断寻求新突破。

（3）目标性原则。基于"让幸福看得见"的办学理念，学校以"和乐浸润，幸福起航"为课程改革目标，在进行成长要素分析的基础上，进行目标的分层分类，将学校的办学目标及学生的发展目标切实地内化于课程之中。

（4）多元性原则。在课程构建时，通过课程资源多元化、课程类型多元化、课程实施方式多元化、课程评价设计多元化等方式来满足不同学生的不同需求。

（二）"三乐"课程体系建设的内容与价值

学校深度践行"幸福教育"，其目标指向是师生的"快乐成长"，落脚点是"三乐课程体系"的建构。该体系以"和乐浸润，幸福起航"为目标与方向，以国家标准课程的深入改革为核心，辅以校本化的前置和延展，搭建起适合学生幸福成长和发展的"乐知、乐学、乐群"的课程体系，为学生的幸福成长提供"跑道"。

1.乐知基础课程：为学生幸福人生持续发展奠基

该模块的课程是作为学业基础的国家必修课程，此称"核心课程"。国家课程是基础课程，是学习的主题课程，是必修和选择性必修的总和，是教育行政机关的主导课程，也是国家选拔考试课程。该类课程设置的目的是学校和教师以选择、改编、整合、补充、拓展等方式，对国家和地方课程进行再加工、再创造，构建校本化的学科综合与实践课程体系，以促进学生学科核心素养的建构。在建设过程中，我们立足学科，在落实课标"夯实学生基础知识和技能"的要求之上，通过发掘学科课程中的幸福元素来启发学生树立幸福意识，涵养幸福素养，培养幸福能力，让学生乐于探索、乐于求知,不断发掘潜能,充实自己。

2.乐学拓展课程:为学生幸福人生个性发展助力

该课程模块指向为人格成长的"悦读生活"课程群和指向为智慧成长的"智绘人生"课程群。"悦读生活"课程群设置的目的是,拓展学生的知识面,提高人文素养、强化美育,成为独特的自己。"智绘人生"课程群设置的目的是,提升学生知识的深度,实现国家课程素养化,强化基础,提升创新能力,为未来人生奠基。在该类课程建设中,我们根据学生兴趣,结合学校所在社区的实际情况,开展课程行动研究,开发多门校本课程,并以必修课与选修课相结合、长课时与微课时多种方式相结合实现课程设置多样化。

3.乐群德育课程:为学生幸福人生综合发展固本

该课程模块是以"新八德"教育、六大主题节仪活动、社团为中心,注重学生体验和实践,以主题活动的形式锻炼学生的执行能力,试图把学与做有机结合,展现学生幸福素养与能力。课程设置的目标是通过这类课程的设计与主题实施,能够让学生树立感恩心、增强健康身、活跃艺术情,促进学生的和谐共处、诚信宽容和团队合作的精神,为学生幸福人生的综合发展固本。

(三)"三乐"课程体系建设的架构与特点

1.课程体系结构设计的逻辑起点

本课程体系着眼于当代中学生成长性问题的分析,进而站在全面"育人"的高度,立足国家课程体系设置的基本逻辑起点,形成了两个基本认识:(1)当下中学生所表现出的一系列成长性问题均与他们在中学阶段所接受的教育课程缺陷,以及课程实施过程中存在的偏差具有一定的关联。(2)目前推行的国家学科课程,尽管看似结构完整、具有一定新意,但在教学内容上仍存在偏重知识性与工具性的现象,表现出与课改原旨相悖的情况。基于这样的认识,学校在秉承广义课程理念的基础上,对学校原有课程进行了全面梳理和功能定位。

2.课程结构体系的呈现

近年来,学校以"国家课程校本化,校本课程序列化,课程整合模块化"为课程改革的价值追求,在国家、地方、校本课程的基础上进行系统规划和设计,有机整合、有效整合课程资源,将学生的全面发展和个性发展植根于五个培养坐标:扬个性、长技能、宽知识、厚素养和怡性情,形成了图5-1中的课程架构。

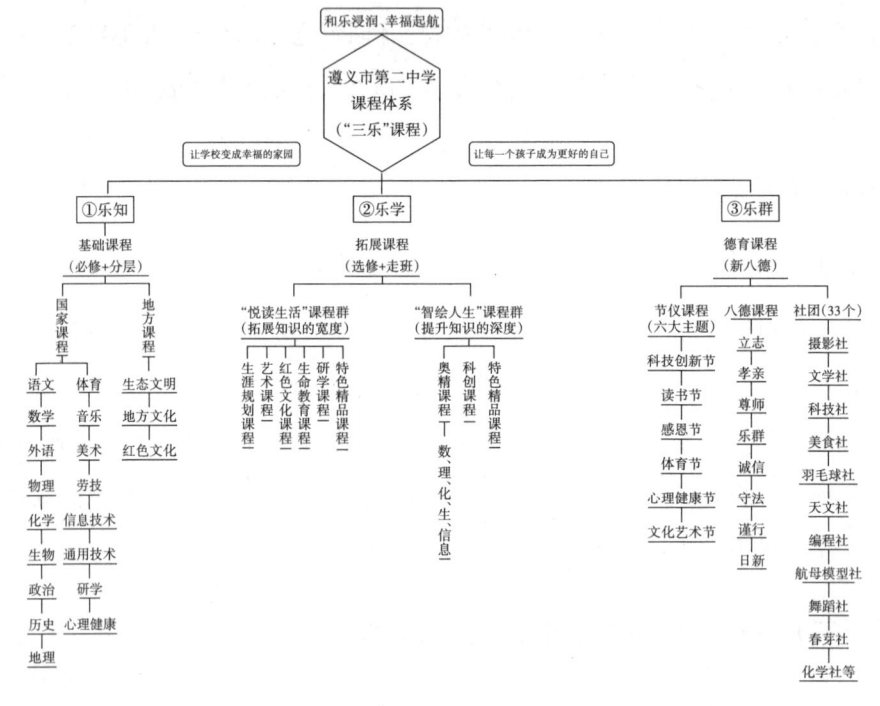

图5-1 遵义市第二中学"三乐"课程体系结构图

3.课程体系结构的特点

本课程架构重在体现层次性、选择性和开放性,并在课程方案中较好地处理了课程设计内的若干关系。因此,此课程结构也体现了如下特点:(1)目标明确,层次清晰。本课程体系以国家教育方针为指导,以"让幸福看得见"为学校的办学追求,通过目标的分类与分解,再依据相应目标要求设计相应的课程项目,形成的课程构架具有目标明确、类别清楚、层次清晰的特点。(2)传承历史,注重实践。本课程方案是基于学校原有课程,在梳理我校课程改革历史、结合所在社区资源,考虑学情特点的基础上,通过目标再细化、资源再挖掘、课程再整合而形成,因此,课程内容注重了对我校以及所在区域历史的传承,也注重课程的实践性。(3)动静结合,知行合一。本课程体系在设计课程项目时,特别关注个体学习与集体学习、感性体悟与理性思考、理论滋养与实践生成等学习方式在人成长过程中的不同意义,并力图在课程内容和实施方式中实现动静结合、知行合一。(4)面向社会,开放课程。课程体系充分关注社会教育资源在学校课程建设中的重要意义,在课程方案中设计了许多必须通过校际合作、校企合作、校政合作才能落实的课程项目,并在课程方案中预留了足够多的外延式课程接口,为学生"创造幸福"提供开放性课程构架保障。

(四)"三乐"课程体系的实施

在"幸福教育"理念下,根据学校、学生实际,积极推进课程改革,按照核心素养中"全面性、发展性、自主性、生成性"的原则,遵循"授课教师项目负责制,完善拓展型课程的教研评价制度,将"三乐"课程纳入工作课时量统筹安排,长短课结合来落实,学生以选课走班的形式推进落实课程的实施。

1.厘清课程体系建设在课程改革中的定位

课程是学校文化形成的核心载体。学校把品质办学方案中的重点和难点,分解成具体的项目,制订出项目目标和实施计划,由专人负责项目的实施。如图5-2所示,学校将系统化推进品质办学的目标进行分解,通过"高水平队伍建设""高水平课程改革""高水平质量提升"三大抓手,一体两翼共同合作来推进。其中,"高水平课程改革"项目更是品质办学整个项目中的重中之重,是高品质办学项目的中心。该项目通过"乐知"基础课程开发项目、"乐学"拓展课程开发项目、"乐群"德育课程开发项目、高品质课堂教学研究项目、特色学科高地建设项目、高效高能的家校合作项目等具体推进来实现我校高水平的课程改革。

```
                          品质办学
        ┌──────────────────┼──────────────────┐
    高水平队伍建设      高水平课程改革      高水平质量提升
    ┌────┬────┐    ┌──┬──┬──┬──┬──┬──┐    ┌──┬──┬──┬──┐
```

| 教研组长任期目标管理 | 名优特尖教师整体培养 | 学习型年级组建设 | 『乐知』基础课程开发 | 『乐学』拓展课程开发 | 『乐群』德育课程开发 | 高品位课堂教学研究 | 特色学科高地建设 | 高效高能的家校合作 | 基于名校风采的质量 | 基于目标达成的质量 | 基于教学过程的质量 | 基于长效发展的质量 |

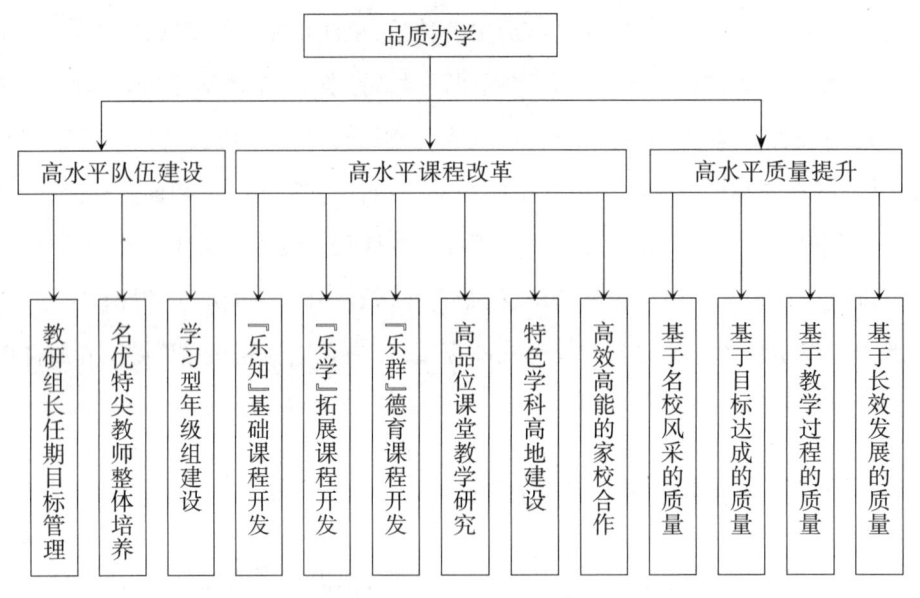

图5-2 遵义市第二中学品质办学实施机制图

2.结构化实施"三乐"课程

(1)"乐知"基础课程的实施

作为课程体系的主体部分,学校在实施策略上以开足开齐国家课程为基本要求,并且努力寻求课堂教学"教与学"的变革。

①采用分层教学与选项教学

根据学生的不同需求,结合学校实际对各领域不同学科课程采取了分层教学和选项教学。对于学有余力的同学可以通过非行政班的形式加快、拓宽、加深等策略满足其学习需求,也可以通过考核对其实行相关学科免修制。同时,在学科学习中介入项目式学习,培养学生创新能力。体育课程采用模块化"四选一"模式实施教学,信息课程采用模块化"二选一"模式实施教学,通用技术课程采用"少理论、重实践"策略组织教学。

②多举措提升基础课程教学质量

首先,通过减课时、抓答疑等行政措施,为学生的自主发展腾出时空、提供更好的服务;其次,以"教学研究月"为平台,通过专题式教学研究,解决学科教学的共性问题,提炼教学策略,提升教学质量。

(2)"乐学"拓展课程的实施

拓展型课程是实施"以创新精神和实践能力为重点"的素质教育的重要载体之一。作为新课程开发及创设的方向,旨在培养和发展学生的兴趣爱好,注重学生个性发展的差异性,培养学生的自主意识、完善学生的认知结构、改善学生学习方式,陶冶学生情操,开发学生的潜能,为学生提供可持续、多元化的发展空间。

①重视校内外课程资源的整合

在课程实施中,拓展型课程尤其重视校内外课程资源的整合。校内实践课程通过校内服务、仿社会组织活动、社团活动、体育俱乐部、学生课堂等形式,以校内同学为对象开展实践活动。校外实践课程以岗位体验和课题社会实践活动两种方式组织进行,以接触社会、认识社会、了解职业生活为基本目的。

②以选课走班的方式组织教学

拓展性课程以选修课为主要组织形式,因此,走班是课程的主要组织方式。例如,知识拓展课程、兴趣特长课程以及通用技术课程等课程都是以学生自主选课走班的方式组织教学。

③以研究性教学为主要教学方式

课程实施以研究性教学为主要方式。具体是以实际研究项目为载体,组建项目研究团队,带领学生进行探索研究。例如,在研学旅行课程中,我们结合遵义社会、经济、文化的发展实际进行,一般以社会实际问题的解决为载体,组建项目研究团队,进行探索研究,形成研究报告,培养学生参与社会管理的意识。

(3)"乐群"德育课程的实施

深度挖掘"新八德"在新时代的内涵、特质,找准与社会主义核心价值观的关联与定位,让"立德树人"的总要求在学校教育中落实、落细、落地。

①打造育德的课程环境

学校精心规划校园环境建设,让校园彰显"立体教科书"的育人功能;着力加强团队文化建设、班级环境建设、活动文化建设,让常态组织纯化学生生活空间;持续推进书香校园建设,让道德风尚得以传播和弘扬。

②开发多元化的德育课程

除了校园环境的打造之外,为了更好地推进德育课程的实施,学校还通过多种途径开发多元化的德育课程体系。第一,拓展学科的育人功能。学科教学渗透德育,使育人过程常态化。第二,强化德育专题课程建设。加强德育课程专题系列和主题班队会系列研究,充分发掘教材的德育含量。第三,鼓励教师开发德育选修课。学校要求每个学科教研组至少独立开发两门选修课程。课程层次可以是一级课程,也可以是高级课程;可以教师个人开发,也可以组员联合开发,甚至可以联合外校开发。教研组和教师的选修课程开发情况,纳入教研组和教师的业绩考核和奖励范畴。第四,充分利用社区资源。以学生兴趣、特长发展为指向,通过调动学校、社会资源进行课程建设。围绕农耕文化、非遗文化、科技文化和红色文化,重点开发红色基因课程、绿色发展课程和金色成长课程。基本要求是科科有项目、人人能参与、个个有展示。

③分层推进德育教学

学校在推进德育课程的过程中,以"体验式德育活动"为基点,分层推进各阶段校内、校外社区工作,形成"拓展幸福课堂"的德育实践研究新模式。

3.精细化落实课程管理

为了适应改革后的课程实施,保证学生在校时间与课时总量不变,采取基础课时40分钟、长课时60分钟相结合的方式设置课时。其中,"基础课时"40分钟,主要安排国家课程教学,要求教师必须带领学生精学精练。"长课时"60分钟主要安排社团活动。这些活动,有些需要长时间的情境营造、情感酝酿,有些需要进行长时间探究或系统训练,调整后的长课时使学生能够更好地参与活动,提升学习效果。

三、教学改革的举措与路径

随着新高考改革的推进,新课程标准的实施,统编新教材的推行使用,如何提升教学效率,搭建有效幸福课堂？如何进一步推动课堂提质增效？如何突破教育教学质量瓶颈,实现进一步的提升？这些都是学校面临的亟须解决的问题。

(一)先学后教"三三一幸福课堂"构建

课堂是践行教育理念的平台和主战场,贯彻落实"幸福教育"理念必须从课堂着手。"幸福教育"理念指导下的课堂改革是要转变教师的传统教学观念,将课堂还给学生,让学生在课堂上得到充分的尊重和信任,教会学生学习,教会学生合作,使每一个学生在课堂上都能获得参与感和展示自己的机会。在"幸福教育"理念指导下,我校将"学生中心"作为教学改革的指导方针,其要旨是:充分尊重学生的主体地位,以学生自学、合作学习等多种学习方式提高学生课堂参与的主动性与积极性。为了有效彰显"积极、和谐、高效、发展"的课堂特质,我校经过慎重思考和长期探索形成了先学后教的"三三一先学后教课堂教学模式",即"三学、三展、一提升"。所谓"三学",即"自学""导学""合学",所谓"三展",即"自我展""小组展""班级展","一提升"就是对学习成果的盘点、总结和提升。

(二)多举措打造"幸福教育"课堂的举措

任何改革一开始都是阻力重重、步履艰难的,但学校为了打造幸福课堂克服了重重困难,逐步使师生接受了新的课堂模式。

1.转变教学组织形式,助力课堂探究

课堂变革最开始是从转变课堂教学组织形式入手,对教室的桌椅进行分组摆放,以此促进学生之间的互助学习和合作探究。

2.强化集体备课,实现资源共享

俗话说:一花独放不是春,百花齐放春满园。只有搞好集体备课才能从整体上提高教学质量。集体备课是集众人智慧采众家之长,加强集体备课可以提高教学效益,实现资源共享,目前各备课组已自行编辑整理了一系列校本教材。比如语文组《遵义市第二中学早读经典诗词诵读读本》《遵义地方文化十讲》《红色遵义》,英语组《基于英语核心素养下的英语精讲与精练》,数学组《高中数学黄金结论七十条》,历史组《高三学生历史知识手册》等。

为了更好发挥团队力量,打造"三三一"幸福课堂,学校坚持集体备课制度,搞好校本教研"不走样",加强集体备课和教学案例研究,全面构建"三三一"幸福课堂。集体备课严格按照"四定"原则,即定时间、定地点、定内容和定中心发言人,反思上周的课、上好本周的课、备好下周的课,严格按照"个人初备—集体研讨—形成共案—个性增减—执行教学"的流程进行,切实做到真备课、备真课,研有所获,务求实效。

3.成立教学研究部门,助力教学研究

学校成立了专门的课堂教学改革研究部门,负责"三三一先学后教课堂教学模式"的推进工作。首先,学校通过全体教师上过关课、优秀教师上展示课、中青年教师参与优质课竞赛等多种活动,让教师在课堂教学实践中理解这一教学模式的内涵,并据此诊断课堂教学实践中的问题,真正在课堂教学中落实"幸福教育"理念。其次,为教师提供导学案,在备课中解决导学案的增删问题,解决课堂中存在的问题,同时给教师购买书籍,组织教师共同学习"幸福教育"理念。最后,探索研究不同课型的推广模式。为了更好地推广"三三一"的课堂教学模式,学校在多年实践的基础上针对新授课、总结课以及讲评课总结提炼了不同课型的教学模式(如表5-1)。

表5-1　遵义市第二中学各种课型教学模式汇总表

遵义市第二中学新授课"六步法"结构模块
新授课的基本特征：新内容，连着旧知识，把握重难点
1.情境导入、明晰目标：设计情境是导入新课的基本要求，教师有目的地精心创设问题情境，引导学生进入情与境，顺势引出学习目标。主要方法：有故事情境、案例情境、歌曲情境、诗词情境、小品情境、录像情境、数据情境、游戏情境等。
2.学案导航、自主学习：让学生根据导学案阅读教材或有针对性、有选择性地阅读教材的知识点，从而使学生理解本课的基本概念、基础知识，对本模块知识有初步的认识，初步构建起知识体系。
3.互助合作、答疑解难：对于自学中不能解决的、新发现的问题，在合作小组中进行集体互助攻关，使学习内容最大限度地在小组内得到解决。
4.展示交流、点拨提升：展示的方式要丰富多样，新颖活泼，健康深刻。展示的方式除了常用的听、说、读、写、看外，更提倡小品表演、编演课本剧、案例分析、调查分析、网络交流、歌曲绘画、实物设计、实际操作等多种艺术的呈现方式。特别要注意：1.在展示交流过程中，教师引导学生讨论，说出错因和更正的道理；2.引导学生归纳，上升为理论，指导以后的运用。
5.走进现实、迁移应用：教师要根据本课的重点、难点、易错点、易混点、结合当前时事和学生生活，设计题目，让学生尝试运用所学的知识解决自己身边的问题，把课本上的知识迁移到生活中加以应用，真正让学生感受到学习的实效性和有用性。向形成发现问题、分析问题和解决问题的能力方面深化。
6.盘点收获、反思提高：拿出一定的时间，让学生整理知识，理解记忆，小组进行交叉巩固、检查落实。教师或学生对本节所学习的内容进行梳理和总结，引导学生叙述本节课学到了什么，用什么方式学的，师生共同整理完善本节课的知识，使知识系统化、网络化。教师要点拨引导学生进一步回溯到课本知识。

续表

遵义市第二中学复习课"五步"结构模块
复习课的基本特征:快节奏,大容量,高效率,重过程,求实效。
1.课前提炼:紧扣教材,链接高考——将课本中的主干知识点变成高考中的考点。学生课前在老师的指导下运用思维导图的方式自我构建有效的知识网络。
2.课前检查:学生可完成基础知识的自主复习或自我检测,教师可课前检查。
3.目标展示:要解决的问题具体化可操作,突出重点,突出能力。
4.课中激活:是在新的情境中激活和运用基础知识(旧知新境,旧知新用),复习课并非基础知识简单地重复和归纳,或是完整的告知与呈现,而是离不开必要的学生活动:一是学生的独立思考与限时练习;二是难点的讨论与交流,三是必要的展示与分析考点,明确考查内容、命题形式、解题方法和得分点。
5.课后训练:课后重点是结合学情对基础知识的及时补缺与错题反思,巩固基础和提升能力的训练。

遵义市第二中学讲评课"五步"结构模块
讲评课的基本特征:收集信息快,反馈及时,讲评精准,突出个体反思,促进生生互动。
1.试卷分析:课前及时收集有效信息,了解考情,评和讲并重。
2.学生自评:对答对率比较高的题目学生内部自行解决或同伴互助。
3.课中展示:选择优秀答卷展示、典型错例展示。
4.精讲精评:对学生答题误区,及时进行错因分析(从应试知识、技能和规范三个层面分析),揭示命题特点,寻找命题规律,把握错误选项(干扰项)特征,将错题回炉,指导解题技巧,弱项强化。
5.变式训练:对教材及习题中的问题合理开发,优化整合,提出变式,跟踪训练。

4.强化教育督导,推行常规听课

除了以上措施之外,学校还专门成立了教育督导团,团队坚持每周随机推门听课,及时形成"督查简报",切实真正向每一节课要质量、要效率。为了更好地推进这项工作的长期开展,我校在多年研究的基础上提炼了我校有效教学的观察量表(草案)(如表5-2)。

表5-2 遵义市第二中学有效教学课堂观察量表(草案)

序号	特征	特征指标	观察点
一	有效的课堂结构	1.有效准备,过程明了清晰 2.流程得当,切合教学常规	1.学生课前有效准备,期待教师到来 2.教师按时上课下课,师生问好规范 3.声音大小适宜教学,师生互动适当 4.教学环节安排合理,时间分配恰当
二	有效的教学内容	1.任务明确,教学不偏主题 2.重难突出,有效达成目标	1.学习探究任务明确,职责分工合理 2.教学安排围绕主题,重点难点突出 3.教学手段使用合理,板书简洁规范 4.教学内容整合得当,目标达成有效
三	有效的教学方法	1.形式多样,教学方法有效 2.课堂生动,组织技巧丰富	1.教学组织有效得法,契合授之以渔 2.教学资源取舍得当,贴近学生学情 3.任务达成形式丰富,课堂不显无聊 4.教学设计不拘一格,务求课堂有效
四	有效的学生探究	1.以生为本,突出学生主体 2.授之以渔,杜绝填鸭教学	1.教学关注全体成员,学生广泛参与 2.师生教学全情投入,很少受到干扰 3.任务驱动贴近教学,学生探究有效 4.教师杜绝填鸭教学,注重知识生成
五	有效的课堂氛围	1.相互尊重,课堂气氛热烈 2.公正关怀,学生体验收获	1.尊重学生一视同仁,没有歧视行为 2.学生之间互帮互助,共同学习成长 3.课堂气氛轻松热烈,教学生动有趣 4.学生探究富有成效,勇于展示成果

续表

序号	特征	特征指标	观察点
六	有效的师生交流	1.关系融洽,师生平等交流 2.积极踊跃,学生乐于展示	1.学生探究合作学习,探究过程有趣 2.教学语言生动得体,善于引导思考 3.师生教学平等交流,乐于表达观点 4.教师积极回应反馈,点评点拨合理
七	有效地促进发展	1.因材施教,实施精准教学 2.个体发展,关注特殊群体	1.以生为本因材施教,学生均有所获 2.关注学生学习动态,及时调整教学 3.精准掌握学生学情,跟进培优辅潜 4.制定个体发展方案,关注特殊群体
八	有效地安排练习	1.学以致用,有效安排练习 2.适时反馈,实施精准辅导	1.练习安排形式多样,促进学以致用 2.练习布置难易得当,符合班级学情 3.课后练习全批全改,作业讲评精当 4.准确掌握练习反馈,辅导精准有效
九	有效的教学技能	1.扎实钻研,提高教学技能 2.有效课堂,成就幸福师生	1.具有扎实教学功底,教学技能娴熟 2.教师课前认真备课,奠基有效课堂 3.课堂设计成竹在胸,有效驾驭课堂 4.课堂规则严肃活泼,没有发生违纪

(三)改革的成效

1.教师工作面貌发生变化

这一系列工作的推进使得教师对"幸福教育"的接纳和践行由被动变成了主动:教师愿意做课堂的倾听者,尊重和信任我们的学生;学生在课堂上的话语权和参与感也愈发突显,课堂表现越来越好,越来越自信,不再把上课当作一件痛苦的事情了。

2.探索出了相对成熟的教学组织指导模式

在研究中,我们将"三三一"课堂教学中的成功案例通过录像的方式保存下来，一方面保存样本，另一方面作为教师参考的模型，并转化成为具体教学和开展"三三一"课堂教学的组织和指导范例。这是课题拓展性的进一步研究，迄今，我们通过在这方面的体验和探索，已研究和归纳出一些相对成熟的教学组织方式，这为学校的教育教学再上台阶打下了基础。

3.教师的研究水平和研究能力显著提高。

通过实实在在地做好一个课题，让问题取之于实践，研究解决于实践，成果服务于实践。通过规律的总结，解决自己的问题，教师的专业化发展逐步从外控走向自主，从制度保障走向观念自觉。本次课题研究，我们也看到教师教育教学行为进入了研究状态，而且能够置身于教学与研究情境成为研究的主人。教师的教学水平和科研能力得到了提高，更新了教育理念，提高了教育教学理论水平和课堂教学水平。

4.学生的学习方式与质量显著提高。

"三三一"课堂教学改革的实施，我们欣喜地看到学生们的学业在不同阶段有"质"的提升，也反映出了"教"与"学"方式的改变。这种提升，首先反映在激发了学困生学习的兴趣，因为兴趣是最好的老师，兴趣对人的个性发展有着深远的影响。其次是培养了学生学习的积极性和主动性。教学中，注意创设问题情景，教学内容从易到难，起点低，复习回顾多，重点处放慢速度，及时释疑；教法上使用分层教学，充分考虑学困生的实际情况，分类推进，因材施教。使学困生采取积极进取态度，主动学习，积极参与，改变对原有的厌学态度，学习成绩很快提高，并逐渐形成良性循环。

5.学法指导构建了高效教学课堂。

在"三三一"的课堂教学中，不失时机地创造机会，指导学生学习，使他们不但能"学会"而且能"会学"。教学过程中，让学生认识所学知识发生、发展过程，进行思维训练、探究性活动训练，并进行解释和应用，尽可能地让学困生掌握较多的学习方法，养成良好的学习习惯，提高学习效率。

基于课例研究，我校探索出了一条师生教与学的新路径，相较传统的"一言堂""满堂灌"的教学模式有了新的变化,让学生有了自主意识,教师有了生本意识,师生关系其乐融融,成就了更好的自己。基于此,学校还继续依托于教学科研,继续在"幸福教育"的理念下探索我们的课程,为此,在西南大学的帮扶和指导下,2020年我校又成功申报了一个市级课题——《基于"幸福教育"理念下的校本课程体系建构与实践策略研究》。

四、教师队伍建设的举措与成就

教师幸福力不仅关系到教师教育工作的质量,以及教师在职业生涯中获得的幸福感和成就感,还关系到人才强国的建设,教育现代化、中华民族伟大复兴中国梦的实现,为此我们必须重视提升教师幸福力的重要性。

(一)推行级部管理,整合教师资源

随着学校办学声誉的逐渐提升,办学品牌的逐渐显现,办学规模的进一步扩大,传统的管理方式已经不适应学校的管理和发展需求,于是一种新的管理制度应运而生——级部管理制度。2021年6月,我校开始实施"级部制"扁平化管理。这是一种新型的管理模式,年级分成相对独立的三部,即高一级部、高二级部和高三级部。高一级部23个班:1个精英班,2个钻石班,8个珍珠班,12个实验班;高二级部23个班:1个精英班(理科),4个钻石班(文理各2个),9个珍珠班(文科3个、理科6个),9个实验班(文科3个、理科6个);高三级部22个班:2个钻石班(文理科各1个),7个珍珠班(文科3个、理科4个),9个实验班(文科3个、理科6个),3个临界班(文科1个、理科2个),1个艺术班(文科)。

管理团队设置:原则上每级部设级部校长1名、级部主任1名、级部主任助理1名,分管政教、教务、教研、总务主任各一名。备课组设置:高考十大学科备课组组长各1名。

我校的"级部制"是对原有的"年级组负责制"的进一步完善和发展,除具备"年级组负责制"的优势外,还有其独特的特点。使处于同一年级平行的三个级部具有更强的可比性,更易形成良性且有效的竞争机制;将每个年级化整为零进行管理,消除了由于规模扩大而造成的管理幅度增大容易失控的隐患,有利于教育教学管理的精致化;全校教师科学合理地组成若干个相对独立的工作团队,拓展了教师个体充分展示管理才能和教学风格的平台,便于更多的优秀教师在实战的历练中脱颖而出,使青年教师得以快速成长。

通过在实践中的不断探索和研究,我们发现"级部管理制"有这样几个优势:首先,级部直接面向学生,办公地点往往在教学区内,可以直接接触到学生的各种状况,有利于及时处理在学生管理中暴露的问题;其次,年级部往往有权利直接挑选和任命任课教师和班主任,因为年级部直接面向学生,因此能得到更加准确的各个教师的教育教学情况;最后,年级部由于直接向校长负责,因此平时教育教学中碰到的各类问题几乎都能在年级部得到解决,因此有更高的工作效率。可以形象地说,年级部就是针对一个年级的全权教育管理部门,它涵盖了教育、教学、科研等全部功能。

在级部制的推动下,学校教育教学管理各项工作在改革中创新,在创新中发展。学校的教育教学成果硕果盈枝。我校学子在高考、竞赛、科技、体育、艺术等各个方面不断刷新着纪录,学子们获得了高考和素质提升的双赢。

(二)关注教师健康,打造幸福校园

健康的身体是提升教师幸福力的物质基础。近些年来,教师工作负担沉重的问题越来越受到社会的关注,很多教师患有慢性咽喉炎、静脉曲张、颈椎病、腰椎病等教师"职业病",教师健康问题愈加突显。我国在教师素质的理论研究中很少把教师的身体素质作为教师素质之一,因此在教师教育课程的建设中从来没有规定和开设有关提升教师身体素质方面的课程,导致随着教龄的增加,教师身体素质越来越差,甚至很多教师的身体素质难以承受工作所带来的压力,身体健康成为影响教师幸福力的重要原因。

我校采取了多项措施满足教师身体健康需要。一方面,学校要依法办学,不

能违法增加教师身体负载量,损害教师的身体健康;另一方面,不仅要重视教师专业素质的提升,更要注重教师身体素质的提高。首先,由于教师每日来得早、走得晚,考虑到有早读和连堂课的教师无法吃到早餐,学校修建了教工之家,为教师们提供面包、牛奶等干粮,解决教师的早餐问题,为教师健康保驾护航;其次,学校为教师创造良好的休闲文化环境,提供锻炼和休闲活动的场地、设施等,使教师在工作之余有可以放松身心的场所,以保持健康向上的身体和精神状态;最后,学校还充分发挥工会组织的作用,成立各种休闲组织,丰富教师休闲活动的内容和方式,使休闲活动从校内走向校外,丰富教师的生活和精神世界。

(三)多途径促进教师专业发展

为不断提升教师的专业素养,我校开展了"走出去""请进来"等多种方式相结合的青年教师培养工程。所谓"走出去",即让教师走出自己的课堂和学校,向其他优秀教师学习。除组织教师参加定期的教师培训外,我校每年还会组织教师外出跟岗学习,让每一位教师都能够走出学校,走进优秀教师的课堂。所谓"请进来",即邀请教育领域的专家学者到校为教师开展讲座或者示范授课,给予我校教师专业指导。同时,学校每学期还会通过"青蓝工程""优质课大赛""同课异构""青年教师基本功大赛"等形式,助推青年教师的专业发展。此外,学校还成立了督导室,督促并帮助青年教师制订合理的专业发展规划,并通过熟手教师"推门听课"等多种方式,帮助青年教师提升教学质量,多措并举促进教师专业发展。

教师是学生学习的榜样和楷模,必须以身立教,做到为人师表。教师职业的这种特殊性决定了提高教师的师德修养是提升教师幸福感的一条可行路径。为提升教师的师德修养,我校强调"以学强德",具体措施包括:组织教师学习贯彻习近平新时代中国特色社会主义思想主题教育、学习习近平总书记在全国教育大会上的重要讲话、学习贵州省教育大会精神、学习全国优秀教师先进事迹等;组织集体学习活动,强化教师对新时代教育的认识。除此之外,学校还定期组织教师研读教育理论专著,以科学的理论武装教师头脑。

(四)强化课题引领,提升教育品质

随着新课程改革的深入推进,遵义市教育局领导在全市基础教育深化课程改革推进会上明确表示:就是要进一步转变教育理念,立足课堂大力改革教学方式,立足课程大力改革育人模式,落实立德树人目标,继续推进素质教育,努力提高我市基础教育质量。课堂是学生学习的主要阵地,如何充分利用课堂有限的时间来促进学生学习习惯的养成,是课程改革的重大问题。自新课改以来,许多教育者做了有益的探索,产生了大批有借鉴意义的改革成果。但是,由于种种原因,很多成果不具备复制性,为了解决"服水土"这个难题,我校在参考借鉴大量成果的基础上,提出了"三三一"课堂建构的设想。并试图以课例研究的方式,来完善这一构想。为此学校在2017年10月申报了市级课题"遵义市第二中学'三三一'课堂建构课例研究",经过两年的实践探索,课题于2019年4月顺利结题。

基于课例研究,我校探索出了一条师生教与学的新路径,相较传统的"一言堂""满堂灌"的教学模式有了新的变化,让学生有了自主意识,教师有了生本意识,师生关系其乐融融,成就了更好的自己。

校级微小课题每年9月开始,第二年6月进行结题,近年来,学校有七八十个校级微小课题顺利结题,老师们从课题研究中找到了教研的乐趣,理论知识的提升有力促进教学能力的提高,研究成果在组内共享,又形成校本教材,真正做到研有所获,教有所乐。

(五)注重机制建设,搭建教师发展平台

建设一支高素质、高水平且具有高尚师德、正确的教育思想,广博渊深的文化科学知识,在实施素质教育中起示范、指导、影响作用的骨干教师队伍,是我校师资工作的重点。骨干教师及名师的培养是教师队伍建设的重要环节,为了骨干教师及名师的队伍做到有序、良性的发展,特制定了"遵义市第二中学骨干教师及名师培养计划表"(如表5-3)。

表5-3　遵义市第二中学骨干教师及名师培养计划表

(一)总目标：

1."让教师与学校一起发展，让教师与学生共同成长"为培养目标，遵循骨干、名师教师成长的规律，采取全方位、多途径的培养措施，建设一支具有现代教师素质和创新精神的新型骨干、名师教师队伍，为学校教育教学的持续发展奠定基础。

2.使其成为具有现代教育观念，具有合理的知识结构，具有一定的教育教学研究能力，能够在本学科、本校、本地区范围内起指导、示范、带头作用。为高一级骨干及名师评选储备人才。

(二)具体目标

1.师德要求：

(1)热爱教育事业，遵纪守法，为人师表。

(2)关心爱护学生，教书育人，面向全体学生，不厌弃后进生，有奉献精神。

(3)遵循教育规律，科学育人。

2.教学要求：

(1)善学乐思，努力钻研业务，做到对所教学科具有扎实的理论和专业知识，独立掌握所教学科的教学标准、教材内容、教学原则和教学方法，准确传授知识。学科教学业务水平扎实。

(2)具有丰富的教学经验，熟练的教学技能，能为教师上示范课，并承担教学研究任务。

(3)积极开展教研活动，提高课堂教学效率，形成自己的教学特色。每学期有一次校级以上的研讨课。

(4)教学效果好，教学质量在本地区或本校同梯队班级中名列前茅。

3.教科研要求：

(1)努力学习，提高教育教学理论水平，结合教育教学实践，积极参与专题讨论和研究。

(2)加强课堂教学的研究，并能随时做好研究成果的积累。

(3)具有较强的科研意识，能积极承担校级以上科研课题，并能取得一定的成果。

(三)主要措施：

1.结对拜师，互相促进。

通过新教师与资深教师结对拜师，新教师对资深教师教学实践的观察、模仿及在资深教师的具体指导下，不断掌握专业技能，提高能力和水平。

2.加强业务学习，要求新培养骨干及名师坚持自学，记好业务学习笔记。

3.实行跟踪听课。对新培养骨干及名师进行跟踪听课，每周一至二节，听必评、必导。

4.规定新培养骨干及名师听课任务，要求每周听课不少于1节。

5.强化教学反思，每学期写出一份教学反思或案例。

6.根据"注重能力，讲求实效，发展专长，形成特色"的原则安排培训内容，使学科教学、课题研究与教育教学实践相结合。

7.学校要大力支持外出听课、学习。学校要为培养对象创造各种学习、研究和实践的条件，为其成才提供舞台。

8.参加上级组织的各种培训，进一步拓宽培训渠道。

(六)教师队伍建设的成就

2017年以来,我校1人获得省级骨干教师称号,1人获得遵义市教学名师称号,获得市级骨干教师称号的老师有15人,近两年又有9名教师获得区级骨干教师称号,13人获得校级教学名师和骨干教师称号。

通过教培研赛一体化,教师业务能力得到提高。近几年硕果累累:政治组袁富碧老师参加第七届中小学政治优质课竞赛获省级一等奖第一名;2019年,语文组向林老师参加贵州省"一师一优课·一课一名师"活动获三等奖,历史组高璇老师参加"一师一优课·一课一名师"活动获"部级优课";2019年12月,赵玉娇老师参加"多彩贵州"好教育联盟同课政治学科异构获省级二等奖,冯育艳老师参加"多彩贵州"好教育联盟同课生物学科异构获省级三等奖;2019年6月,我校袁富碧、张泽两位老师获得市级优质课比赛一等奖,李小琼、李洪强老师获得市级实验操作比赛一等奖;2019年,我校教师在红花岗区基本功大赛中再一次刷新成绩纪录,经过精心的准备,我校教师在比赛中14人获得一等奖,15人获得二等奖,7人获得三等奖;2019年9月,陈忠明老师参加第七届高中通用技术优质课竞赛获市级二等奖;盘海燕老师参加红花岗区第七届心理优质课竞赛获二等奖;历史组陈红晔、龚飞两位年轻教师参加红花岗区历史优质课竞赛获一等奖,全伟、高璇和秦雁三位老师均获二等奖。

自参加"西南大学·遵义市教师教育创新实验区示范校"项目以来,我校先后派遣华李路、江永伦、袁富碧等十多名教师参加西南大学教师教育学院的"骨干教师""学科带头人""卓越教师"等研修班的学习和培训,受训教师的专业成长得到了极大的发展。他们对学习和培训机会倍加珍惜,逐渐成长为学校的中流砥柱,对促进学校教育教学质量的提升,起到了很大的促进作用。

同时,学校搭建平台,组织教师参加各级各类竞赛锤炼。在西南大学专家团队的指导下,学校研制"幸福课堂"改革方案,举办"幸福课堂"教学大赛、青年教师基本功技能大赛、高三试卷讲评课大赛、试题命制大赛等,通过这些赛事活动,进一步提升了全校教师的专业成长。在此基础上,学校教师参加省、市、区各级各类比赛中,均取得优异成绩,如袁富碧、陈红晔、黄小露老师获得好教育联盟同课异构贵州省冠军、全国一等奖;袁富碧老师获得贵州省第七届高中政治优质课一等奖第一名;龚飞、孙银银、华李路获得遵义市优质课一等奖;高璇老师获得一师一优课部级优课等。

五、教育教学评价的改革与探索

(一)"五育"考核,全方面评价学生

1.开展班级有效德育星级评价,引领德育评价改革

有效德育的星级评价是我校德育重点工作,它既是学校德育工作实效的客观呈现,也是班主任德育自身工作的直接表现,更是学校同力同为的基础工作,通过此项工作,学校在考核班级的同时也对每个学生进行了德育考核。

有效德育星级评价不是为评价而评价,评价结果更不是终点,而是为了诊断、引导、激励学校更好开展德育工作。在评价方式方面,结合我校实情,我们采用推门听课、常规考核、学生品德发展水平测试、德育迎检等四大环节开展德育的评价。

(1)推门听课环节:通过听两类课程看德育渗透的实况。第一类课是班会课。学校政教处会利用每周一下午第三节班会课,进行随机推门听课,看老师在德育渗透方面所做的工作,班会课教案设计等要提前提交(如表5-4)。第二类课是学科课,由听课团队进班随机听课,除了听课堂教学的学科内容之外,还要考查教师有无落实学科德育渗透的要求,重点观察教师德育渗透和学生德育表现行为。

表5-4 主题班会评价参考标准(试行)

学校: 年级班: 授课教师: 授课时间:
授课主题:

评价项目	评价标准	分数	实得分
教育主题	1.能结合班级实际和中心主题,注重细、小、实。	10	
	2.能紧紧围绕主题组织教育活动。	10	

续表

评价项目	评价标准	分数	实得分
教育形式	3.能遵循"班主任主导、学生主体、教师或家长主为""三主共育"教育规律。	10	
	4.能综合利用环境、网络等资源和学生兴趣特长等优势,以学生喜闻乐见、易于接受的方式进行教育。	10	
教育安排	5.内容选择贴近学生,能传递正能量。	10	
	6.环节安排有序周密,能体现激励性。	10	
	7.点评指导清晰有力,能彰显科学性。	10	
教育效果	8.能解决学生普遍存在的实际问题,学生受教育后精神面貌明显好转。	15	
	9.能触及学生心灵,释放真情实感,主动参与面广。	15	

简要评语:

评价人:　　　　总分:　　　　等级:

备注:主题班会评分结果采取定量、定性相结合的方式进行评价。四项目中的9个得分点分别按照优、良、中、差等次在相应分值中分别乘以100%~90%、89%~75%、74%~60%、59%及以下进行赋分,四项目9个得分点相加后的实际得分比,再根据赋分区域对应的等级认定最终评价结果。

(2)常规考核环节:针对班级德育工作的开展,学校从显性的方面着手考核,即常规考核。每天政教处有专职人员对班级教室卫生以及公共区域的卫生情况进行打分,并且会将分数纳入班级每月量化考核,通过这个考核来重点考查学生行为习惯的养成。

(3)学生品德发展水平测试:政教处每月有主题德育活动,为激励学生积极主动加入德育活动,政教处也有相关考核细则。我们的理论假设是,班级对此活动参加人数越多,品德发展就好,因此,学生积极主动参加任何一项社团或者第二课堂或者是比赛活动,学校都会予以加分鼓励,用分数来量化班级德育工作的开展和学生德育发展情况。

(4)德育迎检:学校要求班主任每月提交班会课的德育教案,班主任会议记录,每周放学前德育教育工作的相关资料和记录,政教处以此来量化班级德育工作的开展。(以上几个方面的评价量表如表5-5、表5-6、表5-7、表5-8)。

表5-5　主题德育活动评价参考标准(试行)

教育对象：　　　　教育时间：
教育场所：
教育主题：
教育形式：主题报告○　实践活动○　特色展示○　参观考察○　赛事活动○　观看影片○
　　　　　其他形式○
活动策划：　　　　活动主持：
协助人员：

评价项目	评价标准	分数	实得分
教育主题	1.能结合生情实际和上级要求精选主题,突出特色、贴近学生、遵循规律。	10	
	2.能紧紧围绕主题组织教育活动。	10	
教育形式	3.能遵循"班主任主导、学生主体、教师或家长主为""三主共育"教育规律。	10	
	4.能综合利用环境、网络等资源和学生兴趣特长等优势,以学生喜闻乐见、易于接受的方式进行教育。	10	
教育安排	5.内容选择贴近学生,能传递正能量。	10	
	6.环节安排有序周密,能体现激励性。	10	
	7.点评指导清晰有力,能彰显科学性。	10	
教育效果	8.能解决学生普遍存在的实际问题,学生受教育后精神面貌明显好转。	15	
	9.能触及学生心灵,释放真情实感,主动参与面广。	15	
必要资料	有方案、有小结、有报道、有图片。(方案、小结以教科所考评检查为准,报道、图片以德育中心QQ群后期呈现为准。)		

简要评语：

评价人：　　　　总分：　　　　等级：

表5-6　家长会评价参考标准(试行)

会议主题：
会议时间：　　　　会议场所：
会议策划：　　　　会议主持：
协助人员：
会议形式：学校集中式○　年级集中式○　班级集中式○　集中与分散结合式○　选择代表式○
　　　　　分类分层式○　结合活动式○　其他形式○

评价项目	评价标准	分数	实得分
会议目的	1.能遵照目标性、教育性、公平性、可行性、激励性等基本原则组织召开家长会。	10	
会议形式	2.能遵循"班主任主导、学生主体、教师或家长主为""三主共育"教育规律。	10	
	3.能综合利用环境、网络和学生品德发展、学业成绩、兴趣特长等资源，较好回应大多数家长的正当需要。	10	
会议安排	4.内容选择贴近家长，能传递正能量。	10	
	5.环节安排有序周密，能体现激励性。	10	
	6.点评指导清晰有力，能彰显科学性。	10	
会议效果	7.能解决家校共建普遍存在的实际问题。	20	
	8.能发挥引导、示范、激励功能，进一步促使家长重视家教；家长参会率、满意度较高。	20	
必要资料	有方案、有小结、有报道、有图片(方案、小结以教科所考评检查为准,报道、图片以德育中心QQ群后期呈现为准。)		

简要评语：

评价人：　　　　　总分：　　　　　等级：

表5-7 学科德育渗透评价参考标准(试行)

学校：　　　　　　　年级班：　　　　　授课教师：　　　　　授课时间：
授课主题：

评价项目	评价标准	分数	实得分
渗透原则	1.遵循有益原则,吃透教材,针对学生实际有意识地选择恰当的德育渗透内容。	10	
	2.遵循有序原则,对教学中的德育内容进行系列组合,由浅入深,循序渐进。	10	
	3.遵循有机原则,找准渗透点,选择教学的某一环节、某一知识点或训练点作为突破口,适当、适时、适量地进行德育教育。	10	
渗透方法	4.坚持在目标中渗透,教案中的"情感、态度与价值观"教学目标设计合理。	10	
	5.坚持在言行中渗透,课堂中教师的师德风范、人格魅力、治学态度能正面影响学生。	10	
	6.坚持在讲授中渗透,授课时能融知识传授、能力培养、智力开发和思想教育于一体。	10	
	7.坚持在练习中渗透,训练时能结合素质教育的要求精选题目,注重良好习惯、积极态度的培养。	10	
	8.坚持在活动中渗透,互动中能引导学生落实社会主义核心价值观相应的具体要求。	10	
渗透效果	9.课堂秩序井然有序,学生精神面貌良好,乐学向上氛围浓厚。	20	

简要评语：

评价人：　　　　　　　总分：　　　　　　等级：

备注：主题班会评分结果采取定量、定性相结合的方式进行评价。四项目中的9个得分点分别按照优、良、中、差等次在相应分值中分别乘以100%~90%、89%~75%、74%~60%、59%及以下进行赋分,四项目9个得分点相加后的实际得分比,再根据赋分区域对应的等级认定最终评价结果。

表5-8　有效德育星级评价汇总表(试行)

受评班级：　　　　　受评时间：

评价项目	评价内容	实得分	备注
显性德育	学生言谈举止、穿着打扮、班级教室氛围的营造		
常规考核	卫生、考勤、跑操、纪律等方面		
学生品德发展水平测试	征文征稿比赛方面		
上级迎检（德育部分）			
现场评价	1.推门听课	各环节按照百分制实际得分乘以25%赋分	
	2.常规考核		
	3.品德测试		
	4.德育迎检		

拟定星级：

班级意见：

学校意见：

2. 利用课堂教学及"艺体节",开展体育与美育评价

我校的具体情况是,学生在高一年级入学后不久,在新生中招募体育和美术特长的学生,在第一个学期组建美术备考班及体育生特长训练班,一直训练到高二下学期,美术生还要外出再集训,体育特长生一直训练到高三,参加体育特长生专业考试后才结束。学校重视提高全体学生的综合素养,又不过度增加学生的学业负担,力争做到既利于部分天赋异禀的学生音体美特长的培养,又能最大限度地避免造成新的不公平、不合理,维护所有学生的基本权益。体育与美育评价做法如下:

其一,充分尊重学生个体差异。学生进入高一,学校体育老师要尊重学生的起点差异。维护教育公平,首先要承认并尊重学生个体间的客观差异,特别是与个人身体素质、先天禀赋直接相关的基础差异。为此,要通过科学测评及体能测试,获取学生个人发展的起点数据,学校应以此为基础,确立培养目标并帮助学生确定个人发展目标,因材施教,促进全体学生的全面发展。

其二,要量身定制并不断修订发展目标。为每一位学生量身定制低、中、高段发展目标,既是对学生的终身发展负责,也是提高教学实效、实现教育公平的基本手段。对于目标预设,既要尊重学生的学科基础、学习能力等智力因素,又要充分考虑学习态度、努力程度等非智力因素,促进全体学生取得不同程度的进步,这也是学校教育的价值所在。

其三,要突出定性评价,强调过程努力。要强化过程努力的评价导向,充分肯定学生参与学科学习活动的情感、态度、价值观,以课时(学时)出勤情况、课堂学习讨论参与情况、作业完成情况及学科知识掌握情况、能力提高情况等为主要指标,对学生学习过程做出客观评价,据此给予其定性而非定量的综合评价。

3. 建立学校劳动基地,在过程中评价劳动效果

加强劳动教育有利于增强学生的综合素质。通过生产性劳动,积累劳动经验,养成独立思考与解决实际问题的能力,提供工作效率,克服眼高手低的懒惰思想习惯。家庭劳动教育有利于增强学生与父母之间的感情,培养良好的家教家风。根据学校实际情况,学校在高一高二年级开展了有特色的劳动教育。我校从

以下五个方面开展劳动教育:

一是专题劳动教育。班主任利用班会课要定期组织主题班会开展劳动教育。首先抓好劳动价值观教育。包括劳动是创造人类物质财富和精神财富的源泉,也是创造个人幸福的源泉;劳动是推动人类历史前进的根本动力;教育与生产劳动相结合是中国特色社会主义教育的本质,参加劳动才能增强个人综合素质。同时要组织好学生参加学校举办的劳动模范进校园、大国工匠进校园、大师进校园的专题教育活动,以榜样的力量使学生懂得劳动最光荣的道理。还要定期组织学生参加校园环境卫生的打扫,让学生养成爱护环境卫生的文明意识。

二是亲自动手开垦劳动基地。学校专门建有劳动基地,分给高一高二各班级,班级学生在班主任及生物教师的指导下,亲自动手挖土、锄地、浇灌、种菜等劳作,体会劳动的快乐。

三是学生宿舍劳动。班主任作为学生劳动教育的主要实施者与组织者,要把抓好学生宿舍劳动教育作为日常教育管理的一项重要内容。

宿舍是学生的"家","家庭"成员要选好寝室长,制订值日表,督促打扫门窗等地方的公共卫生;督促成员勤洗被子、衣服、鞋子、袜子、整理床铺保持良好的个人卫生习惯。宿管老师每天要对宿舍卫生统一进行检查评比,评比结果作为文明寝室、平安寝室评比的主要条件。

班主任要到宿舍检查,发现问题及时教育谈话。一个学期结束,班主任要对班级学生的宿舍卫生的打扫情况进行评定评分。

四是家庭劳动。班主任要动员家长配合抓好学生的家庭劳动教育。鼓励高中生掌握家庭洗衣做饭等必要的家务劳动技能,根据个人实际需要每年学会1至2项生活技能,如每一学期要学会制作一道菜品,培养学生自食其力的思想意识。班主任要求学生把自己制作菜品的过程拍成视频发到班级群,让学生共享劳动成果。同时,班主任要求学生寒暑假在家必须帮助自己父母打扫家庭卫生,参加劳动时间的长短根据学生家庭需要而定。

家住城市的学生可以到所在地街道居委会或父母单位进行一定的义务劳动。这一部分劳动教育情况的评定,学生家长必须参与,班主任要与家长联系,组织家长对自己子女的劳动情况进行评分。

在春节期间，我校高一（1）班的同学们集体在家中化身"小厨师"来为家人朋友做菜。全班同学积极参加，大家都做了自己的拿手好菜。同学们不仅尝试了做菜，还从这项活动中感受到家庭的温馨。

五是社会劳动。辅导员要指导组织学生参加社会公益性、服务性劳动。每年寒暑假指导学生到自己家乡所在地或指定单位义务劳动，辅导贫困学生与留守儿童的学习，每学期不少于1天。

（二）"虚实"考核，多维度评价教师

"虚实"考核即在遵纪守法、社会公德、家国情怀、文明礼貌、精神风貌方面的评价和师生关系、业务能力、教学成绩方面评价的综合，目的是引起教师的高度重视和实际行动。具体而言，我们通过以下几个方面来进行教师的考核：

1.师德师风考核：学校结合当前教师遵守师德规范中存在的问题，组织教师进行思想政治学习，并开展民主讨论，解决实际中的问题；依据道德规范制定《学校教师职业道德评价方案》，按照"四有""三者"好老师的标准，开展教师队伍理想信念教育；发挥党组织在师德师风建设中的统领作用，并将师德规范作为新教师岗前培训的必修内容，全面落实新时代中小学教师职业行为准则，将师德师风作为第一标准纳入年度考核。

学校严肃认真地对教师遵守职业道德情况进行科学合理、公正公平的评价，能有效调动教师的工作积极性，有效遏制不良现象的发生，提高社会对教师的满意度。

2.教师教学业务能力考核：教师业务水平与能力是教师能否培养好学生的关键因素，决定了学生素质发展的高低。学校除了创建教师专业发展平台之外，还要对其专业能力的成长进行有效的评价，促使广大教师不断努力，实现自我价值，更有效地为教学服务。

3.教师教学成绩考核：学科教学成绩是教师教学的重要成果之一，是衡量一个教师教学水平与能力最直观的元素。教师教学成绩评比可以倒逼教师在日常教学中用心用力。

教师教学成绩评比有其科学依据，但要组织严密，注重实效。教学成绩评比

是学校教师评价的重头戏，做好这项工作，能杜绝教好教坏一个样现象，同时体现教学公正公平，最大限度地保护教师工作的积极性。我校在评价教师教学成绩方面，采取教学成绩评价与教师绩效工资挂钩的方式进行。

学校每年对教师任教科目进行教学质量检测，并对检测结果进行合理排位，相应地赋予一定的分值。根据分值确立A、B、C、D四个等级，每个等级人数分别为20%、30%、30%、20%，各等级之间绩效工资有一个明显且合理的差距。在实施教师教学成绩评价与绩效工资挂钩之后，教学中懒惰落后的现象有所转变，全校教师竞争意识比以往更强，竞争氛围比以往更浓。（表5-9是师生关系中用到的评价量表）

表5-9 遵义市第二中学2020~2021学年第一学期期中学生问卷

编号：

说明：本问卷调查教师的工作态度。请将你认为合适的选项规范填涂到答题卡相应位置上，全部为单选题，请看准题号，不要涂错。

题号	学科	教师工作态度或课改意识（主要从1.上课不认真2.作业不批改3.酒后上课4.上课接打手机5.讽刺挖苦学生6.罚站7.随意停课8.赶走学生9.打骂学生10.有偿家教11.满堂灌12.课堂氛围不民主和谐等12项），有其中一项即为B，有2~3项即为C，超过4项即为D。								请在下一列中填写不满意的具体内容，填序号。
1	语文	A	满意	B	较满意	C	一般	D	不满意	
2	数学	A	满意	B	较满意	C	一般	D	不满意	
3	英语	A	满意	B	较满意	C	一般	D	不满意	
4	物理	A	满意	B	较满意	C	一般	D	不满意	
5	化学	A	满意	B	较满意	C	一般	D	不满意	
6	生物	A	满意	B	较满意	C	一般	D	不满意	
7	政治	A	满意	B	较满意	C	一般	D	不满意	
8	历史	A	满意	B	较满意	C	一般	D	不满意	
9	地理	A	满意	B	较满意	C	一般	D	不满意	
10	音乐	A	满意	B	较满意	C	一般	D	不满意	
11	美术	A	满意	B	较满意	C	一般	D	不满意	

续表

题号	学科	教师工作态度或课改意识（主要从1.上课不认真2.作业不批改3.酒后上课4.上课接打手机5.讽刺挖苦学生6.罚站7.随意停课8.赶走学生9.打骂学生10.有偿家教11.满堂灌12.课堂氛围不民主和谐等12项），有其中一项即为B，有2~3项即为C，超过4项即为D。								请在下一列中填写不满意的具体内容，填序号。
12	体育	A	满意	B	较满意	C	一般	D	不满意	
13	信息技术	A	满意	B	较满意	C	一般	D	不满意	
14	通用技术	A	满意	B	较满意	C	一般	D	不满意	
15	班主任	A	满意	B	较满意	C	一般	D	不满意	

在教师方面，建构相较完善的评价体系，可以促进教师的均衡发展。在学生方面，我们要关注学生的全面发展，提升个体幸福感，这是一项长期的工作，且是不断自我完善的一个过程。当然，没有最好，只有更好，制度如此，我们遵义市第二中学的师生也同样如此，始终在追求卓越的道路上不断前行。

第六章 遵义市第十九中学教育改革与创新的实践探索

遵义市第十九中学始建于2011年9月,原名上海路学校航中分校,2014年10月更名为遵义市第十九中学,2016年8月整体搬迁到澳门路新交巷1号。校园占地面积36 753平方米,服务半径为2千米。

学校以"成人为先 成才为本"为办学理念,坚持做"雅智"教育,形成了"正德厚生、求美求真"的校训,"文明和谐、追求卓越"的校风,"敬业爱生、淡泊明志"的教风,"勤学善思、宁静致远"的学风。

学校制定了"全市领先、全省一流、全国有影响"的发展愿景,实施六个五年计划:第一个五年计划——中考质量全市领先;第二个五年计划——整体办学水平全市领先,教育综合实力全市领先;第三个五年计划——教学质量全省一流;第四个五年计划——整体办学水平全省一流,实现教育综合实力全省一流目标;第五个五年计划——教学质量在全国有影响;第六个五年计划——整体办学水平在全国有影响,实现教育综合实力全国有影响目标。目前,学校已顺利完成了前两个五年计划,正在实施第三个五年计划。

学校按照"雅行立品、智慧育人"的建设思路,着力建设"学校优雅、教师儒雅、学生高雅"的"三雅"校园。自建校以来,学校获得国家、省、市、区以上集体表彰100余次。2015至2019年连续五年中考成绩(总分平均分)位列遵义市第一。学校注重校际友好往来和交流,先后与上海市新杨中学、重庆市71中学等学校结成友好共建学校。

一、凤凰文化理念的形成与发展

悠悠湘江河绵延不绝,青青凤凰山钟灵毓秀,这里既传承红色文明,更播种绿色希望。遵义市第十九中学努力打造优质品牌学校,走出了一条以思想支撑理念,以精神支配行动,以文化引领发展的办学之路。学校以特色办学为宗旨,将一切工作上升到"文化"的高度来认识,沿着"活动—课程—文化"的发展思路不断前行,着力建设遵义市第十九中学的凤凰文化。

学校凤凰文化的内涵——从地理位置和学校发展沿革来看,学校自建校到迁校,一直依傍于凤凰山,汇聚巍巍高山之灵性与厚重;从凤凰所代表的象征意义来看,凤凰是古代传说中的百鸟之王,自古以来,凤凰就是中国传统文化中的重要元素,是伟岸、进取、吉祥、人才、杰出和高贵的象征,这与我校立志高远、追求卓越的办学目标高度契合。

在学校凤凰文化的打造中,学校以"成人为先,成才为本"为办学理念,以创办卓越学校、打造卓越教师团队、培养卓越学生为办学目标,始终坚持"雅行立品、智慧育人"的发展思路,坚持"雅智"教育,着力建设"学校优雅、教师儒雅、学生高雅"的"三雅"校园。学校优雅——幽雅的环境、满意的质量、和谐的氛围;教师儒雅——敬业的精神、精湛的业务、显著的成绩;学生高雅——自觉的习惯、健康的身心、正义的精神。这些为学校的高质量发展奠定了厚重的文化底色。

(一)成人为先,成才为本

办学理念是对"办什么样的学校,培养什么样的人"的深刻凝练和回答,是学校办学和发展的出发点,体现了学校的价值观和长远追求。"成人为先,成才为本"是遵义市第十九中学的办学理念。"成人为先"体现了学校把成人放在首位,始终坚持和落实德育先行,为学生的终身长远发展打好根基,为国家和社会播下和谐发展的希望。"成才为本"体现了学校的办学追求,也满足了社会和家长对学校人才培养的期待,只有掌握了扎实的知识和过硬的本领,个人才能满足社会和国家的需求,为国家和社会奉献自己的力量。"成人为先,成才为本"的办学理念始终立足于培养合格的社会主义的建设者和接班人。

从学生进入学校的那一刻起,"成人为先"就已经体现在学生学习和生活的方方面面了。在国家和社会的监督下,在家长的期待下,在校长的领导下,每一位老师都践行着用真心去教育和感化每一个学生,从一件件微不足道的小事情做起。从教学生整理自己的学具、书包和课桌,培养学生的自理能力,从打扫教室教学生如何承担集体责任,从小组讨论和作业收集教学生如何与老师同学沟通相处,从礼貌用语教学生学会尊重他人,从集体活动培养学生的组织能力和团结意识,从文艺活动培养学生的艺术素养,从体育活动培养学生的健康体魄,从思想教育培养学生爱党爱国等等,每一件事都指向把学生培养成身心健康、全面发展的人。

同样,"成才为本"的落实离不开每一位老师的期待和辛苦付出,离不开每一位学生的努力和追求。讲台上、办公室和操场上到处都是老师忙碌的身影。三尺讲台,教书育人,讲台是老师的阵地,也是老师辛勤的见证。正是由于老师每一天在讲台的坚守才使得学生每一堂课都学有所获,晚上办公室的灯光见证了老师们备课和批阅试卷的辛劳,操场上各项集体活动的开展见证了老师们维持秩序保障学生安全的付出。"成才为本"是每一位学生的追求。教室里,处处是学生求知若渴的眼神;座椅上,处处是学生奋笔疾书的背影;操场上,处处是学生挥汗如雨的身影;赛场上,处处是学生顽强拼搏的身姿,学生用每一分钟的行动证明了"成才"的实践路径。"成才为本"也是社会和家长的期待,正是社会一直以来的支持和家长的配合,才使得"成才为本"一步步从办学理念变成了真真实实的办学效果。自2014年学校的第一届学生毕业开始,扎扎实实一年一个台阶,不断取得令人瞩目的成绩,实现了第二个五年计划"整体办学水平全市领先,教育综合实力全市领先"的目标。

改变家长的成才观也至关重要,因此,学校重视宣传工作,引导教师、家长树立正确的成才观、教育观和作业观,营造有利于学生健康成长的社会环境。充分发挥家校沟通的纽带作用,并通过印发致家长一封信、召开家长会、班会等形式,让学生、家长以及社会各界普遍认同并广泛支持学校的办学理念,使家长尽到监护责任的同时不给孩子布置额外的家庭作业,督促孩子按时休息,积极参加体育锻炼,监督孩子不阅读有害读物,不看不健康的影视片,不玩有害游戏,形成家校共育合力,让学生健康地成长。

成人是学生长远发展的根基,也是社会和谐安宁的保障。而成才是家庭、学校、社会和国家对青少年共同的期待,是我国社会主义现代化事业的保证。"成人为先,成才为本"的办学理念是学校办学的指路明灯,将继续指引学校迈向一个新高度。

(二)雅行立品,智慧育人

在学校"成人为先,成才为本"办学理念的指引下,学校坚持"雅行立品、智慧育人"的思路,着力建设"学校优雅、教师儒雅、学生高雅"的"三雅"校园。

1.学校优雅

学校优雅是指"幽雅的环境、满意的质量、和谐的氛围"。

幽雅的环境——走进遵义市第十九中学,一座花园式校园映入眼帘,花团锦簇,绿草如茵,处处生机盎然,人人面带笑容。这里蓬勃跳动的青春脉搏,扑鼻飘逸的墨汁芳香,包容和谐的宽广胸怀,无时不在熏陶、启迪和激励着学生的身心。

满意的质量——办学10年来,学校的工作得到了国家、社会、家长和学生的一致认可,师资力量越来越强,学生的中考成绩一直位于全市前列,体育美育等也逐渐迈上新的台阶,学校也将在此基础上再接再厉。

和谐的氛围——学校打造了和谐的育人氛围,赫然醒目的校训"正德厚生,求美求真"令人热血沸腾,徜徉校园,大道宽阔,纤尘不染。科普展板、师生作品新颖别致,学生风采、文化长廊不拘一格,名人名言、格言警句随处可见。一树一花、一砖一瓦,无不体现着学校环境育人的先进情怀,无不渗透着学校打造优秀品牌的良苦用心,无不倡导着人人参与、奋发向上的文化理念。

2.教师儒雅

教师儒雅是指"敬业的精神、精湛的业务、显著的成绩"。

敬业的精神——爱岗敬业是每一位人民教师的底色。成立至今,学校教师勤勤恳恳,不曾松懈,十年如一日地辛苦付出,以求真务实和严谨自律的教学态度教书育人。以博爱平等的心引导学生,像爱自己的孩子一样关爱学生,并把关爱洒向不易被关注到的后进学生,热爱自己的职业,坚守自己的岗位,追求卓越的教学,言传身教,让学生全面和谐发展。

精湛的业务——通过实施"青蓝工程",培育了"雁一样的团队、鹰一样的个人",助推新教师"3年站稳讲台,5年成为骨干",一大批名师脱颖而出。学校建有省、市、区级名师和名班主任工作室9个,有省、市、区级骨干教师、名师29人。精湛的业务还体现在教师始终把学生的发展放在第一位,我们相信:孩子生长于鼓励中,便学会了自信;孩子生长于包容中,便学会了忍耐;孩子生长于赞美中,便学会了欣赏;孩子生长于接纳中,便学会了爱人;孩子生长于肯定中,便学会了自重;孩子生长于认同中,便有确定目标;孩子生长于分享中,便学会了慷慨;孩子生长于安全中,便充满了信心。

显著的成绩——在教师们的努力耕耘下,学生在区、市、省级的学科比赛、科创大赛、创客比赛中获一等奖以上218人次。在教学成绩上,2015至2019年连续五年中考成绩(总分平均分)位列遵义市第一。在老师们的努力下,学校在教学科研方面取得了显著的成就,教师累计获区、市、省及国家级以上优质课、公开课、微课、论文、课件评比一等奖123人次,在市级以上公开发行刊物发表教科研论文50余篇,开展区级以上课题24个。

3.学生高雅

学生高雅是指"自觉的习惯、健康的身心、正义的精神"。

自觉的习惯——体现在"十九中"学子学习和生活的方方面面,比如上课不迟到、课上不走神、做好笔记、坚持阅读、按时锻炼身体。新生入校之际是习惯养成的关键时期,"古之立大事者,不唯有超世之才,亦必有坚忍不拔之志"。为了让学校七年级新生尽快适应初中生活,养成自觉的习惯,端正学习态度,确立学习生活目标,增强纪律观念,以良好的精神面貌投入到初中的学习生活中去。学校每年都对新生开展为期3到7天的入学教育活动,活动的内容有学生文明礼仪教育、心理健康讲座、消防知识普及、生活技能展示等多个项目。"矩不正,不可为方;规不正,不可为圆"。入学教育很好地规范了学生的一言一行,传达给同学们该守的校规班纪,让同学们养成良好的行为习惯。正是因为逐渐养成了这些好的习惯,学生们才获得了耀眼的成绩。学校自2014年第一届毕业生开始,一年一个台阶,2015年至今,学校连续六年中考成绩在全市处于领先地位,七、八年级一直稳居全市前列,九年级中考成绩从2015到2020年连续六年名列全市第一,成功实现了第二个五年计划,即"整体办学水平全市领先,教育综合实力全市领先"的目标。2020年,九年级612人全部参加中考,平均分538.04分,500分以上500人,全市前20名占7人。2015年余鑫、2017年袁锦星、2018年陈昊林、2019年唐康家、2020年廖子靖5名同学先后荣获遵义市中考总分第一名。

健康的身心——中学时期是身体发育和品格养成的关键时期。除了心理健康课程和体育课程外,学校坚持"红线"思维,规范课外读物推荐和征订,非经上级教育主管部门同意,学校不组织任何学生课外读物的推荐和征订。学校设立违规推荐、征订学生课外读物"红线",凡触犯者依据学校《关于加强纪律作风建设的有关规定》严肃处理。同时,学校专注于提高体育教学质量。体育教研组定期进行集中备课和集体研学,适时对体育与健康课的教学质量进行评价,并结合评价结果及时调整教学,实施最适合学生的教学活动。学校还通过多种措施加强学生的体质健康管理,确保强身健体落到实处。

正义的精神——高楼大厦不能建立在没有地基的土地上,成人成才不能失去正义的根基。"事不关己,高高挂起"的态度是我们坚决摒弃的。正义的培养不是一条标语一句口号,而是通过课堂内外的教育教学来实现的,只有从学生入校抓起,从点滴小事抓起,才能从根本上改变社会上很多不良的行为,养成正义的风气。当他人陷入困境需要帮助时,当学校和班级的公物被损坏时,当他人受到不公平待遇时,当有人被诬陷时,希望我们的学生都能站在正义的一边,勇敢地做出正确的举动。

(三)一训三风,追求卓越

"一训三风"是对学校校训和校风、教风、学风的统称,是学校凤凰文化的集中体现,鲜明地体现着学校的发展特色。

1.校训——正德厚生,求美求真

校训内涵:德育为首、智育为核,体现了追求真善美的育人思路,立足学生全面和谐发展,践行"立德树人、全面发展"的办学理念,从而实现培养全面发展的社会主义建设者和接班人的办学目标。

2.校风——文明和谐,追求卓越

校风内涵:遵义是全国文明城市,"十九中"是全市文明校园,现正在申报全省文明校园,以"文明"作为校风的一个维度,既符合社会主义核心价值观,又体现了学校优良的风范。"和谐"体现了社会主义核心价值观,同时也与凤凰文化中蕴含的"和"的思想一致。卓越教育体现了一种宏大的格局,"卓越"是培养目标的集中体现,卓越的团队培养出卓越的人才。

3.教风——敬业爱生,淡泊明志

教风内涵:"敬业"是人民教师的底色本色,"爱生"包含"尊重学生、尊重学习、尊重学生的学习、终身学习"等多重含义,"爱生"既是教师这一职业的基本要求,也体现了以人为本的思想。"淡泊明志"指淡化名利追求,一心一意教书育人。

4.学风——勤学善思,宁静致远

内涵:"勤学",即学习时要珍惜时间,刻苦勤奋;"善思",即在学习时要敢于质疑,善于思考,勇于提出问题,积极探索解决问题。"宁静致远"与教风中的"淡泊明志"交相呼应,以此表示教师和学生都专心致志,心无旁骛地投入工作和学习。

二、学校课程体系的探索与建构

课程建设是学校的核心工作,一所学校的办学思想和教育理念都具体体现在其课程建设上。课程建设汇聚了全校的力量,从管理层到任课教师再到学生,从做课程规划到课程实施再到课程调适,从课程资源开发到利用再到评估,是全校通力合作与真抓实干的结果,汇集了众人的智慧,是集体成果的展现。学校课程建设是指学校在国家、地方和学校三级课程管理体制下,依据学校培养目标、学生需要和校内外教育资源对现行国家课程、地方课程和校本课程进行整合,进而构建适应学生发展的、高效的、具有学校特色的课程体系的过程。它是对学校课程蓝图的勾勒与践行过程,是学校整体发展与形成特色的核心,也是学校的一种常态生活和思考方式,全方位地反映着学校的办学思想。[①]遵义市第十九中学经过多年探索,在课程建设方面积累了丰富的经验,学校着力打造"五凤"课程,具体包括以下五大类课程:(1)卓越德行课程,旨在培养卓越道德品质和行为习惯的德育课程。(2)卓越智识课程,旨在培养自主学习能力的自主课程。(3)卓越科创课程,旨在培养卓越科创人才的创新课程。(4)卓越艺美课程,旨在培养高雅艺术修养的特色课程。(5)卓越体能课程,旨在培养体质健康的特色课程。

(一)学校课程建设的理念

学校课程建设的理念指引着课程建设的方向,有什么样的理念就决定了学校会怎样开展课程建设。学校课程建设的理念与学校的办学理念一脉相通,遵义市第十九中学以"成人为先,成才为本"为其办学理念,其核心用意在于,成才先成人,"成人为先"就是要先学会做人,懂得做人的道理,有正确的世界观、人生观、价值观;"成才为本"就是要真正学有所长,学有所成,这是学校办学的本真。"成人为

[①] 周海银.学校课程建设的内涵、取向与路径分析[J].山东师范大学学报(人文社会科学版),2015(1):123-129.

先,成才为本"也是本校进行课程建设遵循的思想主旨,这为课程建设的具体工作指明了方向,在国家、地方和学校三级课程管理体制下,对现行国家课程、地方课程和校本课程进行统筹与整合提供了价值引领。

学校课程建设旨在构建适合本校学生的课程体系,具有全面性、统整性、具体性与扎根性。[①]这就要求在进行学校课程建设时必须有高屋建瓴的理念做统领,而"成人为先,成才为本"的办学理念正是发挥了这种统摄作用。在具体的工作中,以"成人为先,成才为本"的办学理念为基点,又具体衍化为"一训三风",即"正德厚生 求美求真"的校训,"文明和谐 追求卓越"的校风,"敬业爱生 淡泊明志"的教风,"勤学善思 宁静致远"的学风。"一训三风"是对"成人为先,成才为本"办学理念的具体化,通过校训、校风、教风、学风来具体承载办学理念的实现。

具体来说,当我们把"成人为先,成才为本"的办学理念具体衍化为有所指的"一训三风"时,就与学校课程建设紧密地关联了起来,学校的课程建设要紧扣"一训三风"的要求进行细化落实,更具体地体现"成人为先,成才为本"的办学理念。归结起来看,本学校课程建设的理念与培养德智体美劳全面发展的社会主义建设者和接班人是相融相通的,同时充分考虑了学校的实际情况、地域文化等因素,为学校课程建设指明了方向,引领着学校课程建设稳步推进与具体落实。

(二)学校课程建设的工作机制

学校课程建设的工作机制是指学校在进行具体的课程建设过程中的工作机理和程序,具有很强的实践性和操作性。同时又植根学校自身的实际状况,以促进师生共同发展为宗旨。新课程倡导国家、地方与学校三级课程管理,让学校获得了前所未有的课程权利和课程责任,这就要求学校确立一种课程观念,拥有一套课程技能,创新一种适合本校实际的课程体系。[②]显然,形成学校课程建设的工作机制是扎实有效推进学校课程建设的关键支撑,以确保学校课程建设工作顺利开展。遵义市第十九中学在学校在课程建设的工作机制上进行了如下探索,并取得了较好的成效。

---

① 李臣之.论本校课程建设[J].课程·教材·教法,2017(11):11-18.
② 崔允漷.学校课程建设:为何与何为[J].中国民族教育,2016(C1):8-10.

1.明确学校课程建设指导思想

学校坚持社会主义办学方向,以邓小平同志提出的"教育要面向现代化,面向世界,面向未来","三个代表"重要思想,科学发展观,习近平新时代中国特色社会主义思想为指导,贯彻落实习近平总书记关于基础教育的工作指示,"基础教育是立德树人的事业,要旗帜鲜明加强思想政治教育、品德教育,加强社会主义核心价值观教育,引导学生自尊自信自立自强",以及国务院《关于基础教育改革与发展的决定》的精神,全面推进素质教育。学校以《基础教育课程改革纲要(试行)》为纲,以各科《课程标准》为标尺,在新课程理念指导下,扎实有效地开展学校新课程改革,切实转变教师的教学行为,实现教学模式的变革,学生学习方式的革命,使教育取得突破性进展,为学校教育注入新的活力,积极探索适合学校发展的课程改革新路子。

2.成立学校课程建设组织机构

学校课程建设组织机构的组建对推进课程建设提供了组织保障,人员的具体分工能够确保各项工作平稳有序地推进。具体而言,遵义市第十九中学成立了以校长为组长的课程建设领导小组,分管教学的副校长、课程资源管理处、年级组和任课教师共同参与的组织机构共同体。工作目标是理顺学校课程建设的总体工作思路,为课程建设各项工作的扎实推进保驾护航。

3.规划学校课程建设工作内容

学校课程建设意味着思维方式的改进与生活方式的重塑以及价值观的建设,不可避免地具有特定的或期望的价值基础,这是学校课程建设活动的出发点与归宿,并非分科课程与整合课程孰优孰劣之问题。[1]学校培育学生"成人为先,成才为本"始终是遵义市第十九中学坚守的价值遵循。通过广泛调研,了解学生的学情,对学校课程需求进行认真分析,在此基础上,学校以"雅文化"为主线,开展"雅智"教育。引导全校师生做文明的人。在贵州省文明学校的基础上,全力创建"五好"校园。用高雅艺术进校园、校园文化艺术节等系列活动和幽雅的校园环境文

---

[1] 周海银.学校课程建设的内涵、取向与路径分析[J].山东师范大学学报(人文社会科学版),2015(1):123-129.

化、锻造师生灵魂、淬炼师生精神、增强师生修养、陶冶师生情操、提升师生素质。具体而言,学校课程建设工作内容的规划主要包括:一是学校课程规划方案的制订,即依据学校的办学理念,以《义务教育课程设置方案》为依据,结合学校自身的教育资源,对全校学生在本校学习的全部课程进行整体规划。二是学期或学年课程计划的制订,即对学生在某一学期或学年所要学习的某门课程(语、数、外等国家课程或某门校本课程)的目标、内容、实施与评价进行的整体设计。三是单元、主题或课时方案的制订,即任课教师对某一课时或某几课时、某一知识点、某个单元或主题实施教学而进行的设计,或是按照校本课程的计划,进行单元、主题或课时的教学设计。

4.学校课程建设的具体实施

归根结底,学校课程建设是要落实在实践中,通过全校师生的共同努力和参与,使课程建设的方案变成课程实践。新课程改革明确提出:为保障和促进课程适应不同地区、学校、学生的要求,实行国家、地方和学校三级课程管理。国家制定中小学课程发展的总体规划,确定国家课程的门类和课时,制定国家课程标准,宏观指导中小学的课程实施。在保证实施国家课程的基础上,鼓励地方开发适应本地区的地方课程,学校也可开发或选用适合本校特点的课程。基于此,在学校课程建设的具体实施过程中就要重点解决好两个方面的议题:一是国家课程的校本化实施,二是校本课程的开发。前者是要解决如何使国家课程更好地适应本校学生学习与促进学生发展,毕竟国家课程在设计时没有办法考虑到全国每所学校的实际状况,况且也没有这种必要,这就需要学校在落实国家课程时必须仔细研究本校的实际情况,充分利用学校各种教育资源,使国家课程真正能够"不走样",为学生发展提供最充分的支持;后者是解决当前教育发展不平衡的突出问题,调动学校创造性地开展工作,根据自己学校的资源优势,形成自己的特色,助推学生高质量发展。

5.学校课程建设的评估与改进

学校课程建设得怎么样、质量如何,始终是众人关注的核心话题。对学校课程建设情况进行评估,既是学校课程建设的重要组成部分,也为进一步优化与改进学校课程建设工作提供重要的基础。对学校课程建设进行评估，依据评估主体的不同区分为校外评估和校内自主评估。实际上，按照现行的教育管理体制和运行方式，校外评估主要是教育行政部门对学校课程质量进行的评估。遵义市第十九中学虽然是一所年轻的学校，自2011年9月建校以来，短短几年时间，学校的办学质量已广为社会认可，取得了诸多奖项，多次受到教育部门的褒奖。主管部门对学校的年度考核也多次给予充分肯定。校内自主评估是指学校自己组织的评估，即自检，涉及学校课程建设的方方面面。通过评估，旨在发现问题，梳理成功的经验，为改进学校课程建设提供重要的支持。

(三)学校课程建设的具体举措

1. 构建德育校本课程，奠定学生发展基础

规范系列——入学教育。主要包括文明礼仪、仪容仪表、文明就餐、课堂纪律和精神风貌等内容。学校在每学期开学后的第3~7天集中开展，平时利用课余时间复习巩固。培养学生的纪律意识，可以使学生的行为习惯、学习习惯规范有序，为后续课程教学打好基础。

红色系列——红色文化拓展活动。学校借助遵义市作为历史文化名城的地缘优势，通过举行清明节扫墓、参观遵义会议会址、重走长征路等活动，将学生带出校园，接受红色文化教育，使学生深刻理解今天的幸福生活来之不易，从而坚定努力学习的决心。

多彩校园系列——社团活动。学校现有管弦乐团、篮球社和校园足球等20项社团活动。每周利用一节课的时间，学生自主选择感兴趣的项目，参加社团活动，丰富学生课余生活，发展学生个性特长，促进学生全面发展。

身心系列——体育锻炼、心理健康活动。学校按相关要求每周开设4节课，其中体育健康每周3课时，心理健康教育及咨询每周1课时。保证学生每天体育锻炼时间不少于1小时，依托汇川区建于学校的心理咨询中心——幸福港湾，解决学生遇到的一些心理问题，促进学生身心健康发展。

2.完善师资培训平台建设,提高教师教科研能力

(1)师资培训

若要实施课程改革,教师观念的变革要先行,通过培训使教师明确课程改革的重大意义,学习掌握科学的课程管理方法,培养一支具有创新精神的课程研究、开发和有执行能力的队伍。全体教职员工都要进行各种形式的培训学习。学校制订校本培训方案,培训内容如下:中学新课程标准解读、新课程编写的新理念等,新教材的使用及教法,新课程与课堂教学评价,新课程的学习方式、教学方式的变革。

培训形式多样,包括开展专题讲座、案例分析、学术沙龙、参与式活动、教研活动、集体备课等。培训方式则具体采用"自主式"培训,教师人手一册《新课程标准》进行学习;或采用"互动式"培训,请专家、教研组长、外出听课教师边讲课例边研讨,每周上一节研究课,就实践谈理论、谈教法;或采用"专题式"培训,将新课改理念分类、分章节归纳主题进行系统培训学习;或"案例式"培训,通过看录像课、研究课、案例交流,从分析案例入手,通过具体案例的探讨,潜移默化地指导教师学习运用新理念。

(2)课题研究

课程改革是一项十分复杂的工程,必须以教育科研为导向,深入开展课题研究,不断积累凝练经验。

①重视教师"六课"能力的修炼。把提高教师备课、上课、听课、说课、议课、评课的能力作为课题研究的切入点,所有教师均需加强"六课"能力的修炼,提高课程实施能力。

②重视老师教学反思积累。根据学校相关制度,要求教师撰写教学反思,鼓励教师撰写教学随笔,记录平时工作中的重要发现,积累论文发表素材,借助一年一度的贵州省教育厅组织的教师教育教学科研论文评选平台,要求老师必须投稿参加,不断提高老师主动思考、勤于思考的意识,积累科研经验和能力。

③重视教师的课题研究。学校要求,每个教研组必须有自己的课题,可以根据教学中遇到的问题开展小课题研究,积极主动申请区级课题、市级课题。通过开展课题研究,提升老师课改的思考能力和执行能力。

(3)校本教研

教师教学理念体现在课堂,开展多种形式的课堂研究活动无疑是转变教师教育观念、提高教师教学能力的重要途径。

①集体备课。重点学习新课程理念,探索教材教法,新课程教学设计等内容。学校要求,每个备课组,每周定点、定时举行集体备课活动,讨论教育教学中遇到的一些难点问题,大家共同商讨,形成共识,再个性化实施教育。

②教研活动。每学期每个教研组要拟定工作计划,明确每位老师上课程改革实验课、示范课、研讨课、汇报课、优质课的时间和节数。重点探究如何上好"自主课堂"教学模式下的学科教学,如何改进"自主课堂"这种教学模式中存在的不足,不断丰富和提升"自主课堂"的内涵。

③专题研究。利用教研活动时间,重点研究"自主课堂"下教师教学方式的改变和学生学习方式的改变。研究如何更有效地指导学生进行"自主预学、自主生疑、自主探究、自主交流、自主测评",提升老师指导学生自主学习的能力。

④实施影子工程。对新入职教师实施"师徒结对"活动,年轻教师在学校的组织下,拜教学经验丰富的老师为师父,全面学习师父的班主任工作和教学工作经验,使年轻教师快速成长,尽快胜任工作。同时发挥学校作为"汇川区中小学教师培训基地学校"的作用,在汇川区兄弟学校教师到我校进行跟岗学习期间,安排部分年轻教师参加跟岗培训,提升年轻教师综合能力。同时,我校选派骨干教师作为指导教师,进行专业引领和专题课指导,促进我校骨干教师加强反思、加强研究,提升我校骨干教师的教育教学和管理水平。

3.加快学科教学与信息技术的整合

(1)强化班班通与学科教学融合。学校为每间教室都配置有一体机,要求每位老师在教学中都要创造性地使用班班通教学,学生在教学日志上做好教师使用记录,学校定期检查。

(2)开展电子集体备课。每个备课组要在学期结束时做好统筹安排,要求本组教师在假期中对下学期教学内容进行提前备课,开学后备课组长收集整理老师提前备课教案,然后交教师发展中心。学校再制作出格式统一的"教师集体备课教案"和"学生自主预学测评案",供教师进一步备课使用。同时不断打造学校自己的教学资源库,丰富学校内容资源。

(3)建立月考试题库。每次月考,学校统一要求、统一格式,各备课组精心组织命题,并做好试卷保密工作。由教研组长和备课组长审验合格后交教师发展中心,然后再印制试卷进行考试。同时开展教师命题比赛,促进教师钻研试题,研究考试,积累素材。学校相关部门做好资源的收集整理,逐渐形成学校的试题库。

(4)积极探索"智慧班级"建设。学校依托北京四中网校丰富的教学资源,已开办两个ipad实验班。学校要求,这两个实验班的老师每个周必须使用ipad进行两次课堂教学,每学期要在全校上公开课、示范课,同时还在全市范围内上"智慧班"翻转课堂教学研讨课,促使教师乐于使用ipad进行课堂教学,让学校课堂教学与信息技术实现深度融合。

(四)课程实施的课堂样态——打造"五自好课堂"的教学

学校探索提出的"五自好课堂",旨在通过教师课堂教学实践,落实国家课程改革中以"教师为主导,学生为主体"的基本要求,将传统课堂打造为"高效课堂",让国家课程改革在学校落地生根。"五自好课堂"的课堂教学改变了教师独占课堂,学生被动接受的信息传递方式,促成师生间、生生间多向互动,促进了思想的交流。"五自好课堂"的课堂教学转变了教师一言堂的传统教学方式,教师转变成学生学习、交流、探究的组织者、引领者,真正突出学生课堂中的主体地位。通过不断的教育教学实践,培养学生学习探究能力、合作交流能力,让学生真正成为学习的主人,成为有学习力、有思考力、有创新力的阳光中学生。

1.基本环节

自主预学—自主生疑—自主探究—自主交流—自主测评

2.环节细解

(1)自主预学

本环节为课前环节或课中环节。

教师编写出导学案，学生根据导学案在课前或上课之初自学。导学案上必须有学习目标、发现问题，也可有学习方法、助学资料等。学生将自学时发现的问题或产生的疑问简单梳理，写在导学案上。

(2)自主生疑

本环节为课中环节。

学生在上课之初将自己课前自学时发现的问题或产生的疑问在班上自由提出，简单的问题或与学习目标联系不是特别紧密的问题立即解决，重点问题、有价值的问题由教师迅速整合并板书在黑板上。此环节也可由教师提前收集学生预学案，然后根据学习目标梳理、整合、罗列学生所提问题。

(3)自主探究

本环节为课中环节。

学生对别的同学所提问题或教师整合、板书的问题认真思考、探究，并使自己对这些问题有一定理解、认识，能提出自己的见解。

(4)自主交流

本环节为课中环节。

学生通过小组交流，更正或提升对上述问题的理解、认识，然后再通过班级内生与生的交流、师与生的交流来深化、完善对上述问题的理解、认识。

(5)自主测评

本环节为课中或课后环节。

本环节旨在测评学生对本堂学习目标的达成、学习内容的掌握情况。教师可当堂出示自主测评案，也可课中或课后结合出示自主测评案。自主测评案要求分层，学生结合自己学习能力与实际所需自由、灵活选择适合自己的测评内容。

3.具体要求

一份完整的"自主课堂"教案至少应该包括学生自主预学案、教师集体备课案、学生自主测评案，缺一不可。备课组利用集体备课时间讨论教案，老师在集体备课案上增删形成个案进课堂上课。学校大力推行实施"五自好课堂"教学模式，旨在培养学生的自主学习、发现问题、独立思考、合作探究和沟通交流的能力等学生核心素养。

4. 实施步骤

（1）准备阶段：根据市、区教育局教研室文件要求，组建研究队伍，收集课型素材和研究信息采集的材料，进行阶段整理，形成课题的相关支撑理论。

（2）实施阶段：熟悉"五自好课堂"教学模式在学科教学中的运用，培训课题实验教师，明确课题实验要求。随着课题研究的深入，各教研组分别开展以"自主预学、自主生疑、自主探究、自主交流、自主测评"为题的子课题研究，并不断总结反思，开展活动，撰写论文，做好资料分析和收集整理。

（3）总结阶段：根据在实施过程中收集、分析和整理的材料，形成课题研究报告，并申报课题结题验收。

5. "五自好课堂"提升了教师的教学自信

实际上，课堂教学的成效在很大程度上取决于教师本人，教师如何设计课堂教学将直接影响着课堂教学的质量高低。我们也要注意到，教师的课堂教学既是教师自己的事务，同时也是教师所处学校整体课堂教学文化的产物，这也再次表明了学校课程建设的重要性。教师作为学校的成员，不可能不与领导或其他教师打交道，生活和工作在大集体中，不可能不受集体文化的牵制和影响。"五自好课堂"是学校层面打造的课堂教学新生态，给教师的课堂教学变革创造了条件也提供了机遇。作为学校整体推动的课堂教学改革，"五自好课堂"给教师的课堂教学提供了广阔的舞台，每位教师可以根据自己学科的特点和自己任教班级学生学习的基本情况，以教研组为单位与自己所在年级组的其他教师讨论，共享教学智慧，包括预学案、集体备课案、测评案。这种集众人的智慧汇集起来的教学材料，让教师更有底气和自信地投入到课堂教学中，因为这不是一个人在孤军奋战，而是众人向着一致目标的共同迈进。

6."五自好课堂"唤醒了学生的思维,激发了学生学习的热情

在学习过程中,如果没有学生自己的投入,再优良的课堂教学条件都无法保证学生能够掌握所学的内容。只有学生自己投入学习,他才能在学习的过程中去厘清知识之间的关联,形成能够灵活运用的知识系统。是否能够激发学生的思维是衡量学生学习投入的重要指标,思维是学习的核心,若学生仅是被灌输的对象,成为了知识的容器,失去了学习过程中自己的思维,纵使在课堂上接触到再多的知识和信息,也无法走进他的内心,成为他掌握知识的组成部分。正是考虑到这个层面,"五自好课堂"教学通过自主预学、自主生疑、自主探究、自主交流、自主测评,意在最大程度上激发学生学习的热情,学生自我鞭策,自主投入学习。在这个过程中,学生的思维得到了锻炼,对自己接触到的知识和信息进行有效加工,转化为属自己的知识,这关键依托的就是学生自己的思维,学生自身只有对自己所学有清晰的认识和理解,建构起自己的知识体系,才能为持续发展奠基。

三、教师队伍建设举措与路径

(一)师德为本

《中共中央、国务院关于全面深化新时代教师队伍建设改革的意见》指出,教师承担着传播知识、传播思想、传播真理的历史使命,肩负着塑造灵魂、塑造生命、塑造人的时代重任,是教育发展的第一资源,是国家富强、民族振兴、人民幸福的重要基石。

学高为师,身正为范,为人师表,言传身教。教师是教育的核心力量,教师的一言一行、一举一动都会直接或间接影响到学生的成长。教师的道德水平直接关系到教育的成败和民族的未来,师德师风建设的重要性不言而喻。

1. 强化师德教育

学校优化政策支持和改善相应制度，通过多种形式的活动和会议加强对师德师风的培训，集中召开会议专门学习《教师法》《教育部关于进一步加强和改进师德建设的意见》《中小学教师职业道德规范》等文件。学校多次举办师德师风专项培训和讲座，进一步增强每一位教师教书育人、为人师表的责任感和使命感，加强了每一位老师对自身言行的反思，对教师起到了教育和警醒作用。教师们通过学习心得的方式展现了培训的效果，教师们一致表示，在今后的工作中一定要更加注重自身言行，树立正面的教师形象，尽心尽责地做好工作。同时，为增强教师德育能力，增强教师在学科教学中渗透德育的能力，学校召开学科组研讨会时都会专门对此进行讨论，把学科德育落到实处。

2. 坚持育人为先

教书育人是教师的本职工作。学校全面贯彻教育方针，提高教育教学质量，教师树立"以人为本，全面发展"的现代教育思想，以新《义务教育课程方案》为标尺，以《中共中央、国务院关于深化教育教学改革全面提高义务教育质量的意见》等文件精神为指导，在新课改理念指导下，扎实有效地开展新课程改革，确保育人效果。在路径上，学校教师通过课程育人、实践育人、文化育人、网络育人、心理育人、管理育人、服务育人、组织育人等途径，全面统筹办学治校各领域、教育教学各环节、人才培养各方面的育人资源和育人力量，推动全体教职员工把工作的重心和目标落在育人成效上，将课程思政融入人才培养各环节，推动实现知识教育与价值塑造、能力培养有机结合，全方位提升学校的育人能力，真正立足学校"成人为先，成才为本"的办学理念，构建以学生为本的一体化育人体系。

3. 关爱教师心灵

教师的心灵关怀是学校的重要工作之一。学校肯定教师的辛勤工作，关爱教师的心灵成长，平时加强对教师的关心，在特殊节日给教师应有的仪式感。例如，每年的妇女节和教师节，学校都会举办专项活动感恩教师的付出。学校每年开展主题为"春暖三月，芳华绽放"三八妇女节庆祝活动，以此更好地展现学校女教职工的风采,让全校女教师度过一个充实愉快、富有意义的节日。每年教师节,学校都召开全体教师会议,庆祝教师节。以校长为代表的学校领导对全体教师的全心付出表示衷心感谢,并勉励大家继续努力,争做德艺双馨的名师。由校级领导对在工作中表现突出的教师进行表彰并颁奖,还会精心安排学生献礼感恩教师的付出,对教师的工作起到了正面的激励作用。同时,学校优化制度,关爱青年教师的成长,让优秀青年教师拥有更多话语权,激发青年教师的积极性,培育高素质的教师队伍,助力学校更快达成目标。

4.落实监督责任

学校设立了监督举报电话和信箱,专门接受教师、家长、学生和社会的全方位监督,对违反师德师风的问题零容忍,一经发现立即严肃核查,并向公众公示,随时接受各界的监督。除了在教职工全体会议上,学校也会在每周的国旗下讲话等全校性活动中开展对学生增强自我保护意识的教育,向学生普及相关法律知识,明确教师的权利范围和学生的合法权益,教给学生自我保护的方法,鼓励学生在自身权益受到侵害时要敢于求助和抗争,保护自己的合法权益。同时,开展"师德标兵"考核和评选,对师德高尚的教师予以宣传和表彰,对师德考核不过关的实行否决制,师德不合格者不得参加任何评选,严重违反师德师风者直接开除。

(二)能力为重

1.以生为本

教师与学生都是学校的主人,教师与学生相互尊重,彼此信任,共同成长。在工作中,教师秉承以生为本的理念,始终将促进学生的全面发展放在工作的首位。当学生的思想出现偏差时,教师会第一时间与学生亲切地沟通,平等地与学生交流和谈心,及时纠正学生的思想偏差;当学生的学习状态不佳时,教师会及时关注学生的变化,教给学生有效的方法,为学生提供专业的学业指导;当学生面临挫折时,教师会在学生的身后鼓励和支持学生,引导学生正确看待和处理面临的困境,帮助学生走出难关;当学生犯下错误时,教师会宽严相济,合理运用多种方式对学生进行教育,引导学生更好地成长。

2.家校共育

家庭是学生成长最重要的场所之一,家庭教育对学生的影响贯穿一生,家庭教育是学校教育不能替代的,家庭教育与学校教育共同配合才能保障孩子更好地成长。2021年颁布的《中华人民共和国家庭教育促进法》指出,家庭教育以立德树人为根本任务,培育和践行社会主义核心价值观,弘扬中华优秀传统文化、革命文化、社会主义先进文化,促进未成年人健康成长。父母或者其他监护人应当树立家庭是第一个课堂、家长是第一任老师的责任意识,承担对未成年人实施家庭教育的主体责任,用正确思想、方法和行为教育未成年人养成良好思想、品行和习惯。家长和教师都是学生的引路人,教师和家长应该相互尊重、齐心协力。学校教师应该把家长视为平等的合作伙伴,增强家校沟通,认真倾听家长的真实想法,重视家长的建议,及时反馈学生各方面的表现,构建和谐的家校关系,做好家校共育。

3.重视教学

教学能力是教师最核心的专业能力,教学能力的水平高低直接影响学校办学的质量,学校始终重视教师教学能力的成长。通过老带新等方式帮助青年教师快速成长,通过丰富的教研活动增加教师间的深入交流,通过专家引领提升学校的课程和教学建设。在学校的引领和教师们的努力下,学校在教学科研方面取得了显著的成就,教师累计获区、市、省及国家级以上的优质课、公开课、微课、论文、课件评比一等奖123人次。通过实施"青蓝工程",培育"雁一样的团队、鹰一样的个人",助推新教师"3年站稳讲台,5年成为骨干",一大批名师脱颖而出。截至2020年10月,学校建有省、市、区级名师和名班主任工作室9个,有省、市、区级骨干教师、名师29人。

4.做好科研

重视教育科研,引领专业发展。科研能力是新时代教师必备的重要专业能力,是引领教师发展的重要法宝。教育科研联通了教育的理论与实践,为教育发展与创新带来了新的生机。掌握科研能力的教师会更好地把教育理论运用到教学实践中，会自觉地用科研的视角观察、归纳、分析和解决教育中的问题，会自觉地加强反思和改进，并逐步发现教育的规律，提升教育的效率和质量。学校始终重视教师科研能力的培育和发展，教师们已累计在市级以上公开发行刊物上发表教科研论文50余篇，开展区级以上课题24个。学校将会进一步统筹规划学校的科研发展，更广泛地加强与科研院所和高校的合作，开辟提升学校科研能力的路径，提升教师的科研能力，探索科研兴校的未来发展之路。

（三）爱岗敬业

1. 热爱教学

热爱教学是做好教育工作的重要前提。学校教师热爱教学，寓教于乐，践行着"成人为先，成才为本"的办学理念，教书育人，默默付出，用最好的精神风貌对待学生，用行动传递对教学的热爱。正是有了一批批热爱教学的教师在自己的工作岗位上不断钻研和进步，才能将学校建设得更加美好，才得到了社会各界的广泛认可。

2. 敬业负责

"敬业爱生，淡泊明志"是学校的教风。敬业负责是每一位教师的底色。学校成立至今，老师们始终勤勤恳恳，不曾松懈，十年如一日地辛苦付出，以求真务实和严谨自律的教学态度教书育人。以博爱平等的心引导学生，像爱自己的孩子一样关爱学生，并把关爱洒向不易被关注的后进学生，坚守自己的岗位，追求卓越的教学，对学生负责，对每一堂课负责，言传身教，让学生全面和谐地发展。

3. 言传身教

学生是发展中的人，学生的价值观念还不成熟，极易受到周围的人和事物的影响。教师是学生接触得最多的人之一，教师的一言一行、一举一动都会直接或间接对学生产生影响。孔子曾言："其身正，不令而行；其身不正，虽令不从。"可见，要想教育好学生，教师必须做到言行一致，用实际行动教育学生。例如，2022年3月5日是学雷锋日，为进一步弘扬奉献、友爱、互助、进步的志愿服务精神，营造尊老、敬老、爱老的社会氛围,学校组织教师代表和学生代表一起前往上海路健康养老服务中心开展了学雷锋活动,教师们用实际行动表达了对老人的关心和爱护,学生们在亲身经历中感受到了尊老爱老的中华民族传统美德。

(四)终身学习

1.观念更新

现代教师必须具备终身学习的意识和能力,才能跟上时代发展对教育工作者的要求。学校始终引导教师坚持思考和学习,不断更新教育观念,不断学习国家的方针政策,落实国家对立德树人的最新要求。教师不是传授知识的机器,学生不是等待加工的工业品,教师要做学生发展的引路人,做学生成长过程中的重要他人,通过言传身教给予学生积极正面的影响。教师也要紧跟国家的步伐,及时学习国家的方针政策,不断更新教育教学观念。例如,2021年7月24日中共中央办公厅、国务院办公厅印发的《关于进一步减轻义务教育阶段学生作业负担和校外培训负担的意见》(以下简称"双减")一出台,学校就立即组织教师全面学习,召开多次会议传达"双减"精神,引导教师更新教育教学观念,将工作重心转移到合理减轻学生作业负担和提升教育教学质量上,拒绝使用题海战术挤占学生的休息和运动时间。

2.路径建设

线上线下合力拓宽教师学习路径。新型冠状肺炎疫情给教育带来了深远的影响,后疫情时代的教育将面临更多的挑战和不确定性。学校教育应在目标、内容、组织、方式和评价上做出相应的转变,教师的学习和提升也应做出相应的调整。学校注重校际友好往来和交流,先后与上海市新杨中学、重庆市71中学等学校结成友好共建学校;与遵义市第三十五中学、山盆中学联盟办学,积极发挥作为联盟总校的帮扶作用;作为汇川区第三教育集团的牵头学校,充分发挥示范引领作用。以往的教研活动基本都是线下进行,面对后疫情时代的挑战,学校特地通过线上途径举办"同课异构"研讨活动。线上研讨打破了空间的限制,帮助学校教师体验不同地区和学校的教师分享对同一教学内容的解读,感受不同的教学策略所产生的不同教学效果,由此彰显了教师的教学个性,拓宽了教师的教学思路。教师通过线上的相互交流,在不断的思想碰撞中,激发创新的火花,达成最优化的教学共识,真切地体验到并近距离感受到先进地区的教育理念及教育手段对有效课堂的积极意义,从而提升上课、听课教师的教学水平。

  联合教研拓宽教师学习路径。联合教研是我校一直以来促进教师学习的重要抓手。2020年3月30日,遵义市教体局研学专干、研学实践教育教研员、学校分管校长、研学专干和各学科教师代表共同参加了联合教研活动。学校分管研学副校长以学校"和润生命 以美育人"的育人目标为出发点,从和美德育的内涵、和美德育育人的目标、和美德育的工作体系以及六条"和美+"育人路线等方面,对本校研学工作的开展进行了系统的梳理。各学科代表老师开启了研学综合教学教研的头脑风暴,教师们就本专业知识融入研学基地资源课程进行了深入探讨。遵义市教体局研学专干、研学实践教育教研员李老师指出,研学实践教育是学科知识的补充和延伸,是落实立德树人的重要途径,是实现学生"五育并举"的综合平台。一是要在研学实践教育"四方联动"工作体系下,从学校育人目标出发,根据学生研学需求,对标各年段育人目标,建立学校研学活动课程计划,从我市丰富多彩的研学基地中寻找好基地课程资源,实现研学课程的定制化设计,达到实践育人、学科育人的双层目标。二是要加强研学辅导教师队伍的建设,吸纳更多的教师参与研学教学教研当中,提高教师参加研学综合教研的热情,为教育插上腾飞的翅膀。三是要规范开展研学活动,确保研学实践教育的安全性、教育性、实践性和趣味性,真正为学校育人目标和学生"五育并举"服务。联合教研结束之际,教师们表示会把所学所思所悟带回工作岗位,谋研学教育之发展,扎实做好立德树人根本任务,拓宽学生视野,树立远大志向,引导学生追求美好人生。

四、学校教育管理的改革与创新

(一)革新教育管理理念

1.构建以人为本的师资管理机制

建立完善的管理体系以充分调动教师工作的积极性、主动性和创造性,其运作机制坚持以下原则:在学校里,与学生相处时间最长的就是教师,他们的心理状态、教学素质对学生和学校都有很大的影响。领导层要走进课堂,深入教学第一线,多与教师和学生沟通交流,给予教师足够的信任与支持,使管理变成充满感情的人性化管理,构建领导与教师之间融洽和谐的工作关系。多在对方的立场上考虑问题,双方相互理解、思想一致,以便于开展工作。尽量满足教师的物质、生活、精神需求,营造一个愉悦的人性化环境。在这种人性化的管理环境中,教师就会对工作投入满腔的热情。

教师具有管理者和被管理者的双重身份,学校应采取有效措施吸纳教师参与学校管理。学校应让教师了解学校最新动态及管理中存在的问题,使教师具有知情权,以此来激发教师的主人翁意识,积极参加到学校的管理工作中来。传统的教学不只拿分数的高低衡量学生学业的优劣,其实分数也成了衡量一位教师教学业绩的标准。仅仅以学生的分数评价教师是不科学的,使教师和学生均成为了应试教育中的牺牲品,应构建多元化的衡量标准评价教师,可以从学生、家长、领导、同事的评价上进行综合考虑。

2.构建以人为本的学生管理机制

以人为本的学生管理首先要了解学生关心的问题是什么、学生要解决的问题是什么,基于此才能够更好地引导学生,而不是一味地批评教育。维护学生的合法权益,可以促使他们行使权利、履行义务,遵守学校的规章制度,从而变被动为主动,充分调动学生自我管理的积极性。学生是学习的主人,学校要尽最大可能去发掘学生的潜能并使之得到发挥,助力学生实现自己的人生价值。教师在教育教学过程中应该对学生充分理解、尊重。

在学生、教师之间建立彼此理解、相互尊重的良好师生关系。在教学过程中鼓励学生发表自己的意见,让学生成为学习的主人。教师与学生之间是亦师亦友的关系,互相交流,互相促进。学生有自己的性格、追求、梦想,在管理过程中,老师要充分尊重学生追求进步和发展的权利。尊重学生的个性,给学生提供培养个性发展的平台,让学生多彩的个性有机会展现出来。多元化、科学化地评价学生,在他们发展的道路上多些鼓励、少些批评与否定。

3.营造以人为本的校园文化

学校加强人文精神教育,营造一个平等、创新、竞争、兼容的校园人文环境。校园文化体现了一个学校的办学理念,以人为本的学校管理理念可以调动老师的教学积极性,更好地激发学生自主学习的积极性。在轻松的教学环境下,学生的性格、兴趣、能力等能得到发展,更能强化学生的创新、合作、独立的意识,形成积极向上的世界观、人生观、价值观。学生在"以人为本"的人文精神熏陶下,能够提高自主意识,成为学习的主人。

(二)强化德育管理

1.培养学生良好的道德风尚

青少年时期是人生道德品格形成的关键时期,是影响人生发展的关键阶段。人无德不立,中学生正处于成长的叛逆期,学业压力大,价值观念还不够成熟,遇事缺乏理性的判断,情绪不够稳定,自控能力相对较差,既喜欢跟风从众,又追求特立独行,更容易误入歧途,沾染不良的行为和习惯,因此,中学时期道德品格的培养格外关键。学校是学生接受教育最重要的场所之一,德育应该贯穿始终,加强学生的心理健康教育和思想品德教育是摆在教育工作者面前的首要任务。多年来,学校始终坚持和贯彻德育先行,追求素质教育和学生的全面发展,不以学习成绩的优劣区别对待学生,不以单一的学业标准评价学生,不辱骂和嘲讽学生,始终用发展和欣赏的眼光看待学生的成长,及时发现和捕捉学生身上的闪光点,并适当进行表扬和鼓励,激励学生积极向上。

学校的成才教育不是把学生培养成一个个高分机器,而是尊重学生的个性和特点,坚持素质教育,促进人的全面发展,以培养学生的创新精神和实践能力为重点,造就"有理想、有本领、有担当",且德智体美劳全面发展的社会主义建设者和接班人。

2.加强学校师德师风建设

学高为师,身正为范,为人师表,言传身教,教师的一言一行、一举一动都会直接或间接影响到学生的成长。教师的道德水平直接关系到教育的成败和民族的未来,师德师风建设的重要性不言而喻。

习近平总书记在全国教育大会上的重要讲话,站在传播知识、传播思想、传播真理,塑造灵魂、塑造生命、塑造新人的高度,突出强调了教师在加快推进教育现代化、建设教育强国、办好人民满意的教育中的重要地位和作用,为新时代教师队伍建设指明了前进方向、提供了根本遵循。在客观上要求教师坚定教书育人的职业操守,永葆人类灵魂工程师的鲜亮底色,做无愧于时代和人民的好教师,切实履行好培养德智体美劳全面发展的社会主义建设者和接班人的神圣职责。

3.打造特色德育校本课程

特色就是个性,特色就是品牌。学校始终以特色办学为宗旨,不断探索和完善特色教育新途径,促进学生多元发展。在德育校本课程的开发中,学校充分结合地域条件、办学条件、管理特点等方面的优势,尽量将本地区校内外的自然资源、人文资源、社会资源融入学科课程之中,最终构建出了学校德育校本课程四大体系——规范系列、红色系列、多彩校园系列、身心系列。

为了促进教师和学生的发展,鼓励校本课程的开发和实施,学校做好了如下几项工作。一是学校对教师的校本课程开发与实施工作给予了充分的肯定,包括教师制定、撰写的《校本课程实施计划》和《校本课程教案(设计)》也给予适当的评价,发现比较突出的,有创新的内容要给予及时的表扬和奖励。二是教师对学生在学习、活动中的评价以鼓励为主,及时发现学生的闪光点,并予以充分的肯定。

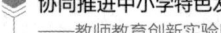

三是学校、教师、学生、家长对德育课程的实施情况进行评价,并提出改进建议。

学校、教师要根据大家的建议不断进行改进和完善,同时,学校做好了以下几项保障措施:一是学校成立德育校本课程开发领导小组,校长任组长、德育副校长任常务副组长、全体教师参与课程开发。二是加强培训,统一认识,明确开发德育校本课程的重要目的和意义,对在德育校本课程开发和实施中有创新、取得突出成绩的教师进行表彰。三是加大经费投入,构建德育校本课程活动阵地,为校本课程的实施提供必备的物质条件。四是协调社会、家庭,为开发德育校本课程提供保障,争取社会各界的支持和配合,探索建立学校、家庭,以及社会各界有效参与的新机制。

4.构建和谐的师生关系

在学校德育中,和谐的师生关系既是德育本身的要求,也是德育取得成效的前提。和谐意味着不同的事物能统一共存,和谐状态下的工作能达到最高效率。如果教师和学生处于对抗性的、剑拔弩张的状态,那不仅不能让德育工作实施落地,更有可能产生消极的影响。教师在建立和谐的师生关系中起主导作用,教师的心理知识和情绪管理尤为重要,因此,学校会开展相应的心理健康讲座,帮助老师掌握更多的心理知识。学校建立和谐的师生关系遵循以下原则和策略[①]:一是目标趋同原则,教师工作目标与学生发展目标一致才能达到共同的德育目标;二是尊重信任原则,教师要从尊重学生、热爱学生、理解学生、信任学生出发,向学生提出道德要求;三是心理相容原则,心理相容指师生相互吸引、和谐相处、相互信任、相互尊重、相互支持;四是智能互补原则,师生角色不同,应相互合作、相互补充。学校构建和谐师生关系的策略如下:一是教师要向学生表达教师之爱,教师之爱作为一种教育力量,可以给学生温暖;二是教师要和学生进行对话沟通,教师要平等地看待学生,不要当众指出学生短处;三是教师要向学生展现民主作风,树立良好的班风和校风;四是教师要与学生合作,把师生当作一个和谐共通的集体。

---

① 易连云.德育原理[M].武汉:武汉大学出版社,2010:100-101.

(三)稳步推进学校课程管理改革

1.校长参与,坚定方向

明确学校课程管理改革是增强学校核心竞争力的重要途径,是全面实施素质教育,推进基础教育均衡协调发展和落实科学发展观,提高育人质量,提升办学品位和办人民满意教育的需要。

2.加强培训,提高认识

学校通过各级、长期的教师培训,使教师充分认识到课程改革的丰富内涵和重要意义,牢固树立从课堂上的40分钟要质量,必须要进行教学方式和学习方式的变革,才能提高教师的教学水平,才能提高学校的品位,从而增强做好此项工作的责任感和紧迫感。

3.强化领导,分工明确

学校成立课程管理改革领导小组,由校长任组长,教师发展中心主推教学课程改革,学生发展中心主抓学生行为习惯养成,后勤主要负责活动开展的后勤保障,各部门通力合作,确保课程改革取得实效。

4.加强监督,落实举措

在学校教研部门牵头和督促下,以强化和规范集体备课为切入点,以年级组、教研组和备课组为单位,广泛开展"自主课堂"的研究工作,通过由点及面的途径,不断形成具有学科特点的研究成果,汇编成学校自己的校本教材。

五、教育评价改革与探索

（一）强化学习，高度重视教育评价改革

教育评价事关教育发展方向，随着时代的前进和教育的发展，教育评价的内容和重点也必须与时俱进地及时加以调整，这既是教育发展的实际需要，也是发挥教育评价导向功能的客观要求。按照《中共中央、国务院深化新时代教育评价改革总体方案》的要求，"扭转不科学的教育评价导向，坚决克服唯分数、唯升学、唯文凭、唯论文、唯帽子的顽瘴痼疾"，遵义市第十九中学认真领会文件精神，系统学习了《中共中央、国务院关于深化教育教学改革全面提高义务教育质量的意见》《义务教育质量评价指南》的文件精神，并将其落实在日常教育教学工作中。

教育评价具有导向、激励、诊断、调节的功能，教育评价是教育发展的指挥棒，是衡量教育质量的评判标准。它影响着学校的办学行为、教师的教学行为，影响社会教育观念的形成，也影响家庭的教育选择。科学有效的评价方式以人的发展为主，把学生学习效果、教师教学质量作为评价结果，必然推动应试教育向素质教育的转变，提高育人质量。同时，评价关注人的动态发展过程，看学生或教师阶段性的"成绩增长幅度"，不以分数作为标准评价，而是以道德、文化、人格等核心素养作为标准开展多维度评价。

学校开展系列评价活动，其主要目的旨在促进学生成长和教师发展，并非为了证明什么，更不是要把以往的教育过程转化为相应的量化结果，而是要通过评价，真正了解在教育教学过程中发生了什么，学生收获了什么，教师发现了什么。因此，过程性评价就显得尤为关键，必须改变以往过于注重结果评价的倾向，而忽视教育教学过程中的重要信息梳理与挖掘。可以说，对学生和教师的评价是学校开展评价工作的中心，遵义市第十九中学在学生综合素质评价与教师教育教学质量评价方面积累了较为丰富的经验。

(二)学生综合素质评价探索

1.指导思想

以《中共中央、国务院深化新时代教育评价改革总体方案》的评价理念和要求为指导,坚持"立足过程,促进发展"的评价原则,注重学生在学习实践活动过程中的实际体验和发展程度,通过评价,促进学生发展。评价的指导思想直接决定了评价的方向,学校始终贯彻"成人为先,成才为本"的办学理念,旨在一切为了学生健康成长,基于学校打造的课程体系开展学生综合素质评价。

首先,促进学生发展观的转变。学校和教师坚持"成人为先,成才为本"的办学理念,把握学生发展成长规律,遵循教育教学规律,旨在促进学生德智体美劳全面发展,造就合格的社会主义建设者和接班人。在学生学习发展的过程中,鼓励学生主动收集自我发展信息、充分认识自我、客观地评价自我,懂得把自我评价与自主学习融合起来,让评价更好地促进自己的学习发展。其次,促进教学质量观的转变。通过持续跟踪、客观收集和记录学生三年成长过程中的信息和突出表现,真正实现不以考试成绩为唯一标准,回归学生成长发展的实际过程,对学生综合素质开展评价。

2.评价原则

(1)过程性原则。学生自身的发展历程是学校开展学生综合素质评价的着眼点,不只是关注学生成长发展的结果,更要关注学生成长发展的过程。学校注重学生成长发展过程中的信息收集,通过对学生成长过程中的真实记录和梳理,使学生在过程性评价中,能够正视自我、认识自我、完善自我、发展自我。

(2)发展性原则。在"成人为先,成才为本"办学理念的指导下,以学生健康、全面、和谐以及可持续发展为目标,通过开展学生综合素质评价,让学生发现自身的闪光点,发扬长处,同时弥补不足,使学生具有适应未来生活和发展的关键能力和必备品格。

(3)客观性原则。按照拟定的评价框架,真实反映学生的发展状况,公正客观地记录学生成长过程中的表现信息,以事实为依据开展评价工作,确保学生的综合素质在内容上客观真实。坚持客观性，严格规范评价程序，确保学生自评和互评过程客观、诚信，使整个评价过程公开透明，评价结果公平公正。

(4)可行性原则。学生综合素质评价要在科学、客观的前提下，尽量使评价简便易行。评价过于繁杂，过于追求细节上的烦琐，则会带来人力、物力的浪费和评价对象的负担，从而降低评价的实际功效。

3.学校德育评价

学校德育评价的最终目的是促进学生的和谐发展，淡化原有的甄别与选拔的功能。所谓甄别与选拔是指根据学生品德素质状况的优劣、水平的高低来鉴别并以此作为表扬的客观依据。学校德育评价应该多元化，在主体上，评价的主体不仅是教师，学生也是评价的主体，多方的德育评价更加全面和客观。在内容上，德育评价涉及学生思想和行为的方方面面，评价不仅关注德育的结果，也关注德育的过程，关注学生的自我体验、自我感情、自我理解和自我提升，着眼于学生长期动态的发展。中学生正处于半幼稚半成熟的叛逆期，这要求老师对学生的评价更客观，保护学生的自尊心，不当众指出学生短处，不让学生感到难堪。对学生进行教育时，一味地批评和打击只会降低学生的自信心，激发学生的逆反心理，因此，在进行评价时，老师们都遵循适度评价和以鼓励为主。既不过度夸赞，避免学生骄傲自满，也不过度打击，避免学生逆反对抗。既要调动学生的积极性，维护学生的自信心，又要创造和谐的师生关系，达到事半功倍的教育效果。

(三)以校为本的教师课程教学质量评价

教师课程教学质量评价是教育教学活动中不可缺少的重要组成部分。学校必须进行教师课程教学质量评价改革，确立发展性的评价观，促进教师专业发展，有效地提升教学质量，促进学生全面发展。但现行教师课程教学质量评价仍主要为传统的奖惩性评价，难以调动教师工作的积极性，所以改革是势在必行。教师课程教学质量评价是评价者根据一定的评价标准和程序，采取多样化的方式和手段搜集、整理、分析评价资料，对教师在课程教学过程中各方面的表现进行价值判断的过程。教师课程教学质量评价是学校对教师进行领导与管理的重要组成部分，对学校发展、教师专业发展和学生健康成长有着重要作用。

1. 教师课程教学质量评价解决的关键问题

开展评价工作不是为了证明什么，关键是要解决教育教学与管理中的实际问题。坚持什么导向来评价教师的课程教学质量，如何运用科学的评价制度促进教师的发展和提高管理效率，进而提高教育教学质量是评价工作面临的一个重要议题。经过探索，教师课程教学质量评价改革主要是解决了以下几个关键问题：

第一，评价指标单一，导致教师课程教学质量评价激励作用缺失。当前的教师课程教学质量评价指标单一，过于关注学生考试成绩，重点放在结果评价上，忽视了教育教学过程中的信息。由于评价指标的单一，评价应有的激励与改进功能无法全面发挥作用。

第二，评价体系缺乏多元性。教师课程教学质量评价的评价标准和指标体系的制定主要是学校管理人员，而不少教师对学校的教师课程教学质量评价标准不是很熟悉，普通一线教师很少参与本校教师课程教学质量评价标准的制定。

第三，评价目的单一，不能满足教师教学个性化和专业发展要求。现行学校教师课程教学质量评价的目的单一，主要出于学校绩效分配的需要，强调对教师教学工作的管理监控，而忽视教师发展的需要，忽视对促进教师发展的帮助和指导，难以调动教师工作的积极性。

2. 教师课程教学质量评价坚持的原则

(1) 过程性评价与终结性评价相结合

重视过程性评价能够使教师注重平时工作中的点点滴滴，学校将过程性评价的结果及时反馈给教师，便于教师改进工作，及时调整教育教学，确保了教育教学质量。学校非常重视对课程教学日常工作的抽查与考核，把考核结果作为教师课程教学质量评价的重要资料，与学期期末的终结性评价贯通起来，真正使过程与结果紧密融合，客观呈现教师的教育教学工作。

(2) 统一性与差异性相结合

每一位教师都有自己的性格、工作方法、优势与专长，每门课程都有自己的教育教学规律。即使是同一门课程，不同的教师也会有不同的处理方法，在具体的教育教学活动中形成不同的工作方法和风格。如果使用统一的评价标准来评价具有不同工作风格和专长特点的教师，难免会有失公允，这就像要求所有的教师都走上一模一样的专业发展道路一样是不切实际的。因此，学校逐渐探索出一套基于全校教师工作共性和工作差异性的评测工作办法，以使每位教师都能充分地认识到自己在专业发展道路上应坚持的优势，让每位教师都能在学校这块广阔天地里找寻到展现自我、提升自我的平台，都享有出彩的机会。

(3)质化评价与定量评价相结合

质化评价在考查教师道德、情感、态度方面有其优越性，能够更加全面深入地展现教师在教育教学工作中积累的宝贵经验和遇到的问题，使教师的个体性得以展现。定量评价适合运用于能够以客观形式呈现的表现资料，例如学生的考试分数、教师参加教研活动的频率、发表科研教研论文的数量和质量等方面。基于此，学校在多年的探索实践中逐渐形成了以质化评价为主、定量评价为辅的教师课程教学质量评价办法，最大限度地激发了教师教育教学工作的积极性。

(4)奖惩性与发展性相结合

对教师进行绩效考核与评价有助于促使教师履行其基本的岗位职责，对教师按照学校统一要求开展教育教学工作起到了调节和约束的作用。但对教师课程教学质量评价后所做的奖惩不是目的，评价应更多关注教师个体在成长过程中存在的实际问题，真正实现评价的诊断和导向功能，为教师专业发展提供直接的指导和建议，让教师在评价中获得成长和发展。

3.教师课程教学质量评价内容

(1)师德师风

所谓"立德树人"不仅要立学生的"德"，也要立老师的"德"。学校一贯重视培养教师良好的师德师风。在评价方面，主要考察以下内容：志存高远，爱国敬业；为人师表，教书育人；严谨笃学，与时俱进；热爱教育事业，热爱学生；积极上进，乐于奉献；处事公正、待人诚恳，具有健康的心态和团结合作的精神。

(2)了解和尊重学生

教师应全面了解、研究、评价学生;尊重学生,关注个体差异,鼓励全体学生充分参与学习;形成相互激励、教学相长的师生关系,赢得学生的信任和尊敬。

(3)教学方案的设计与实施

教师能依据课程标准的基本要求,确定教学目标,积极运用现代教育教学技术,选择利用校内外学习资源设计教学方案,使之适合于学生的经验、兴趣、知识水平、理解能力和其他能力;善于与学生共同创造学习环境,为学生提供讨论、质疑、探究、合作、交流的机会;引导学生创新与实践。

(4)交流与反思

教师能积极、主动地与学生、家长、同事、年级主任和学校领导进行交流和沟通,能对自己的教育理念、教学行为进行反思,并制订改进计划、教案和学案;求真务实,勇于创新,严谨自律,热爱学习,不断地提高自身的思想境界和专业水平。

(5)参加教学研究

教师应积极参加教育教学研究、改革和自编教材的活动,探索教学新理论、新模式、新路子;积极撰写教学论文,在期刊上发表研究成果。

(6)教学成果

教师应积极参加学校、区、市、省组织的各类教研活动,优质课评选,教学能手评选;积极参加教改实验、课题实验,并积极撰写文章,总结科研成果。

(7)工作量和工作纪律

考核主要根据所教班级、班额来核定绩效工作量,鼓励教师至少要按照基本工作量完成工作,未完成者按照绩效规定予以扣除。另外,还将出勤、旷工等有关工作纪律方面的事项纳入评价之中。

第七章 遵义市第五十四中学学校特色文化发展的实践

遵义市第五十四中学(以下简称"五十四中")是由三所航天科工集团子弟学校(655、653、420子弟校)、水电八局子弟校、龙坑中学经两次合并组建而成,建校历史可以追溯到1955年,高中办学历史可以追溯到1972年,至今已有68年建校史,50多年高中办学史。

学校以"秉承航天精神,自强不息;培养健全人格,志存高远"为办学理念,以"壮志凌云,尚学尚能"为校训,以"弘志励学,日新月异"为校风,以"艺傲学海,德向苍穹,科学严谨,诲人不倦"为教风,以"品正博识,学优多能"为学风。学校践行"二三四"管理模式,根据学校地理区域优势,立足学校较高品质的发展定位,加强内部管理,从办学条件改善、教师素质提升、教研教改突破、教学质量提高和学校发展内涵提升等方面入手,不断规范学校管理,优化队伍建设,教育质量名列全市同类学校前列,初步形成了一定的办学特色。

2017年7月,由遵义市人民政府与西南大学联合举办的"西南大学·遵义市教师教育创新实验区示范校"项目正式立项启动,同时也开启了我校从大规模办学到高质量办学模式转变的新篇章。该项目建设以来,学校以"航天文化"为载体,在教师教学创新改革、学校精细化管理、全面育才育人上艰难探索,得到了西南大学专家团队的亲临指导,学校办学质量逐年提升,在市、区中高考考核中各项指标大幅提高,获得学生、家长、社会以及上级部门的普遍认可。

一、文化理念的形成与发展

五十四中是由三所航天科工集团子弟学校(655、653、420子弟校)、水电八局子弟校、龙坑中学经两次合并组建而成,建校历史可以追溯到1955年,高中办学历史可以追溯到1972年,至今已有68年建校史,50多年高中办学史。

学校以"秉承航天精神,自强不息;培养健全人格,志存高远"为办学理念,以"壮志凌云,尚学尚能"为校训,以"弘志励学,日新月异"为校风,以"艺傲学海,德向苍穹,科学严谨,诲人不倦"为教风,以"品正博识,学优多能"为学风。学校践行"二三四"管理模式,根据学校地理区域优势,立足学校较高品质的发展定位,加强内部管理,从办学条件改善、教师素质提升、教研教改突破、教学质量提高和学校发展内涵提升等方面入手,不断规范学校管理,优化队伍建设,教育质量名列全市同类学校前列,初步形成了一定的办学特色。

(一)文化理念的内涵所指

五十四中经过多年的整合与发展,在长期办学实践中,通过学校的自身努力、熔铸社会、文化等多方面新鲜血液,形成了别具一格的校园理念。

跨入新的历史时期,又恰逢五十四中新校园相继竣工,学校环境焕然一新,办学条件得到全面改善。为更好顺应新时代的发展战略规划,为学校文化建设赋予新时代的诠释,我们经过实地考察、资料研究,以及现实诊断,提出了以"航天文化"为核心的新时期学校文化建设计划。

1."航天文化"的精神内涵与实质

近些年,在实施载人航天工程的进程中,国人雄心壮志,自强不息、顽强拼搏、团结协作、开拓创新,取得了一个又一个辉煌成果,也铸就了特别能吃苦、特别能战斗、特别能攻关、特别能奉献的载人航天精神。这是以爱国主义为核心的民族精神、以改革创新为核心的时代精神的生动体现,是与井冈山精神、长征精神和延安精神等一脉相承的光荣传承,是中华民族的宝贵精神财富,值得全国人民认真学习和大力弘扬。

(1)"航天精神"是艰苦奋斗的精神

历尽千难成伟业,人间万事出艰辛。航天精神告诉我们,无论何时,艰苦奋斗永远是我们战胜一切困难、夺取事业胜利的重要法宝。只有以艰苦奋斗精神做支撑,我们的民族才能自立自强,我们的国家才能发展进步,我们的各项事业才能永葆生机活力。

(2)"航天精神"是勇于攻坚的精神

伟大的事业孕育伟大的精神,伟大的精神推动伟大的事业。有了这种精神,就可以知难而进,顽强拼搏,在重重困难面前百折不挠,在道道难关面前决不退缩,以惊人的毅力和勇气战胜各种难以想象的困难,用满腔热血谱写壮丽的事业。

(3)"航天精神"是开拓创新的精神

航天事业从无到有,走出了一条具有鲜明中国特色的航天道路,老一代航天人的成绩更是不断演绎着中国力量、中国精神、中国效率。我们必须把创新作为引领发展的第一动力,不断推进理论创新、制度创新、科技创新、文化创新等各方面创新。自强不息、艰苦奋斗、不懈探索、敢于超越,攻克一个又一个难题的开拓和创新精神,是今天的莘莘学子尤须保持的。

(4)"航天精神"是无私奉献的精神

航天人为了祖国的事业,淡泊名利,默默奉献。他们献出青春年华,献出聪明才智,献出热血汗水,用顽强的意志和杰出的智慧,将"一切为了祖国,一切为了成功"镌刻在浩瀚星空。这种精神对激励青年学子,更具有现实意义。

(5)"航天文化"是"航天精神"的具体体现

"航天精神"的关键在于具有文化存在和精神存在,而"航天文化"可以说是对航天精神的意义、价值、地位、作用的具体体现,是对宝贵的精神状态、价值追求的体现。

"航天文化"就其内涵来讲,是以民族优秀传统文化为根基,以社会主义核心价值观为主体,以航天精神的优良传统为品质,在实践中培育形成的价值观和行为准则。航天文化是历史积淀的文化,在中国特色社会主义理论体系的指引和社会主义文化大繁荣、大发展的推动下,航天文化吸收众多先进元素,成为新时期重要的先进文化代表,航天精神在规范行为、锤炼品质、传承文化等方面发挥着重要的作用。

航天精神与井冈山精神、长征精神、延安精神等一脉相承。我们以航天精神即"航天文化"作为五十四中的校园文化核心内容,航天精神既统属于"红色遵义,多彩校园"文化建设活动之中,又能突显五十四中自身特色。

2. "航天文化"对应学校文化建设的关键词

(1)艰苦奋斗

(2)勇于进取

(3)开拓创新

(4)无私奉献

(5)自强不息

(6)实现价值

(7)追求卓越

(8)团结协作

3. "航天文化"的文化核心——好钢才有航天时

"航天精神"是懂得自我肯定、自我提升、自我奉献的精神,以"航天"作为五十四中的文化主题,一方面是传承学校历史人文精神,另一方面也是激励广大师生锤炼"航天精神",勇于挑战自我,争做"航天传人"。

"好钢才有航天时",即只有优质的钢材才有可能作为航天材料,遨游太空,也就是在鼓励广大学生努力把自己锻造成一块好钢、一块抗压耐受的优质钢;同时,教师也要如同炼钢师一般,要倾注自身全部能力,把学生淬炼成好钢。

"钢"源自铁,但并非所有铁都能炼成钢,炼钢对工艺、技术、温度等都有很高的要求,就像教师一样,要具备专业的教学知识、和善的教学作风,才能把一块块朴实无华的生铁炼成熠熠生辉的好钢,同时,学生要懂得努力奋进、百炼成钢。"不做废铁做好钢,成功成才航天时。"

(二)文化理念的外在表征

校园文化重在建设,它主要包括物质文化建设、精神文化建设和制度文化建设,这三个方面全面、协调发展,就为学校树立起完整的文化形象。因此,学校文化理念的提炼最终指向物质文化与精神文化的双重建设。

1.精神文化的实施路径

著名教育家顾明远说:"一所学校要有一个文化的蕴含,文化的蕴含越深厚,学校的基础越深厚"。我们从实际出发,拟定五十四中精神文化建设方案,主要包括学校环境文化建设、学校制度文化建设、学校理念文化建设和学校行为文化建设。

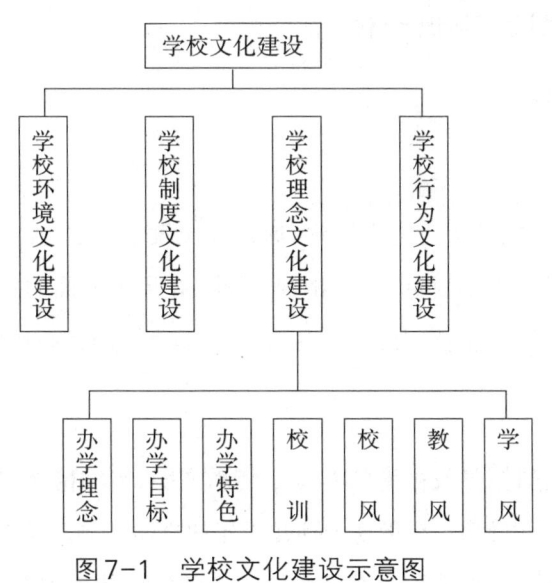

图7-1 学校文化建设示意图

学校理念文化建设主要包括的内容为:办学理念、办学目标、办学特色、校训、校风、教风和学风七大方面(如图7-1)。

文化理念框架

【文化主题】航天文化

【文化核心】好钢才有航天时

【办学理念】秉承航天精神,自强不息;
　　　　　　培养健全人格,志存高远。

【办学目标】以航天精神育人,育四有新人;
　　　　　　以持续发展治校,创黔北名校。

【办学特色】传承航天精神　培养自立学生

【校　　训】壮志凌云　尚学尚能

【校　　风】弘志励学　日新月异

【教　　风】艺傲学海　德问苍穹　科学严谨　诲人不倦

【学　　风】品正博识　学优多能

(1)办学理念

【定义】

办学理念可以理解为办学思想,通俗地说就是办学的出发点,它是学校办学的灵魂,对学校的办学目标、办学精神、校训、校风等方面的建设具有指导性。先进的办学理念对内是凝聚力、向心力,对外则是学校的核心竞争力和品牌象征。

【含义】

秉承航天精神:学校教育的基础是传承文明,传承精神和文化。华夏文明有中国五千年的历史积淀,是华夏子孙几千年的文明结晶。航天文化是传统文化与时代文化的融合,它形成了一系列影响深远的优良传统和文化理念,并作为当今社会的价值追求。五十四中在此基础上探索发掘并赋予其学校文化生命,使其更有思想魅力和时代特征。

自强不息:即要求师生刻苦钻研、勤于思考,开拓进取、勇于创新,致力服务社会,实现人生价值。

培养健全人格:这是五十四中一直坚持的办学思想,学校从整个人格塑造出发,全面推进以德育为核心、培养学生的创新精神和实践能力为重点的素质教育。

志存高远:"高""远"不仅仅体现在学校办学规模、学校环境建设等物质条件方面,还在学校文化建设、师生文化素质等软件方面进行全方位的发展。学校的发展思路也要顺应时代的发展和社会的变革而不断地更新、调整,只有坚持"志存高远"的办学理念,不断追求更高层次的发展目标,才能保证学校在不同时代都能焕发出新的活力。

(2)办学目标

【定义】

学校办学目标是对学校发展前景的形象设计,是学校未来要达到的质量水平和标准。学校办学目标一旦确定,就树起了一面旗帜,具有强大的感召力和凝聚力。为此,如何形成符合学校实际,科学有效的办学目标,成为学校最为核心的问题。

【含义】

"以航天精神育人"就是要用航天文化的内涵、品质培育学生,"特别能吃苦、特别能战斗、特别能攻关、特别能奉献",以及特别能创造等精神,培养学生德智体美劳全面发展。"育四有新人"就是培育有理想、有道德、有知识、有纪律的合格公民,"秉承品德高尚、身心健康、学业优秀、能力卓越的培养目标",即把学生锻造成好钢,成为社会有用之人。

"以持续发展治校",对于学校而言,就是要从学校硬件配套设施、师资力量水平、学生成长情况、科研力量,以及教学思想、教学理念等方面进行可持续发展。"创黔北名校"是五十四中办学最主要的目标。五十四中在文化名校("航天文化"特色)、教育名校(高升学率)、品德名校等方面发展,成为同类学校争相效仿的典范,成为辐射地区学生梦寐以求的求学殿堂。

(3)办学特色

【定义】

办学特色是学校在长期办学实践中逐步形成的独特、稳定、优质、并带有整体性的教学项目,是通过教育思想、教育管理、教学内容、教学方法、教学成果以及校风、教风、学风等多方面综合体现出来的办学特点。它是学校特有、优于其他学校的办学意图和管理风格,是学校教师队伍整体状况和教学特点的体现,也是影响学生个性形成及学生群体特点的综合反映。

【含义】

传承航天精神,吃苦耐劳、敢于攻坚、勇于奉献、乐于创新,用航天精神办学,育特色航天传人。以航天教育为基准,创办"航天文化"特色学校。

培养学生生活、工作的自立、自主能力。教育不仅是要传输给学生知识和智慧,更是要锻造学生的心性,培养学生能力。契合我校学生的能力知识水平,培养他们对社会的适应能力,让他们成长为真正意义上的"四有新人",社会有用之人。

(4)校训

【定义】

校训,《辞海》的解释是:"学校规定的对全校师生员工有指导意义的应该共同遵守的训词。是学校倡导的一种风尚和行为准则。"

校训是一个学校的灵魂,是一种面向社会的精神标志,是学校历史和文化的积淀,是广大师生共同遵守的基本行为准则与道德规范,它既是学校办学理念、治校精神的反映,也是校园文化建设的重要内容,更是一所学校教风、学风、校风的集中表现,体现着学校文化精神的核心内容。

【含义】

壮志凌云:壮志,宏大的志愿;凌云,直上云霄。形容理想宏伟远大。出自《汉书·扬雄传下》:"往时武帝好神仙,相如上《大人赋》,欲以风,帝反缥缥有凌云之志。"对于教师而言,"壮志凌云"就是要先立己、再立人;对于学生而言,就是要专心求学、培养自身高尚的品德和情操。

"尚学尚能"。学,即学习、知识、智慧;能,即能力、技能、实践、变通;尚,即崇尚、推崇。"尚学尚能"就是要培养学习好、技能全的综合性人才,从而锻造一块真正的"好钢"。

(5)校风

【定义】

校风即学校的风气。它体现在学校各类人员的精神面貌上,体现在学生的学风、教师的教风、学校干部的作风、各班级的班风上,还存在于学校的各种事务和环境之中。良好的校风既是教育和管理的成果之一,又在教育和管理上发挥特殊作用,具有一股巨大的同化力、促进力和约束力,成为一种精神力量和优良传统。建设好的校风是学校管理者的一项重要任务。

【含义】

弘志励学:弘,光大、扩充之意,弘志,即自身树立远大的抱负志向,志比天高,用航天的精神和气度去摘取高远的希望。励学,即勤勉、努力地学习,远大的志向要用脚踏实地的步伐才能追逐,只能每天前进,才能离目标更近。

日新月异:新,更新;异,不同。日新月异,即每天都在更新,每月都有变化,指发展或进步迅速,不断出现新事物、新气象。出自《礼记·大学》:"苟日新,日日新,又日新。"要求每一位师生要不断进取,在智慧的海洋中汲取能量。

(6)教风

【定义】

教风即教师风范,是教师的德与才的统一性表现,是教师整体素质的核心,是教师道德、才学、作风、素养、治教的集中反映。教风是校风的重要组成部分。从某种意义上讲,教风也是一个学校崇高的精神旗帜,它对学生可以起到熏陶、激励和潜移默化的教育作用。教风好,可以提高学校的知名度,可以提高学校的社会声誉和社会可信度。因此,教风可以说是一个学校生存和持续发展的动力之源。

【含义】

艺傲学海:艺,指技术、知识、学问。艺傲学海,即作为教师,要拥有丰富的学识、广博的见闻,如学海一般让学生徜徉其中,汲取营养。

德问苍穹:苍穹,即蓝天,教师要具备天空一般博大的胸怀,高尚的情怀,崇高的人格。"艺傲学海 德问苍穹"即教师要提升自己的学术修养、品德修养,做一名"德艺双馨"的模范教师。

科学严谨 诲人不倦：教师要用科学的教学方式，根据不同学生的不同需求和不同特点，因材施教，而非千篇一律地传授知识。严谨，即教师以认真、细致的教学态度授业。科学是教学方式，严谨是教学态度，最终用"诲人不倦"的师德师风把每一名学生都培养成"四有新人"。

(7)学风

【定义】

学风是学生的行为规范和思想道德的集体表现，是学生在学习过程中所表现出来的精神风貌、学习态度和学习风气。学风既是一种学习氛围，同时又是一种群体行为，不但能使学生受到潜移默化的熏陶和感染，还能内化为一种向上的精神动力。在一个学风优良的环境里，学生的思想品德、价值观念、行为方式、意志情感等都会发生变化，这些都对学生的成长成才和职业生涯发展产生深远的影响。

【含义】

品正博识：为学，首先要为人，成为守功德、懂正义、识大局、讲气节的人，是为"品正"。同时，还应注重知识的积累，全面提高综合素质。学优多能：即培养学习成绩好、实践能力突出的"四有新人"。

2.物质文化的思路探索

在校园文化建设中，精神文化是目的，物质文化是实现目的的途径和载体，是推进学校文化建设的必要前提。物质文化建设是校园文化建设的重要组成部分和重要的支撑。校园物质文化，属于校园文化的硬件，是看得见摸得着的东西。校园物质文化的每一个实体，以及各实体之间结构的关系，都反映了某种教育价值观。所以，五十四中在物质条件上给予学校文化建设以极大的支持。

以下为我们初步拟定的五十四中校园物质文化建设简要方案。由于五十四中的整个校园建设还在进行之中，另外，从减轻一次性资金投入压力的角度考虑，我们也建议学校按照"整体规划，分步实施，急用先行"的原则与步骤，逐步进行学校物质文化建设。

(1)导视牌

科室牌

班牌

楼层索引标牌

(2)外墙浮雕、设计

教学楼入口左边墙壁

①上:嫦娥奔月浮雕

　　文字——探索宇宙奥秘,心系祖国未来;

　　　　　　追求千年梦想,缔造"奔月"神话。

　　下:载人航天精神浮雕

　　文字——特别能吃苦,特别能战斗,

　　　　　　特别能攻关,特别能奉献。

②教学楼入口右边墙壁

　　上:地球浮雕

　　文字——航天精神与井冈山精神、长征精神、延安精神一脉相承。

　　下:红色精神文化浮雕

③三、四、五楼护栏设计

　　五楼做字(校风):弘志励学　日新月异

　　四楼做字(教风):艺傲学海　德问苍穹　科学严谨　诲人不倦

　　三楼做字(学风):品正博识　学优多能

(3)行政楼

①正对校门,校徽两边

　　做字(校训):壮志凌云　尚学尚能

②行政楼背面,临升旗台一面

　　做字(办学目标):以航天精神育人,育四有新人;以持续发展治校,创黔北名校。

③大厅正面的上面有标语

　　做字(文化核心)：好钢才有航天时
④大厅左边主题墙下面部分

　　教师誓词
⑤大厅左边主题墙上面部分

　　做字：师道——君子既知教之所由兴，又知教之所由废，然后可以为人师也。故君子之教，喻也。道而弗牵，强而弗抑，开而弗达。道而弗牵则和，强而弗抑则易，开而弗达则思。和易以思，可谓善喻矣。
⑥大厅右边主题墙下面部分

　　园丁谱（教师风采展示）
⑦大厅右边主题墙上面部分

　　做字：师德——善为师者，既美其道，又慎其行，齐时早晚，任多少，适疾徐，造而勿趋，稽而勿苦，省其所为，而成其所湛，故力不劳而身大成。此之谓圣化，吾取之。——董仲舒
⑧楼道文化

　　一楼：

　　主题——教育者·铸金人

　　设计文字：师者，像一名优秀的炼钢师，废铁能成好钢；

　　　　　　　师者，像一名坚守的淘金人，沙海寻得金矿；

　　　　　　　我们，做一名无私的教育者，桃李终遍天下。

　　设计内容：孔子、陶行知等教育家创意画面

　　横梁成语：百炼成钢、披沙拣金、桃李满门

　　二楼：

　　主题——德育人·品立人

　　设计文字：航天，技当先；教育，德为首。

　　设计内容："德"的各种字体组合设计

　　横梁成语：言传身教、润物无声、作育英才

三楼：

主题——航天梦·抒豪情

设计内容：教师关于"航天梦"书画、绘画、摄影作品展示

横梁成语：雄心壮志、鸿鹄之志、昂霄耸壑

四楼：

主题——春风暖·桃李香

设计文字：

教师职业要求

以爱岗敬业为荣，以敷衍塞责为耻。

以开拓创新为荣，以因循守旧为耻。

以勤勉博学为荣，以懒惰肤浅为耻。

以关爱学生为荣，以漠视学生为耻。

以廉洁从教为荣，以岗位谋私为耻。

以因材施教为荣，以千篇一律为耻。

以团结协作为荣，以损人利己为耻。

以仪表端庄为荣，以不修边幅为耻。

以尊重学生为荣，以辱骂学生为耻。

设计画面：教师授课

横梁成语：鞠躬尽瘁、克己奉公、和蔼可亲

五楼：

主题——航之源·天之远

设计文字：

坐地日行八万里，巡天遥看一千河。——毛泽东

"航天"一词由钱学森根据毛泽东诗句首创

航天是什么——航天器在太阳系内和太阳系外的航行活动统称为航天。

航天做什么：探索、开发和利用太空与天体，为人类服务。

设计画面：文字创意设计

横梁成语：扶摇直上、志存高远、凤翥鸾翔

(4)教学楼

①楼道旁宣传墙

设计文字:读书宣言

亲爱的同学们:

今天在国旗下让我们庄严地宣誓:我们愿生长在充满书香的家园中,以读书放飞我们的梦想,以读书开启我们的心灵之窗。让我们打开书籍,阅读经典,和孔孟对话,与李杜共语。让我们打开书籍,欣赏美文,和书本拥抱,与大师交流。让我们打开书籍,与真理为伴,传承民族精神,传承古国文明,传承龙的血脉。同学们,选择书籍,选择阅读,就是选择了精彩的人生,把梦留驻在书中,把书留驻在梦中,开启我们的心灵之窗。捧起书籍,阅读吧! 立德、立志、立人,坚定理想信念,为振兴中华而读书。

设计形式:国旗、航天元素

②形象墙

设计文字:全球化教育 航天育传人

设计形式:镂空,地球,航天器元素

③教学楼

一楼:

主题——以丰富知识奠定人生之基础

设计文字——用感性的眼光捕捉世界

用理性的智慧练达才能

用人性的光芒温暖人生

设计图画——数字、数学符号、汉字、字母、火箭元素

柱头文字:数学与航天、语文与航天、英语与航天、物理与航天、政治与航天、地理与航天、计算机与航天、化学与航天等,以下为部分介绍:

数学与航天:数学科学与航天事业飞速发展相互作用,航天事业各个方面都与数学有着密切关系,火箭发射的速度、太空运行速度、最高速度、绕月轨道设置等都要以数学作为应用基础。此外,根据近代数学的动力体系理论,太空中各星体产生的重力场之间存在"传送带",而飞行器在这一"传送带"上运行并不需要燃料,这一理论体系解决了飞行器长期运行的燃料问题。

语文与航天：语文是最重要的交际工具，是人类文化的重要组成部分。在所有的学科中，语文是一门基础学科，一个人只有具备了一定的语文知识，有了一定的语言积累，掌握了必备的语法知识，才能有条件去学习其他学科，因为所有学科的教材都离不开语言文字，要靠语言文字来传达和表达信息。"工欲善其事，必先利其器。"语文既是学习其他学科的基础，更是学习其他学科必备的工具。

英语与航天：英语的普及不仅影响我们的生产生活，对我国的航空航天事业也起着重要作用。"中国探月"英文全称China's Lunar Exploration Project（简称"CLEP"），此外，很多专业术语也要求航天人具备专业英语知识，比如："载人航天" manned space flight、"载人航天计划"manned space program、"航天飞机"space shuttle、"多级火箭"multisteg rocket、"试验太空船"Experimental Spacecraft等。

物理与航天：每个物体都受万有引力作用，我们身处地球，地球对我们的引力最大，此外，海水的潮汐受月球引力的影响，地球本身的运行主要受太阳引力的影响。各个星体的万有引力在太空中形成一个重力场，每个星体的运行都受这个重力场影响。航天器在靠近某个星体时，受该星体的引力最大，离他远一点，重力就减小，这就是重力对航空航天技术的影响。

地理与航天：航天发射场地的选择、发射时间的选择都要充分考虑地理因素。拜科努尔航天发射基地位于北纬46°、东经63°；酒泉卫星发射基地位于北纬40°、东经100°，两地同属中纬度内陆地区，同为温带大陆性气候，晴朗的天气有利于航天发射。

化学与航天：航空燃料包括供点燃式活塞发动机用的航空汽油和供燃气涡轮发动机用的喷气燃料。喷气燃料密度适宜，热值高，燃烧性能好，能迅速、稳定、连续、完全燃烧，且燃烧区域小，积碳量少，不易结焦。此外，喷气燃料低温流动性好、热安定性和抗氧化安定性好、洁净度高、对机件腐蚀小。可见，优质燃料的选用对航天事业起着举足轻重的作用。

楼道文化：

主题——航天精神之特别能吃苦

设计内容：艰苦奋斗的精神文化内容，8幅（谦虚、谨慎、不骄、不躁、节俭、奋发、积极、坚持）

二楼：

主题——以高尚情怀承载思想之力量

设计文字——情怀修养才可思想提升

思想提升才是人类进步

人类进步方能航天起步

设计图画——国旗、国徽、红丝带等爱国元素设计

柱头文化——航天英雄介绍：加加林、列昂诺夫、阿姆斯特朗、捷列什科娃、杨利伟、费俊龙、聂海胜、刘洋

楼道文化：

主题——航天精神之特别能战斗

设计内容：提升战斗力精神方面文化，8幅（拼搏、同心、敬业、攀登、顽强、开拓、上进、协作）

三楼：

主题——以先进科技加注创新之动力

设计文字：日新月异变革人类伟大事业

克难攻坚创造人类富裕文明

设计画面：各种航天器元素设计（宇宙飞船、火箭、探月卫星、飞机、升空喷火……）

柱头文化：航天科学家介绍，8个（钱学森、孙家栋、戚发轫、任新民、黄春平、梁守槃、袁家军、屠守锷）

楼道文化：

主题——航天精神之特别能攻关

设计内容：克难攻坚相关精神文化展示，8幅（克难、不屈、凝聚、变革、创新、坚韧、探索、勇敢）

四楼：

主题——以坚实梦想撑起发展之脊梁

设计文字：乘着梦想的翅膀翱翔天空

搭载希望的机翼探索宇宙

设计画面:翅膀、爱心、机翼等元素的创意画面

柱头文化:中国航天史(嫦娥奔月、夸父逐日、西海之神、明代万户"飞天"、中国第一颗人造卫星"东方红一号"、中国第一颗探月卫星"嫦娥一号"、中国第一艘载人飞船"神舟五号""神舟七号"宇航员翟志刚完成首次出舱行走)

楼道文化:

主题——航天精神之特别能奉献

设计内容:奉献相关精神文化展示,8幅(快乐、帮助、付出、守护、润泽、鼓励、舍得、真情)

五楼:

主题——以璀璨星光印记航天之绝美

设计文字:天之华彩 星河浩瀚

地之俊秀 山河雄浑

设计图画:银河系

柱头文化:航空航天摄影优秀作品展示(8幅)

二、课程体系的探索与建构

1. 探索过程

五十四中艺术教育特色创建于2016年,艺术教育指导思想是:实践"以艺启智,以美育人"的办学理念,丰富校园文化生活,努力营造积极向上、百花齐放、格调高雅、健康文明的校园文化氛围。通过开展一系列文化、艺术活动,激发广大学生爱党、爱国、爱校和热爱艺术、勤奋学习、努力成才的热情与动力,不断提高自身素质,从而推动校园精神文明建设,形成美育特色。

经过几年的努力实践,我校的艺术教育工作已呈现出艺术教育课程化、艺术教育普及化、艺术教育社团化、艺术教育德育化四大特点,并受到各界领导、专家、老师和家长的肯定和支持。在专业老师的精心指导和历届学员的刻苦训练下,艺

术特色舞蹈、美术、合唱三朵金花在区、市一级的比赛和展示中取得了优异的成绩,在社会上产生了良好的影响。

值得一提的是,艺术特色教育不仅使一大批艺术基础薄弱的同学掌握了熟练的吹、演、弹、唱、画的技能,也由此培养出了吃苦耐劳的毅力、敏捷思维的能力和团结合作的精神,促进了学生德、智、体、美、劳的全面发展,达到了意想不到的多赢效果。

2.优势及创新点

(1)我校领导高度重视艺术教育及其基础建设。将文化艺术融入校园的各项设施建设之中,在各级教育主管部门的关心支持下。于2016年新建教学楼一栋,对校园环境进行全面美化。如今,校园里洋溢着典雅别致,活泼清新的气息,格调高雅的文化走廊的墙壁上悬挂的近100件学生美术书法作品更是突出了艺术教育的浓厚氛围。自2017年来,我校投入了大量的资金,高标准地配备 两间音乐专用教室、两间美术专用教室、1间刘远来美术工作室、1间多功能展示厅。此外,钢琴、吉他、架子鼓等常用乐器数量能满足学生社团使用。同时,添置多媒体电脑、视频展示台、投影机、电动幕布、高级音响等一批现代化教学设备,确保学校能开足开齐音美课程、开设艺术选修课、校本课程以及开展美术音乐的综合实践活动,满足学生学习艺术的要求,让学生在学校里获得美的陶冶,为学生的全面发展创造良好的条件。

(2)学校每周开展了美术绘画课外活动,由刘远来老师辅导,每周开展的音乐、舞蹈课外活动由陈小燕老师和王珺老师辅导。此外,学校围绕艺术教育特色组建了舞蹈社团、合唱社团、声乐社团、吉他社团、绘画社团、播音主持社团和戏剧社团等。

(3)学校开设了音乐、美术两个专业的艺术校本教育项目。其中,开发建设的音乐校本课程有:"遵义地方民歌""中学生学吹竹笛和竖笛"。美术校本课程有:"吸管编织""素描基础""色彩基础""速写基础",每年围绕特色项目定期举行学生才艺大赛,大型成人礼艺术展演活动,师生美术作品展览等活动。我校的艺术特色项目,在本地同类学校中具有明显优势,影响力大,反响好。

(4)创设具有浓郁艺术氛围的校园环境。立德楼、立志楼前的艺术展板,校园内的宣传画、壁画、装饰画,教室内、走廊上悬挂展示的师生艺术作品,鲜活地体现了学校艺术教育特色。学生们的创作成果在校园得到了充分展示,师生养成良好审美情操,形成崇德尚艺的良好氛围。学校经常开展丰富多彩的课内外文艺活动,每学年定期组织学生参加科技竞赛、校园文化艺术节、校园歌手赛、器乐比赛、主持人选拔赛、自编节目选拔赛、书画展、硬笔书法赛、征文比赛、师生演讲比赛等活动,特别是以"感恩教育"为宗旨的每年一度的"成人礼"艺术节,内容丰富形式多样,已经成为我校开展艺术教育的一道亮丽的风景线。"成人礼"艺术节涉及器乐、声乐、舞蹈、戏剧、曲艺、朗诵、美术、书法等艺术形式和科技文化实践活动。既有学习和排演的中华传统文学艺术精品节目,也有学生和老师改编或创作的节目;既有单项表演,也有综艺的班级会演;既有学生参加,也有教职工参与。"成人礼"艺术节成了师生参与文化艺术实践,展示艺术才华的广阔舞台,已成为对学生进行生动的艺术教育的重要阵地。

(5)学校艺术教师在校内,区内主动传播艺术教育教学经验和优秀成果。艺术教师通过送课下乡活动,专题课程交流,集体备课评课,同课异构活动为其他学校提供教师培训、教学研究、课程资源等方面的支持,发挥了良好的示范引领作用。

(6)师生创作出的艺术作品内容健康、品位高雅、形式多样。学校组织学生参加了各种校外的艺术活动,比赛成绩突出,水平较高。获得了市级一等奖10人次,二等奖3人次;区级一等奖50人次,二等奖100余人次,获得了良好的声誉和社会影响力。

(7)校内形成了良好的艺术教育研究与课程教学改革氛围。学校组织教师参与各种教改培训,完成相应的课题研究。艺术教师参加各类比赛收获颇丰:刘远来等教师作品屡次获得市级一、二等奖,区级一等奖,还应邀参加了贵州省移动通信杯美术作品展,入选贵州、陕西两省"黔韵秦风"美术作品展,入选贵州省庆祝中国共产党成立90周年美术作品展。陈小燕等教师也屡获各类比赛大奖:有省级声乐比赛专业组二等奖、多彩贵州遵义赛区二等奖、区级教师基本功大赛一等奖、市级基本功大赛二等奖、区级优质课示范课一等奖、省级音乐教师声乐比赛优秀奖等。

3.未来展望

(1)加强领导,构建艺术教育有效运行机制

近年来,学校充分认识到,素质教育的根本目的是促进学生素质全面和谐发展。忽视艺术教育的教育,不是真正的素质教育,正所谓"教育之功,非各门学科成绩分数优就可一并概全;育人之举,需各类素质素养齐头并进方显全面发展"。我校把艺术教育放在学校发展蓝图的重要位置上,以艺术教育为突破口,坚持整体优化,促进学生全面和谐发展;实施课内与课外相结合、校内与校外相结合、普及与创优相结合的三大发展途径。建立学校艺术教育工作领导小组,由校长任组长、副校长任副组长,成员包括音体美教研组长、艺术教师、分管教务主任、德育主任以及全体音乐、美术老师等,全面统筹学校的艺术教育。建立激励机制,将艺术教师的教学成果、带队参赛、课外辅导等纳入教职工年度考核。每学期对在艺术教育中作出贡献的,在市、区各类竞赛中指导学生获奖的教师给予奖励,使艺术教育工作成为教师的工作职责,推动学校艺术教育向更高的层次发展。

(2)落实措施,打造过硬的学校艺术师资队伍

要使学校艺术教育深入持久地开展,关键在于建立一支合格、稳定且有奉献精神的艺术教师队伍。学校通过岗位培训、教研活动、集体备课、听讲座、外出学习等形式,有效提高艺术教师队伍的综合素质。在构建学校艺术教育工作团队的同时,要求全体教职员工人人都要重视艺术教育,并积极倡导教师以己之长去服务学校的艺术教育。

学校把建设一支数量足、素质高、能力强、团结向上、热心于艺术教育的师资队伍作为艺术教育的重点来抓。在学校的重视下,艺术组的全体教师经常参加新课程培训和各级各类教师业务培训,每周按规定进行一次教学研究活动,探讨艺术教学中遇到的问题,提出教学的新思路,交流教育心得体会,提高艺术反思的能力,并不断提高学历层次。目前,我校艺术教师共有14人,其中音乐教师8人,美术教师6人,其中高级职称4人,中级职称6人,均为本科学历,达到艺术教育特色学校的要求。我校艺术组教师还积极参加各种科研活动和各级论文、作品、多媒体课件评比,先后获得市级以上奖项21人次,区级以上奖项45人次,指导学生团体获市区级奖项12次,举办画展10余次。此外,我校陈晓燕老师在2019年6月应赤水市教育局邀请担任赤水市中小学合唱比赛评委,7月应仁怀市教育局邀请担任仁怀市第七届艺术节评委;从2009年至今参加播州区及遵义市大型文艺活动,担任独唱达100多场次;其中应播州区石板镇邀请演唱主题曲《石板颂歌》并拍摄MV,另外演唱的遵义市原创歌曲,代表作有《最美田园居》《桃李石溪》《最美鸭溪》《石板颂歌》等。刘远来老师的油画作品《西坪单桥》入选"长征路上·遵义油画作品"贵州省美术馆展,同年,油画作品《封存的记忆》入选"黔韵秦风"贵州和陕西两省美术作品展;2019年5月,其作品在播州区教育系统庆中华人民共和国成立70周年师生才艺大赛书画影比赛中荣获教师组一等奖。

(3)调整时间,确保艺术教育在学校教育中的位置

重视艺术教育必须确保艺术教育在学校教育中的位置,因此,我们着力调整课程设置,保证了学校艺术教育课开齐、开足并有所拓展。我们提出了"课内打基础,课外求发展"的要求,增大艺术课时总量,把艺术类学科活动课正式列入课程总表,保证学生参与艺术教育活动的时间。学校安排每天40分钟的课外文体活动,让每一个学生在学校艺术天地中找到自己的位置,让每一个学生都能接受艺术的熏陶。除此之外,学校还将艺术类学科教学质量列入期末抽查项目,从评价环节倒逼课程改革。

(4)积极探索,加强艺术教育新模式的实践研究

在学校艺术教育领导小组的指导下,学校明确了新一轮艺术教育发展思路,制定了学校艺术教育新的发展规划及方案,并开始了新一轮行动。我们紧紧抓住课堂教学主阵地,在抓好常规教学的基础上,注重艺术教育教学模式的研究。在艺术学科教学中,我们主要以"艺术知识的传授、艺术作品的欣赏、艺术的实践和创造"为主要内容。探索"激发—体验—创造"教学模式,努力创设一种轻松愉悦的艺术教学氛围,让学生在愉快的环境中得到艺术的熏陶,并得到美的享受。

(5)准确把握,立足艺术教育的普及与提高

学校提出了"点面结合、多元发展、整体推进、重点培养、体现特色"的实施策

略,以文体艺术活动系列化来丰富校园文化,进一步推动全校性文体工程的深入开展。形成了以"文化+艺术"的现代教育新理念和良好的艺术氛围,培养了一批能够适应新世纪教育发展的艺术人才。同时,优化艺术教育的过程,每年组织美术和音乐特长生教学,有计划地开展音、美特长生的训练活动。几年来,我校艺术特长生的专业成绩不断提高。自2015年以来,为高校先后输入优秀学子共计600余人,艺术成绩二本上线率100%,一本上线达40%,分别考入中央民族大学、西南民族大学、贵州大学、东北石油大学、贵州师范大学、贵州民族大学、新疆艺术大学等高校;2019年,黎红叶同学以艺术总分244.34的成绩考上西南民族大学,名次排贵州省第51名,遵义市第二名,播州区第一名。

我校将继续发挥在艺术教育工作方面的认识早、观念新、起点高、群体强和勇于开拓创新等特色,从新的视角与高度,来考虑和确立艺术教育理念的创新和发展,加强学校艺术教育理论和实践的研究与探索,不断提高艺术教育教学质量。

三、教研教改课程体系改革

1. 改革背景

五十四中的课堂模式改革创新是在中共中央、国务院2020年印发《深化新时代教育评价改革总体方案》的大背景下,针对学校近年来快速发展,大量年轻教师初涉讲台,授课经验相对薄弱,课堂教学模式不够规范等现状,以五十四中创办省级特色示范高中(艺术类)为契机,以"西南大学·遵义市教师教育创新实验区基础教育可续研究专项课题"——《基于审美教育视角艺术融入学科课程建构的研究》(课题编号2020ZB353)为载体,在西南大学教师教育学院专家团队倾力指导下,以学校副校长樊朝彬、市级名师工作室主持人尹永忠老师为课题组长,以学校各学科中青年教师为改革实验团队进行的一项关于课程建构、课堂革命、评价标准、学科渗透、美育培养等方面的综合改革实践。

2.内容框架

(1)课题研究深入创新

2020年7月,西南大学教师教育学院董小玉教授一行5人莅临我校开展项目推进视导工作,就我校"西南大学·遵义市教师教育创新实验区基础教育可续研究专项课题"项目的选题论证、立项申请、过程指导、理论提炼等进行指导。这激励了我校教师探究教育教学创新的激情,课题研究如雨后春笋,不断涌现。仅2020年我校市级课题结题2项,区级课题结题1项;2021年市级课题结题1项,结题申报2项,其中就有董小玉教授亲自指导的专项课题《艺术融入学科的课程建构——基于审美教育的视角》(课题编号:2020ZB353)和冯育臻老师的市级课题《中学语文朗读教学的有效性研究》(课题编号:2018ZB001)。

(2)课堂模式研究打造

学校基于审美视角下对"四维(生生互动、师生互动、小组互动、艺术渗透)课堂模式"进行研究、打造(评价表见表7-1)。以五十四中副校长樊朝彬、名师工作室主持人尹永忠为组长组建学校青年教师发展中心及"四维课堂模式"课题组,涵盖我校语、数、英、物、化、生、政、史、地、日语、音乐、美术、信息技术等13门学科。主要通过量表制订、文献查阅反思、课例示范、青年教师过关课展示、课例观摩研究、反思及研讨、美育渗透素材库(背景音乐)创建、专家评审过关等环节,对吕凤、王群等33名青年教师进行课堂模式打造。这一美育改革课堂模式获得2021年遵义市美育改革创新案例评选一等奖。

(3)校本教材编写

学校组织相关学科教师结合本校实际,融入审美视角,完成了《遵义地方民歌汇编》《中国礼仪文化及遵义市五十四中学成人礼(冠礼、及笄礼)规范教学》《长征故事与长征精神》《趣味化学实验》《英语"悦"读》《生活与地理》等校本教材的编写。

(4)大学慕课及PPT模板制作

学校为更好地贯彻美育改革实践,充分体现艺术审美,课题组的所有成员统一按要求进入中国大学慕课网学习学科艺术渗透专题,同时关联学科(如理化生共用)进行规范、美观、程式化的PPT模板制作。

(5)文献阅读与反思

课题组成员按要求不定期(一般一个月2次)阅读相关文献并进行阅读反思、研讨交流,借鉴他山之石,提升思辨能力。

3.改革成效及创新点

(1)美育改革深入课堂

我校通过美育改革实践,初步实现课题组各学科的教学设计中均有美育渗透目标,促进我校全员育人、全科育人。如我校语文组黄鸣老师的《琵琶行》教学设计,在集体备课中反复论证,教师课后反响较好。

(2)青年教师专业成长

我校的美育改革实践,特别关注青年教师成长,在各级各类各学科的磨课、竞赛中,坚持美育渗透、提倡"四维课堂模式",取得了优异的成绩,获得省、市、区级奖项300余人次。仅2020年,我校教师就获得省级一等奖8人次、二等奖3人次、三等奖6人次;市级一等奖11人次、二等奖13人次;区级奖项近100人次,其中青年教师占比90%以上。美育改革极大地促进了青年教师的专业成长。

(3)艺术教育硕果累累

美育改革实践离不开音乐、美术教师的参与。改革实践以来,我校积极组织艺术组教师参加各种科研活动和各级论文、作品、多媒体课件评比等活动,先后获得市级以上奖项27人次、区级以上奖项45人次,指导学生团体获市、区级奖项30余次、举办画展10余次。更值得欣喜的是,在"2021年播州区教育系统第五届师生才艺大赛"中,我校选送的合唱《青春舞曲》、声乐《阿楚姑娘》、戏曲《新贵妃醉酒》、舞蹈《情深意长》、语言《我的祖国》等12个艺术节目斩获初、高中各组别一等奖8个、二等奖4个,位列播州区团体成绩第一名。

（4）学校艺术氛围浓厚

我校通过美育改革实践，学科建设特色鲜明，学生审美体验得到提升，从而也催生了各类艺术团体的纷纷组建，学生课余的各种艺术活动精彩纷呈，营造出浓郁的艺术氛围。

4.问题探讨

路漫漫其修远兮，改革道路上仍有许多艰难险阻。比如从研究内容上看，音乐教育、美术教育与语文、物理、数学等科目的整合，以基础学科的美育为其切入点，较为合理，但从研究的实施上侧重点究竟在哪里？是以艺术教育促进学生各学科的核心素养发展还是以学科教学促进学生艺术能力的发展？抑或二者兼而有之？在真正的教学实践中如何把握？又如审美视角的外延可以发展到什么界限？有没有一个评价标准？还比如课堂模式化教学以及量化标准与教师的个性化发展之间如何协调发展？

诸如此类的问题，我们认为一定是研究过程中的必然，"理不辩不明"，相信在专家团队的指导下，集课题组全体成员智慧，我们一定会拨开云雾、觅得真金。

5.未来展望

我校的美育改革实践，一定要跳出固有思维，将美育视角从传统的音乐、美术学科延伸到书法、陶艺、服饰、民族文化、园艺甚至新兴科技背景下的VR、创客等广阔的审美视角上去。值得欣喜的是，在上级相关部门的关心支持下，我校2021年陆续修建的书法、陶艺、VR等8间功能室已陆续交付使用，为我校美育改革提供了更为广阔的平台。我们相信，只要不忘初心，团队协作，五十四中的美育改革创新一定能走出一条康庄大道。

四、教师队伍建设的路径与举措

1. 教师队伍的简况

我校占地面积160亩,建筑面积4.86万平方米,现有教学班级91个,在校学生4634人,在职教工319人,专职教师313人,其中高级教师70人,一级教师140人。学校现有教学楼2栋,专用教室100间,功能教室36间,学生宿舍4栋,学生食堂1栋,综合办公楼1栋,塑胶足球场1个。

学校既注重软件建设,又注重硬件建设。校园文化作为一项整体工程,是学校可持续发展的动力与综合办学水平的重要体现,也是学校个性魅力与办学特色的有力彰显,更是学校培养适应时代要求的高素质人才的内在需要。

校园文化建设就是要打造一个具有共同的价值取向,并被师生认同、促使师生共同发展的生态环境系统和精神家园。

学校作为一个整体文化系统,其校园文化的建设由外到内包括:表层的物质文化——学校文化环境建设(包括校园环境、教室、宿舍、食堂等重要区域的文化氛围);浅层的行为文化——学校各类成员所体现出的整体行为文化氛围;内层的制度文化——学校各项规章、条约、制度所体现出的文化特点;深层的精神文化——学校整体的办学理念、思想精神(校训、学风所谓"一训三风"等)。

这四个层面文化的不断提炼与建设,才能将学校文化真正与实际形成融合发展,从根本上树立学校的形象和品牌,也为学生成长和教师发展提供一个良好的生态系统。

2. 教师队伍的发展

我校前身为中国航天科工集团国营3420厂子弟校。1979年创办,当时只有小学部1~5年级,学生50余人,教师不到10人。

1983年创办初中后,形成了小学、初中一体化的学校。到1996年学生人数达到130人左右,教职工最多达到30人,教师较深的文化底蕴与较强的专业能力,使学校在当时赢得良好声誉。1996年至2006年间,由于3420厂效益下滑,破产改制,对学校支持逐渐减少,在此情况下,学校毅然打出了求生存寻发展的4张牌:一是走自负盈亏、自我生存之路;二是大胆地破除大锅饭,实行"课时结构工资制";三是打破封闭之门,招收地方学生;四是突出学校特色,推进素质教育。通过以上举措,学校得到了迅速发展。2004年,在校学生规模扩大至1 000余人,学校争取工厂支持,自筹一部分资金完成了办公楼的扩建和教学楼的修建,添置了计算机等电教设备,为学校进一步发展夯实了基础。同时,学校发动广大教师集资,修建高中部教学楼,配备理化实验室,形成了高中部、初中部、小学部、学前部为一体的学校,在校学生达到1300余人,办学之路初显强势之态。2007年,根据"中央企业办学移交政府管理"的指示,学校移交到原遵义县政府,并与同时移交的3653厂和3655厂子弟校组建成原遵义县第七中学。学校在保持企业办学特色的前提下,注重教学质量的提高、规范教学管理,保持初中升学成绩在全县名列前茅的优势。2009年8月,原遵义县第七中学与原遵义县第六中学高中部、龙坑镇中学的整合取得成功。

学校现有教学班级91个,在校学生4634人,在职教工319人,专职教师313人,其中高级教师70人,一级教师140人。学校先后获"遵义县先进基层党组织""遵义县中考工作先进学校""遵义县教学质量先进学校""遵义市高考质量奖"等。

3.教师队伍建设的路径

随着教育改革的不断深化和人们对优质教育需求的不断扩大,五十四中领导班子精诚团结、求实创新,着眼学校未来发展。尤其是在新校区建筑相继竣工、校园环境焕然一新后,教师队伍也不断壮大。

学校坚持以发展为主线、育人为根本、教学为中心、队伍建设为核心、改革为动力、管理做保障的工作思路,营造管理育人、教书育人、服务育人、环境育人的育人氛围,实现管理—质量—生源—财源的良性发展。我校坚持依法治校、以德立校、科研兴校、质量强校的治校方针;设施齐备、功能齐全、管理科学、师资优良、质量上乘的发展目标;以人为本,因材施教,健全人格,全面发展的办学理念;学会做人、学会学习、学会合作、学会生存的育人观;人人有才、人无全才、扬长进取、人人成才的成才观;品德高尚、身心健康、学业优秀、能力卓越的培养目标。同时,学校坚持团结笃学、自强不息的校训,勤政廉洁、务实高效的作风,敬业爱生、求是创新的教风,勤学善问、扬长进取的学风,以及勤奋求实、文明活泼的校风。

五十四中的文化建设旨在以原来的办学理念和精神文化为基础,提炼和深化出更加彰显学校文化的内蕴与特色,更加适应新时期发展战略规划的校园文化体系,使五十四中能够与时俱进,在继承中创新,在创新中突破,继续保持良好的发展势头,朝着新的目标扬帆前进。

传承航天精神,既是五十四中对学校发展历史的传承,更是对航天精神的认同和发展,这对教师提出了注重特色办学的要求。尤其应该强调的是,中国女航天员王亚平作为中国首名、世界上为数不多的太空授课教师,在实现天地学习交流之后,航天精神与航天文化不但对亿万青少年产生了深远持久的影响,更震撼了全球无数民众。他们对于航天事业的关注,对航天精神与文化的关注,即是航天精神与文化生存的宏大背景与沃土。

4. 教师围绕学校发展的具体举措

通过对五十四中各方面因素和资源的综合考量,教师们认为学校文化建设应该沿着以下思路进行(如图7-2):

(1)诊断现实

我们根据五十四中现有学校文化的实际情况,多方位了解学校文化建设的迫切需求、出发点以及归宿点,充分结合多方面需求,做出了适合学校长期发展的学校文化建设方案。

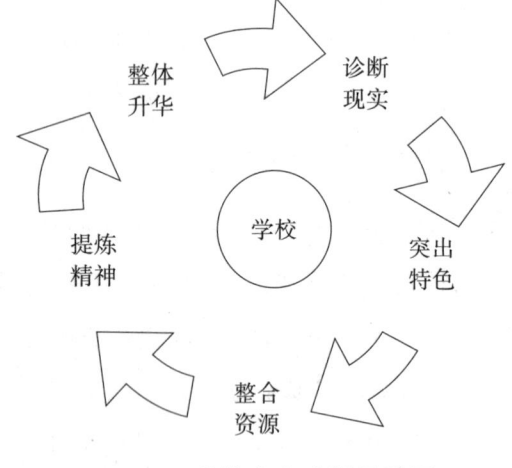

图7-2 学校文化建设思路图

(2)突出特色

校园文化特色主要包括地方历史文化、学校历史与传统、学校现实、学校未来发展方向等资源。我们在走进学校历史，探索文化传承的同时，更要整合地方文化资源，将特色文化精神融入学校文化的建设中去，要充分体现学校文化的地方文化特色。航天精神与井冈山精神、长征精神、延安精神一脉相承，所以遵义的红色文化也是其中重要的元素之一。

(3)整合资源

学校文化是学校的精髓和支柱，反映一所学校的整体办学理念、水平、特色、感染力和号召力，是全体师生在人生观和价值观方面的共同思想认识。学校精神的形成是一个学校办学特色成熟的表现，在一个学校的发展过程中具有较高的指导意义。

我们将对五十四中的相关资源进行一次重新整合，并且结合学校文化建设的要求给予语言和表述方式上的提炼与提纯。

(4)提炼精神

我们将从实际情况出发，充分整合现实的、历史的、物质的、人文的等多方面资源，本着服务学校文化建设、发展的出发点，充分提炼其思想精髓，使其符合当下校园文化建设的时代风貌。

总而言之，五十四中具有其独特的历史文化传承，以及地方文化资源，关键在于怎样进行提炼和升华，使之符合学校新时期的学校文化建设要求，从而让学校更加焕发出新时代的蓬勃生机。

(5)整体升华

当然，在整个学校文化建设的过程中，必须从学校的实际文化(历史文化、地方文化、教育文化、人文文化等)角度出发，同时结合学校在新时期的发展战略和要求，通过整体的提炼之后，再从学校指导思想的角度出发，进行整体的包装、提炼和升华，赋予其新的时代意义和生命力。

五、构建五十四中"航天文化"育人平台

1.传航天精神之神韵

五十四中的前身是中国航天科工集团国营3420厂子弟校,学校人文底蕴深厚,环境优美、绿树葱葱、花团锦簇,优美的环境为学生的学习成长提供了良好的条件,也为五十四中的教育教学提供了有力的支撑,读书之地、创新之园,历史的沉淀、文化的洗礼,为五十四中"航天育人"增添了深厚的内涵。

2.立航天精神之行为

学校注重师生的德育培养,开展"文明礼貌月"活动,加强学生文明礼仪、道德品行的培养来树立学校形象,从小事着手,从小处着眼。学校坚持探索"教师引领,学生自主管理,互助约束"的德育教育机制,培养学生人格自尊、行为自律、学习自主、工作自强、生活自理的品格,教育学生养成良好的习惯。

3.展航天精神之创新

我校开展丰富多彩的校园活动、艺术活动、体育活动、科技创新活动,学校教育根据自身特色和学生特长,注重艺术、体育教育和训练。学校注重学生的科技创新教育,培养学生的创造能力,加大教学软、硬件的投入,广泛开展形式多样、内容丰富的科技教育活动,提高学生的科技素养和科学兴趣,为"航天教育"添砖加瓦。

4.行航天精神之作为

我校先后荣获"遵义县先进基层党组织""遵义县中考工作先进学校""遵义县教学质量先进学校"等荣誉,这样的荣誉,对五十四中的发展历程来说,是一种肯定和鼓励,五十四中将迈着更加坚定的步伐,朝着创示范校、黔北名校、创全国特色校的目标昂首前行。

六、管理的改革与创新

(一)党建引领发展

1.扎实开展党务工作

我校党总支把党建工作落脚点放在"凝聚党员智慧,激发教师活力,建设和谐校园"上,力求结合党总支自身工作实际和特点,以激活党员主体意识,夯实支部日常管理为目标,发挥战斗堡垒作用,激励全体教职员工各尽其职,不忘初心,守土尽责,努力前行。全校在编在岗教职工中正式党员112名,预备党员3人,党员占比36.97%。

(1)新时代文明实践中心教育护苗活动有效开展

自2020年2月份以来,在学校党总支的带领下,根据播州区委、教育局党委要求,扎实推进教育护苗活动。目前,我校开展的教育护苗志愿服务项目共计75项,其中围绕立德护苗、关爱护苗、心理护苗、实践护苗、强体护苗、其他护苗、控辍保学、绿色护航、党史宣讲等开展了26个项目,并且全部按照上级管理部门的相关要求,按规定按程序规范操作,及时上报已开展项目的工作月报,将已结项的项目及时录入时长,督促相关志愿者及时登录平台发布项目动态,确保每一名志愿者志愿服务时长在20小时以上。

(2)支部标准化规范化建设切实推进

根据支部标准化规范化建设的要求,扎实推进相关工作,并督促四个支部的规范化建设。

(3)"三会一课"有效推进

党总支及四个支部"三会一课"认真完成,并坚持周周有内容,月月有主题,提升了党员同志的理论学习水平,增强"四个意识"、坚定"四个自信"、做到"两个维护"。

(4)党费收缴及时

党总支按时收取每月的党费并将党费及时上交教育局党委。

(5)党统系统信息维护工作顺利完成

党总支清理党员工作顺利开展,清理出少量口袋党员。

(6)宗教、统战工作、计划生育工作、政治学习按时完成

党总支利用教职工大会和主题班会组织全校师生学习《贵州省宗教事务条例》,并对全校师生参加宗教活动情况进行排查。

在统战工作方面,及时上报信息,党总支及时跟踪相关活动,及时上传统战信息。

党总支每月按时上报干部职工计划生育工作情况。

党总支全年按要求完成干部职工政治学习24次,并上报相关资料到教育局党办考核。

(7)民主生活会、组织生活会、民主评议党员工作

党总支召开科级党员领导干部的民主生活会,四个支部分别召开组织生活会,以支部为单位对全校党员同志进行了民主评议,评选出优秀党员并进行公示。

(8)年终师德考核工作

根据师德考核要求,学校对全校干部职工进行师德考核,评选出师德考核优秀干部职工并进行公示。

2.深入推进意识形态工作

(1)落实责任目标。我校落实党的十九大会议精神和习近平总书记系列重要讲话精神,以中央关于强化意识形态文件精神为指导思想,弘扬社会主义核心价值观,进一步强化党的领导,增强"四个意识"、坚定"四个自信"、做到"两个维护",

倡导爱国主义并扎实开展校园意识形态领域各项工作,筑牢防线,实现校园教育主阵地作用。

(2)加强和改进意识形态工作。我校贯彻党管意识形态的原则,牢牢掌握意识形态工作的领导权、主动权,明确党总支领导班子、领导干部的意识形态工作责任,根据中共中央办公厅颁布的《党委(党组)意识形态工作责任制实施办法》(中办发〔2015〕52号),习近平总书记系列重要讲话精神以及中央、省、市、区、教育局机关党委关于意识形态工作的要求,切实加强对我校意识形态工作的领导,深入推进意识形态工作。

(3)主要内容

①加强思想政治教育,提高教师认识水平。我校利用教职工大会、党员大会、寒暑假政治学习集中教育,利用党总支会议、行政会议、党支部会议及年级组会议专题研究,加强教师队伍建设,努力加强思想政治教育力度,建设纯洁教师队伍。学校以思政课、团队活动课、主题班队会为载体,深入开展中国梦、"四个全面"教育,揭批"非法宗教""网络反党反国流言"的危害性,不断加强社会主义核心价值观学习和教育。同时,学校每年关于意识形态、宗教的相关知识学习不少于两次,所有干部职工每年年初签订相关责任书。

②创新学校管理模式,提高学校管理水平。学校引导全体教师不断加强自身学习,坚持终身学习。领导班子不断创新管理模式,形成校长、书记负责制下的年级组管理模式。各行政部门以服务师生为宗旨,与时俱进,树立以人为本的办学理念;遵循规律,不断强化学校工作的规范化管理,做到事事有章可依,有章必依,造就高素质、专业化的教师队伍。年级主任、副主任抓常规抓师德,通过学生、家长、社会三位一体的问卷调查,严查违反师德师风行为,对违反师德师风的教师按照程序报告主管部门严肃处理,力求建设一支师德优良、业务精湛的教师队伍。

③加强制度体系建设,巩固意识形态阵地。学校不断完善各项规章制度,形成体系化制度。学校通过教职工代表大会修订规章制度;建立健全文化产品的采购制度;加强校园意识形态领域工作的研判,定期召开意识形态工作会议,做到抓早、抓小、抓苗头,杜绝校园意识形态工作出现问题。学校通过党总支会议专题研究意识形态工作,每年不少于两次。

④优化校园育人环境,打造文化育人平台。一是整改清查,对涉及民族、宗教、历史等问题的书籍立即下架封存;二是加强宣传,围绕社会主义核心价值观,在教学楼、教室开辟宣传专栏,定期宣传爱国主义、民族团结、"两学一做"、中国梦等,加大宣传氛围的营造。

⑤积极开展"国旗下的讲话"活动。学校在每周一的全体师生大会上,落实升国旗的礼仪,规范升国旗的程序,同时每周由优秀班级选派一名学生就一个充满正能量的主题发表国旗下的讲话。具体由校团委书记负责,每一次的学生讲话稿要有记录和存档。

⑥认真组织人员学习各项法规。学校以集中教育和自主学习相结合,以"法制教育进校园"引导和促进师生学法、守法,培养学生创新意识、实践能力和社会责任感。学校统一思想,明确目标,深入开展"七五"普法教育,不断增强教职工和学生的法律素质和意识,增强教师依法治教的能力和自觉性。教师外出培训后要进行汇报交流或开展二级培训,扩大效果。

⑦发挥课堂的教育主渠道作用。学校提倡所有教师将社会主义核心价值观的教育融入历史、地理、政治等课程的教学中,坚持"一核四层四翼"的高考评价体系,加强同组、同级教师之间的集体备课,努力做到三进,即"进教材、进课堂、进头脑",推进"十管","管方向、管思想、管阵地、管课堂、管队伍、管大型活动、管对外交流、管教育、管网络、管纪律"。学校加强教师的专业技能和文化素养,用知识武装学生的头脑,提高学生自觉抵御反党反国等极端思想的渗透。

⑧加强对网络舆情的监测和回复。和学校密切相关的各个网络阵地分别由办公室派专人负责监测;学校派政治素质过硬、业务能力强的人紧盯校园微信公众平台,负责监测学校微信公众号,要求对出现的问题及时进行回复,如果涉及意识形态问题的内容,及时报告领导小组进行紧急处理。同时,同事间的QQ工作群和交流群也要有正确的舆论指导,号召同事之间不要开政治玩笑,不转发舆论导向不正确的言论,不在网络上泄私愤,不发表宗教言论。最后,学校要积极利用教职工大会、微信公众平台、工作群及时进行政治宣讲,做好党建外宣工作,抓好网评文章的完成质量,全方位落实意识形态教育。

3.开展党员结对帮扶

我校党总支把党建工作落脚点放在"凝聚党员智慧,激发教师活力,建设和谐校园"上,力求结合党总支自身的工作实际和特点,以激活党员主体意识,夯实支部日常管理为目标,发挥战斗堡垒作用,激励全体教职员工在各自的岗位上,不忘初心,守土尽责,努力前行。在我校的党建工作中,党员结对帮扶工作与教育教学工作结合紧密,突显特色。

(1)结对帮扶的形式

首先由党总支提供四类教师名单,然后,骨干党员与非党员普通教师、党员与非党员骨干教师自主选择两两结对互帮互助,未找到帮扶对象的由党总支安排结对。

(2)结对帮扶的具体要求

骨干党员教师要帮助非党员普通教师坚定对马克思主义信仰,树立共产主义信念,增强中国特色社会主义信心,积极向中国共产党靠拢。每位党员要经常与非党员教师交流谈心,及时了解他们的思想状况,进行思想政治教育,不断提高其政治理论水平和思想修养,树立正确的世界观、人生观、价值观及理想和信念,培养他们乐观向上的品质和积极上进的精神(每学期谈心谈话5次,每月1次)。

骨干教师帮助普通教师认真做好平时教育教学工作。骨干教师要经常深入被帮扶教师的课堂,指导帮助教学工作,互相促进,共同提高。共同探讨教育教学中碰到的问题,提出指导性建议,对普通教师的课堂教学组织、设计、教学过程、教学方法、教材处理与教学目标达成,做出适当的评价和建议。非党员普通教师向党员教师听课学习。帮扶对象之间教育教学工作的探讨研究应做适当的记录,作为小课题,分析原因、确定措施、总结反思,以达到互帮互进的目的(每学期相互听课不少于5节,每月1节)。

(3)结对帮扶的监督与检查

党总支在学期末对党员的"结对帮扶"工作进行考核,考核以两两结对的总成绩作为结果,结果作为评先、评优、评奖及超绩效考核的重要依据之一。

参加"结对帮扶"的每名党员每月要向其所在党支部汇报工作进展情况,各党支部要认真监督党员的"结对帮扶"情况,并进行定期检查,各党支部要定期向学校党总支汇报本小组党员"结对帮扶"的情况和效果。

4.认真落实开展"一岗双责"工作

学校牢固树立"安全责任重于泰山""师生生命高于一切"的思想观念,尽快形成安全工作"党政同责,一岗双责,齐抓共管,失职追责"的新格局,根据《中小学幼儿园安全管理办法》《学生意外伤害事故处理办法》等法律法规和文件精神,结合我校实际,加强管理,严密防范,最大限度杜绝并妥善处置学校突发事件,制定《中共遵义市第五十四中学"党政同责,一岗双责,齐抓共管,失职追责"安全工作制度》。

(1)认真学习,增强意识

为了使广大教师增强安全意识,明确"一岗双责"的具体要求,学校将通过行政会和教师会进行宣传发动,组织全体教师反复学习《未成年人保护法》《中小学幼儿园安全管理办法》《学生意外伤害事故处理办法》《预防未成年人犯罪法》《教师法》《中小学教师职业道德》等有关法律法规,增强教师的责任感、使命感,同时还会学习《校园学生安全责任认定条例》和上级有关部门的文件精神,使广大教师从思想上提高认识,增强责任感。

①学校管理:学校无重大安全责任事故,无校舍安全事故和重大财产失窃事件,学生无违纪、违法和犯罪现象,无重大打架斗殴、逃学出走等不良事件,学校周边环境状况好,学生非正常死亡率为零。

②安全保障:学校教育活动场地设施设备无安全事故隐患,各种内部保卫制度健全,保安设施齐全。

③安全教育:加强师生的安全教育、法制教育和心理健康教育,开展针对有效的活动,切实增强师生的安全意识,提高自护自救能力。

(2)健全制度,落实责任

"一岗双责"是指某一具体岗位兼有双重责任:即该岗位的本职工作职责和安

全管理工作职责。全员"一岗双责"制所指对象包括全体学校行政领导和教职工。"一岗双责"制是指具体岗位责任人员因疏忽、渎职或违规、疏于管理、未尽职尽力等等情况，导致本职工作任务未能顺利完成或造成安全事故的，要承担相应责任的一项制度。

①加强工作责任制度。要求签订"一岗双责"安全工作责任书，进一步明确和强化安全工作职责。

②落实定期检查制度。要严格按照"一岗双责"的要求和"及时排查、各负其责、工作在前、预防为主"的十六字方针，把检查作为做好安全工作的一个重点，在学校每周和重大节假日前必查的基础上，查重点、重点查、反复查，横向到边，纵向到底，不疏不漏，不留死角。

③健全资料档案制度。要将上级的安全工作指示、年度计划总结、"一岗双责"责任状、日常管理检查、月报通报等工作台账系统整理，及时归类建档，为领导决策、工作研究、检查指导、工作讲评、年度考评和保障校园合法权益提供第一手资料，使安全工作更具预见性、规范性和针对性。

七、德育管理

学校为贯彻落实播州区和学校德育工作精神，以"壮志凌云、尚学尚能"校训为主轴，以"面向全体学生，关注终身发展"为导向，坚持"四自""四爱""四美"系列主题教育。从学校实际出发重点打造"二三四"框架，狠抓"五项管理"，在保障人人合格的基础上，尊重学生差异，充分提供学生潜在素质发现与发展的平台，让学生学会做人、学会生活、学会学习，为学生终身发展奠定基础。现将内容框架梳理如下：

(一)抓主题教育

学校合理计划,层层推进,把上好主题班会作为德育思想工作的主抓手,根据德育处学期工作计划,设置一周一主题的工作方式(德育处将每周主题班会的课件发班主任群,供全体班主任参考)。重点围绕"三抓""三促"中的抓养成,促内涵和"做一个有理想、自信和讲规矩的人"、安全教育、传统文化教育、法律法规等主题开展了一系列教育活动。

1.思想工作

学校把抓学生思想工作作为重点,每周安排两节班会课,有针对地上好主题班会课,制作安全课件20余个,其他专题课件近10个,引导广大学生进一步坚定理想信念,学习贯彻习近平新时代中国特色社会主义思想主题教育的深刻内涵,以更加昂扬的精神状态,刻苦钻研、勤奋学习。

2.文明规范

学校把制度上墙,让学生心中有数,明白什么时间、什么地点该做什么、怎么做。德育处不定时采用不同方法对学生发型、使用手机、乘骑二轮或三轮摩托车、共享单车,教室内吃零食等方面进行不定期、不定级、不定班的检查,做到有检查、有通报、有整改、有反馈。

通过国旗下的讲话、集会等形式,向广大学生就《遵义市第五十四中学教育惩戒实施细则》《遵义市第五十四中学学生仪容仪表规范》等制度进行解读与宣传,使学生明确如何抓好学习的各个环节、如何规范自己的举手投足、如何在生活中待人接物。同时,各班正常开展班级常规考核月评比活动,旨在提升学生文明素养。

3.学法守法

学校把法治教育作为常规教育,学校聘请胡双林同志为我校法治副校长,他会定期到校为学生进行法制宣传教育讲座,让学生知法、守法和懂法。一学期以来,学校无重大责任事故、无违法违纪及犯罪现象。

学校每年4月开展"我学法，我懂法"活动，5月开展反诈骗竞赛，7月邀请播州区公安局警务工作者宣讲团来校进行法律宣讲。

4.心怀感恩

学校针对部分学生存在的不会感动、不知感恩和任性、冷漠、自私的心理和行为，2021年4月德育处在全校学生中开展以"心存感恩，成就人生"为主题的教育活动，组织了感恩演讲和感恩主题班会等活动，促使学生的感恩情怀得到升华。

5.自信成长

兴趣是最好的老师，自信是成功的动力。我校结合学生实际情况，经过调查、摸排和家校沟通等，发现我校学生在自我意识、目标追求等方面出现不自信或者自卑的情形，学校通过主题班会活动、自信班级规范等形式开展以"自信"为核心，坚持做好"四自""四爱""四美"系列主题教育。

(二)抓德育队伍建设

班主任是学校教育管理工作的主力军，班主任整体素质直接决定着学校教育管理的水平。德育处始终把班主任队伍建设放在德育工作的首要位置，努力打造一支具有信念、能够学习、热爱学生、忠诚教育的优秀班主任团队。具体来说，我们主要从以下几方面着手加强班主任队伍建设：

1.稳步推进班主任工作常规。一方面强化班主任在班级教育、班级管理和班风学风养成、安全教育中的第一责任人意识。另一方面，进一步完善具有操作性和实效性的班主任工作模式，使班主任在日常教育和管理中思路清晰、常规明确、管理具体、实效显著。

2.坚持班主任例会制度。通过班主任例会，交流分享优秀的班级管理经验，强化班主任工作职责。同时，布置班主任工作事务，把握班主任工作重点，明确班主任工作方向，提升班主任理论修养，提高班主任工作效果。

3.强化对班主任的考核工作，实现多劳多得，绩优多得。学校重点考核工作态度和工作业绩。班级常规考核实行日公布制度，同时利用文明班、卫生先进班的评比活动，起到奖勤罚懒、发挥其经济杠杆作用。

4.办好问题学生专班。制订专班管理工作计划和方案，按计划、多形式推进学生的教育工作，转化学生近60人。完成相关资料准备和专班管理的工作，德育处成立专班加强对重点学生的管理，如录取材料、进行过程监督教育等。

5.加大对违纪学生的处理与教育，有针对性地开展相关工作，做好违纪学生的处理，完善学生成长记录。

(三)抓安全教育

安全是学校稳定、发展的前提。安全教育警钟长鸣，德育处对学生管制刀具及违禁物品的收缴、人际关系安全、饮食安全、交通安全、运动安全、物品安全、用电用水安全、防诈骗和心理健康安全等常抓不懈。为确保学生的安全，德育处重点从以下几个方面开展工作：

1.要求班主任做好开学安全第一课的专题教育，通过QQ群、微信群向家长和学生宣传节假日期间的安全，每学期共发送信息4 200余条。

2.印制发放各类安全协议10余种，提醒班主任，要求学生本人及家长签字后交回学校存档备查。

3.利用黑板报、橱窗、校讯通、校园之声等形式向广大学生宣传安全知识。

4.抓好学生的常规管理工作。学校通过学生会、各班班委加强对学生在仪容仪表、手机管控、吸烟等方面的常规管理，让学生学会自我管理、懂得自我控制。

5.在全校范围内推进以"让行为更规范,使人格更健全"为主题的弯腰行动。让学生弯腰捡拾垃圾、向老师、来访人员和同学问好。

6.利用好班级群，做好家校建设，收集家长建议，向家长反馈信息，从而得到家长的积极支持，顺利推进了各项工作。

7.认真、细致、规范地做好相关资料整理工作，迎接上级教育主管部门的检查与督导工作。

(四)抓活动开展

1.常规活动：坚持做好周一升国旗、国旗下讲话等活动、节假日纪念活动等。

2.劳动活动:本学期以灵活的方式采用个人、团体活动形式开展劳动教育活动。

3.智慧校园建设:不定期整治,要求学生规范佩戴智慧校园卡出入校园(寝室),利用LED大屏开展各种宣传教育工作。

4.积极配合学校搞好成人礼等相关大型活动。

(五)抓禁毒工作

1.按照上级文件有关精神,结合学校实际,稳步推进学校禁毒工作"十个一"。同时,拟定禁毒工作方案,细化禁毒工作小组职责,落实工作安排。德育处和班主任及时跟踪涉毒家庭学生的心理状况,做好帮扶措施,建立相关档案,并将工作记录在案。学校还组织教师关注禁毒公众号,转发禁毒信息。

2.积极组织学生参加全国青少年禁毒知识竞赛活动,同时下发《遵义市第五十四中学**学年度第*学期毒品预防教育告家长书》,倡议学生家长也加入禁毒行动的队伍中来,通过学生辐射万千家庭乃至更多的社区。

3.利用主题班会时间组织学生观看禁毒宣传片,如《凤凰花开》《湄公河行动》等,每个学生都要交观后感到德育处存档备查;组织学生参观禁毒基地,并进行禁毒宣誓;开展了禁毒征文、禁毒手抄报等比赛活动,要求学生写心得体会并在班上办黑板报,在校园办禁毒展板等形式强化对学生的教育。

(六)抓资助工作

1.每年初,按上级文件并结合学校实际和工作经验制定详细工作日历,提前谋划,精心安排。在学年初通过《告家长书》、微信、QQ、宣传展板等方式,将学校宣传与学生家长申报相结合,宣传资助政策,提高知晓率。

2.每学期初,在反复宣传的情况下,仔细工作,充分准备,建立贫困生台账;反复筛查,认真摸排,仔细核对,建立资助台账;待上级下达资助名额和资金后,组织培训,严格评审,做到应助必助,不漏一人。

3.积极争取资助。在上级主管部门的关心下,先后获得"思达""励耕""润雨""兹慧"等奖学金10多万元。

4.多方筹措,节流开源。以奖优补贫的方式发放奖学金10多万元;争取社会资金,以希望工程名义发放助学金1.7万元。

5.完善资助评审制度,制定《高中国家助学金发放方案》,学校严格评审,做到应助尽助,不漏一人,创新开展资助工作。

(七)抓卫生管理

1.细化区域、合理安排。学校实行校园值周制度,既保证了校园的整洁,又减少了大扫除对学生学习的影响。

2.注重督促,加大检查力度,全面教育,学校实行"弯腰行动"培养学生良好卫生习惯。

(八)抓学生组织管理

1.以学生自治为方向,培养学生的管理能力。学校经过层层推选成立学生会,并按年级形成年级学生会,构建了分工合理、管理严格、运转高效的学生队伍。

2.定期开展培训。学校每学期召开学生会会议4次,班干部会议3次,不断提高学生的自治能力,并逐渐让学生参加到一些日常管理中,减轻了学校的工作压力。

(九)抓家校共建共育

1.以家校共建共育为契机,通过QQ、微信、电话等形式,进一步强化班主任为主体的家校联络机制,实现家校共育。

2.通过多种形式实现家校共育,如成立不同层次的家委会、组织召开全校性的家长会,同时邀请专家对家长进行家庭教育培训等。

(十)抓其他工作

1.落实"五项管理"手机管理制度,完善手机收缴表册的建立、存档,完成学校收缴手机的保存和部分手机的发放。

2.组织全校教职工、非毕业班学生参与肺结核筛查,健全全校教师家属信息。

3.狠抓管制刀具及违禁品。每周星期天在学生返校时,学校集中保安、值周教师、学生会干部、班主任等对返校学生进行检查,防止手机、香烟及管制刀具等违禁品进入校园。同时,在星期一到星期五不定时组织相关人员到班级收缴,保证学校良好的秩序和安全。

4.做好课间及中午的秩序维护,养成劳逸结合的良好习惯。组织安保、教师进行检查,对打闹、斗殴、追逐及影响教学秩序的行为进行制止。

5.学校规范德育工作,细分工,明责任,齐抓共管,事事有人做,人人有事做,大大提高了工作效率。同时,抓好资料建设,使德育工作体系化、制度化、特色化,并编写校本教材,准备迎检资料,撰写简报,出展板,办班级黑板报。

6.学校召开专题培训及安全会议等。学校每学年召开全校青春期主题会议两次,防诈骗宣传会议两次,养成习惯会议两次,法制讲座两次,励志感恩讲座六次。

八、多元评价的改革与探索

(一)常规教学评价的内容

学校教务处在学校整体工作计划的指导下,以立德树人为根本目标,以提高课堂教学效率和各科教学质量为目的,以"五个一"(包括:一周六问、一周一谈、一周一面批、一周一针对命题、一周一目标)教学模式为抓手,有效提高学生的学习积极性,促进学生的全面发展。

1.教学工作目标及要求

(1)教导处做好日常管理工作,使管理走向规范化、科学化,努力提高学校的教学管理水平。

（2）全面提高教学质量，主抓学业成绩，普通年级力争在期末考试中各科成绩稳步上升。在每次考试后各组要举行年级分析会，备课组分析会，班级任课教师分析会，研究解决存在的问题及解决问题的措施。

（3）抓好日常管理工作，教学常规的落实情况检查，如每周的作业检查、"五个一"检查、各类考试等常规工作的检查。

2. 教学工作任务及措施

我校根据实际情况，将初中教学和高中教学紧密联系，以高考评价作为教学工作的宗旨，严格遵照"一核四层四翼"思想进行教学。

（1）教学工作

备课是提升有效课堂的基本要求，我校一直都是以备课组的形式开展集体备课工作，以各年级学科为单位成立了相应学科备课组。备课组每周教研会进行集体备课，集体备课时间结束后，组长将全组的电子教案或是手写教案收齐统一交到教务处检查备案，并形成统一的教案。每次月考以备课组的形式统一命题，要求做到试题无差错，力求无勘误。试卷上要求附上命题人、做题人、审题人姓名，保证试题的严谨性和真实性。考试后以备课组为单位做好考试的质量分析。

学校成立包班领导责任制，包班领导每周负责"五个一"、听课、找班级差生或是临界生、优生谈话一次。将每周包班任务的图片或是检查过程发送到专属的QQ群中。教务处老师以每周为单位收集材料，形成每周的"五个一"资料。

（2）高三毕业班包班制度的落实

我校实行校级领导包级，中层领导包班，包班领导针对"五个一"进行检查，对后进教师的帮扶，以及对差生、临界生、优生的谈话，坚持包班工作留痕迹以备检查。

（3）常规管理精细化

教务处的常规工作包括备、教、批、辅、研，管理主要是指班主任对班级的管理和教师对课堂的管理，工作坚持常规化、规范化。集体备课检查、作业检查等坚持周周查、时时查。固定一个时间，固定一批教师，随机检查。

(4)抓课堂建设,提高教学质量

学校坚持以生定教,促进学生发展;有效课堂,完成课堂目标;少讲精练,促进学生思维;创新课堂,探索新型模式。

(5)课堂管理措施

实行推门听课:课前不告知上课教师,查验教师备课效果。

实时跟踪管理:对特殊教师(教学成绩不理想的教师和新教师)跟踪管理。

人人一堂公开课:每学期每一位教师都要上公开课,让每一位教师都开放自己的课堂。

(6)抓过程评价,提高课堂效率。

学校对教师的评价坚持公平、公正、公开的原则,通过过程评价让教师协同提高,通过评价方案促进教师师德师风、敬业精神、业务能力等和课堂教学效率的提升。

3.其他常规工作

(1)严格执行课程标准和课程计划,开齐上足各类课程,科学合理地安排课时,严格按规定控制学生的作业量,切实减轻学生的学习负担。

(2)制定各学科备课组教学计划和教师个人计划。教师必须认真学习各学科的课程标准,通读全册教材及有关参考资料,在明确教学目的和重难点,充分了解学生的基础上,拟定可行的教学计划,做到要求明确、进度适宜、措施得体。

(二)多维教学评价的发展路径

1.抓思想、转观念

学校充分发挥党员引领作用,在"凝聚党员智慧,激发教师活力,建设和谐校园"上,加强师德建设,突出全员育人观念,充分发挥全体教师的育人作用,真正做到服务育人,教书育人的全方位育人观。通过解放思想、转变观念的教育活动,在全校掀起"爱岗敬业、无私奉献"的热潮,让教师认识到高素质的教师队伍是学校的生命源泉,解放思想、转变观念是学校的灵魂,每位教师要把学校的兴衰当为己任。

2. 抓落实、促作风

加强督促,重在落实。学校加强对各项工作的督促力度,重点抓落实,包级包班,细化管理。学校领导包级,中层领导包班,教师包学生,层层抓落实,促进工作作风的转变。

3. 抓德育、提素质

学校加强德育研讨,探讨新形势下德育工作的针对性和实效性,创新德育管理理念,细化责任,提升管理能力。抓好班主任工作,提升学生管理和班级管理能力,营造良好的教育氛围。学校从实际出发,不断更新观念,努力使德育工作迈上新的台阶,并通过丰富的德育活动,培育学生良好的行为习惯。

4. 抓品牌、塑特色

我们将继续践行弯腰行动,强化文明礼仪;建设书香阅读校园,结合我校艺术特色、秉承航天精神文化等,提高师生文化品位;教师每周集中阅读一小时,学生每天阅读半小时;通过弯腰行动、书香校园的建设,逐步塑造我校特色。

5. 抓教学、保质量

强化常规管理,立足夯实基础。学校严把"五关",即严把备课管理实效关,严把课堂教学有效关,严把作业管理质量关,严把教学质量检测关,严把校风学风教育关。优化课堂教学,创新教学模式。学校重视薄弱学科,促进均衡发展,以优势学科带动劣势学科,学科均衡才能实现有效教学最优化。

6. 抓教研、促发展

学校抓理论培训,促理念转变;抓"备、教、批、辅、研"各环节研讨,促共同提高;抓课堂教学研讨,促教学技艺提高;抓学科竞赛活动,促教师对教学的研讨;抓"名师工程",促教师快速成长;抓业务培训,提升整体素质;抓激励落实,提高教师参与的积极性。

表7-1　遵义市第五十四中学"四维课堂模式"评价表(2020.1.10版)

执教者：		执教班组		执教学科	
项目	指标	基本分值	评分	评课建议

项目	指标	基本分值	评分	评课建议
课堂效果	1.课堂结构清晰。课堂教学步骤有清楚的标识,课堂教学参与角色定位清晰,课堂教学过程从容不迫。	10		
	2.课堂气氛活跃。学生表现出愿意接受教师的帮助并与之协作,随时能说明自己在做什么以及为什么而做。	10		
	3.完成教学任务。学生能完成学习任务,掌握一定的专业技能,形成一定的学科核心素养。	10		
课外与课堂互动	1.四维课堂教案、课件完善。教案课件中板块清晰,教学内容清晰明确,呈现形式多样合理。	5		
	2.课堂教学过程规划清晰,活动推进节奏恰当,方式科学。教师授课时间不能超过25分钟,活动讨论时间不低于15分钟。	5		
	3.师生、生生、艺术与课堂互动设计合理,活动路径设计清晰有效。表述准确、具体。	5		
师生互动	1.教师课堂任务表达清晰,回应学生及时、明确、丰富,并能合理转化为互动性资源,课堂有推进感。与同一组或同一个学生完成3个1分钟对话。	8		
	2.尊重教材,创造性地使用校本教材,合理开发教学资源。有自制微课、自制教具、自制图片等。	8		
	3.设置生活化、复杂的问题情境,结合学生已有思维认识和日常经验,给学生创设思考空间,引发学生参与、思考的意识(完成两个以上)。	8		
生生互动	1.生生互动(小组讨论)。组际互动质量高,教师至少参与3个小组讨论,做好补充,强调以学生为主的相互补充,辩论或讨论,打开思路,提高学生学习水平。学生小组完成总时长3分钟以上的小组总结。	10		
	2.与学生生活、社会实际和学生已有的知识经验相联系。	5		
	3.课堂练习设计有层次,具有实践性和开放性。完成4人次黑板练习或2个小组学生展示。	6		

续表

项目	指标	基本分值	评分	评课建议
艺术与课堂活动	艺术与课堂运用恰当有效。书写规范,板书设计合理有序。如语言风格(音节、节奏、语速),体育运动(动势、韵律、线条等),以及歌唱、演奏、绘画、戏剧等进入课堂。	10		
评价人:		总分:		日期:

总体评价:

第八章 核心素养背景下周林学校小班化教育探索

自2003年创立以来,周林学校这所以仁怀籍革命前辈周林同志名字命名的学校,一直秉承着"追求卓越"的办学理念。近年来,周林学校更是凭借其小班化教学的创新实践,进一步实现了"做精致教育,办卓越学校"的伟大目标。

所谓小班化教学,就是一种学生数量较少的教学组织形式,它强调个性化教学,注重学生的全面发展。周林学校自2016年开始探索小班化教育,从最初的4个实验小班开始,逐渐普及到现有的中小学60个小班。每一个小班,都是一个温馨的小家庭,学生们在这里得到了更多的关注和指导。由于小班的管理投入大,教师对学生学习生活的关注度高,因此,小班实验班级的教学成绩优异,学生能力强。这种教学模式不仅提高了学生的学业成绩,而且提升了学生的综合素质,使学生在德、智、体、美等多方面都得到了全面的发展。同时,小班化教学也赢得了学生家长和教育同行的高度认可。

周林学校的小班化教学实践,实际上是一种精致教育的体现。学校通过强化小班教育,打造精良师资,创建精品课程,探索高效教学,落实精致德育,建设精彩活动,完善精美校园,强化精细管理,打造金牌服务。

周林学校的小班化教学是对传统教育模式的一次深度改革和创新。这种以学生为中心的教育模式提高了学生的学习效果,增强了学生的学习兴趣和学习动力。同时,通过实施小班化教学,周林学校已经证明了其对于精致教育的执着追求和坚定实践。

一、小班化教育理念的形成与发展

(一)小班化教育研究的脉络

班级授课制是17世纪工业革命的产物,21世纪不是工业化大生产、流水线作业生产同一产品的时代,而是知识经济时代,它需要的是富有个性且具有创造性的创新型人才。因此,21世纪的教育应更加关注以人为本,照顾学生个别差异,因材施教。世界课程改革的趋势是倡导学生自主学习、合作学习、探索学习,这就使得大班化教学面临诸多问题,比如如何面向全体、如何精准施教等,小班化教学就应运而生。

小班化教育是当今发达国家提高基础教育质量、适应现代社会对人才需求的一项重要对策。美国、日本、荷兰、韩国等国政府都对控制与缩小班级规模作出相应的规定,出台相应的政策。20世纪90年代以来,当今发达国家的办学在教育效益观上已发生深刻的变化,其变化趋势从强调规模及速度转向以强调质量为首要目标,为了顺应这种趋势,学校办学的班级规模正逐渐趋向于小型化。目前,一些发达国家的小学班额已降至30人以内,如美国24人,法国23人,加拿大20人,瑞士19人。小学教育的小班化已成为发达国家基础教育的一种共同趋势。尤其是在美国,克林顿政府把缩小班级规模作为提高基础教育质量的一大关键,政府每年下拨项目经费高达14亿美元,力求在2005年实现全国范围内小学1—3年级每班18个学生的班级规模。国外就小班教育的班额、课程设置、个性化教学、小班教学与各年级学生的学业成绩、小班教育与学生智力、非智力的提高等进行了广泛的研究,并得出以下结论:小班可以增加教师和学生之间的接触;小班对于小学生有好处,尤其是在数学和阅读方面,从幼儿园到三年级更为突出;班额对于学生的态度、注意力、兴趣和动机的影响可能比对学习成绩的影响更大;小班可以促进教师的精神面貌和士气,减少职业压力;小班更有可能实施个性化教学。

我国从20世纪90年代中期开始探索适合本土化的小班化教学模式。1996年,上海市教委组织专家率先开展了"小班化教育"的可行性研究,先在10所小学进行试点,至2000年已初具规模,有280所小学推行了"小班化教育"。总体而言,这些有关小班化教学的实验研究具有以下几个明显的特点:

第一,富有组织性。如上海市的"小班化教育"实验是由上海市教委组织专家进行的,这也是首次由官方发起的关于小班化教学的实验研究。

第二,重视对小班化教学实验的总结。如《小班化教育实践研究初探》一文,分析了上海市教科院实验小学在"小班化教育"实践中的实际操作(课程设置、教学策略、教学评价等)和取得的成就,对教学组织的改进、学生的发展、教师的提高等都具有重要价值。《"小班化教学"分组教学中现存问题与解决办法》一文,通过考察上海市浦东新区昌兰小学和上海市其他试点学校的"小班化教育"实施情况,对小班化教学中分组教学存在的问题提出了5条针对性的改进建议。《小学素质教育的新视角——北京市小学小班化实验调研报告》一文,介绍了北京市小班化教学的实验内容和实验效果,并根据国内外小班化教学的最新研究对北京市的小班化教学提出了预测和建议。

第三,研究成果数量增多,并出版了相关学术著作。如上海科学技术文献出版社出版的《小学"小班化教育"教学指南》一书,介绍了小班化教学的教学环境、教学策略与方法、教学人员组合与教学流程管理、教学评价方法、现代信息技术在小班化教学中的运用等方面的研究成果。

以此看来,我国的小班化教学研究侧重于对相关实践的经验总结,不仅有大规模的实践探索,而且重视理论总结;不仅引进国外相关研究成果,更注重与本土相结合。更为重要的是,这一时期的小班化教学研究视野相当开阔,不再停留于教学组织形式本身的争论,进而从课程设置、教学策略、教学评价和师资水平等多个方面进行分析。

(二)周林学校开展小班化教育探索的契机

周林学校作为遵义市一所县级民办学校,从2003年创办以来,教学质量一直领跑于其他县级学校,成为仁怀市教学质量的标杆学校。2012年起,随着地方政府加大对公办学校教育工作的重视,仁怀市政府牵头,市教育局具体落实,先后实施了"三年教育攻坚""三年教育创优""三年教育强市"工程。通过人才引进、优秀教师选调,几所城区公办学校的师资力量得到强化,教育教学管理水平不断提升,学生生源质量不断改善。与公办学校相比,我校在师资、生源上已无优势可言,若不进行教学改革创新,势必会失去生存的一席之地。学校董事会与高层领导几经研讨、考察,终于寻求到一条解决生存危机之道——小班化教育。

2016年,我校开始探索小班化教育,从4个实验小班开始,逐渐普及到现有的中小学60个小班。因小班的管理投入大,教师对学生学习生活的关注度高,所以小班实验班级的教学成绩优异,学生能力强,赢得了学生家长和教育同行的高度认可。

近年来,学生发展核心素养成为世界课程改革的主要方向。核心素养主要指学生应具备的、能够适应终身发展和社会发展需要的必备品格和关键能力。研究学生发展核心素养是落实立德树人根本任务的一项重要举措,也是适应世界教育改革发展趋势、提升我国教育国际竞争力的迫切需要。2016年9月13日上午,中国学生发展核心素养研究成果发布会在北京师范大学举行。中国学生发展核心素养以培养"全面发展的人"为核心,分为文化基础、自主发展、社会参与3个方面,综合表现为人文底蕴、科学精神、学会学习、健康生活、责任担当和实践创新等六大素养。各素养之间相互联系、互相补充、相互促进,在不同情境中整体发挥作用。为方便实践应用,六大素养被进一步细化为18个基本要点,并对其主要表现进行了描述。我国学生核心素养研究主要集中在:学生核心素养的内涵探究、学生核心素养与课程设置问题的探索、学生核心素养与教师教育教学改革、学生核心素养的评价机制等方面。

随着核心素养的提出,周林学校小班化教育的核心竞争力由追求教学成绩转变为全面落实学生的核心素养。周林学校小班化教育探索6年来,充分借鉴国内外已有理论研究成果和实践经验,立足区域教育现状,探索小班化教育新路径,以期产出丰富的理论成果和实践经验,实现创新型人才培养、教师专业发展和学校特色打造的均衡发展。

二、小班化教育课程体系的探索与建构

（一）小班化教育课程体系的顶层设计

1.指导思想

以"立德树人,落实学生核心素养培育"为宗旨,以"立足课堂、提高教学质量,促进教师成长"为工作主线,通过转变学生学习方式、教师教学方式、教学评价方式培养学生关键能力与必备品格,进一步强化我校教育教学质量意识,树立正确的教育教学观,全面提升我校教育质量,打造小班化教育。

2.理论来源

小班化教育就实施新课标、全面推进素质教育而言,是一个有效导入先进理念的绿色通道,对学校教育观念的更新、教育实践的拓展、教育品质的提升具有加速器的作用。教育公平理论、教育价值观理论、教育论、多元智力理论等都直接支撑着小班化教育的实践,对尊重每一位学生的发展权利,提高学生充分接受教育的程度,提高学生自我成长的能力等有着直接的意义。

个性化教育理念:个性化教育是小班化教育的核心理念。自20世纪50年代末以后,世界各国兴起一股"个性化教育"思潮,其中以马斯洛"心理潜能发展"、罗杰斯"非指导性教学"为代表的心理学"第三思潮",以科尔为代表倡导的"开放课堂"以及伊利奇的"非学校运动"等为个性化教育思潮奠定了理论基础。20世纪80年代以来,以美国心理学家加德纳和斯腾伯格为代表的学者在对传统智力理论进行批判的基础上,提出的"多元智力理论"也成了小班教学的重要课程策略之一。台湾学界概括的"小班教育精神"即"多元化、个别化、适性化"精神,提倡"尊重学生个性差异,提供适性教育",以满足学生的个别学习需要。

教育论:小班化教育最基本的理论是教育论,如教育原则中的动机原则、结构原则、程序原则和反馈原则等;教育过程中的信息处理模式、人际关系模式、人格发展模式和行为控制模式等;教育方法中的双边性、发展性、最优化和现代化手段运用等以及课程论中的最基本概念,这些理论都直接支撑着小班化教育,并在小班化教育中得以深化和改良。

教育价值观理论:一般认为,现代教育具有政治、经济、文化和科技、调整社会人才结构和促进人才流动以及促进人的全面发展等诸方面功能。教育的这种多功能性,带来教育目标选择或教育目的多元化。小班化教育显然是以社会发展与人的发展需求辩证统一的教育价值观为理论基础,不但能适应社会发展要求基础教育能培养各级各类高素质人才的需求,适应与满足人民群众日益增长的接受良好教育的愿望,而且又符合了提高每一位受教育者充分接受良好教育程度的公平原则,保证了每一位学生发展的权利。

教育公平理论:教育公平原则是现代教育民主化运动的产物,也是教育民主精神的体现,包括观念层面、目标层面、制度层面、微观的教育过程层面的民主。小班化教育在教育过程层面上、教育实质层面上更充分地体现教育公平原则,使每一位学生提高受教育的充分程度,使其天赋在原有的基础上得到更充分的发挥。

3.主要内容

实现小班化高效教学。

4.主要目标

(1)在课堂教学中,教师关注每一个学生,引导学生自主地学、个性地学、快乐地学,激发每个孩子的创造性潜能。

(2)学校探索出小班化教学"高效课堂"的教学策略及课堂教学评价的方法,促进教师观念与教学行为的变化,提炼带有一定规律性、普遍性的实施策略,让小班任课教师在小班化教育教学实践中获得新的成长。

(3)实现"低进中出,中进高出,高进特出(人人有进步)"教学质量目标。

5.研究内容

（1）基于小班化"高效课堂"的课程建设,包括课程目标、课程内容、课程实施与评价等。

（2）基于小班化"高效课堂"的文化建设,具体包括校园小班文化建设、家校融合文化建设等方面。

（3）基于小班化"高效课堂"的教学策略研究,具体研究内容包括小班导学案设计、小班课堂分层教学策略、小班课堂教学学科化策略、小班课堂教学课型化策略等小班教研教学策略与教学模式的研究。

6.重点和难点

（1）小班化"高效课堂"预习、合作学习、课前提问策略研究。

（2）小班化"高效课堂"有效训练、个性化辅导及反馈评价策略研究。

7.研究对象

参与小班化"高效课堂"建设的小学、初中师生。

8.总体框架（如图8-1）

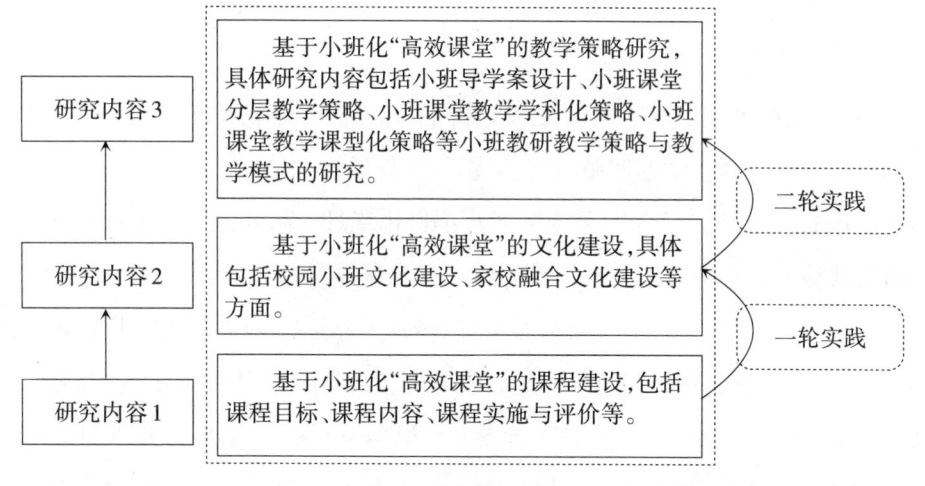

图8-1 总体框架图

9. 基本思路

(1)将课题研究、校本教研与课堂教学有机整合,促进小班"精品课堂"教学的研究。抓课题研究"操作设计",搭建理论与实践的桥梁;抓课题研究的"实践探索",将"操作设计"转化为小班教师的教育教学探索。

(2)狠抓教学教研反思,在总结反思中形成小班精品课堂的教学策略。根据"操作设计"的要求,课题组成员一方面对日常教学行为进行审视;另一方面,在每一个阶段结束后,要将自己负责的研究内容撰写阶段性研究报告,总结提炼出小班精品课堂教学的教研策略、备课策略、教学策略、作业布置策略、辅导策略及检测策略。

(3)理论和实践相结合,努力破解小班化在西部地区学校实施的难题。实施小班化教学,对学校的办学设施、师资水平都有极高的要求,而西部地区在上述方面并不具备明显优势,如何在有限的条件下,创造性地打造小班化"高效课堂",对于提高西部地区人才培养质量,促进教师专业发展都具有极为重要的理论价值和现实意义。

(二)小班化教育课程体系的主要内容

1.教学常规

(1)常规标准化。教学常规是教学质量的保障,也是教师基本功锤炼的中心项目。小班化高效教学的实施,首先对教学常规的标准进行了梳理,包括《备课标准》《早晚自习标准》《任务型晨读标准》《小班化背景下高效课堂评价标准》《作业布置批改标准》《周清标准》《限时训练标准》《观课评课标准》等。

(2)课程个性化。严格按照部颁课程计划,开齐科目、开足课时、开好课程,加强校本、综合实践及音体美等课程的开发与管理。学校课程改革的培养目标是全面贯彻党的教育方针,全面推进素质教育。根据不同层次班级,不同个性、兴趣、爱好的学生,开设个性化课程。培养学生强健体魄、流畅表达、阅读写作、自主管理、合作创新、责任担当六大核心能力。

(3)教学差异化。小班化高效教学解决的是因材施教的问题,针对个体的差异化、班级的差异化开展教学工作。包括个性化备课、个性化作业、个性化考练、个性化评价。因材施教指的是从最后一名学生抓起,针对学生的基础能力——"低进中出、中进优出、优进特出"的总体目标。教师上课立足中等,抓中间、促两头,注重差生辅导,巧妙运用兵教兵。具体可从教师的教、学生的学两个方面进行操作:

第一,教师的教:规范课堂教学,创新教学方法,提高教师教学水平

备课:严把备课关,注重备课质量,加大对备课的过程性督查,杜绝应付备课和突击备课,把功夫下在课前。上一堂课并不难,上一堂有质量的课就不容易,经常上高质量的课就更不容易。课前要认真钻研教材、仔细备课、必要时采取集体讨论的方式备课,应备详细教案、备教学目标、备教学环节、备可能出现的教学中的意外情况、备教法和学法、备板书设计。

讲课:严把课堂教学关,向课堂教学要质量。教师把力量放在课内,每堂课尽可能做到优质、高效,上课必须遵守几点原则:必须明确本堂课的教学目标;必须让学生积极参与到课堂活动中;必须当堂检查、反馈和巩固。

作业批改:教师严格做到作业内容要精选,作业要求要严格,处理要及时,批阅要规范,同时,做好作业的讲评,讲评要细致到位。

个性化辅导:教师辅导要耐心、细心、热心、诚心,积极采取"抓两头促中间",注重后进生和学差生的辅导和提高。把个别辅导加在课后,在教学过程中要求全体学生完全掌握所学的知识是不现实的,总会有那么几个学生在学习上有困难、跟不上其他同学。因此,我们不要放弃每一位学生,不仅要帮助学生解决学习上的疑难问题,而且要帮助学生解决思想问题。老师必须对班级中的后进生做到心中有底,教学时要分层次教学;利用课余时间对后进生进行个别辅导;经常与后进生谈心,鼓励他们克服心理障碍,只要他们有所进步就给予肯定和鼓励。

限时训练:教师精选课堂教学例题、习题、作业题,采取多元化、多层次、内容丰富的练习方式,恰当、科学地设计练习,注重练习的有效性。

第二,学生的学:关注六学要求,培养学生学习能力,让学习真正发生

端正学生的学习态度:教师帮助学生树立学习信心,改进教学方法,激发学生学习兴趣,与家长达成共识。

培养学生的学习动力:树理想、找目标;多表扬、少批评;树信心、鼓勇气;多竞赛、激斗志。

培养学生的学习方法:确立一个目标——让学生学会学习;解决好三个问题——学什么?怎么学?学到什么程度?加强四个指导——指导学生学会制订学习目标,指导学生选择有效的学习方法,指导学生养成良好的学习习惯,指导学生进行自我评价。

培养学生的学习能力:①激发学习动机。学习动机是孩子自觉主动学习的内驱力,培养孩子的学习能力,需要从激发孩子的学习动机入手。②制定合适的学习目标。没有明确的目标,孩子的学习就会停滞。合适的学习目标,是孩子前进的方向和动力,可以激励孩子主动发掘自身的潜能,积极地学习。③科学的学习方法。现代社会,知识更新速度加快,孩子需要掌握各种信息,只有具备良好的学习能力和科学的学习方法,孩子才能主动接受各种知识,不断完善和充实自己。④良好的学习习惯。如果孩子能够在少年时期养成良好的学习习惯,那么他便会将追求知识、努力学习当成生活应有之义。⑤提高自学能力。在学校里学到的知识是有限的,只有具备了良好的自学能力,才会保证孩子可以根据时代和社会的发展需要进行学习,不被社会所淘汰。要让孩子学会自学,需要增加孩子学习知识的动力,使孩子对学习保持积极的兴趣。

(4)课堂阵地化。课堂是教师工作的主阵地,是发现问题、解决问题、形成能力的主阵地,从课堂建模开始,开展研在课堂、晒在课堂、赛在课堂、写在课堂的主阵地式教学研究活动。学校每年开展一次教研节,主题为"基于学科核心素养下的小班化教学研讨",内容包括读书分享活动、课堂教学比武、论文案例评比、名师讲座等。

课堂教学关键:

第一步:抓好课前预习

在预习中,要求学生边读边思,把难理解和不理解的字、词、句勾画出来并记下来。看完书后,合上课本,回忆一遍,记下文中主要的语句,能大概了解课文内容。对于小学低年级段来说,初步了解教材的基本内容和思路,找出不理解的内容,特别是字、词、句。而到了小学中、高年级段,则应对找出的内容和问题做笔记,把预习笔记作为课堂笔记的基础。

第二步：掌握听、讲的正确方法

对于小学低年级段来说，处理好听、讲、读、写的关系，重视好课堂讨论，就能提高课堂学习效果。而对于小学中、高年级段来说，不但要处理听、讲、读、写的关系，而且要处理好它们与笔记之间的关系，特别要重视好讨论，才能提高课堂学习效果。学生要上好课、听好课：第一要做好课前准备；第二要专心听讲，尽快进入学习状态，集中注意力；第三要学会思考理解，特别是要大胆设疑，敢于发表自己的见解，敢于提出不理解的内容，善于从不同的角度验证答案；第四要及时做好各种标记，有选择地做好笔记。

上课是学生在学校学习的基本形式，如何对待每一堂课则是关键，要取得较好的成绩，必须掌握课堂上的40分钟，提高听课效率。

带着问题听课，把握老师讲课的思路和条理。学生要养成边听边思考、边总结、边记忆的习惯，力争当堂消化巩固知识。

第三步：课后复习应及时

学生应根据学科特点，进行复习，达到排疑解难，巩固提高的目的。复习是预习和上课的继续，在复习过程中，既调动了大脑的活动，又提高了分析问题和解决问题的能力，也便于巩固和记忆所学的知识。

第四步：认真作业

勤于动脑、仔细思考、认真作业是学生对待作业的正确态度。第一要为作业做好准备工作，把预习、上课、复习衔接起来。第二要认真读题，仔细分析题意。第三要理清思路、独立完成作业。第四要学会检查。要把书本上的知识转化为自己的知识，就必须通过作业实践来转化。

做作业的几大优点是：检查学习效果、加深对知识的理解和记忆、提高思维能力、为复习积累资料。

第五步 课外学习

要掌握好科学的学习规律，包括打好基础、循序渐进、温故而知新。搞好课外学习包括主动进行课外阅读，参加课外实践活动，掌握正确的课外学习方法。

总之，课前要抓好预习，课中要认真听讲，课后要完成作业巩固所学知识，课外学习要运用手段,使学习逐渐个性化。

(5)学科活动序列化。每个学科围绕学科核心素养,针对学科特点,提炼形成序列化的学科活动。语文学科读书节(朗读者、阅读写作竞赛)与达人节(诗词大会、汉字英雄、辩论赛、周林演说家),数学学科开展数学阅读与奥赛,英语学科开展英语节与学科竞赛,理化学科开展实验操作竞赛与学科知识竞赛,综合学科开展传统节日与茅台文化活动,艺体组开展体育节与艺术节系列活动,在活动中进一步提升学生的核心素养。

(三)小班化教育课程体系的实践推进

1.集体备课实施

(1)个别备课:学科组成员根据学科组长安排内容进行个人备课。

(2)课堂展示:每周1名教师晒课(本组未上过内容),其余成员观课。

(3)议课研讨:课堂展示后有至少1节课时间进行研讨优化。

(4)优化教学:根据班级学生特点优化教学设计(包括PPT),形成个性化备课。

2.高效课堂建模

(1)课前展示(3~5分钟)

①成立学习小组,学习小组根据上节课所学内容,或本组优势准备课前展示,展示内容可以是课内外所学知识的展示。

②指定一位同学,在上课前引导同学回顾一下学过的知识,做到温故而知新。

这一环节主要是让学生们可以很快地做好准备,进入到新课学习的状态,让同学们自己准备课前展示的内容,不仅让同学们把所学的知识运用到实际生活中,同时还培养了同学们自主学习的能力及表达能力。

(2)热身/复习活动(约3分钟)

热身阶段主要是启动和复习阶段,活动目的主要有两点:

①激活学生的大脑和行动,抓住学生的注意力,使学生的精力都投入到本堂

课的学习中,既激发兴趣,又烘托学习氛围。

②激活已学知识。一切学习都是以先前学习的知识为基础,通过发挥个体的主动性,在与他人和社会的互相作用中,建构属于自己的认知结构。复习可以让已学的知识在学生的大脑中活起来,通过复习、巩固和灵活运用已学知识,让新授过程更流畅。

热身复习阶段的活动形式主要包括:问候、歌曲、歌谣游戏、故事、表演、角色扮演、日常交流、问答活动、复述课文、专题汇报、小记者采访等。教师在选择活动形式时,一定要根据自己的教学实际,选择适合学生和教学内容的活动,以求实效。

(3)新知呈现 (约15钟)

第一,情景引入。

这是传授新课的序幕,它为培养学生兴趣,抓住学生心弦,优化学生心境及对新知识的探求和运用做了准备。好的情景导入往往能唤起学生的求知欲望,激发他们积极参与语言交流的热情,并实现向新内容的自然过渡,减轻学生对新知识的陌生感,快速引导学生进入快乐、美妙的学习天地,这也是一节课成功的关键。我们建议教师创设情景时要依照主题情景,尽量创设形象直观的、真实生活化的情境。

第二,新授课。

①语言输入。

根据儿童语言认知的特征,在他们语言和认知水平不高的阶段应该坚持听力领先、整体感知的原则。当遇到不能理解的语言时,儿童需要不断重复输入,把这些语言当作一个整体来记忆,同时记住引发这些语言出现的情境刺激。因此,老师应尽可能提供大量真实有趣并且发音标准的视觉和听觉材料。语言输入应注意以下几点:输入的语言信息应该略高于现有理解水平;可理解的内容占80%,提高内容占20%;"输入"内容要能帮助语言"理解"。

②知识呈现。

在输入的基础上,采用实物、图片、简笔画、肢体动作等直观教学手段组织教

学,使教学直观化、生动化、趣味化,让学生爱学、乐学、善学。在讲解新知时要注意以下几点:

a.突出目标,组织教学。老师在设计每一步时都要考虑目标、服务目标,力求在有限的时间内直达目标。学生已会的不教,不会的重点教,应做到重难点先教,课堂当中反复运用巩固,突破难点。

b.利用实物,充实教学。老师尽可能地体现直观性教学原则,尽可能多地利用实物进行教学。

c.运用简笔画,美化教学。简笔画的特征是简单、快捷,以最低的教学代价取得较好的教学效果。运用简笔画既生动、直观,又能很好地吸引学生,因此老师在教学中应大力运用这种方法。

d.运用肢体语言,优化教学。教师和学生同做,手动、口念、脑想,真正达到口、手、脑并用,调动各种感官,使学生学得轻松、愉快。

(4)知识操练(约15分钟)

学生通过初始阶段的学习,已基本知道本堂课主要学习的内容。在此基础上,更重要的是需要大量的语言操练,以真正达到语言的输入,并且为语言的输出奠定坚实的基础。高效的语言操练应做到以下4点:

①语言目标要明确

首先要确定这一堂课重点操练的知识点。

②操练方法要多样有效

操练的方法有多种,其中包括:替换练习、问答交流、游戏、歌谣、歌曲、表演、对话角色扮演、故事表演、短剧表演、绘画与交流、制作与交流等等。操练方法的选择会直接影响到操练效果,教师要根据不同学段的学生,根据实际的教学内容来选择最适合自己教学实际的语言操练方法。

③操练的形式要多样

操练可以在师生之间、同桌之间、男女生之间、前后排之间、左右排之间,以及小组等各种形式交互使用,丰富操练形式。游戏操练形式也可以,但是在活动形式的选择上一定要注意有实效。

④操练时间要合理有效

语言操练阶段是学生学习和掌握语言的关键阶段,它起着承上启下的重要作用,时间至少需要10~15分钟。教师也可以根据自己的教学实际灵活安排时间,还可以将新课呈现和语言操练这两个部分有机地结合在一起进行教学,并整体计划时间。

3.小班化教研活动

我校从2016年9月开始正式创建初中小班化教学,从最初的4个教学班到现在全面推行小班化教学,现在已经有5年的小班化教学经历,在这几年的摸索中,我们深感小班化教学使教学场所更开阔、教学目标更精细、教学设计更互动、教学活动更频繁、教学评价更具体、教学效果更明显。这样的小班化教学深受学生、教师、家长的认可和喜爱。其实,作为教师的我们深知人数的减少并不是责任的减少,反而更多了一份责任。所以,我校小班化教学的历程同时也是教研活动精细化的过程。

(1)搭建平台

为了让我校更快、更准、更稳地发展,提升教师的业务能力,学校先后搭建了各学科主题教研活动、小班化读书分享、小班化教学论文评比、小班化教学课堂比武、小班化学科组备课研讨等活动,这些活动紧扣小班化,主题突出,快速提高了教师的理论水平和实践能力。许多年轻的教师在这些活动平台中展示了自我,还在展示中强化了小班化教学的分享,使我校老师对小班化教学印象深刻。

除了在校内搭建这些平台,学校老师还通过技能大赛、优质课比赛等各种比赛落实小班化教学的理念。许多老师在活动设计中更强调了学生的主体学习意识,通过自学、讨论、展示等环节的设计尽量让每一个学生有发言展示的机会。

(2)专业指引

任何事物的长远发展都离不开专业的引领,专业会使人在一定领域内透过现象看到本质,少走不必要的弯路,加速事物的发展。

学校的发展更是如此,我们面对的是不可实验的学生,我们只能在已有的研究基础上,结合我校的实际情况进行创新和传承,学习当下对小班化教学的研究对我校开展小班化教学尤为重要。

学校以"走出去、请进来"的成长方向培养教师,通过学校自身搭建的外校外省平台,我校分别去重庆巴蜀中学、浙江余姚实验学校等学校小班化教学"取经",还特别邀请在教育教学上有所建树的专家们来我校进行指导。

(3)主题教研

①主题阅读

在学校的要求和推荐下,我校老师共同阅读了《小班化下的课堂教学》《核心素养下的课堂教学》《小班化背景下"四学一体"课堂教学模式的架构》等各种小班化教学的书籍。

②主题课堂教学

a.教研组主题晒课。晒课一般由听课、评课、主题讲座三个环节组成,结合课堂中实际存在的问题,针对小班化教学的要求进行评价。

b.校级教研节赛课。经过几年的探索,在2020年9月,在我校小班化教学基本成熟的情况下,学校教师发展中心部组织并开展了以小班化教学为主题的教研大型活动,其中赛课环节直观、精彩,引起了全校老师对课堂教学的新探索。

c."五环一主"主题式教研活动。为了使小班化教学更深入,学校创新了原先的三环主题,改为"学、展、议、评、写"的主题式教研活动。在此基础上,还规范了小班化教学中各环节的要求,这使教研活动效果显著。以下为周林学校初中部"学展议讲写"五环一主校本教研的指导内容:

【概念解读】

"学展议讲写"五环一主:"五环"指的是活动前的学习、课例展示、议课、微讲座、教研写作五个环节,"一主"指五个环节围绕同一主题。

第一环,在每一次教研活动前,先明确教研主题,全员分工,要求全体成员针对教研主题开展学习,形成自己的认知、策略和观点,要求有学习记录。

第二环,确定本次活动的课例展示人,将写好的教学设计在课前发给参与者,展示课例,全员观课。

第三环,确定中心议课人,由他围绕本次主题展开议课,其他成员补充,与本次主题无关的内容不讲。

第四环,围绕本次主题开展一次微讲座,每次一人承担,承担者要提前查阅资料,结合自身经验,理论与案例结合,使用课件分享。

第五环,针对本次研讨主题,梳理活动内容,至少完成一篇教学论文、案例或反思。

【四大特点】

1.全员参与,整体提升。

2.聚焦问题,任务驱动。

3.学思结合,有话可说。

4.易出成果,方便传承。

【基本流程】

1.梳理问题,确定主题。

2.集体学习,明确分工。

3.课例展示,全员观课。

4.主题议课,优化设计。

5.分享讲座,博采众长。

6.教研写作,整理成果。

【教研要求】

1.教研次数:一学期不少于4次。

2.资料收集:每次活动资料按以下顺序编辑成word文件:①活动分工表;②每名成员主题学习笔记(电子版);③教学设计(文字稿);④观课记录(拍成图片);⑤议课稿(主议者);⑥微讲座课件(编辑时用文字稿);⑦教研简报;⑧教研文章至少1篇(论文、案例、反思);⑨活动图片(全过程,每环节一张,下方用文字说明,图片清晰、主题突出)活动结束一周内传教师发展中心。

3.物化成果:学期结束后每个教研组将收集材料按照主题编排,编辑一册教研成果集,教研组保存1份,教师发展中心保存1份(如表8-1)。

4.考核评价:此项工作作为教研组年终考核的重要项目,卓越教研组评选的重要依据。

表8-1 《微粒的性质》小班化教学设计

研究主题	小班化教学与现代信息化教育技术的融合				
学科	化学	教学内容	《微粒的性质》		
执教者	××	教学年级	九年级	课时安排	1课时
教材分析	本节内容选自沪教版九年级上册第3章《构成物质的奥秘》第1节《构成物质的基本微粒》。本课题包括"微粒的性质""分子"两部分内容,本课题是学生对微观世界的首次了解,也是今后学生学习化学不可或缺的理论基础。对本节内容的学习不仅可以让学习用微观的角度对之前学习过的知识认识得更深刻,而且为后面学习化学方程式、质量守恒定律、化合价等内容奠定了理论基础。除此之外,帮助学生用微粒的观念学习化学,非常有利于培养学生通过观察、想象、类比、模型化等方法实现从宏观辨识到微观探析的化学学科核心素养。 本节内容放在《水的组成》后,学生已经学习了一定的化学物质,对于宏观具体物质的性质和特点有了一定的认识。在此,利用"电解水"把宏观现象与微观本质联系起来,让学生明白水是由水分子构成的,这样便于学生理解微观世界,降低了一定的难度,并帮助学生初步认识辩证唯物主义的一些观点。				
学情分析	根据本课题的教学目标预设,本课的学习主要体现了以下特点:围绕课题,利用宏观辨识与微观探析相结合的视角分析和解决实际问题。因此,本节课想象思辨的能力是关键,需要学生有一定的观察力、想象力,并乐于交流分享。本班50%的学生这方面能力较强,其中较为突出的是:冉、钱、李等8位同学思维非常敏捷,且非常有个性。此外40%的学生处于发展中状态,但学习态度端正、认真踏实。而班上还有两三个后进生在学习方面比较吃力,特别是抽象思维能力比较弱,因此需要额外关注。小组合作探究是本节课的一项重要学习形式,我们班大部分同学都会合作学习,只有极个别同学需要在老师或组长的督促下学习,课堂上老师须特别留意。				

续表

研究主题	小班化教学与现代信息化教育技术的融合			
	整体教学目标	上限目标	下限目标	适合学生
教学目标	C层:1.认识物质的微粒性,知道分子、原子、离子都是构成物质的微粒。2.通过实验,结合生活经验,了解微粒的基本性质。3.能用微粒的观点解释某些常见的现象。	1.知道分子、原子、离子都是构成物质的微粒,并能举例说明。2.了解微粒的基本性质。3.能用微粒的观点解释某些常见的现象。	1.知道分子、原子、离子都是构成物质的微粒。2.能说出微粒的性质。3.能用微粒的观点解释某些常见现象。	
	B层:1.通过实验、观察图片,感知物质是由分子、原子、离子等微粒构成的,学会看图,培养抽象思维能力。2.通过实验,结合生活经验,了解微粒的基本性质,再用微观粒子解释宏观现象。3.通过水分解和水蒸发两个过程的动画模拟等手段,知道分子是保持物质化学性质的最小粒子,原子是化学变化中的最小粒子。	1.感知物质是由分子、原子、离子等微粒构成的,学会看图,培养抽象思维能力。2.了解微粒的基本性质,再用微观粒子解释宏观现象。3.知道分子是保持物质化学性质的最小粒子,原子是化学变化中的最小粒子。	1.通过实验、观察图片,感知物质是由分子、原子、离子等微粒构成的,学会看图。2.了解微粒的基本性质,再用微观粒子解释宏观现象。3.知道在化学变化中,分子不可再分,原子可以再分。	
	A层:1.通过实验、观察图片,感知物质是由分子、原子、离子等微粒构成的,学会看图,培养抽象思维能力、想象力和分析、推理能力。2.通过实验,结合生活经验,了解微粒的基本性质,再用微观粒子解释宏观现象,学会运用比较、归纳等方法对实验中观察到的现象进行分析。3.通过水分解和水蒸发两个过程的动画模拟等手段,知道分子是保持物质化学性质的最小粒子,原子是化学变化中的最小粒子。4.初步认识物质可分性的辩证唯物主义观点。	1.了解物质是由分子、原子、离子等微粒构成的,学会看图,培养抽象思维能力、想象力和分析、推理能力。2.了解微粒的基本性质,再用微观粒子解释宏观现象,学会运用比较、归纳等方法对实验中观察到的现象进行分析。3.知道分子是保持物质化学性质的最小粒子,原子是化学变化中的最小粒子。4.初步认识物质可分性的辩证唯物主义观点。	1.感知物质是由分子、原子、离子等微粒构成的,学会看图,培养抽象思维能力、想象力。2.了解微粒的基本性质,用微观粒子解释宏观现象。3.知道分子是保持物质化学性质的最小粒子,原子是化学变化中的最小粒子。	

续表

研究主题	小班化教学与现代信息化教育技术的融合				
教学重难点	重点	认识物质是由微粒构成的;认识微粒的性质;初步形成对分子行为的微观想象。			
	难点	初步建立微观粒子想象,从微观角度解释宏观现象、认识物质的变化。			
设计理念	本着"以人为本"的教学思想,运用实验启发式的教法以及小组合作、自主探究的学法来开展教学。				
教学准备	1.教学设备:计算机、教学课件 2.仪器、药品:烧杯、试管、注射器、品红、无水乙醇、浓氨水、蒸馏水、酚酞 3.其他:学案、多色磁粒				
教学空间形式					
教学过程					
教学环节	教师活动	学生活动	设计意图	特别关注	目标落实情况
引入新课	设疑激思:来到仁怀,酒香四溢,为什么身边没有酒,却能闻到酒香?	思考,发现问题。 将化学与现实生活相联系,产生探究欲望。	创设真实情境,从学生熟悉的现象入手,激发学生的探究欲。	教师提问C层次同学,帮助他们建立学习信心。	学生的探究欲望强烈,效果不错。
物质是由微粒构成的	PPT展示STM观察到的分子、原子图片以及展示实物。	观察分析,交流讨论,得出结论:微观粒子真实存在,物质是由微粒构成的。	通过图片、实物感知物质是由微粒构成的,且微粒真实存在,引发学生思考、讨论,激发新思维;通过宏观物质与微观本质的联系,促进学生抽象思维的发展。		大部分同学能很快得出结论:物质是由微粒构成的。

续表

研究主题	小班化教学与现代信息化教育技术的融合			
微粒的性质	指导阅读并提问：水是由水分子构成的，为什么水能看得见，水分子却看不见？	自主阅读学案"水分子的自述"。得出结论：分子的质量和体积都很小。	运用具体的数字和拟人化的手法，说明分子的体积和质量都很小，激发学生的兴趣。培养学生独立阅读的能力，并将抽象的知识具体化。		通过自主阅读，基本上能得出结论。
	实验1：演示实验【乙醇与水混合】，并设疑：50 mL水与50 mL乙醇混合后体积是否等于100 mL？	猜想实验结果，观察、分析，得出结论：微粒之间有间隔。	采用实验，借助宏观现象来帮助学生想象微观事物，理解微观物质，使抽象问题具体化。并使学生能解释微观粒子宏观现象的本质，学以致用。采用分组实验的形式，培养学生的自主学习与合作探究的能力。	教师辅导C层次两个组、B层次一个组的分组实验。教师适时对A层次组内提问，升华主题。	通过教师演示实验，学生分组实验，学生的学习热情高昂，教学目标基本达成。
	实验2：指导分组实验【注射器分别吸水和空气压缩】，设疑激思：生活中哪些现象与此有关，如轮胎打气，物质间的三态变化。	分组实验并观察现象，分析得出结论：气体物质微粒之间的孔隙比大于液体和固体的。			
	实验3：指导分组实验【酚酞与浓氨水反应、热水中的品红】，提问生活中与此有关的现象。	分组实验，观察、分析，得出结论：微粒在不断地运动，且温度越高，微粒运动速率越快。			

续表

研究主题	小班化教学与现代信息化教育技术的融合					
	组织学生以小组为单位,全班交流观察到的信息。	全班交流,把小组结论发在微信学习群内。	通过此环节,培养学生归纳总结能力以及表达能力。利用信息技术手段,把实验结论以照片的形式发在学习群内,可供后续整理学习。	教师参与C层次一个组的讨论。	以小组为单位,虽然耗时较长,但效果不错。
分子是由原子构成的	指导学生用磁粒摆出几种分子的模型。	用磁粒摆出几种分子的模型,并以小组为单位上传照片到学习群。	利用磁粒形象、直观地代替原子,帮助学生建构分子是由原子构成的空间模型印象,也为后面给分子下定义做铺垫。	教师单独辅导基础较差的几名同学搭建分子模型。	通过直观教具,学生基本能达成教学目标。
分子的定义	播放模拟动画:水蒸发、电解水两个过程。并设疑:这两个变化有什么区别?一种分子如何变成新分子?	观看模拟动画,理解和感受:宏观变化的微观本质,并体会物质的可分性。	通过动画辅助,使复杂的知识直观化,并以学生的已有知识储备为铺垫,衔接新旧知识,提出问题,从微观的角度重新认识物理变化和化学变化。		内容较为抽象,通过练习巩固,基本达成教学目标。
	分析讲解电解水的宏观现象与微观本质之间的联系。	听讲解,理解和感悟。得出分子的定义:分子是保持物质化学性质的最小粒子。	通过分析水、氢气、氧气的化学性质与分子种类的关系,以建立宏观现象与微观本质的桥梁。		
课堂测试	分层测试,屏幕出示答案。				
课堂小结	学习归纳,谈收获。	适时点评,以思维导图形式呈现。	培养学生总结归纳的能力。		

续表

研究主题	小班化教学与现代信息化教育技术的融合

板书设计	微粒的性质
	一、物质是由微粒构成的
	二、微粒的性质
	  1.微粒的质量和体积都很小
	  2.微粒之间有空隙
	  3.微粒在不断的运动,且温度越高,微粒运动速率越快
	三、分子的定义:分子是保持物质化学性质的最小粒子

三、小班化教育教师队伍建设的举措与路径

(一)校本教研

学校充分发挥校本教研的作用,将小班化教育教学的研究落到实处,逐渐形成小班化教育教学特色。学科组每周组织随堂教研,教研组一月组织一主题教研,学校层面一年组织一次教研节。校本教研立足课堂,从共学共备、课例展示、主题议课、微讲座、主题共写几个方面进行,解决小班化高效学习及学科核心素养落实的问题。

(二)名师工作室引领

学校拥有遵义市校长教师培训基地袁友明工作室,贵州省郭里红劳模创新工作室,贵州省乡村名师甘霖名师工作室,贵州省乡村名师余洪名师工作室,为教师的专业发展提供平台。

(三)借力名校名师、探索小班发展

2016年,我校与重庆巴川小学结为友好学校,学校先后从学校管理、教学教研、德育管理方面向巴川小学学习借鉴,先后派出老师跟岗培训约150人次。首次了解小班化教育的理念、育人目标、课程体系、教研管理等。

学校先后派教师到西南大学附中、洋思中学、河南郑州第二实验学校、阳光书院、精英中学、衡水中学等名校考察学习。

学校还在"三教"思想引领下,与浙江余姚学校、黔西四中、六盘水外国语学校、阳光书院组成"黔浙五校"联盟,在课堂教学、学校管理上开展了交流,促进了小班化教育的发展。

2019年,学校承办了全国名班主任、名师进校园活动,魏书生、郑英、刘金玉、高金英、赵国忠、李凤遐、于洁等全国12名班主任在我校开展了讲座,我校全校教师全程参与。

(四)依托高校,打造特色示范

2016年起,学校依托"西南大学·遵义市教师教育创新实验区示范校"项目学科带头人、教学名师、名校长工程,在西南大学专家组帮扶指导下,逐渐在小班化教育方面取得了创新成绩。

学校袁友明校长、赵益选老师参加了校长班和名师班培训,罗江燕、赵少益、陈晓玲、陈莹、蒋家颖参加了学科带头人班的学习。通过学习,他们各自在专业发展上取得了较大的成长。袁友明校长多次在全国各地就小班化民办学校的管理做讲座交流;赵益选在西南大学的推荐下,在清镇市教师培训中、贵州省民办学校校长培训中作了《我的班级文化建设》的交流;罗江燕、陈晓玲老师在浙江余姚学校举办的全国民办学校教研活动中上展示课,用的就是小班化教学的理念;其他老师也在各种平台上展示了小班化教学的成果。

西南大学教师教育学院荣维东教授、任明满博士和渝中区教师进修学院李永红老师组成的专家团队,通过线上和线下指导的方式,指导教师开展课题研究、论文写作,唤醒了教师科研意识,提高了科研能力。2020年7月9日至7月12日,围

绕周林学校"小班教学"特色打造工作,专家组有针对性地对老师们进行了指导。7月9日—10日上午,李永红老师先后听了七年级数学、八年级语文、英语、物理课各一节,课后与授课教师进行了深入交流,系统了解学校小班教学的具体开展情况。7月10日下午3:00到5:30,李永红老师为全校小学和初中语文教师做了《难忘体验,叙写有方》的讲座。7月12日下午,专家组就学校小班教学实施、课题申报、班级管理等与学校项目团队进行了深入交流。针对老师们普遍反映的课题研究如何寻找理论基础,如何查找权威文献等问题,荣维东教授建议学校为各学科购买核心期刊,营造研究氛围,建议老师们从教学反思中提炼研究热点,运用搜索工具,进行专题阅读;任明满博士建议学校购买知网账号,并分享了利用知网进行文献搜索、选择的技巧;李永红老师建议老师们利用好互联网平台,打造个性化的研究资源。针对学校撰写的课题标书,专家组展示了规范的课题标书样板,分析了我校标书存在的明显问题,并提出了针对性的修改建议。专家组指导小学语文教师胡月撰写论文《阅读中结合"体察"深入想象》,发表于《语文教学通讯(小学版)》。

初中部语文组借助西南大学专家组成员李永红老师的平台,引进了生活化写作课程。李老师带领生活化写作团队,通过同课异构线下示范指导和深度备课的线上指导,使我校写作教学在迷茫时找到了方向,现在正在实践中。

(五)课题研究

我校紧紧围绕核心素养和小班化教学,不断将教育教学中的问题提炼,形成课题进行研究解决。比如:解决师资问题的《民办学校新老师快速成长实践研究》,立足学科核心素养的《初中数学阅读能力培养的策略研究》《初中化学复习阶段教—学—评一体化融通的策略研究》《在初中语文阅读教学中实施读写一体化的实践研究》立项遵义市课题;小学部《小班化精致教育背景下"高效课堂"的行动策略研究》《仁怀市周林学校特色体育大课间篮球操的创编研究》《小学英语词汇情境教学研究》等多项课题立项仁怀市课题;《利用社团活动渗透仁怀乡土文化的实践研究》《基于核心素养下的初中英语以读促写教学研究》《小班化教学中综合学科高效课堂结构设置的探究》《初中英语任务型阅读解题方法与技巧的研究》等立项校本课题研究。

在西南大学专家团队的指导下,申报遵义市基础教育科学研究、教育教学实验课题《基于小班化的"高效课堂"实施策略研究》,以更高的理论站位、更严谨的设计指导推进小班化教学实践。

四、小班化教育管理的改革与创新

(一)小班化精致德育

学校精致德育以"活动育人"的德育理念,通过顶层设计构建德育活动方案,形成系统化、结构化的体系。在过去的几年中,取得了很好的效果,学校通过德育教育活动,大大地提升了学生的学习效率,真正做到了让孩子在玩中学、乐中学,人人上舞台,人人得成长。

第一,每日励志活动。学校引进"三大步"励志教育课题。第一步,集体朗读励志信。要求每天早中晚读3次,同样的内容需要重复21天,大量的正能量输入,强化学生的道德认知。第二步,填写成长记录。经过常态的学生填写和导师批阅,成长记录为学生形成正确的道德价值观奠定坚实基础。第三步,行为的自我评价。具体做法是:学生每天对励志成长的进步、树立好习惯的成功进行自我评价,给自己打分。简单易行的评价办法,促使学生自我督促、自我监督、自励成长。

第二,每周/学月品格教育。每周/学月一品格的教育,利用主题班会与周日总结反思,强化学生良好品格的养成。如:三月学雷锋见行动、四月体育节、五月读书节、六月六一节等。这一类活动以学科为载体,在提升学生学科核心素养的同时打造学生们的团队意识。通过系统的教育,我校的学生变得更加活泼开朗,积极阳光了。

2023年4月,学校举行的体育节开幕式获得社会高度赞誉,尤其是五(6)班班主任冯清春老师带领全班学生跳猩猩舞一度火爆全国,抖音热度榜甚至飙升到第五,分别有上百家媒体转发,包括仁怀、遵义、贵州乃至全国多家媒体进行采访报道,网民评价非常高。

第三,每学期主题育心活动。从学生进校到毕业这6个学期,每个学期开展一次重大的育心活动。一年级开展入学礼,四年级开展十岁成长礼,六年级开展毕业礼,人人上舞台,人人有体验,人人皆成长,体现小班化教育的基本特点。我校在学生成长规划中,一到六年级每学年有两次大型育心活动,6年结束后就有12次育心活动。从一年级的入学礼到四年级的成长礼,再到六年级的毕业礼,学生们会有12次上大型舞台的机会,12次的历练,足以让孩子变得积极阳光,足以让孩子变得与众不同,真正地实现了学生公平教育的要求。

(二)案例:"幸福班"的班级文化建设

2018年教育部在《关于开展"三全育人"综合改革试点工作的通知》文件中,提出了"三全育人"的概念。"三全育人"是指:"坚持全员育人、全过程育人、全方位育人"。班级是学生在学校学习生活的主要场所,班级文化对践行"三全育人"有着举足轻重的作用。

教育是一项慢的艺术,有人将教育比作"随风潜入夜,润物细无声"的春雨,正如印度诗人泰戈尔的诗句"天空中没有翅膀的痕迹,而我已飞过"。但是,教育应该有印迹,班主任应用文化的清风拂过学生的心灵,成为他们幸福一生的烙印。

"幸福班"的班级文化建设主要从三个方面入手:环境文化、制度文化、精神文化。

1.环境文化

环境文化主要有绿色植物、整齐桌椅、整洁教室、书香教室等硬件。一人一盆绿色植物,自己照顾,这既装点了教室,又培养学生的责任意识与尊重生命的精神品质。洁净的地面,整齐的桌椅,蓬勃的盆栽,装满书的图书柜,放满杂志的报刊架,组成了"幸福班"的舒适环境。

2.制度文化

没有规矩,不成方圆。国有规,民可安居;班有规,幸福有源。"幸福班"倡导人人是班级建设和管理的主人,共同议定学习和生活的标准,标准就是方向,引导孩子们朝优秀、幸福的一面发展,人人负责检查执行,认真记录评价,发现问题,学会解决。目前有《班级管理与操行考核办法》《班级自主管理责任担当评价表》《作业检查记录》《一周操行考核统计表》《卫生检查记录》《值周记录》《晨读检查记录》《值周总结反思表》《书桌整理检查记录》《就寝检查记录》《花草养护检查记录》《周前教育记录》《跑操检查记录》,等。

3.精神文化

(1)班级CIS系统

班名:幸福班。

理论依据:苏联教育家苏霍姆林斯基曾指出教育(目的)是培养幸福的人。

班训:让我的存在成为别人的幸福。

目标素养:强健体魄、阅读写作、流畅表达、自主管理、良好修养、责任担当

口号:我担当,我幸福;我感恩,我幸福;我挑战,我幸福;我追求,我幸福

班徽及设计理念:首先,班徽的形状为一个图形,象征我们班是一个团结的班级。其次,班徽中间的一对翅膀和爱心的组合是一个被夸张化了的"H","H"为英语单词"Happiness"(汉语的意思是幸福、快乐)的首字母;翅膀下面的"C"为英语单词"Class"(译为汉语是"班级")的首字母;"H"和"C"连起来,就是"幸福班"的意思,"幸福班"是我们班的班名。另外,翅膀象征着我们班同学载着梦想与希望自由飞翔,暗含"奋发向上"的意思。

再次,包裹着"H"与"C"的是一个"爱心",象征我们班是一个充满爱心的班级。"爱心"下方未封闭,象征着我们班的爱心会向外传递,让周围的人感到幸福,与班徽下方的文字"让我的存在成为别人的幸福"(我们班的班训)相呼应;"爱心"又像一个倾斜的"3"字,寓意"幸福班"的孩子将一起度过三年美好的青春生活。

最后,色彩搭配:绿色象征和平,翠绿显得活泼;红色象征激情,白色字体象征情谊纯洁;中间部分底纹是蓝天白云,象征志存高远。

班歌:《小1小幸运》

(2)文化墙

教室墙四周既有物质的装饰,更有精神文化的元素。包括风云人物(正能量人物、考场达人、最强团队),成长足迹,荣誉殿堂(展现各方面突出成绩取得者,为班级最高荣誉),感恩感动墙(每天记录班级师生善行,践行班训"让我的存在成为别人的幸福"),责任担当墙,挑战墙(学习成绩挑战),班级全家福。

(3)班级文化展示活动

七年级第一学期,开展班级文化展示活动。活动通过艺术表演形式,将班级系统标识文化全面呈现在家长面前。"幸福班"通过诗歌朗诵的形式解读幸福班的内涵。"幸福班"展示的题目是《呼唤幸福》,在"幸福是什么"的追问下开始,对于幸福,不同的人定义不相同。如留守儿童的幸福是在外打工的父母回家来陪伴,单亲子女的幸福是有个完完整整的家,而"幸福班"孩子的幸福是对命运的挑战,对人生的追求,对生活的感恩,对生命的担当。

(4)班史文化

班史一 班级微视频《蓓蕾初放》

七年级开始,班主任利用"会声会影"软件,穿插文字、照片、视频、音乐、特效,制作了一段约10分钟视频。每学期一集,现已完成4集:《蓓蕾初放》《姹紫嫣红》《百花争艳》《一树繁花》,毕业时六集合辑留存。

班史二 幸福日记《遇见幸福班》

基于班级视频只能客观地记录生活状态,不容易反映孩子们思想和对世界认识的变化。为了让孩子们能透过自己看世界,为了让所有孩子都参与,老师们决定采用日记的方式,以一篇篇日记串成孩子们的足迹。这样,幸福日记就诞生了。

班级日记是一种书面的交流形式,操作简便:在班上放一个笔记本,学生轮流写,每天仅限一篇,主要以班级、学生发生的大大小小的事为视角,写下自己的所见所感,甚至可以记一些寝室的糗事,对一些社会现象发表观点。日记字数不限,质量不做过高要求,只要语句通顺、语言规范。当然,有时候为了表达意思和感情需要，也可以插入一些方言。在第二天晨会时间朗读日记，这个环节是学生最喜欢的，曾带给学生太多的欢声笑语。毕业时将其编辑成册，老师写序，邀请家长写后记，成书《遇见幸福班》，作为初中三年的纪念和见证，非常有意义。

（5）节日文化

班主任利用好传统节日作为教育的契机，可以让每一个节日更加有意义。在中秋节和国庆节同时放假时，幸福班开展了"做一道菜，过两个节，诵三首诗"的主题活动。学生自己学做一道菜，在班级群里展出，并在班级交流烹制过程和感受，吟诵中秋诗词三首，举行中秋诗词朗诵大会。母亲节开展"我为母亲写首诗"的活动，实现"文以载道，道以育心"的宗旨。清明节开展"祭奠先祖、感恩长辈"的实践活动。春节开展"我写春联过春节"的学习实践活动。暑假开展"探山东名城古迹，与儒家文化同行""游学古都之城，感受厚重历史"的游学活动……

（6）地方文化

仁怀是中国的酒都，也是红军长征路上四渡赤水经过的地方，既有上千年厚重的酒文化，又有经典的红色文化。得益于这得天独厚的条件，"幸福班"在家委员会的组织下，开展了以"品酒文化，走长征路"为主题的探究地方文化的社会实践活动，活动包括参观国酒文化城、远足行、知识问答、合影签名等内容。

"幸福班"的班级文化建设还包括国学文化、诗意课堂、素养语文教学等。班级文化对学生起着潜移默化的影响，"幸福班"的孩子在班训"让我的存在成为别人幸福"的引领下，以班训要求、评价自己和他人的行为，逐渐形成积极的人生观与价值观，为追求幸福的人生奠定坚实的基础。

五、小班化教育评价的改革与探索

评价是判断小班化教育课程体系实施效果的试金石。学校组织教师学习前沿评价理念,并鼓励教师在日常教学中结合学科特点,积极探索将"促进学习"的评价理念融入教学。

(一)学习前沿的评价理念,优化评价机制

1.学生评价

这里的学生评价指教师或教育工作者对学生的评价,学生有差异,评价就应该有不同,评价应该遵循学生的实际情况。一般情况下,学生评价根据分类不同有过程性评价和结果性评价,有静态评价和动态评价,有个性化评价和整体性评价。只有多元的评价机制,才能真正促进学生的发展。

2.教师评价

这里的教师评价指的是教育教研工作者在听课过程中对教师的评价。这种评价主要是对教师的教学目标、教学过程、教学活动设计、教学方法的处理、教学重难点的把握、教学生成性问题的处理、教师课堂语言等方面的评价。

(二)努力探索将"促进学习"的评价理念融入教学

1.学生分层

新课程标准要求,要根据学生的身心发展和学科学习的特点,关注学生的个体差异和不同的学习需求。因此,我们根据学生的学习能力和个体差异进行分层教学,我们将学生分为优等生、中等生、后进生三个层次,将其结成学习小组,师徒结对,互帮互助,共同进步。

在2021届,我校小班自七年级进校开始,作文训练就采取老师出标准、生生互批的作文批改形式,根据我们小班独有的优、中、后进三个层次学生的小组建设,写作好的同学批改写作差的同学的作文,指导后进生,这样优秀的同学可以随时警醒自己不要犯写作差的同学易犯的审题不清楚、中心不突出、首尾不点题的低级错误;写作差的同学批改写作优秀的同学的作文,也可以学习写作优秀的同学的写作技巧。通过作文审美体验、评价等活动,学生形成正确的审美意识,达到各个层次同学教学相长,各层次的同学在互相批改作文中取长补短,在评价中逐步掌握表现美、创造美的方法。这样的作文批改形式以学生为主体,让每一个学生将笔动起来,学生在一点一滴的评价中进步,提升了他们的写作能力。在遵义市某次作文比赛中,仁怀市一等奖共19人,我校小班学子独占9人,充分彰显了小班化写作教学的独特优势。

2. 教学目标分层

初中小班化分层教学的语文教学目标可以分为三层:第一层,针对所有的学生,要求学生掌握语文课堂的基础知识点,如掌握常用的3500个常用字等,培养学生一些基础的语文学习能力。第二层,针对大多数学生,要求学生掌握语文学科核心知识和核心能力,如语文学科要求学生掌握的阅读、写作技巧,理解文章的一些关键点,并且对作者的思路和情感有所感悟。这一层主要是针对一些中等生,他们的基础毋庸置疑,但要想进一步提高就需要格外努力。小班化的作用在这一层的体现最为明显。第三层,这是针对少数优秀学生而确立的拓展他们的思维、提升他们能力的目标,如掌握语文阅读面更广、由课内向课外延伸,作文训练强度更大、类型更丰富。

3. 作业分层

小班分层教学,作业分层也是关键一环,让每一层次的学生都愿意并且能及时完成作业,既要让中差生吃饱巩固基础,提升基本能力,又要让优生吃好,上升另一层次。我们根据学生层次把作业设置成A、B、C三个项目,A项作业所有同学必须完成、B项次作业中差生必须完成、C项作业优等生必须完成。如对课文《乡愁》的分层设置课后作业:

A项作业：规范抄写《乡愁》这首诗，能背诵会默写这首诗。这是该课教学的基本目标，A项作业是基础性作业，是所有同学的必做作业。

B项作业：请选择《乡愁》的每一小节进行仿写。B项作业主要是针对中差生设置的，单元说明中要求学生尝试选一个对象，写一首小诗，这个要求差生难以完成，而仿写某一小节，他们是完全可以保质保量完成的。以下是班级一个中偏下学生的作品：

小时候
中秋是一块甜甜的月饼
我吃一口
母亲吃一口

C项作业：请用《乡愁》的结构形式写一首诗歌。这项作业由班级优等生完成，优等生有大量的诗歌积累，有一定的文学素养和写作功底，他们具备完成这个作业的能力。以下是班级一个同学的作品：

小时候
乡愁是一枚小小的游戏币
我在这头
快乐在那头
长大后
乡愁是一根细细的电话线
我在这头
母亲在那头。
后来啊
乡愁是一盏幽幽的长明灯
我在这头
曾祖在那头
而现在

乡愁是一堆厚厚的练习册

我在这头

梦想在那头

这样对语文作业分层设置,照顾到学生层次间的差异,每一个学生都能完成老师布置的作业并把作业的作用发挥到最大化,优生做得有趣,中差生做得有劲儿,慢慢地爱上写作业,从而建立起学习的信心。

4.开发评价量表(如表8-2)

表8-2　周林学校"基于学科核心素养下的小班化教学"课堂评价标准

教学行为	项目	标　　准	权重		
教师行为	教学目标	定义准确,符合学科核心素养提升,符合课程理念和学生多元化需求。	5	3	2
	教学策略	教学策略灵活,小组学习分工明确,组织有序,合作学习重实效、重反馈。	5	3	2
	教学问题	提问精准,追问连贯,难易有梯度。	5	3	2
	教学态度	情绪饱满,表情丰富,语言有感染力。	5	3	2
	教学关注	自始至终关注每一个学生,体现分层关注。	10	8	6
	教学活动	学习活动丰富,渗透学科核心素养,充分调动学生肢体和感官,听说读写练相结合。	10	8	6
学生行为	情绪状态	有兴趣、愉悦、求知欲不断增强。	10	8	6
	专注状态	始终关注主要问题,注意力集中。	5	3	2
	参与状态	全员参与、深度参与、发言积极、学习体验深刻。	5	3	2
	交往状态	民主、友好、遇到问题共同解决。	5	3	2
	思维状态	围绕问题思考,敢于质疑、问题有创意、体现自己的独特性。	5	3	2
	生成状态	学习过程中产生有价值的问题生成。	5	3	2
教学效果	目标任务	有效完成教学计划,目标达成率高。	20	16	8
其他	课堂特色	有自己独特的教学风格,学科素养较深,学生喜欢。	5	3	2
总评			总分		

(三)周林学校小班化教育的未来构想

小班化教育是未来教育的一种新的组织形式,也是未来学校改革方向之一,在核心素养教育改革的大背景下,小班化教育具有广阔的空间。我校近年来的探索已打下比较坚实的理论基础,积累了丰富的实践经验,未来重点在以下几个方面寻求新的突破:

1. 未来周林教育,拓展更丰富的小班化教育内涵

我校小班化教育人数控制在36人/班,小班化教育立体式教育管理的探索正在逐步成熟,未来深度整合小班化教育的学校精细化管理、高效课堂、五环一体主题教研、精致德育等,全面打造周林教育小班化教育特色品牌,让学生成为学习的主角,让学习真正地发生。

2. 未来周林教育,彰显更多元的小班化教育个性

在管理架构上,我校成立"行政服务中心、后勤服务中心、教学服务中心、德育服务中心"四中心围绕班级组、学科组进行全方位的服务和研究,班级采取"共性"和"个性"建设相结合的方式,建立《小班化教师个性化绩效考核评价方案》《小班化班级学生操行分和综合评价标准》《小班化教师备教批辅改评价标准》《小班化教育全员导师制工作细则》《小班化班级学生成长档案手册》《小班化班主任工作手册》《小班化精品活动实施方案集》等等,让师生成长档案、小班化学习工作标准及"小组合作、人人得展示"个性化考核评价体系得到全面落实,让个性化考核、个性化成长在周林学校得到长足的发展。

3. 未来周林教育,打造更亮丽的小班化教育品牌

未来周林教育,在建筑上采用未来3.0学校模式,打破人与环境、自然的界限,让人与人之间无界限,让人与自然和谐相处,由班级个体逐步发展成班级组,让导师真正成为学生成长的引路人,让各类社团、组织成为学生成长的沃土,让学校这个"小社会"培育更多自主型人才,让项目学习成为学生提升自我能力和个人潜能的摇篮。学校以更多的合作学习、动手动脑实践、互相鼓励帮助等形式助力学生

进行自主成长，让每一个学生都能成长为最好的自己，让学校发展成未来小班化教育3.0学校。

小班化教育是未来教育的趋势，更是以人为本的教育方向，我校将不断深入探索核心素养下的小班化教育，以小班化促进教师专业成长，助力学生个性化发展，提高教育的幸福感、满意度，使学校成为师生学习、生活、成长的幸福家园。

第九章 遵义市第五中学"和"文化特色建设研究

遵义市第五中学(以下简称"遵义五中")始建于1969年,位于遵义市汇川区武汉路,坐落在树木葱茏的凤凰山北麓,是遵义市主城区一所依山而建的花园式省级绿色学校。作为一所现代化寄宿制高级中学,遵义五中是贵州省唯一的全国德育先进学校。学校以"清荷"为名,充分挖掘教育资源,拓宽教育途径,打造德育品牌。其意义是营造诗意美好的育人氛围,培养学生如荷般高洁求真,高雅开阔的精神品质,走出一条青少年思想道德建设的特色之路,从根本上落实立德树人的根本任务。在办学思想上,学校坚持浸润"和谐共进·追求卓越"的"和"文化,提升学校发展品质;坚持践行"让人人都有进步"的育人理念,引领学校发展方向;坚持铭记"办一流名校,育一方英才"的教育初心,规划学校发展始终。学校紧紧围绕"一二三四"的工作思路(树立立德树人的教育理念,建好教师和学生两支队伍,实施以德立校、科研兴校、特色强校三大战略,实现责任意识增强、管理水平提升、教育质量提高、校园氛围和谐四大目标),做实、做细、做好各项工作。在实际践行中,学校以"坚定信念,用文化引领人;求真务实,用愿景激励人;齐心协力,用制度规范人;牢记使命,用课堂智慧人;互促共进,用管理超越人"为方法,努力开展各项工作,稳步实现"两个五年"奋斗目标(2020年至2025年名列同类示范高中前列;2025至2030年成为省级一类示范高中)。

一、"和"文化理念的价值要义

以和为贵、与人为善、信守和平、和睦、和谐,既是中国人的生活习惯,更是一种文化认同。和谐,是中国古人在长期社会实践中逐渐意识到的人与自然、人与社会、人与人之间相互依存的一种理想状态,是万物生生不息、繁荣发展的内在依据。以"和"为本的宇宙观、以"和"为善的伦理观、以"和"为美的艺术观,共同构成了中国文化的重要内容。在传统文化中,"和"是中国人最高的价值追求和待人处世的基本原则。它是既包括基本理念和价值,又包括运用原则和方法的一个思想体系。首先,"和"表示一种关系、一种秩序。2000年前,中国人就认识到宇宙万物均由不同成分和因素构成,并是以一定的关系共存的统一体(或称共同体)。宇宙万物以和为基础,存在于和的状态中;世界是和的世界,万物是和的万物。所以,"和实生物"是中国人的宇宙观。其次,"和"的实质是各得其所。统一事物中的各个局部成分各有其特定位置。每一成分和因素都处于其应处的地位,发挥各自的作用,构成总体的和。程颐说:"万物庶事莫不各有其所,得其所则安,失其所则悖。"任何一个局部的因素不能处于应处的位置,总体的和就会遭到破坏。因此,和的实质就是"各得其所"。最后,"和为贵"是中华民族崇尚的价值观。《中庸》有言:"致中和,天地位焉,万物育焉",反映了以"和"为人道追求的最高目标。"太和""中和",万物"各正性命";天地位,万物育;首出庶物,万国咸宁,就是自然和社会人事,万物各得其所的理想境地。所以,"和"是中华文化的核心价值与最高的精神追求。

"和"是中国哲学中的一种理想境界,包含着丰富的文化内涵。在浩繁的汉字中,"和"字是一个结构简单、人人共识的字,但是它却又是一个内涵丰富、意境深远的字,它根植于中国人的血脉深处,渗透着中国人几千年来待人接物的原则与智慧,体现了中国思想文化的博大精深和源远流长。"和"字演绎至今,已有2000多年的历史。在"和"的古体形态里,它是一个象形文字,秦统一中国规范文字后,篆体的"龢"被简化为左边"口"右边"禾"即"咊",汉代隶书流行以后,"和"字的写法变为左"禾"右"口",一直传承至今。中华文化崇尚和谐,"和"文化源远流长,"以和为贵""与人为善""己所不欲、勿施于人"等理念在中国代代相传,深深植根于中国人的精神中,深深体现在中国人的行为上。作为中国哲学中一个重要概念,《国语·郑语》记述了史伯关于"和"的论述:"夫和实生物,同则不继。若以同裨同,尽乃弃矣。"认为阴阳和而万物生,完全相同的东西则无所生。可见,和合中包含了不同事物的差异,矛盾多样性的统一。这是中国对世界文化的贡献,也和世界普遍认同的"多样性"有异曲同工之妙。在庆祝中国共产党成立100周年大会上,习近平总书记进一步强调,"和平、和睦、和谐是中华民族5000多年来一直追求和传承的理念"。准确理解、系统阐释中国"和"文化蕴含的"天人合一的宇宙观""协和万邦的国际观""和而不同的社会观""人心和善的道德观""成人之美的处世观""包容和谐的育人观",这有助于深入领会中华优秀传统文化的核心特质和当代价值。

第一,天人合一的宇宙观。中华优秀传统文化历来强调"天人合一""道法自然""与天地参""不违农时""以人为本"等自然生态观。正所谓"天下同归而殊途,一致而百虑",儒、释、道三家在人与自然关系的终极理念上是基本一致的,都致力于阐发一种天人合一的文化精神与价值理念。天人合一的宇宙观,深刻体现了中国古人朴素、整体的哲学观,即把天地万物视为不可分割的整体,把人与自然看作是浑然一体。这种朴素、整体的哲学观为后世正确处理人与人、人与社会、人与自然等关系提供了睿智的认识论原则与方法论指导。党的十八大以来,以习近平同志为核心的党中央把握中华优秀传统文化中的整体哲学观,借鉴天人合一的宇宙观的思想精髓,立足于当前中国乃至世界面临的生态危机,深刻回答了为什么建设生态文明、建设什么样的生态文明、怎样建设生态文明等重大理论和实践问题,系统形成了习近平生态文明思想,有力指导生态文明建设和生态环境保护取得历史性成就、发生历史性变革。其中,"坚持人与自然和谐共生","要像保护眼睛一样保护生态环境,像对待生命一样对待生态环境,让自然生态美景永驻人间,还自然以宁静、和谐、美丽"等理念,均是对天人合一思想的深化和发展。

第二,协和万邦的国际观。这是中华"和"文化传统在处理民族与国家之间关系时的重要体现。具体来说,就是追求民族与国家间珍爱和平、和平发展、和而不同、和平共处、和谐共生的理想状态。中国古代政治家和思想家在"天下"情怀的指引下,在与周边国家的交往中始终秉持着"协和万邦"的和平发展原则。协和万邦的国际观对人类文明的持续发展具有重要意义。在新时代,如何抵御风险,抓住重要历史机遇,从容应对人类共同面临的风险和挑战,推动经济全球化朝着更加开放、包容、普惠、平衡、共赢的方向发展?习近平总书记指出:"正确的选择是,充分利用一切机遇,合作应对一切挑战,引导好经济全球化走向。"世界各国要顺应时代发展潮流,做出正确选择,齐心协力应对挑战,开展全球性协作,构建人类命运共同体。近年来,在"一带一路"倡议的支持下,中国与共建"一带一路"国家一道,本着互利互惠、平等协商、共同发展的理念,坚持正确的义利观,道义为先,义利并举,兼顾各方利益,反映各方诉求,不但实现了更大范围、更高水平、更深层次的大开放、大交流、大融合,而且为世界经济文化的发展贡献了中国智慧和中国方案。

第三,和而不同的社会观。"和而不同"是中华优秀传统文化的一个经典理念,蕴含着丰富的历史底蕴。社会观是人们对自己生活在其中的社会及其历史发展的总体看法和观点。春秋时期,儒家创始人孔子明确提出和而不同的社会观。孔子云:"君子和而不同,小人同而不和。"宋代朱熹指出,"和而不同,执两用中",意思是要看到事物矛盾对立的两个方面,在矛盾的对立中寻求统一。在矛盾的统一体中,虽然矛盾双方的观点、意见有所不同,但是矛盾双方依然能够和谐相处。儒家和而不同的社会观,还集中表现在对待不同民族文化的态度等层面上,即不同民族文化之间应以开放包容的姿态进行平等交流与有机融合。

和而不同的社会观蕴含着深刻的哲学和伦理智慧。"和"即"和合",《国语·郑语》中曰:"商契能和合五教,以保于百姓者也。"所谓"和合五教",就是调和"义、慈、友、恭、孝"五种礼仪教化,使"父、母、兄、弟、子"之间的关系和谐而成为统一体,这是达到"保于百姓"这一目的的具体手段。"和"与"合"从动与静、过程与结果等不同角度,揭示了天地万物存在的本质。创造性转化和创新性发展了"和而不同"的文化理念,对于新时代培育和践行和而不同的社会观具有重要的启发意义。我们应以"和而不同"的态度对待不同国家、民族、地域的文化,充分吸收他们的文化成果,不断发展传统文化;以"和而不同"的态度对待国内不同民族、地域的文化,激发全民族文化创新活力,以社会主义核心价值观为引领,推动文化高质量发展,进而不断满足人民日益增长的美好生活需要。

第四,人心和善的道德观。这是中国传统文化伦理道德思想的核心组成部分,也是中国"和"文化的重要组成部分。它主张人与人之间的相处要做到"温、良、恭、俭、让",在处理矛盾、面对问题时,以和善为行为准则来规范人们的行为。要求人们积德行善,自觉追求"仁""义",使自身拥有"君子""圣人"的优秀品质。习近平总书记强调:"努力用中华民族创造的一切精神财富来以文化人、以文育人。"传承发展人心和善的道德观,就是要以"和善"化人、以"和善"育人。具体到个人来说,就是要胸怀善心,乐于奉献,以感恩生活、积极乐观、待人宽厚的心态收获生活的幸福快乐;与人为善,以善良的心地、愿望、行为去帮助和团结他人,从而明善道、行善为;善言善语,好的语言能够调节和激发人们好的行为,达到向善的目的;好施善举,救济、援助、捐赠等手段是实现人与人、群体与群体之间互助的社会行为,将极大地推进社会的和谐与进步。人心和善的道德观不仅是一个人修身养性的过程,也是一个社会正确的道德准则。人心和善的道德观,有助于建构道德规范、强化道德认同,引导人们明大德、守公德、严私德;有助于培育和践行社会主义核心价值观,不断提高全社会、全民族的道德水准和文明程度,夯实国家共同的思想道德基础。

第五,成人之美的处世观。成人之美历来是中华传统文化中文人推崇的处世哲学,《论语·颜渊》中云:"君子成人之美,不成人之恶"。这种处世哲学是一种胸怀,一种雅量,一种气度,一种仁爱,能识人,能容人,能欣赏人。成人之美的君子风范,也是助人为乐、利人利己的高尚美德。古人云:"成人之美者,有修养成大事之智者也"。成人之美处世观的培育,就是在人的心田上不断开垦拓荒,为其他思想和能力的生长厚植土壤。海纳百川,有容乃大,山集土壤,方成泰岳。只有用"赠人玫瑰,手留余香"的慷慨,"前人植树,后人乘凉"的宽厚,"扶危济困,播种光明"的悲悯,才能筑建"成人之美"的礼让之墙。在"成人之美"的礼让下,人与人的关系将只有融洽没有冲突,社会将只有和谐没有争端,世界将只有和平没有战火。正如《论语·雍也》所说:"己欲立而立人,己欲达而达人"。努力学习并践行这样一种行他人之便,让他人之礼的处世哲学,不仅能够击退自私的利己主义,也能促进个人道德修养的提升,从而为自身的发展创造有利条件。

第六,包容和谐的育人观。这是一种走向完满、完善的教育观。在中华传统文化的宝库中,包容和谐的思想理念总是让我们感到悠远笃厚、深入心髓。包容和谐的育人观能够传承祖祖辈辈的智慧积淀与心灵密码,应将其融入中华民族的历史与文化教育,融汇于人类文明的繁衍与进步。唯有如此,方能使学生达到一种和谐发展的精神境界,改变以往将学生定位于盛放知识容器的传统教育观,最终顺利解决人与自然、人与社会、人与人自身的矛盾,将人类社会推向更高的级别和层次。只有包容和谐的社会,才能促进人全面、和谐地发展;只有全面、和谐发展的人,才是推动社会向着更加美好、更加和谐的未来前进的不竭动力。和谐是中华文化的核心理念,是中国人的道德准则。现代社会,我们应该坚持弘扬包容和谐的精神,大力倡导"以和为贵"的处世哲学、"心平气和"的修身传统、"家邻和睦"的伦理道德、"和衷共济"的社会公德思想,让社会沐浴"和"的阳光,荡漾"爱"的春风,分享"祥"的快乐,实现"各美其美、美人之美、美美与共、天下大同"的包容和谐佳境。

"和"文化即和谐文化,是一定的社会主体对历史的、现实的和未来的社会生活的认同和向往。从以人为本的科学发展观理念出发,社会主义和谐文化关注人与自我、人与人、人与社会、人与自然之间的和谐相处。要创建和谐世界,就必须先创建、发展、提高与普及和谐文化。和谐的内涵是和谐文化与其他文化相区别的本质属性。和谐文化中的全部思想理念,如真理、价值、发展、审美、道德、理想等,都是以和谐为前提,建立在和谐内涵的基础之上。用和谐文化培养人,是实现共建共享和谐社会的关键。遵义五中始终把党的教育方针作为最核心的教育方向和最根本的教育任务,坚持为党育人、为国育才,落实立德树人的教育根本任务。"和"文化是这所学校发展的灵魂,"和谐共进,追求卓越"是"和"文化的内涵。以它为根基和核心,遵义五中充实了学校教育思想:和美教育。它具体表现为五个方面,分别是:清荷德育、多元智育、康乐体育、雅和美育与协和劳育。基本内涵表现为:和美即和谐尚美,"和"是核心,"美"是特色,也即"以生为本,促进学生和谐发展,以美立校,以美育德,以美健体,培养学生审美能力,塑造学生美的人生",努力打造和美特色学校。

二、"清荷"德育体系及课程的探索与建构

(一)以"和"文化为根基的"清荷"德育体系

百年大计,教育为本。培养什么人,是教育的首要问题。让学生德智体美劳全面发展,归根到底就是立德树人。学生思想品德状况如何,直接关系到中华民族的整体素质,关系到国家前途和民族命运。习近平总书记在教育文化卫生体育领域专家代表座谈会上的讲话中指出:"要坚持社会主义办学方向,把立德树人作为教育的根本任务"。这指明了今后教育改革发展的方向,即教育事业不仅要传授知识、培养能力,还要加强学生德育,提升学生的道德品质,引导学生树立正确的世界观、人生观、价值观。遵义五中坚持德育为先,把德育渗透于教育教学的各个环节,贯穿学校教育、家庭教育和社会教育的各个方面,建立了严密的德育体系、科学的德育课程和独具特色的德育品牌。

1."清荷"德育理念解读

骚人墨客都爱以荷寄情,仁人志士皆好借荷明志。曹植《芙蓉赋》曰:"览百卉之英茂,无斯华之独灵"。这便将荷花喻为水中灵芝,揭示出清荷的生命力和精气神。遵义五中有荷叶田田,清香满园的清荷园是师生怡情悦性的一方净土。荷花中通外直,香远益清,有高洁、优雅、清廉等诸多寓意,是君子的象征。荷,花中君子。选择荷,一是因为"荷"的精神品质美化心灵;二是因为"荷"的底蕴深刻陶冶情操;三是因为"荷"乃遵义五中校园内最美的象征。基于此,遵义五中建设出自己的德育品牌——清荷德育。清荷德育,取荷之内蕴,立德育之品牌。学校以"清荷"为名,打造德育品牌,意义深远。遵义五中人经过长期的内化和提炼,将自己的教育教学文化定位为蕴含"完美、和谐、高洁、奉献"四大核心理念的"清荷教育"。"清荷教育",意在借荷花的美洁清雅,蕴含遵义五中的育人理念,充分挖掘教

育资源,拓宽教育途径,形成遵义五中的办学品牌,走出一条遵义五中青少年思想道德建设的特色之路。打造清荷教育品牌,培育如荷般优雅之人,是遵义五中教育的品质升华及未来发展的需要。清荷之美、之德、之志应深入遵义五中学子之心,让清荷教育的思想理念在遵义五中落地、生根。青青校园,一池荷花别样红。琅琅书声,东风桃李少年强。清荷德育,借荷的思想内涵、精神品质,充分挖掘德育资源,拓宽德育途径。

学校给清荷德育做了如下定位:一是以"完美"为核心的完人教育——因清荷中通外直,香远益清,为花中君子,以"完美"为核心,塑造君子之风、淑女之德。二是以"和谐"为核心的亲和教育——"清荷"谐音"亲和",寓意亲近和谐,以"和谐"为核心,培养尊师爱友,崇德向善的高尚情操。三是以"高洁"为核心的清廉教育——"清荷"也可称"清莲",与"清廉"谐音,"出淤泥而不染,濯清涟而不妖"。"香远益清"是由于清荷独具善根灵苗,以"高洁"为核心,暗示修身养性可以唤醒自我净化、自我完善的道德自觉,陶冶情操,美化心灵。四是以"奉献"为核心的立志教育——因清荷中通外直,香远益清,为花中君子,又因清荷一生奉献,突出家国情怀的教育,培育学生志存高远,克己奉公的优秀品质。清荷德育引导学生识荷、赏荷、爱荷、成荷。识荷,认识清荷,指导学生了解清荷德育的思想内涵,培育爱校意识、集体荣誉感、爱国主义情怀;赏荷,带领学生赏析清荷优雅高洁的特点,培育良好品德,懂得自尊自爱,立志勤奋求学;爱荷,热爱清荷,激励学生领悟清荷的精神品质,培育学生拼搏精神,勇于担当责任,努力实现自我完善;成荷,成为清荷学子,拥有清荷君子风范、淑女之德,积极追求卓越,一生为国奉献。我们的一生不一定能够红红火火,但我们的人格不能不健全不完美;我们的一生不一定能够轰轰烈烈,但我们的内心要与人为善;我们的一生不一定能够叱咤风云,但我们的品行必须一尘不染!

2."清荷"德育目标

清荷德育以"立德明礼,臻于至善,志存高远,追求卓越"为思想理念。高一年级第一学期"认识清荷,立德修身"。高一年级第二学期至高二年级第一学期"赏析清荷,明礼求真"。高二年级第二学期至高三年级"热爱清荷,立志奉公"。高三阶段,实现遵义五中学子"成为清荷,追求卓越,一生奉献"的德育目标。

3."清荷"德育内容

第一，融入理想信念教育，在坚定理想信念上下功夫。理想信念是高中生社会主义核心价值观教育的目标导向，要教育引导学生树立共产主义远大理想和中国特色社会主义共同理想，增强学生的中国特色社会主义道路自信、理论自信、制度自信、文化自信，立志肩负起民族复兴的时代重任。

第二，融入传统文化教育，在厚植爱国情怀上下功夫。优秀传统文化是高中生社会主义核心价值观教育的有机养分。学校从挖掘荷的文化内涵入手，引导学生立足中华优秀传统文化，感悟民族精神和时代精神，让清荷的清雅高洁、奉献精神、爱国情怀牢牢扎根心田，立志听党话、跟党走，立志扎根人民、奉献国家。

第三，融入生态文明教育，在尊重生态规律上下功夫。生态文明教育是高中生社会主义核心价值观教育的重点。在生态文明认知方面，应从自然要素的空间系统和生态保护的时间维度出发，引导学生逐渐形成生态整体观，将生态文明建设放在全面建设社会主义生态强国中去深刻把握，引导其充分尊重生态系统的整体性和内在规律，学会统筹考量局部利益和整体利益，重建与自然环境和谐共生的生态文化。

第四，融入心理健康教育，在敬畏有限生命上下功夫。心理健康是高中生认识自我、学会学习、人际交往、情绪调适、尊重生命的保障。结合高中生年龄特点，注重疏通引导，让学生了解和掌握心理健康教育的内容，认识自我、尊重自我，既是促进高中生健康成长、培养高素质合格人才的重要途径，也是加强和改进高中生思想政治教育的重要任务。

4."清荷"德育实施路径

第一，强化德育"三全"，注重管理育人。清荷德育管理育人，重抓"三全"落实，即全方位育人、全过程育人、全员育人。为保障"三全"育人理念落到实处，学校成立了清荷德育领导小组和工作小组，采取校级领导带班制，带领值班干部、教师，调度全员教师，全过程、全方位督导学生认真完成一天的学习任务，保持良好的生活状态。学校做到了校园管理无死角，教师先行树榜样，不断健全完善"三全育人"工作评价标准，将"三全育人"理念与"德智体美劳"五个育人内涵、育人目标、指标体系、培养路径相融合,围绕高中生各个年级的成长需要和侧重点,形成课内课外、校内校外、线上线下的全方位培养方案。清荷德育结合学校实际,成立了6个中心,分别是清荷德育研究中心;师生发展、家校教育指导中心;学生综合素质评价指导中心;心理健康指导中心;研学实践指导中心;学生自治管理指导中心。每一个指导中心,都有完善的制度、明确的责任和具体的事务。6个中心的成立,为德育师资队伍、学生干部队伍建设,"三全"育人思路的全面推进起到了关键作用。目前,校园内人人皆是德育工作者、处处皆是德育工作阵地、事事皆是德育工作内容。每班在各科教师的共同管理下,有风采、有特色。汇川区文明示范校、汇川区五好校园、遵义市文明学校、遵义市先进基层党组织的荣誉称号就是对管理育人出成效的最好肯定。

第二,创作德育产品,实现文化育人。校园德育文化对学生积累丰富的知识、陶冶高尚的情操、培养正确的意识形态、养成良好的行为习惯等方面均有潜移默化的作用,对发挥学校的育人功能起着积极作用。清荷德育注重创建和谐的物化环境,以物育人。一面班级文化墙、一首咏荷诗歌、一篇赞荷佳作、一幅清荷画作不仅融入了荷的精神品质、清荷德育的育人思想,还展示出清荷学子的文艺才华,更表达了清荷学子对清荷文化的深厚情感。走进遵义五中校园,清荷德育的环境育人,处处可见:美术组教师设计的清荷德育雕塑、清荷学生笔记本、清荷文化书签、书香班级奖状证书、清荷德育毕业纪念册。同时,也重视发扬学校的优良传统,树立良好的校风、教风、学风、人际关系和心理氛围这种内化形态的内容,使整个校园清荷芬芳,洋溢着文明与和谐。语文组教师书写的清荷德育诗篇,音乐组教师创作的《清荷之歌》,社团教师编排的舞蹈《清荷》,一个个清荷德育文化产品,深入人心。除此之外,学校的文化园、广播站、体育馆、图书馆、报告厅、长廊、操场、教室、宿舍、食堂、草坪、班级文化墙、宣传牌、班名、班旗、口号等,无不渗透着清荷德育的育人理念和思想内涵。

第三,丰富活动内涵,践行活动育人。清荷德育根据高中学生的成长需要,结合清荷德育育人理念,设计了内涵丰富的校园文化活动,做好六个"有":有弘扬优秀传统文化的清荷文化艺术节。艺术节历时4个月,涉及艺术、体育、文学、科技四大领域,多途径地给予师生才华展示,班级风采展现的平台;有体现师生爱校情怀和思想感受的诗文创作大赛,通过诗文创作,感受到师生的主人翁意识,体会到遵义五中人对清荷德育的认同;有体现青春风采,拼搏精神的社团嘉年华、春季足球、篮球联赛、秋季田径运动会、冬季迎春长跑、百日誓师大会;有展示班级、寝室文化建设,如团队风采的班级挑战赛,班级文化墙设计大赛,最佳班长、室长评比等;有提升学生综合素质、职业规划意识的暑期社会实践活动、研学实践活动;有增强家国意识,升华感恩情怀的五四青年节主题教育、18岁成人仪式、教师节感恩活动、国庆节主题教育、纪念"一二·九"爱国学生运动感恩活动等。其中,清荷校园文化艺术节、学生社团嘉年华、"五四"青年节主题教育、18岁成人仪式是活动育人的亮点,深受遵义五中学子的喜爱。

  清荷校园文化艺术节展现了学生阳光向上的精神风貌,激发了学生对文学艺术的兴趣和爱好,培养了学生健康的审美情趣、良好的艺术修养和追求真理的科学精神,践行了清荷教育办学思想。"清荷妙语"原创诗文大赛,浓情笔墨抒发清荷情怀;"清荷嗓亮"十佳歌手大赛,青春旋律唱响遵义五中之魂;"清荷墨影"书画摄影比赛,笔情墨意挥写传统之美;"清荷舞彩"集体舞比赛,活力舞姿绽放青春之彩;"欢乐五中人"语言类比赛,魅力表演展示语言之趣。同时,学校坚持把周一升旗,国旗下演讲作为德育教育的主阵地,每周确定一个主题,对学生进行爱国主义教育、民族精神教育和学校奋斗史教育等系列教育;对学生进行革命理想教育、人生观教育、社会主义核心价值观教育。学校通过开展篮球比赛、歌咏比赛、运动会等活动对学生进行集体主义教育、团队精神教育,培养他们的集体荣誉感;发挥校园广播的宣传导向作用,既对学生进行了思想教育,又培养了学生的演讲和播音才能;完善德育宣传栏,根据学生思想动向,定期更换宣传内容。此外,学校坚持评选清荷德育文明班集体和文明寝室。每月一次的清荷文明班级、寝室评选既是对学校涌现出来的文明班级和文明寝室的肯定与鼓励,也是我校德育工作的深入落实,让文明成为习惯,让校园成为家园,用清荷的高雅,奋斗的青春谱写文明的乐章。在充满活力与斗志的校园里,在拥有温暖与关爱的寝室中,奏响文明的音符。

  第四,结合时代发展,着力实践育人。让教育回归生活,从实践中吸取营养、获得力量是教育主动适应新时代要求的关键所在。清荷德育高度重视实践育人,每年春季学期,组织高一、高二年级师生成立不同的探究团队,走进爱国主义教育基地、历史文化博物馆、遗址、自然生态环境,开展红色文化、历史文化、生态环保研学实践,鼓励师生进行研究性学习,挑战校本课题研究。暑假期间,清荷德育研究中心选拔出清荷美德少年,走进遵义电视台、遵义日报社、遵义会议纪念馆、汇川区法院、汇川传媒、汇川市场监管局等12家实践单位,开展为期一周40课时的实践学习。引导清荷学子借助职业体验,增强了职业规划意识,树立了明确的奋斗目标,成就了如荷般高雅智慧的自己。与此同时,清荷德育劳动教育、法治教育,也通过实践体验的方式,加强了学生的思想认识。每周劳动实践、法治教育,真正做到使学生树立正确的劳动观和法制观,养成良好的劳动习惯和依法自我保护意识。目前,校园内建有遵义市青少年法治教育基地,共青团梦想菜园,共青林。社团课上、课余时间,法治教育基地内、模拟法庭里、梦想菜园、共青林中,经常可见法治教育学生解说员,法律社的法官、律师,梦想菜园的劳动者,校园环境的保洁员们自信阳光的身影。

第五,借助多方资源,做好协同育人。清荷德育积极成立"家、校、社"协同育人领导小组、家校教育指导中心、家长委员会,通过家庭教育讲座、家校共育交流会、家庭教育微课堂、给力爸妈评选、微信平台等途径引导家长承担青少年教育主体责任,关爱子女的健康成长。除了家校共育,还需多方加入以形成合力。学校积极联系司法部门,律师事务所,聘请法治副校长、辅导员,通过法治教育讲座,班团法治教育活动,法律社团活动的方式,抓实法治教育,提升学生的文明素养。区委组织部、检察院、公安局、文体局、团区委、卫监局、融媒体、办事处、社区等单位部门走进学校,通过各类教育活动,助力学生的全面发展。2020年,汇川区首届"青年说"在遵义五中举行,2022届(8)班学生马雯雯获得汇川区最佳青年奖。

第六,坚定理想信念,加强党史育人。学史明理、学史增信、学史崇德、学史力行。学习党史是为了回望过往的奋斗历程,总结历史经验教训,汲取前行的奋进力量。清荷德育把党史学习教育融入育人全过程,引导师生正确认识我们党因何而生、红色政权从何而来、新中国怎样建立、中国特色社会主义如何发展。将党史学习教育内容有机融入学科教学和业余团校教学,做到"四推进":一是推进党史学习教育进课程、进团校、进头脑;二是推进党史学习教育与纪念活动相结合,充分利用清明节、建党节、国庆节等重要时间节点和重大纪念日,通过祭扫烈士陵墓、瞻仰革命遗迹、向党旗国旗宣誓等方式,组织师生追忆党的光荣历史,增强前进的勇气信念;三是推动党史学习教育与互联网有机结合,开设党史学习教育微课堂,创作《红色故事我宣讲》微视频;四是推进党史学习教育与研学实践有机结合,开展红色研学实践,用好遵义本地红色资源,组织学生瞻仰革命遗址,参观红色旅游景点、革命博物馆和纪念馆,学习革命英烈事迹,讲述红色故事,传承红色基因,让红色文化成为铸魂育人的精神动力。

5."清荷"德育制度保障

学校成立了清荷德育领导小组和工作小组,确保清荷德育建设顺利推进。同时,政教处和团委成立了六个指导中心,六个指导中心相对独立又相互联系,为德育工作有效落实提供了保障。其中,清荷德育研究中心,重点研究德育主题课程、校园德育文化、德育课题研究,促进清荷德育的内涵发展。师生发展和家校教育指导中心,工作重点是组织班主任、青年教师、家长委员、学生干部开展关于班级管理、班级文化建设、学生职业规划和综合素质评价等内容的培训,为全员育人保质量。

(二)"清荷"德育课程建设

清荷德育在课程建设上注重校本研究,落实课程育人,探索出如下发展之路:一是进入教学课表。每周德育课的安排,保障清荷德育理念根植师生内心。与此同时,清荷德育渗透各学科,与教学教研相融合;二是着力校本研究。遵义五中德育体系的基本构建,德育课程研究正式起步和《德育教材》的编写是将遵义五中德育形成一个系统,成为学校发展的强大助推器。这为创建文明校园,形成良好的学风、校风做出了突出贡献。《清荷德育》是遵义五中首本德育校本教材,教材从前言、教育活动图片展示篇、育荷立德、育荷明礼篇、育荷立志篇等5个方面解析了清荷德育育人理念;三是成立清荷德育研究中心、备课组。清荷德育研究中心主要负责学校德育工作研究,承担德育课程开发和班主任、德育辅导员培训及继续教育,指导各年级德育备课组开展集体备课,落实德育工作;四是实现活动课程化。围绕清荷德育育人理念,每月都有活动主题。如八月清荷德育文化月,开展"清荷高雅,淑女气质""清荷高雅,君子风范"主题讲座、谈心交流、演讲比赛,让遵义五中学子对学校德育有深刻的认识,对自己的发展有明确的目标,注重内在修养和心灵的美化;五是展开课题研究。2018年,清荷德育研究区级课题立项,课题组成员以课题研究为抓手,以促进学生全面发展、教师专业化发展、学校德育工作创新发展为落脚点,不断拓宽德育科研途径,丰富课题研究活动载体,引领德育工作纵深发展;六是举行德育优质课竞赛。2019年,清荷德育开创先河,成功举办遵义五中首届德育优质课竞赛,以"赛"促教,展示德育课的深刻内涵。这一创新尝试,获得市区新闻媒体的争相报道,市局教育行政主管部门的一致好评。现在,学校每年举办清荷德育优质课比赛,促进德育主题课的发展和提升;七是创新思政课程。汇川区是红色教育资源的集聚区,清荷德育建立红色资源检索单,开展走"红色道路"、讲"红色故事"、寻"红色文学"等与思政教育融合的系列课程。八是开设心理健康课。清荷德育把心理健康教育课程纳入教学课程体系之中,把心理健康教育课程列入课程计划之中,根据高中心理健康发展的目标体系,编写教材和学习指导书,建立社团,开展各种活动,聘请专家举行讲座,设立心理咨询中心,帮助高中生摆脱青春期的各种困扰,更好地认识自己、规划自己、发展自己。

学校积极创建"美丽五中德育",努力将德育渗透于教育教学的各个环节,贯穿于学校教育、家庭教育和社会教育的各个方面,各项活动如火如荼地进行。

比如,开设清荷德育班主任讲堂。学校清荷德育班主任讲堂的设立为提升班主任班级管理水平和教育能力,建立一支素质优良的教育管理队伍奠定了基础。班主任讲堂每月两期,由我校清荷优秀班主任担任主讲人,讲述他们的班级故事,分享班级管理心得。同时,学校以常规教学管理、特色教学建设为切入点,将艺术体育教学、课外活动教学、社团教学相结合,以高一年级艺术、体育课程为试点,实行分模块、走班教学制,形成常规教学重熏陶重普及、课外活动、社团活动重专业重培优的素质教育教学体系,科学探索高考改革制度下的走班制教学模式。建设科技创新类模块走班教学、探究性实验室、实践性写作课程、跆拳道课程、吉他课程、烹饪文化课程、法治讲堂等特色教学活动,引导学生发掘自己的特长、潜力,激发学生在校学习的兴趣,从而真正全面提升学生的综合素养。

课堂教学是学校教学工作的基本形式,是全面贯彻党的教育方针,全面实施素质教育,大面积提高教学质量,全面提高教学质量的中心环节,为加强教学常规管理,提高教育教学水平,课堂教学具有如下基本原则与要求:第一,教书和育人相结合的原则。第二,传授知识和培养能力相结合的原则。第三,教知识和教方法相结合的原则。第四,理论和实践相结合的原则。第五,面向全体学生和因材施教相结合的原则。第六,教学目的明确,在课上教师要紧紧围绕实现教学目的开展活动,使师生协同完成课堂教学任务。第七,教学内容正确,教师要保证教学内容的科学性、思想性,除了在备课时认真钻研教材外,上课时还要有严谨、负责的教学态度。举例、讲解的内容必须正确,同时还要及时纠正学生学习中的错误。第八,教学方法恰当,要遵循教学原则,灵活恰当地选用教学方法。启发学生积极思维,引导他们积极主动地掌握学习内容。教学方法应根据学生的心理特点、学科性质、教材特点和具体的教学任务灵活选用,注意多种方法的有机结合。第九,教学组织严密,课堂教学的各个环节要精心安排,严密组织,充分发挥教师的主导作用,科学地分配时间,掌握好教学的节奏和进程,争取课堂教学的最大效益。

在"和润课堂"建设方面,学校遵循"启发引导、循序渐进、促进发展"的原则,在教学中注重理论联系实际,多种教学方法灵活应用,形成"融教书育人、知识传授、能力培养、素质教育于一体"的教学理念。尤其是学校创设的课堂教学模式——高效课堂之"三步教学法"模式,提升了教师的教学效果和学生的学习兴趣,深受好评。其"三步"内涵表示为:第一步:课前预习——导学案;第二步:课中交流——教学案;第三步:课后巩固——测评案。"三步"理念体现为让学生动起来。"三步"实施方案体现在三方面,在备课组层面:课前导学案、课中课件、课后测评训练同步化;在老师层面:课前精准问题、课中精讲释疑、课后精准帮扶;在学生层面:课前预习动起来、课中交流研讨动起来、课后巩固反思动起来。

三、教师队伍建设的举措与路径

新课程改革强调教师与课程、学生、学校共同发展,教师的专业知识和专业技能应不断提高和优化。教师是教育事业的希望和未来,教师的成长和进步对学校的未来有着至关重要的作用,是学校实现可持续发展的关键所在。学校不仅是教师教书育人的场所,也是教师成长的重要舞台。提高教师的专业化水平是一个综合性的系统工程,需要国家、社会、学校和教师自身的共同努力。从学校层面而言,必须通过加强教师队伍建设来提高教师素质,从而提升教师的专业化水平。根据多年的办学实践经验,学校对教师发展进行了科学合理的规划,采取"合格—优秀—名师专家"的培训模式。即一年上路,尽快在业务上站住脚;3年教学合格;6年成长为教育教学骨干,在校内有一定的知名度,成为优秀教师;9年达到能"教育、教学、科研"三肩挑等。根据培养目标,学校在教师培养方面形成了特色鲜明的培养制度。

(一)青年教师培养制度及"青蓝工程—精准对标"方案

根据教育改革和发展总体要求,结合学校青年教师的实际,围绕思想素养、敬业态度、操守德行、学问修养、业务能力、管理水平诸方面,努力开展以理想、责任、敬业、奉献为主题的师德师风教育活动。通过开展业务培训,全面提升青年教师的思想水平、道德修养、学科素质、工作技能、科研能力、实践与创新能力,努力建设一支"师德高尚、理念先进、学识渊博、功底深厚、教艺精湛、研教俱能"的高素质青年教师队伍。学校通过对青年教师进行思想培育,使他们的思想政治素质和职业道德水准有较大提高,增强他们的事业心、责任感和敬业精神,让他们做到"敬业、勤业、创业、乐业"。学校通过业务培训,使青年教师做到六个提高:一是教育教学理念提高;二是专业知识水平提高;三是课堂教学技能提高;四是运用现代教育技术的水平提高;五是教育创新能力提高;六是教育管理水平提高。学校通过专业技能培养,使青年教师具有扎实的教学基本功,具有扎实的专业知识和较高的教育理论修养,具备一定的教科研能力,能够独当一面、胜任各年级教育教学工作,具备较强的教育管理能力,能胜任班主任工作。

学校本着"注重能力、讲求实效、更新观念、发展自我、形成特色"的原则安排培养计划,主要采用师徒结对、专家讲授和指导,教师之间进行观摩和研讨学习、听评优质课、参与交流研讨,通过专题进行交流学习,教师自身边学习、边研究、边实践、边总结、边提高等方式。主要内容具体包括:(1)发展规划。每人写出自己具体的"发展规划"。(2)组织培训。培训内容包括教育法律法规和政策、教育教学理论与实践、教育科研基本知识、师德修养、提高教育教学质量的策略与方法、班主任工作、现代教育技术等内容。师资培训多渠道,既可以请外面的专家讲学,也可以请本地、本校的优秀教师做讲座等方式。(3)理论学习。培养良好的自我学习习惯,新教师每学期至少要读一本教育、教学理论书籍,要做好读书笔记,并写出心得;每学期至少要到图书馆借阅三至五册的图书。(4)教学反思。每周在教案中写好教学反思,反思内容和字数不限,重在记录感悟,总结得失。(5)拜师结对。在原师徒制的基础上,做好对师傅、徒弟工作的考核,对优秀的师傅和成长快的徒弟给予奖励。(6)参与管理。青年教师任班主任者,应指定有经验的班主任帮带指导;未任班主任者,均担任一个有经验的班主任的助理,做见习班主任工作;经考核不能胜任的,要继续培养。(7)教学展示。学校每学年组织一次青年教师优质课评比。鼓励青年教师参加各级、各类教学评比活动,对获得荣誉的教师,学校给予奖励。鼓励青年教师主动请缨,向学校提出申请,开设公开课,邀请他人指导。(8)校本研究。根据本人在教育教学中碰到的问题,开展小课题专项研究,务必做到人人有研究课题。课题立项应向教科室申报,实验方案应上交教科室。(9)观摩研讨。一是确定观摩研讨专题。学校从学科教学理论中寻找专题,从教师迫切需要解决的教改热点中确定专题。二是观摩示范课例。学校针对研讨专题精心设计课例,要求教师围绕研讨专题带着问题听课,把握得失,为进一步研讨做好准备。三是专题研讨。学校先请执教者围绕研讨专题以说课的形式介绍课例设计的依据,然后组织听课教师结合课例进行研讨,最后由组织者归纳小结。四是迁移延伸。学校要求教师依照示范课例及归纳小结将研讨专题迁移到自己的课堂教学中,在课堂实践中将研讨专题巩固、深化。(10)教师沙龙。学校组织青年教师相互交流,探讨教学体会、畅谈教学感受、倾诉教学困惑、研究解决方法、介绍成长经历;或就某个专题开展讨论,发表自己的见解,学校给他们创造学习和展示自己才华的机会。(11)"请进走出"。学校邀请本校及外校的市级以上专家学者来校讲学,邀请市级以上优秀教师来执教示范课、观摩课,与同类学校开展业务上的双向交流与合作,在活动中开阔教师眼界,提高教师能力。学校组织青年教师外出参观学习、听课评课、对口交流等活动。(12)召开座谈。学校召开学生座谈会,听取他们对任课青年教师的意见,并及时将意见反馈给教师;召开青年教师座谈会,听取有关学习、工作、生活方面的意见,总结交流教学实践中的得失、体会和成绩;召开指导教师、行政领导研讨会,就青年教师培养工作专题进行意见交流,总结经验,完善培养措施。(13)建立档案。专项教学档案包括:青年教师的听课笔记、评课记录、汇报课、考核课、优质课的评课内容,各项比赛的成绩和记录,各项检查考核评估结论及其记录,每学期教学成绩及竞赛辅导成绩,青年教师本人的发展规划、总结,学生调查结果,青年教师参加培训的有关情况和成绩等,班务工作笔记及评价结论等。

(二)制定集体备课及常规工作要求

第一,各组备课组长按照学期工作进度计划表提前安排好一学期的主备人(实习轮流制,科任老师必须全员参与其中)并确定好备课课题,提前领取每周的推进表。

第二,每次备课活动时长要求务必保证两节课左右时间,第一节课,两个主备人就统一主题进行20分钟左右的发言,主备课人以"说课"的形式陈述,必须要有教案,可以是电子版打印的,也可以是手写的教案。主备人必须提前将教案复印或打印出来提前分发给本组成员(人手一份),便于参与人员发表补充意见。内容包括教什么、怎么教等。第二节课,同组内其他成员进行讨论,交流并提出建议。最后,主备人综合集体的意见形成本次集体备课的教学案,形成最终的电子版教案或书面手写教案分发给备课组成员。

第三，各学科教研组、各年级备课组制定本学期工作计划、活动安排。常规教研活动，坚持每周一次，严格按照"五定""五备""五统一"方案进行集体备课活动（"五定"：定时间、定地点、定计划、定内容、定中心发言人；"五备"：备教材、备课标、备重难点、备教法学法、备教学手段；"五统一"：统一教学目标要求、统一教学重点、统一训练难度和方向、统一教学进度、统一考试范围）。

第四，要求的继续教育学习培训及相关资料务必认真落实并按时上交教科处归类、汇总及存档。

第五，各组继续抓好每学期至少一次的高级教师示范课、中级教师观摩课、新进教师的汇报课活动等，并向教科处提供简报等相关资料，同时按上级文件要求安排组织好组内老师的公开课、优质课、讲座等。

第六，学校每周定时定点召开教研组长例会，与教研组长沟通教研工作事宜，确保教研工作的时效性、针对性和有效性。

第七，学校每月10日前定期检查教师听课记录、备课教案。重点检查老师们教案编写、听评课记录的落实，教科处会将检查情况做好记录，汇总并公示通报，完成资料的整理、存档。（要求：中级以下职称教师必须是详案。教案环节须齐备，重在教学反思的撰写；听评课记录，重在旁栏评议与教学建议，每位教师要求每学期至少听课4节）

第八，各备课组根据所提交的推进表，要求每周在规定的时间内向教科处提交每周集体备课推进内容。

（三）制定教师继续教育培训实施方案

培训分为集中培训、校本培训两种形式。集中培训旨在理解新课程理论与实施的重难点问题，引导教师观念和行为的变化，提升教师的专业理论基础知识，学校按照汇川区教研室关于寒暑假的培训要求组织集中培训。校本培训旨在整合课程理念与课程操作，进行教学实训，促进教师教育观念向教学行为、教育理论向教学实践的转化。学校按照实际情况，定期组织相关教师进行不同的培训。

在培训内容方面，一是师德师风培训。按照区教育局的寒暑假培训学习文件要求，在全校开展中小学师德主题教育，始终把师德师风建设放在教师队伍建设的首位,及时学习各学校的特色做法,抓好主题教育,加强对师德主题教育的督查力度,对成绩突出的先进集体和个人进行表彰。通过师德主题教育的开展,着力解决现行师德师风存在的突出问题,建立健全师德建设的长效机制,使教师受教育、师德上水平、教学出成效、社会更满意。

二是新课程、新教材、新教法学习培训。学校抓住2021年贵州省首次新课改的契机,积极组织教师(重点是新高一学科教师)参加国家级、省级、市级、区级组织的各种(线上、线下)新课程学习培训,提高课改意识,创新教学方法。

三是学历提高培训。鼓励和支持已取得合格学历的中青年教师,通过高校的函授、自考、研究生培训等形式,进行学历、学位提高教育,促进教师专业化水平的提高。

四是远程教育培训。学校加强宣传,使参训教师充分了解远程教育培训的相关政策,按要求及时参加培训,促使其通过远程培训和校本培训,切实提高专业水平。

五是班主任培训。学校继续组织实施好班主任培训工作,将班主任培训与师德教育、心理健康教育等有机结合,更新培训内容,创新培训模式,注重培训实效,进一步提高班主任综合素质和专业能力。

六是校本培训。这是每个专题培训中需着力主抓的重点。学校充分发挥校本培训指导者的作用,开展适合本校、具有特色的校本培训。学校以"研训手册"为抓手、"三步教学法"为途径,加强校本培训的考核和评估,确保校本培训取得实效。

七是新教师培训。学校继续按照省、市培训政策,组织新上岗的教师任职培训,提高新教师职业道德水平和教育教学基本技能。

(四)实行推进新的"三步教学法"模式

第一,课前预习——导学案,注重"导、思"。"导"包括"导入"和"导学"两个方面。"思"是自读深思,即学生在教师指导下看书,自主学习。

第二,课中交流——教学案,注重"议、展、评"。"议"是小组合作学习,"展"是激情展示,"评"是点评精讲。"评"是精讲、是拓展、是点睛、是结论,在"评"的环节,教师主要是讲规律、讲思路、讲方法,讲线索、讲框架。

第三,课后巩固——测评案,注重"检、用"。"检"是检测反馈,这个环节主要是检验本节课学生学习效果、学习目标落实如何。"用"是巩固迁移、学以致用,这个环节是在课外(自习课)进行的,主要形式是让学生联系实际进行习题巩固训练,还有写随笔、小制作之类。这一步的主要目的是让学生更好地实现从"懂"到"会",从"会"到"用",它是学生完成学习任务的最后环节。

(五)拓展教师外出学习渠道

为开阔教师视野,汲取先进教育理念,提升教育教学水平,学习优秀管理经验,推进教育教学管理水平,提高教育教学的实效性,努力打造高效课堂,最终提高教学质量;为培养一批教学新秀和教学名师,加强校际间的横向联系,学校高度重视教师发展和培育。教师外出参加学习培训,目的在于学习教育教学管理、德育工作、安全工作、校本研修、课堂改革、课程建设、教研组管理、年级组管理等方面的先进经验。开发学校人力资源,拓展教师知识范围,提高教师素质,激发教师潜能,提高工作绩效,使教师获得学校发展所需要的知识和技能,从而与学校共同成长,提升学校管理水平。

学校通过以下五种学习形式提升教师的外出学习效能。第一,看。参观学校的升旗仪式、学校的校园文化建设、阳光大课间等。第二,听。进班听课,具体学科为语文、数学、英语、物理、化学、政治、体育。第三,谈。(1)教研组长座谈,交流学习教研组管理经验;(2)年级组长座谈,交流年级组管理经验;(3)德育工作、安全工作人员座谈,交流德育、安全工作经验;(4)教育教学管理人员座谈,交流教育教学管理、校本研修、课堂改革及课程建设等方面的工作经验。第四,问。教导处、政教处、年级组长、教研组长就自己在工作中遇到的困惑和问题向参观学校的相关领导进行请教。第五,拷。各部门向相关的部门拷贝相关管理细则。

四、学校管理的改革与创新

学校以和谐共进、追求卓越的"和"文化为引领,打造了以和荷教育、和美校园、和雅教师、和乐学生、和润课堂、和洽管理、和谐环境为支撑的立体式"和"文化体系。具体而言,和荷教育包括清荷德育、合荷智育、乐荷体育、雅荷美育和心荷劳育;和美校园包括绿色校园、书香校园、文明校园、平安校园和康乐校园;和雅教师包括四有教师、儒雅教师和协作教师;和乐学生包括己乐学生、互乐学生和共乐学生;和润课堂包括自主课堂、互动课堂和创意课堂;和洽管理包括人文管理、民主管理和自主管理;和谐环境包括政府支持、家校联动和社会满意。

(一)全方位协同的学校管理制度

学校结合实际,认为在竞争激烈的大环境下,只有通过努力为师生创造促使他们进步的广阔空间,才能让每个遵义五中人获得提升和进步,进而实现学校发展。从2007年起,在总结发展经验的基础上,学校提出了"让人人都有进步"的办学理念。其主要思想为:一是学生进步,教师进步,学校进步;二是一项进步,多项进步,全面进步;三是天天进步,月月进步,年年进步。同时,学校提出"不比阔气比志气,不比聪明比勤奋,不比基础比进步,不比今天比明天"的学习口号,倡导每人每天进步一点点,从而实现学生、教师、学校的全面进步与发展。

1.学生管理:德育为首

学校坚持"德育为首,教学为先,全面发展"的思想,建立了形成性、活动性、互动性的德育管理模式和学校、家庭、社会"三位一体"德育网络体系,力图整合校内校外力量保障学生的健康成长。

第一,形成式德育:(1)抓好学生军训:坚持每年的高一新生军训(为期10天的全封闭式军训),针对学生层次差异大、独生子女和留守儿童多的特点,利用在军训基地的生活、学习和活动集中进行行为规范系列教育,上好新生第一课。(2)强化学生校服:我校是遵义市城区高中学校中为数不多的要求学生穿校服的学校,其目的是让学生注重学校形象和自身形象,在服从、接受、爱校等方面受到教育。(3)用好校本教材:充分利用校本教材《德育读本》,并在不断修订中完善校本教材。

第二,活动式德育:利用主题班会、班级辩论赛、艺术节、体育节等活动,强化学生的团队意识,展现学生的个性与特长;利用每一年的艺术节会演日为高三壮行;利用学生在国旗下的演讲和重大节日的庆祝与纪念(国庆节、教师节等),树立学生爱学校、爱家乡、爱祖国的集体主义和爱国主义观念;开展全校师生禁毒签名、法制宣传等活动,加强师生的禁毒与法制意识。

第三,互动式德育:在学校管理中,学校坚持每两周一次的班主任会议、年级组组长会议,及时分析管理中遇到的问题,学生思想状况;实行三级管理制度,由班主任、政教工作人员、学生干部每天对学生进行纪律、行为、卫生、仪表督查;坚持晨扫制度和保洁制度;对各班早读、两操等情况,坚持每周检查评比,及时公布;及时做好考核资料的统计、各类检查的评估、各种表册的收集或发放工作,并进行通报,树立劳动观念、纪律观念;建立处分学生前与家长沟通制度,让家长共同参与对特殊学生的教育,达成共识,促进学生成长;利用学生社团开展各种文体活动,展示学生特长,增强其自信心;开设有心理咨询室,定期开展心理讲座,设立"阳光心灵"信箱,开辟"阳光心灵"专栏,构建起与另一类学生交流的平台,重视对学生健康心理素质的培养;开通校长QQ、学校新浪微博,初步构建起学生、家长、班主任、社会各界与学校沟通交流的平台。

2.校园管理:人本思想

学校采取以人为本的思想与科学管理手段相融合的方法,着力推进校园文化制度建设,淡化强制,突出引导,不断激励,使评价方式由评价结果向评价过程转变,评价功能从"奖惩性"向"发展性"转变。学校特别强调领导干部和教职工之间要形成尊重、理解、沟通、信任的人文精神,领导干部要有宽容意识,不可轻易对教师发火。在办学理念及具体工作思想的指导下,建立了与学校教学管理相关的一系列规章制度。在制度建设中,充分发扬民主,利用教职工代表大会,通过民主、协商、讨论来实现学校的民主管理。根据学校实际及发展需要,出台了《教职工量化考核实施办法》《专业技术职务聘任实施办法》《班主任考核评估办法》《学生表彰奖励办法》《年级组管理公约》《学生评教实施办法》以及《教师业务进修制度》等制度办法。

3. 教师发展:注重培养

学校把"教师专业发展"和"高效课堂建设"作为重点工作,确定了"提升专业素养,提高课堂效率"的工作思路,让老师"走出去,开阔眼界",每年组织中层干部、骨干教师近百人次参加"贵州新学校计划"的"名师培训""学科高峰论坛"等活动及全国各类相关教育培训、讲座。每年为教师购买各类教育图书,举办教师读书活动、看教育电影活动,倡导各教职工做有思想、有理想、爱钻研的教育人才;不断改善教师的办公条件,实现一位一机一柜;为全校教师开通了中学学科网、校视通、高考资源网、金太阳新课标资源网,订购了一套高清电视频道节目超值包,为教师提供了相应的教学参考资料;建设教师休闲书吧,免费提供咖啡、茶叶等,鼓励教师每天进书吧阅读休闲;从2006年起,采用专家引领的办法,陆续外请专家到校指导教师的教学工作。启动学科开放课,推行青年教师汇报课、中年教师研讨课和老教师的示范课,使青年教师充分展示,中年教师相互研讨并让老教师传授讲课技巧,让各个年龄层的教师都能够在教学舞台上得到锻炼和展示。从2009年起,全校围绕"加强学校备课组建设、启动高中新课程改革的准备工作"重点开展了一系列工作,认真开展以转变教师教育思想和观念的"月教育反思撰写制度",推行教师"五+一"工程,即每学期由教师个人完成一份听课实录、一份教学反思、一份优秀教案、一篇教育读后感、一份试卷和一份班主任工作案例。现在已收集整理班主任工作案例6本,教学案例1本,教学反思集两本。近年来,学校实行的老教师和青年教师的"传帮带结对子"工程,老教师对青年实行"一对一"的帮扶政策,目的是促使新老教师共同学习进步。

4. 校园文化:陶冶激励

遵循"有意设计、无意熏陶"的原则,按照主题要求,学校在校园文化建设上一方面通过绿化、美化环境,精心打造校园,提高师生审美情趣;另一方面通过张贴名人像、悬挂格言牌和勉励语,规范师生言行,激励师生奋力前行。在走廊上设计精美橱窗,展示师生学习成果;教学楼每层都有以艺术形式表现的关于世界科学史上的众多重要人物和重大事件等内容,布展着不同民族风格的东西方绘画艺术以及遵义五中发展历程的画卷。每间教室里建有"陈列台",让学生充分展示自我,校园内还设置六大宣传栏,集中展示学校丰富多彩的各项艺术活动,校园网上开设学生艺术作品专栏,充分展示学生的艺术才华。学校建有植物园和鸟园,共计占地2300余平方米,有专职绿化和管理人员进行修剪和养护,两园还设有铁丝网,网内建有环保、文明标语牌。为激励学生探索生物奥秘,学校将两园的管护任务分配到各班级,纳入班级日常管理,做到绿化校园人人有责,爱护环境人人参与,提高师生的审美情趣,强化师生的环保意识。

5. 校园特色:艺体教学

在遵义市普通高中学校里,我校首创艺体特长班。自2006年开办以来,艺体班学生成绩显著。学校制定了《音体美特长班实施方案》,负责统筹规划、指导管理及督查评估工作。针对艺体特长班学生的特点(中考文化成绩降100分录取),学校提出坚持"以专业带文化,以专业促文化"的思想,既重视学生艺术专业的学习,同时也加强知识文化底蕴的修养,实现健体、学艺、启智的目的。

为将艺体教育工作落到实处,学校制定了《加强学生艺术、体育工作的实施意见》,以进一步推动学校音乐、体育和美术教育工作的改革与发展。学校建有三间美术教室、两间音乐教室,组建有合唱队、舞蹈队、广播台、街舞社、戏剧社、美术小组、摄影小组等多个艺术社团,分为音乐、美术、书法、舞蹈、戏剧五大类;组织有田径队、篮球队等多个体育活动小组,对于这些艺术社团和活动小组,学校在活动经费、活动时间、活动场地方面给予了充分的保障。每周五下午5:00—5:30是固定的活动时间,校级社团活动时间可以根据需要,灵活安排。学校常年坚持晨跑活动,坚持年年特色体育活动,坚持两操和艺术节,坚持新生篮球赛和一年一度的"迎春长跑"等等,丰富多彩的体育艺术活动亮点突出,在遵义市城区独树一帜。

五、"清荷"特色实践与学校管理的改革与探索

(一)"清荷"特色实践

"清荷"特色实践主要表现在以下10个方面:

1.清荷德育课程建设

《清荷德育》教材是学校校本研究的成果,由30名一线班主任老师在清荷德育研究中心的指导下,根据清荷德育育人理念和奋斗目标,结合学校特点和发展方向,编写的遵义五中首本德育校本教材。《清荷德育》从前言、教育活动图片展示篇、育荷立德篇、育荷明礼篇、育荷立志篇等五个方面引导老师上好德育课,育好时代新人。与此同时,《清荷德育杂志》《班主任工作案例》《清荷学子成长故事》相继诞生。2020年疫情期间,清荷德育研究中心推出"疫情下的成长"主题德育课程,课程分别为"大国担当""致敬英雄""天下一家""大写的我""人间温情"。该课程的推出,给予清荷学子更好的成长,获得社会各界的一致好评。

2.班级文化特色建设

建设有特色的班级文化,对学生个性形成和发展具有重要的理论价值和实践意义。清荷德育鼓励班级文化建设具有班级特色。学校64个教学班,班班都有独具风格的文化布置,都有特色鲜明的班级名字、奋斗口号、奋进目标、班风、班训。室内外文化墙上、黑板报里、师生作品展示中,处处可见对清荷文化的诠释、名言警句的激励、梦想院校的鼓舞、国家栋梁的思想引领。班级特色的建设,有助于增强班级凝聚力,激发学生热爱班级、热爱学校的情感。在师生的共同努力下,班级特色的建设洋溢着浓浓的文化氛围和学习气息。比如:2022届三班命名为"琢玉班":"玉琢成器,磨砺成才。三班青春战士经得起考验,打得了硬仗。未来一年,终将雕琢成器,扬帆远航!"。2023届"鸿鹄班"的班级文化墙上,展示出学

科学习思维导图;2023届"逐梦班"的奋斗口号为:"自助者,天助之;逐梦者,梦圆也"。三年高中生活结束时,遵义五中清荷学子人人拥有一本来自班级记忆的青春成长录。

3. 思政课创新发展

2021年3月18日,学校思政课教师和上海卢湾高级中学的思政课教师利用"5G+全息"的先进科技手段,通过网络连线,为两地师生呈现了一堂题为《在历史的紧要关头——信仰与使命》的红色思政课。两位老师援引一系列党史故事,带领学生触摸历史脉络,读懂中国共产党人的信仰和使命。这是一堂别开生面的创新课,利用现代科学技术,运用创新的教学模式让理论变得生动,让党史变得鲜活,深化了学生爱党爱国情怀,培养了新时代青年的责任感和使命感,得到了中央电视台、新华社等多家主流媒体关注,也为推动思政课大课堂建设提供了新思路、新方法。

4. 学生社团多元发展

学生社团活动是实施素质教育的重要途径和有效方式,在加强遵义五中校园文化建设、提高学生综合素质、引导学生适应社会、促进学生成长成才等方面发挥着重要作用。学校在遵义市示范高中首创艺体特长班,自2006年开办以来,艺体班学生成绩在全市独领风骚。学校先后组建学校绿荫合唱团、清荷文学社、红色历史研究社、创艺美术社、跆拳道社、梦想菜园社、英语沙龙、吉他社、美食社等社团,广泛开展有益的兴趣活动,提高学生的综合素质,培养个性特长。社团活动展现了学生活力,使同学们的校园生活更加丰富,激发了参与社团活动的同学追求进步、崇尚文明、勇于创新、甘于奉献的热情,增强了他们的团队意识和集体荣誉感。

清荷德育重视社团建设,尊重学生的自主创造,指导师生创建文化、艺术、体育、科技、实践、学科研究类社团37个。通过社团建设进课表、社团嘉年华活动、社团招新宣传、十佳社团和最具魅力社团人评选等方式,搭建各类社团互动交流、魅力展示的平台。助力学生综合素质提升,呈现出清荷德育活动的多姿多彩。目前,尚德跆拳道社多次组队代表汇川区参加遵义市青少年跆拳道竞赛,荣获金牌;

社团成功培养5名国家二级运动员。清荷合唱社代表学校参加汇川区教育系统高中组合唱比赛,荣获一等奖;清荷器乐演奏社、舞蹈社代表汇川区参加遵义市教育系统艺术周器乐演奏大赛,荣获的一等奖;清荷文学社有多篇学生作品在各级各类文学刊物上发表,社员陆婧奕同学创作的抗疫作品《一只蝙蝠的哭诉》,刊登在《中国妇女报》上;追梦机器人创作社,社员多次获得贵州省机器人创作大赛一等奖。2018年,遵义五中社团参加遵义市大中专学校社团文化展示大赛,清荷美术社获得二等奖,厨禾美食社获得三等奖,学校获得最佳组织奖。2019年、2020年、2021年清荷舞蹈社、跆拳道社、吉他演奏社、朗诵社获评遵义市汇川区体育艺术特色项目示范学校。社团成果,数不胜数,多元发展,助力清荷学子自信自强。

5.红色文化传承发扬

清荷德育积极开展丰富多彩的红色文化主题教育。在校外,充分利用遵义红色资源,带领学生参观遵义会议会址和娄山关战斗遗址。通过开展娄山关红色文化研学活动,引导广大师生在缅怀先辈的情怀中尊重中华传统,弘扬优秀文化,沐浴先贤品格,继承先烈精神,增进师生爱国、敬业、诚信、友善的思想情感。在校内,业余团校红色文化学习课程、红色文化主题班会、国旗下的讲话、红色影片展播、红色征文比赛扎实开展。同时,红色文化学习社用心培养红色文化宣讲员,组成宣讲团,开展"红色文化我宣讲"活动。通过微信公众号,推出红色宣讲员讲述红色故事的微视频,引导全校师生进一步了解革命先烈的伟大事迹,自觉传承红色精神,珍惜来之不易的美好生活。2019年,全市关工委工作现场会在遵义五中进行,清荷德育红色文化传承的实践做法,红色宣讲员的精彩表现,获得市关工委领导的充分肯定。

6.社会实践促进生涯规划

每年暑期,清荷德育研究中心选拔出优秀的清荷学子,组成职业体验团,开展一次意义深远的社会实践。清荷德育研究中心联系实践单位,明确指导教师观察记录学生的实践情况,形成研究报告。一百多名清荷学子走进遵义电视台、遵义日报社、遵义会议纪念馆、遵义市图书馆、遵义市博物馆、汇川区法院、汇川融媒体中心、汇川市场监管局等十几家单位,开展为期一周40课时的实践学习。这一创新实践,引起社会各界高度认可。实践出真知,清荷学子借助职业体验,增强了职业规划意识,树立了明确的奋斗目标。

7.成人仪式育人成长

为抓牢中学生从未成年向成年转变的关键时期,对广大中学生进行理想信念教育、思想道德教育、国家观念教育、优秀传统文化教育,引导和帮助广大中学生树立正确的世界观、人生观、价值观,增强公民意识、宪法和法律意识、责任意识、感恩意识,从内心深处激发社会责任感和历史使命感,努力成为担当民族复兴大任的时代新人。学校成功承办遵义市高中生成人仪式示范活动,遵义市各县(市、区)教育局、团委和高中学校负责同志、各行业青年代表出席活动现场,给予成人仪式一致好评。

8.综合素质评价促进新高考改革

高中生综合素质评价是新高考改革的重要组成部分,遵义五中作为贵州省首批试点学校,以建设清荷德育为目标,成功构建综合素质评价体系,为综合素质评价工作的全面开展,奠定了扎实的基础,获得贵州省教育科学院的鼓励肯定。2019年12月,贵州省高中学生综合素质评价工作交流暨培训会在贵阳举行,遵义五中代表综合素质评价工作试点学校作了题为《清荷育人,成就未来》交流发言,将遵义五中加强和改进学生综合素质评价特色亮点和经验同全省各市(州)教科院、贵安新区社会事务管理局、108所试点学校进行分享。

9.文体活动促进身心健康

清荷校园文化艺术节以"清荷高雅,臻于至善"为主题,通过开展各类文化艺术活动,引导学生提高审美趣味,提升综合素质。如开展校园十佳歌手大赛,唱响励志歌曲,用歌声与未来对话;师生书画摄影大赛,描画校园景色,用画笔记录精彩;校园集体舞大赛,舞动青春活力,用舞姿展现高中岁月;主持人选拔赛,影视作品配音比赛,小品、相声、课本剧表演大赛,为热爱语言艺术的学子,打开一扇遇见更好自己的心门。五四青年节教育活动以学生为主体,为学生搭建畅想未来,抒发志向的交流平台,遵义五中"青年说""我的未来不是梦"征文竞赛,激励学生看清方向,坚定理想,更好成长。篮球、足球联赛,营造拼搏氛围,增强团队凝聚力。文体活动的全面丰富,为学生的身心健康撑起一片晴空。

10.学生自治管理促进全面发展

学生自治管理是学生在教师的激励、指导及帮助下自行发现自我价值、发掘自身潜力、确立自我发展目标、形成适应社会发展的一种教育管理模式。清荷德育把学生放在学校教育的主体地位,通过尊重、信任、引导和激励等影响作用,最大限度地调动学生的内在动力,激发学生的学习热情,为每个学生提供了表现自己,施展才华,全面发展的机会与环境。学校成立学生自治管理委员会,本着清荷德育"臻于至善,追求卓越"的育人理念,培养学生的"四自意识":主人翁的自立意识,民主的自理意识,责任担当的自信意识,顽强拼搏的自强意识。

清荷德育不仅是学校的办学特色,也被置于学校工作的重要位置,它贯穿于整个教育教学的全过程。多年以来,遵义五中秉承"德育为首、教育为主、全面发展"的办学思想,坚持"厚德、博学、创新、求真"的校训,倡导"让人人都有进步"的办学理念,旨在通过全校师生的共同努力,打造适合每一名师生进步的优质特色学校。"清荷教育"理念旨在让学生在环境的熏陶下从赏荷到学荷再到成为荷,培养谦谦君子,高雅淑女,影响他们的一生,走出遵义五中门,依旧不忘记自己是遵义五中人。构建清荷德育品牌,培育如荷一般臻于至善,追求卓越的遵义五中学子,是新时期赋予学校的新任务,也是学校德育实现品质发展的必然方向。我们有信心,有决心,有恒心,不断完善清荷德育学校、家庭、社会"三结合"德育网络,进一步落实"三全育人"思路,加强未成年人思想道德建设,让每一个遵义五中学子在清荷德育的熏陶引导下,立志明礼,臻于至善,心怀家国,成就未来!

(二)学校管理的改革与探索

遵义五中在实践"清荷"特色的同时,学校管理工作在稳步发展中迈向卓越。具体表现在以下4个方面:

1.坚持"三个加强",促进立德树人领导力更加增强

第一,加强政治建设引领,坚持把理论学习作为立德树人的"领航标"。学校定期开展集中理论学习。一年来,领导班子集中学习6次,各党支部集中学习8次;党支部书记上党课累计8次,组织理论知识检测3次,合格率达到100%,全面提升了党员干部理论水平。在理论学习中巩固深化"不忘初心、牢记使命"主题教育成果,切实增强"四个意识"、坚定"四个自信"、做到"两个维护"。

第二,加强全面从严治党规范,坚持把全面从严治党作为立德树人的"保障石"。学校将党建工作写进年度工作计划,党建和学校工作同安排、同部署;书记亲自部署、亲自过问、亲自督促重大事项;班子成员根据分工抓好"一岗双责"工作;将党风廉政建设工作作为继续教育重要考核内容进行考核。一年来,遵义五中持续巩固"三人监督小组把关制度",进一步完善干部提任、教师招聘、职称评审、工程建设、特长生录取、资料征订等重要事项规范程序。

第三,加强意识形态监控,坚持把意识形态作为立德树人的"动力桨"。学校是教书育人的主阵地,也是为党育人、为国育才的重要载体。加强意识形态的管理监控,是解决培养什么人,为谁培养人,怎样培养人的重要工作。一年来,学校组织专题研究意识形态工作4次,举办意识形态培训工作4场,培训人数累计达1000余人次,实现意识形态问题"零发生"。2021年荣获"遵义市先进基层党组织"荣誉称号。

2.突出教育教学,常规管理与改革创新一路并行

第一,构建新课堂教学模式之"三步教学法",以导学案为依托,引导学生课前自主预习、课上合作探究、课后检测巩固,真正实现因材施教,既面向全体,又满足不同层次学生的需求,让学生动起来、学起来。学生自主预习,先学后教,以学定教;教师引导预习,全面把握学情,突出了学生在教学中的主体性;师生合作探究,充分调动同学们学习的积极性,让同学们主动参与课堂活动;测标补标,通过课后自习检测、周末拉练等形式,根据教学实际,对高频考点、课本重难点知识、学生易错易混知识点进行专题训练,巩固课堂知识,检验知识掌握情况。

第二,开设体育、艺术、文学等社团。学校重视学生课外生活的丰富性,开设

了许多学生兴趣社团并获得了一定的成绩。舞蹈、吉他、合唱、跆拳道等获批区级特色项目。音乐、美术、体育实行走班模块教学,地理组野外实地教学和校内种植教学逐步开展。课堂教学模式的创新改革和课堂教学之外的发展对学生、学校的健康发展缺一不可。学校办人民满意的教育不懈努力,在2021年高考中实现跨越式发展,一本上线率达30%以上,二本上线率达90%以上。

3.精细管理,从细节出发抓育人质量

学校致力于向管理要质量、向管理要效益,创造精细化、高水平的管理模式。学校努力把"制定目标,完善过程,落实措施,注重结果"的步骤落实到年级管理的每一个方面,学校统筹规划,统一思想,年级部做好日常学习和生活的每一项细致化管理。具体而言,一是学生行为习惯养成教学精细化。学校以学生日常生活学习常规为基础,制定班级的一日常规和综合素质量化办法。二是校园管理常规精细化。年级部成立常规检查小组,就课前、课中、课后秩序等方面进行一周若干项普查,纳入年级部班级量化。每周通报一次,每月上报,并实行通报系列化。三是时间规范精细化。学校统一出台学生一日常规,让学生明确何时该干何事,该怎么干,进一步规范学生的行为。以青年之声察时代之变,坚定内心深处的忠诚信仰与历史使命。学校承办了汇川区委组织部、共青团遵义市汇川区委、遵义市汇川区教育局主办的第一届"汇川青年说",通过印象互答、云上直播、圆桌论坛的形式,加深青年群体对十九届五中全会的理解,以党建带团建,以交流促成长。学校马雯雯同学荣获第一届汇川青年说"最佳青年"的荣誉称号。学校承办了"赓续红色血脉·传承使命担当"遵义市2021年18岁成人仪式示范活动,引导全体师生坚定理想信念,传承红色基因。

4.全面推进,全力打造文明校园

学校是育人的摇篮,是一方纯净的沃土。校园环境是否文明直接影响到老师和同学们的工作、学习和生活,也反映着一个社会的文明程度。创建环境优美、文化浓郁、适于学生学习、生活和成长的文明校园,是一所学校办学水平和管理水平的直接体现。这既是学校培养高素质人才和实现长远发展目标的重要保证,也是精神文明建设和文化建设在高中学校的具体落实。因此,建设文明校园已经成为

提高学生素养、创建和谐校园、提升社会文明程度的有效途径。

第一,以先进的办学理念、办学思路为载体形成校园精神。学校秉承"德育为首、教育为主、全面发展"的办学思想,坚持"厚德、博学、创新、求真"的校训,倡导"让人人都有进步"的办学理念。这一办学思想和办学理念作为统领学校全局工作的灵魂和学校长远发展的指导思想得到了在校师生的认同并在教育教学实践中内化为行动的信念和共同追求,在实践中形成了具有遵义五中特色的校园精神,把教师职业所要求的道德规范转化为内在素质,使整个教师队伍的职业道德、教学观念、工作责任心都上了一个新台阶。学校先后获得国家"十一五"规划课题实验学校,国家"青少年科技创新活动室"定点学校,贵州省普及实验教学示范学校,"全国艺术教育工作先进单位"称号等多种荣誉。

第二,打造清荷德育品牌,营造诗意美好的育人氛围。学校以培养遵义五中学子如荷般高洁求真、高雅开阔的精神品质为目标,进一步推进立德树人的理念在遵义五中的教育中落地生根。认真提炼荷的深厚内涵,形成遵义五中独特的德育活动。建设清荷德育课程,成立清荷德育研究会,结合本校的实际,分析学校现存的和潜在的优势,让德育校本课程建设成为学校发展的强大助推器,为创建文明校园,形成我校良好的学风、校风做出突出贡献。经过努力,遵义五中德育体系基本构建完成,德育课程、校本教材的研究正式起步,学生的文明程度明显提高,社团建设迈上新的台阶,社团师生代表学校参加市区级艺术类竞赛均获第一名。组织开展班主任德育团队培训、新生入学教育、学生行为习惯养成教育、国防主题教育、文明班级文明寝室评比活动、学生礼仪教育活动、遵义五中田径运动会以及校园文化艺术节系列活动。通过升旗仪式、主题演讲赛、法制报告会、学生签名活动等形式,有计划、有步骤地对学生进行了爱国主义、集体主义、文明礼仪、卫生意识、社会公德、法规校纪、理想信念、人身安全、心理健康、拒绝毒品等方面的教育;通过定期检查学生公寓、教室等重点区域,及时处理违纪学生;通过狠抓考试管理,强化了考纪考风教育,引导全员树立顽强拼搏、积极进取的良好校风学风。

第三,以活动为载体丰富校园文化生活,提高学生文明素养。学校先后举办"百日冲刺·誓创辉煌"高三百日誓师活动;"学雷锋,见行动"的学雷锋系列活动;"春风十里不如五中最美的你"庆祝妇女节系列活动,组织学生代表为女老师献花,美食社的同学为老师们制作汤圆,送卡片等;组织高一年级学生代表赴红军山烈士陵园开展扫墓活动;举办了"文明校园 唱响青春"十佳歌手比赛;举办"美丽五中 文明校园"艺术节汇报演出晚会;协办"吉他教父莫勒2017年全国巡演走进遵义五中演奏会"。组织学生参加了团市委主办的"青春遵义·天翼飞young"第六届大中专学生文化节系列活动之"舞蹈青春"舞蹈大赛,并获得二等奖。一系列校园文化活动的开展,丰富了学生的课余生活,陶冶了学生情操,培养了学生的特长,张扬了学生个性,增强了学生间合作与团队精神,体现了活动中锻炼人、活动中塑造人的活动特色。

第四,以制度建设为载体形成学校制度文明。制度可以规范言行,使人摒弃恶习,养成优良习惯。学校先后制定和完善了各种规章制度,做到"全、细、严、实"。为更好地促进学校发展,遵义五中将党建工作、行政管理工作、团委工作和工会工作有机结合,着力构建一个有机高效的教育管理体系。学校认真开展"三会一课""两学一做"学习教育,增强党员的学习力度,切实提升党员素质,充分发挥党员的先锋模范作用;加强对行政管理能力的考核,提高办事效率,完善各项管理制度,将工作做实做细;同时,学校充分发挥学生管理和引导作用,做好学生会的指导工作,进一步促进了良好班风、校风的形成。

第五,强化安全建设,为学生健康成长保驾护航。学校根据实际情况(学校现为住宿学校),强化了学校安全管理工作,建立安全保卫工作领导责任制和责任追究制,不断完善学校安全保卫工作规章制度,并根据安全保卫工作形势的发展,不断完善充实。学校建立健全定期检查和日常防范相结合的安全管理制度,以及学生管理、门卫值班、巡逻值班、防火防灾、食品卫生管理、体育器材检查等规章制度。对涉及学校安全保卫的各项工作,都做到有章可循,违章必究,不留盲点,不出漏洞。以安全教育周、安全生产月为重点,学校经常性地对学生开展安全教育,特别是抓好交通安全管理、大型活动等的安全教育。坚持每周排查隐患一次,发现问题及时整改。学校通过讲解、演示和训练,对学生开展安全预防教育,使学生接受比较系统的防溺水、防交通事故、防触电、防食物中毒、防病、防体育运动伤害、防火、防盗、防震、防骗、防煤气中毒等安全知识和技能教育。学校还利用学校广播、黑板报、电子屏等宣传工具及安全教育讲座、安全警句征集活动开展丰富多彩的安全教育。

面对新的发展机遇，遵义五中全体师生员工将进一步坚持"厚德、博学、创新、求真"的校训，锐意进取，勇于创新实践，竭力全方位营造一个富有艺术气息和审美层次的校园文化氛围，不断提升和开阔师生的文化修养及艺术视野，不断促进师生健康、快乐、向上发展。每一个遵义五中人都在一笔一画、一言一语中创造着遵义五中的春天，遵义五中在"和"文化的引领下，必将开创更加美好的未来。